패턴 학교

Vol.1 상의 편

마루야마 하루미 감수

황선영 옮김 | 문수연 감수

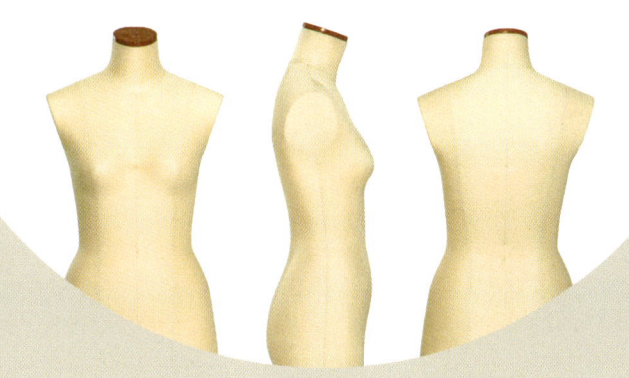

이아소

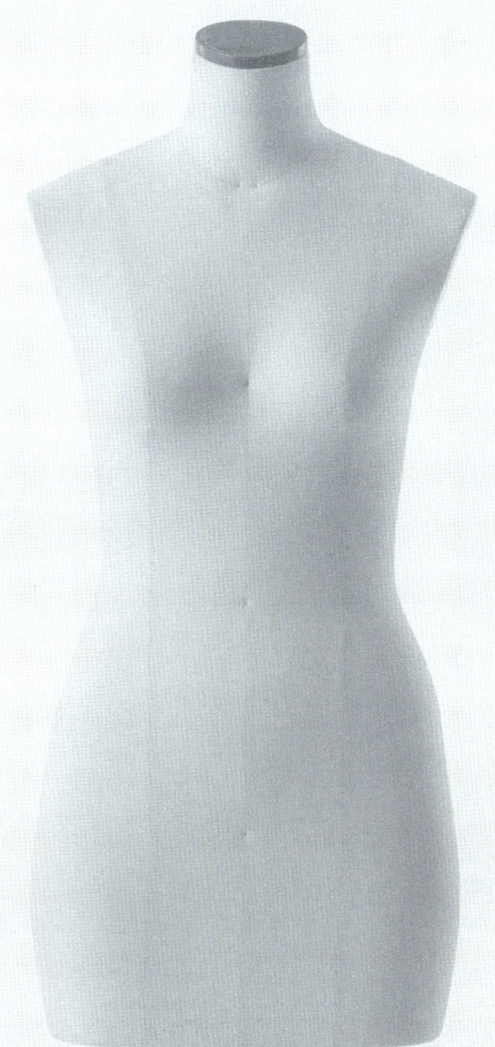

바느질이 익숙해지면 그다음엔 이런 생각이 들죠.

"내가 디자인해서 옷을 만들어보는 건 어떨까?"
"그럼 사이즈와 모양을 내 맘에 쏙 들게 만들 텐데."

《패턴 학교》는 바로 이런 여러분의 상상을 실현해줄 것입니다.
책에 있는 기본적인 디자인과 패턴을 마스터하면
누구나 세상에서 단 하나뿐인 나만의 옷을 만들 수 있습니다.

디자인의 가능성은 무한대.
직접 천을 고르고 디자인해 만들면
한결 애착이 생기고
좀 더 개성적인 자기만의 스타일을 만끽할 수 있습니다.
이 책으로 손수 옷을 만드는 즐거움과 소중함을
느껴보시기 바랍니다.

Contents

기초 강의

이 책의 내용

이 책은 상의 편이다.
상의를 구성하는 3가지 파트인 <mark>몸판, 소매, 칼라의 디자인과 패턴을 소개</mark>한다.
이들의 조합과 응용 방법에 따라 다양한 디자인을 창작할 수 있다.
자신이 원하는 디자인을 골라서 조합하여, 나만의 개성을 살린 옷을 만들어보자.

<mark>기본 몸판 Ⓐ와 소매 Ⓐ의 실물 대형 패턴이 부록으로 들어 있다.</mark>
이 기본 패턴 하나로 대부분의 디자인을 손쉽게 만들 수 있다.
또 기본 패턴을 사용하지 않는 디자인은 제도를 새로 해야 하지만
제도 순서를 자세하게 설명하고 있어서 <mark>초보자도 문제없이 만들 수 있다.</mark>

이 책은 <mark>'제도 입문서'</mark>로서의 역할도 한다.
기본 패턴을 '원형'으로 사용함으로써 원형 제도의 기본을 습득할 수 있다.
마스터하면 다양한 디자인을 시도할 수 있어 옷 만들기가 한층 더 즐거워질 것이다.

각 강의의 내용과 목적

이 책은 4부로 구성된다. 독창적인 디자인 제작을 위한 핵심 사항을 기초 강의, 특별 강의, 실습에서 설명한다.
집중 강의에서는 실제로 패턴을 만들기 위한 작업을 소개한다.

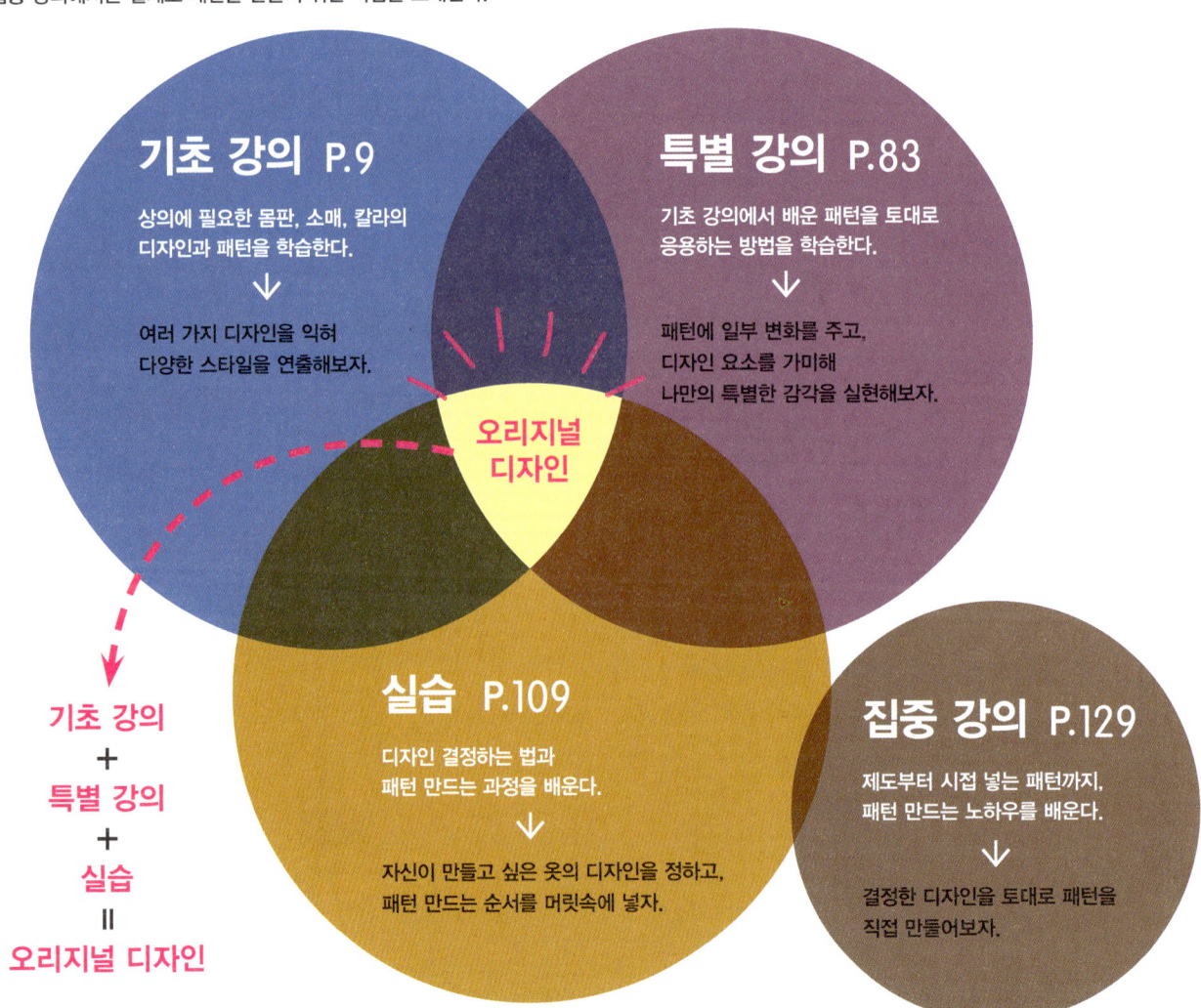

기초 강의 P.9

상의에 필요한 몸판, 소매, 칼라의
디자인과 패턴을 학습한다.

↓

여러 가지 디자인을 익혀
다양한 스타일을 연출해보자.

특별 강의 P.83

기초 강의에서 배운 패턴을 토대로
응용하는 방법을 학습한다.

↓

패턴에 일부 변화를 주고,
디자인 요소를 가미해
나만의 특별한 감각을 실현해보자.

오리지널 디자인

실습 P.109

디자인 결정하는 법과
패턴 만드는 과정을 배운다.

↓

자신이 만들고 싶은 옷의 디자인을 정하고,
패턴 만드는 순서를 머릿속에 넣자.

집중 강의 P.129

제도부터 시접 넣는 패턴까지,
패턴 만드는 노하우를 배운다.

↓

결정한 디자인을 토대로 패턴을
직접 만들어보자.

기초 강의
+
특별 강의
+
실습
=
오리지널 디자인

제도 표시 보는 법

이 책의 제도에는 제도를 알기 쉽게 표현하기 위한 기호와 약속이 있다.
주로 쓰이는 것을 그림과 함께 설명하였으므로 패턴을 만들 때 참고한다.

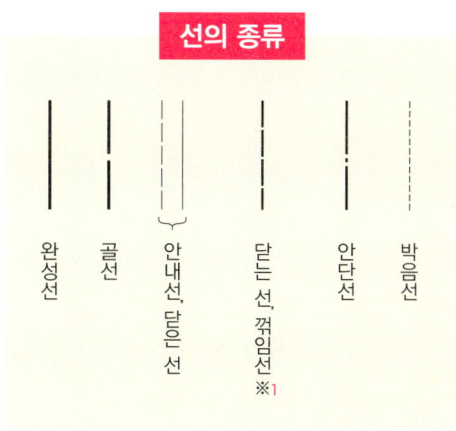

선의 종류

| 완성선 | 골선 | 안내선·닮은선 | 닮는 선·꺾임선 ※1 | 안단선 | 박음선 |

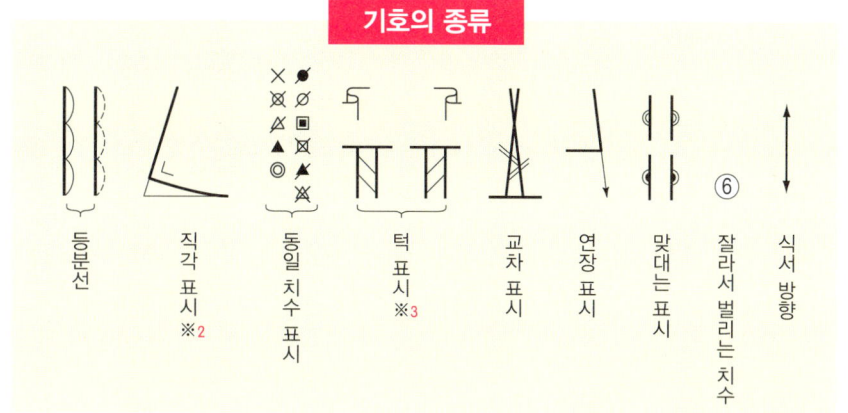

기호의 종류

| 등분선 | 직각 표시 ※2 | 동일 치수 표시 | 턱 표시 ※3 | 교차 표시 | 연장 표시 | 맞대는 표시 | ⑥ 잘라서 벌리는 치수 | 식서 방향 |

※1 완성선을 표시하는 경우도 있다

※2 수평·수직선에는 넣지 않는다
※3 사선의 위쪽에서 아래쪽으로 접는다

패턴 만들기에 필요한 제도 용구

제도를 순조롭게 진행하고 정확한 패턴을 만들기 위해 필요한 용구를 알아보자.
용구를 잘 다루면 시간도 단축되고 제도가 즐거워진다.

줄자
신체 치수나 패턴의 곡선을 잴 때 쓰는 테이프 모양의 자.

패턴지
얇고 잘 비쳐 패턴을 베끼기 편리한 제도용지. 까슬까슬한 면을 위로 해서 사용한다. 수평·수직선을 그리기 쉬운 모눈종이 타입도 있다.

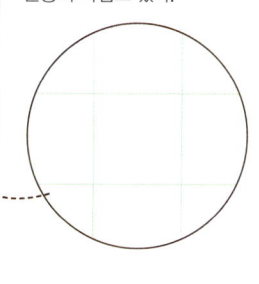

모눈자(방안자)
직선용 자. 모눈이 있어 시접을 표시하거나 평행선, 직각선을 그릴 때 편리하다. 30cm와 50cm 두 가지.

곡선용 자(그레이딩 자)
진동 둘레나 목둘레 같은 곡선을 잴 때 사용한다. 얇고 잘 휘어지는 소재.

룰렛
소매 아래 같은 부분적인 선을 베낄 때나 패턴 체크 시 사용한다. 톱니 끝이 너무 날카롭지 않은 부드러운 타입이 좋다.

D커브자
진동 둘레나 목둘레 같은 곡선을 그릴 때 사용한다.

문진
제도나 패턴을 베낄 때 종이가 움직이지 않도록 눌러 두는 도구.

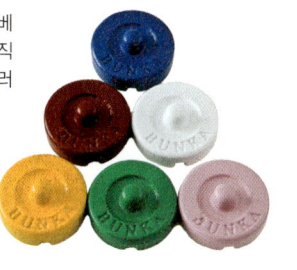

제도용 샤프펜슬
알맞은 무게로 자에 착 붙어 정확한 선을 그릴 수 있다. 굵기는 가늘고(0.3, 0.5mm), 심은 단단한(HB, H 등) 것을 추천한다.

컴퍼스
테일러드 칼라의 뒤 칼라 달림선이나 덧천을 그릴 때 쓴다.

실물 대형 패턴(부록)의 사이즈표

몸판 🅐와 소매 🅐를 5~21호의 9 사이즈로 전개한다.
패턴은 1장의 종이에 앞뒤로 나누어 인쇄했다.
몸판은 각자의 가슴둘레 치수로 사이즈를 고르고
소매는 몸판 만드는 유형에 맞춘다.
자세한 설명은 P.130~139를 참조한다.
사이즈표는 패턴의 각 면에도 실려 있다.

사이즈 (호)	몸판			소매	
	가슴둘레 (B)	등 길이	엉덩이 길이	소매길이	팔꿈치 길이
5	77				31.6
7	80				31.5
9	83				31.4
11	86				31.3
13	89	38	20	52	31.2
15	92				31.1
17	96				30.9
19	100				30.8
21	104				30.6

단위 cm

기본 체형의 치수표

5~21호 사이즈의
가슴둘레, 허리둘레, 엉덩이 둘레를 표로 정리했다.
허리둘레의 여유분 등을 결정할 때
각자의 치수와 비교해서 분량을 검토한다.
❶ 등의 번호는 각 패턴의 치수 재기 페이지에 대응한다.

사이즈 (호)	몸판		
	❶	❷	❹
	가슴둘레	허리둘레	엉덩이 둘레
5	77	61	87
7	80	64	89
9	83	67	91
11	86	70	93
13	89	73	95
15	92	76	97
17	96	80	99
19	100	84	101
21	104	88	103

단위 cm

책에 나온 제도와 작품의 참고 치수＋자신의 치수표

이 책에 나오는 제도와 작품은 아래 표의 9호 사이즈로 만들었다.
실제 제도에서는 각자의 치수로 만든다. ❶ 등의 번호는 각 패턴의 치수 재기 페이지에 대응한다.

몸판						소매						칼라	
❶	❷	❸	❹	❺	❻	❶	❷	❸	❹	❺	❻	❶	❷
가슴둘레	허리둘레	등 길이	엉덩이 둘레	어깨너비	엉덩이 길이	소매길이	팔꿈치 길이	위팔 둘레	팔꿈치 둘레	손목 둘레	손바닥 둘레	머리 둘레	후드 치수
83	67	38	91	38	20	52	31.4	26	22	16	21	56	39

단위 cm

자신의 치수를 적는다

 → 몸판 치수…P.13, 소매 치수…P.39, 칼라 치수…P.59

Lecture on Pattern-making

패턴의 종류와 완성품을 비교한다

기초 강의

상의 아이템을 구성하는 '몸판', '소매', '칼라'의 3가지 패턴을 쉽게 설명한다.

다양한 스타일 속에서 나만의 개성적인 디자인을 구체화해 보자.

견본 작품은 두께와 장력에 있어서 평균적인 특징을 지닌 얇은 면을 사용한다.

기초 강의를 보는 방법

① **강의 번호**
　1은 '몸판 패턴', 2는 '소매 패턴', 3은 '칼라 패턴'.

② **교시**
　디자인과 실루엣의 일련번호. '(숫자) 교시'로 표시한다.

③ **디자인, 실루엣 명칭**
　소개하는 디자인의 일반적인 명칭.

④ **디자인, 실루엣 해설**
　③을 소개하고, 패턴에 관한 전반적인 사항을 설명한다.

⑤ **패턴 소개**
　③에 속한 패턴을 소개한다. 한 디자인에 1~6 종류.

⑥ **패턴 번호**
　알파벳으로 표시한다. 파트별 일련번호이다.

⑦ **제도 지시** ‧‧‧‧‧‧ 제도의 요점을 표시한다.

⑧ **제도 설명** ‧‧‧‧‧‧ 제도 방법과 순서를 설명한다.

⑨ **사용 패턴** ‧‧‧‧‧‧ 제도에 필요한 원형 패턴을 표시한다. 각 패턴을 만들기 전에 미리 준비한다.

⑩ **제도** ‧‧‧‧‧‧ 패턴의 설계도. 이 치수대로 실제로 제도한다.

⑪ **패턴 처리 후의 모습** ‧‧‧‧‧‧ '닫는다', '닫는다 · 벌린다', '잘라서 벌린다', '맞댄다' 등의 패턴 처리 후의 모습.

⑫ **완성 이미지 사진** ‧‧‧‧‧‧ 기본은 앞, 옆(우측), 뒤 3장. 옆과 뒤를 생략한 경우도 있다. 모두 얇은 면을 사용한다.

⑬ **완성 이미지 설명** ‧‧‧‧‧‧ 다른 디자인과의 비교나 모습의 특징을 알기 쉽게 설명한다. 디자인을 결정할 때 참고한다.

⑭ **각주** ‧‧‧‧‧‧ 관련 페이지 표시. 패턴의 이해를 돕는다.

⑮ **패턴 인덱스** ‧‧‧‧‧‧ 좌우 양 페이지에 나온 파트명과 패턴 번호를 표시한다.

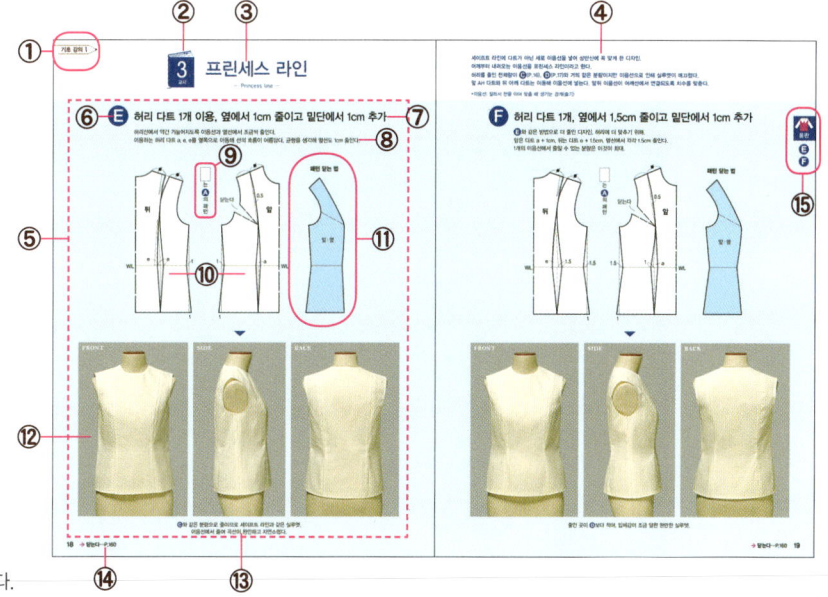

몸판 패턴

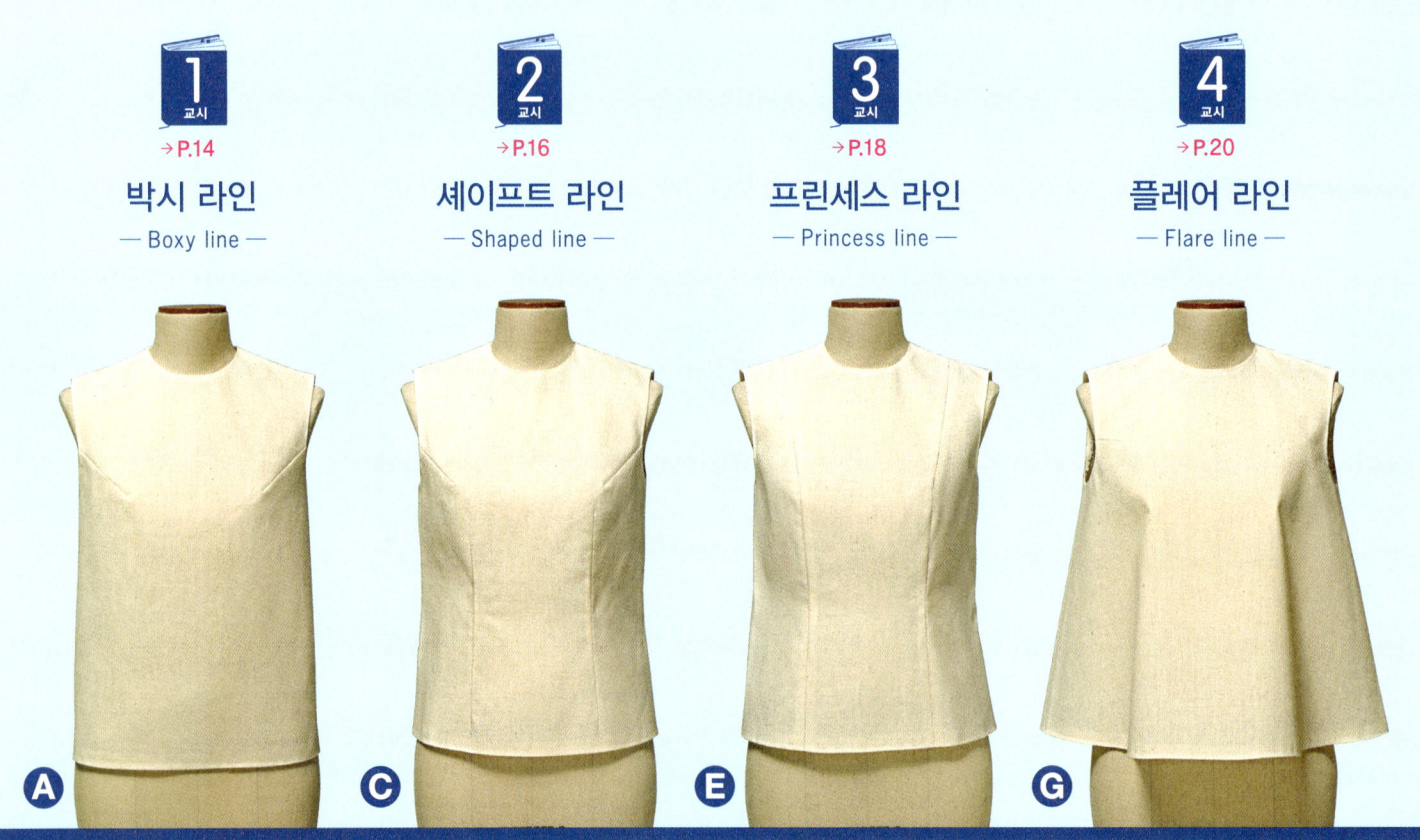

1 교시
→ P.14

박시 라인
— Boxy line —

Ⓐ

2 교시
→ P.16

셰이프트 라인
— Shaped line —

Ⓒ

3 교시
→ P.18

프린세스 라인
— Princess line —

Ⓔ

4 교시
→ P.20

플레어 라인
— Flare line —

Ⓖ

몸판이란 몸통을 감싸는 부분의 총칭이다. 기본적으로 허리둘레 위쪽을 가리키지만
원피스처럼 길이가 밑단까지 길게 이어진 몸판도 있다.
여기서는 기본 패턴 Ⓐ에서 전개해 10종류, 모두 22가지의 디자인을 소개한다.

5 교시
→ P.22

목둘레에 턱을 넣는다
— Tuck in neck —

6 교시
→ P.24

목둘레에 개더를 넣는다
— Gather in neck —

7 교시
→ P.26

허리 이음선
— Waist seam —

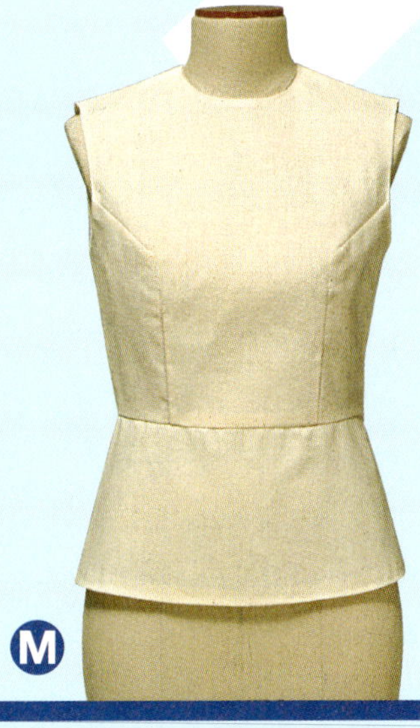

8 교시 **9** 교시 **10** 교시
→ P.30 → P.32 → P.34

요크 이음선
— Yoke seam —

Ⓘ   Ⓚ   Ⓜ   Ⓠ

11

예습 몸판의 기초 지식

각 부분의 명칭

설명에 필요한 각 부분 명칭이다. 박시 라인 Ⓐ로 해설한다.
기억해두면 패턴에 대한 설명을 쉽게 이해할 수 있다.

박시 라인 Ⓐ

B ⋯버스트(가슴둘레)
BL ⋯버스트라인(가슴선)
BP ⋯버스트 포인트(유두점)
W ⋯웨이스트(허리둘레)
WL ⋯웨이스트라인(허리선)
H ⋯힙(엉덩이 둘레)
HL ⋯힙라인(엉덩이선)
SP ⋯숄더 포인트(어깨 끝점)
FNP ⋯프런트 넥 포인트
　　　(목 앞점)
SNP ⋯사이드 넥 포인트
　　　(목 옆점)
BNP ⋯백 넥 포인트
　　　(목 뒷점)
AH ⋯암홀(진동 둘레)

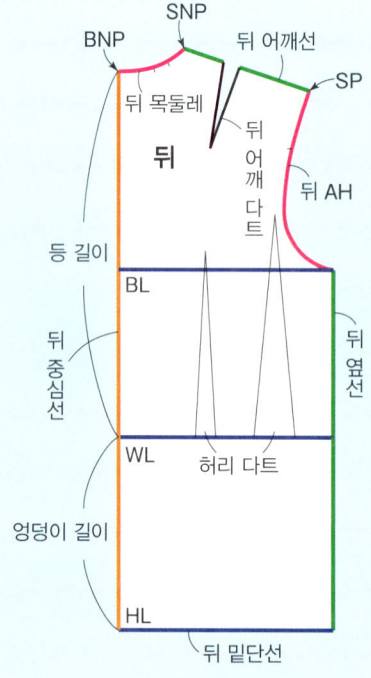

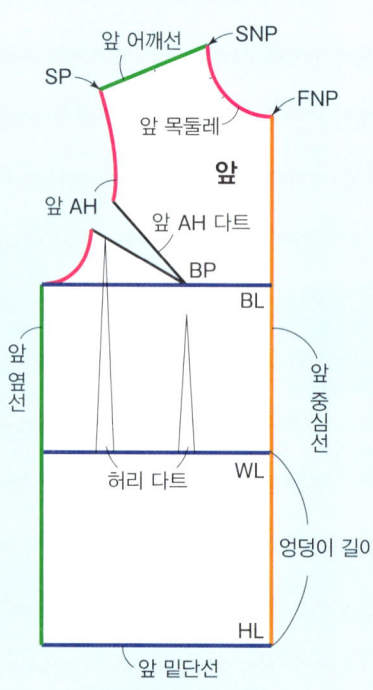

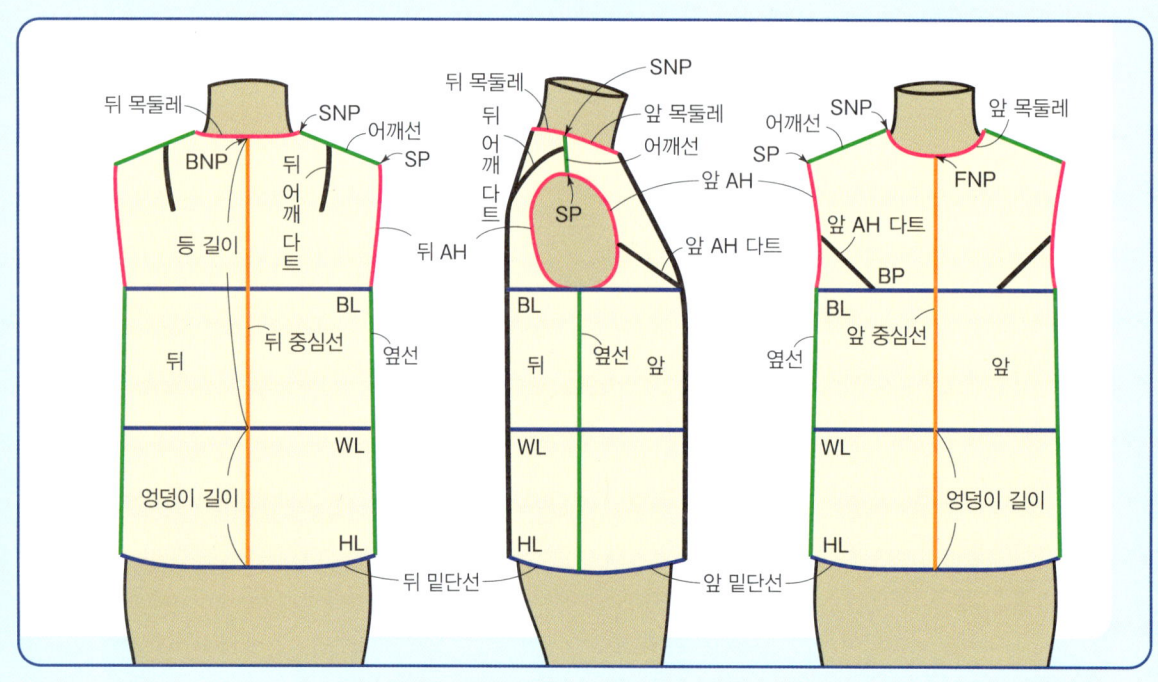

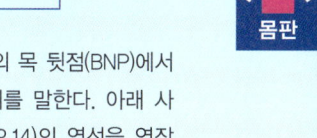

치수 재기

치수 재기는 제도에 필요한 몸의 치수를 재는 것이다. 치수를 정확하게 재는 것이 '정 사이즈'의 옷을 만드는 첫걸음이다. 착용감이 편한 옷을 만들려면 항상 입는 속옷(브 래지어, 거들 등)을 입고 재서 꽉 끼지 않도록 하자. 몸판 제도에는 ① 가슴둘레, ② 허 리둘레, ③ 등 길이, ⑥ 엉덩이 길이가 필수. 그 밖에 ④ 엉덩이 둘레나 ⑤ 어깨너비를 재두면 제도 후, 엉덩이 둘레나 어깨너비에 과부족이 생길 경우, 조정할 수 있다. 엉덩 이 길이는 옷 길이를 정할 때 참고한다.

① 가슴둘레
BP를 지나서 수평으로 한 바퀴 돌려 잰다. 이곳이 BL이다. 줄자가 뒤쪽으로 처지면 치 수가 줄어들 수 있으니 주의한다.

② 허리둘레
허리의 가장 가는 부분을 얇은 끈으로 묶고, 그곳을 수평으로 한 바퀴 돌려 잰다. 이곳이 WL이다.

③ 등 길이
BNP에서 WL까지의 길이를 잰다. 이때 어깨 뼈 돌출 부분만큼 0.7~1cm를 더한다.

④ 엉덩이 둘레
엉덩이의 제일 튀어나온 곳을 지나 배가 나 온 부분을 포함시켜 수평으로 잰다. 이곳이 HL이다.

⑤ 어깨너비
한쪽 SP에서 BNP을 지나 다른 쪽 SP까지 잰다.

⑥ 엉덩이 길이
허리둘레에서 엉덩이 둘레까지 수직으로 잰 다. 비교적 굴곡이 적은 옆선에서 재는 것이 정확하다.

옷 길이

옷 길이는 몸판의 목 뒷점(BNP)에서 밑단까지의 길이를 말한다. 아래 사 진은 몸판 Ⓐ(P.14)의 옆선을 연장 해, 10cm마다 선을 그어놓았다. 옷 길이를 정할 때 참고한다.

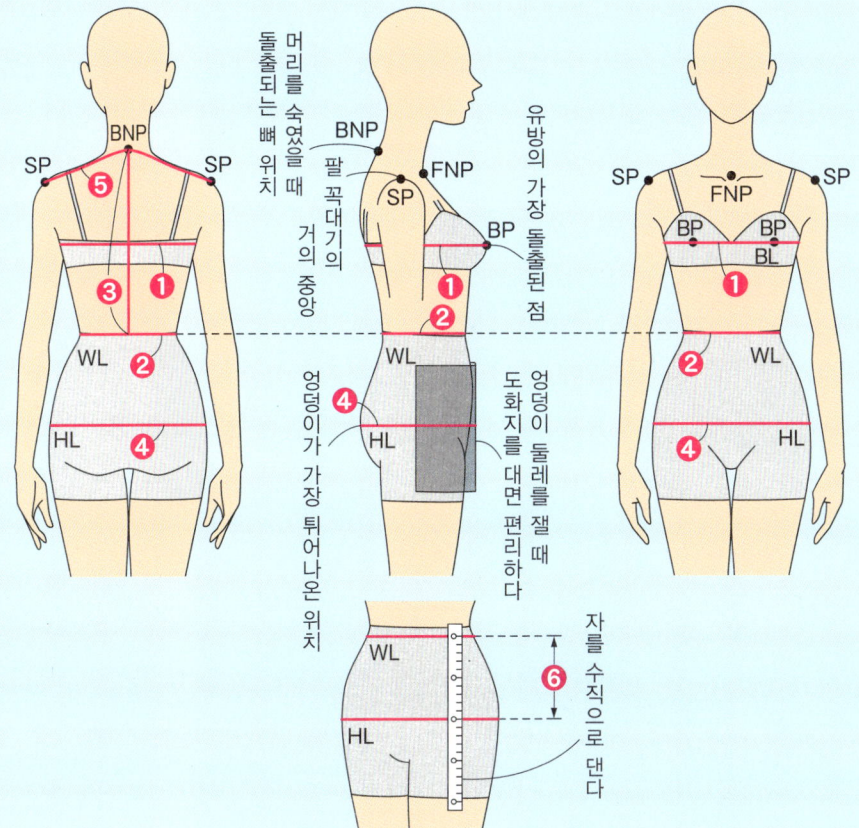

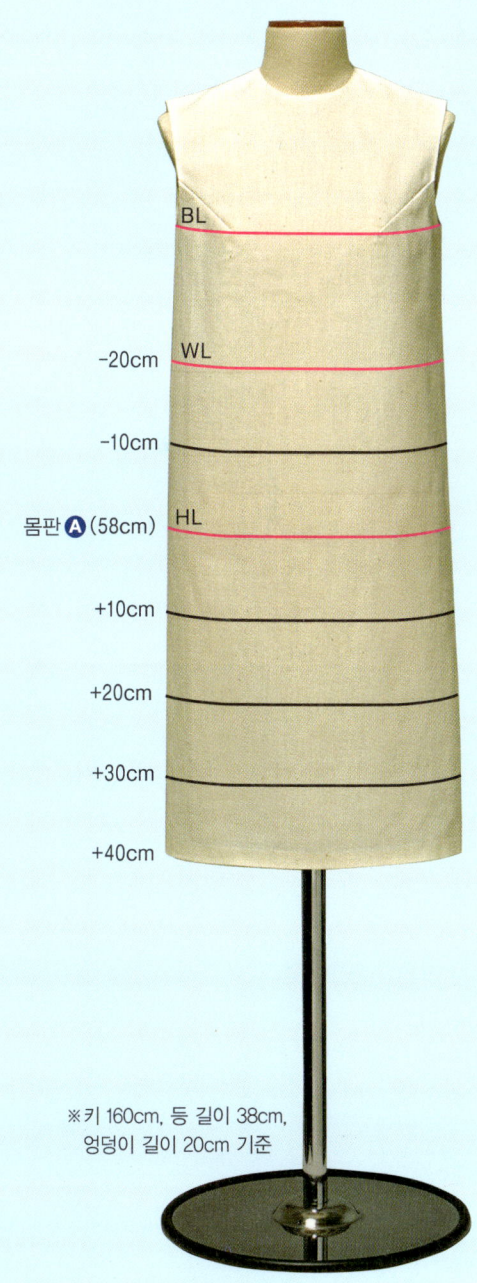

※키 160cm, 등 길이 38cm, 엉덩이 길이 20cm 기준

→ 기본 체형의 치수표…P.8, 책에 나온 제도, 작품의 참고 치수표…P.8, 옷 길이 차이에 따른 비교…P.84

박시 라인
— Boxy line —

부록
실물 대형 패턴
(9 사이즈로 전개)

A 기본 패턴

가장 기본적인 몸판의 패턴.
옆선을 수직으로 내려, 허리선에서 엉덩이 길이를 더한 엉덩이선의 위치가 밑단선이다.
몸의 입체감을 표현하기 위해 뒤 어깨 다트와 앞 AH 다트가 있다.
가슴둘레 여유분은 12cm. 여유분을 더 두고 싶은 경우, 완성된 몸판 **A**에 추가한다.

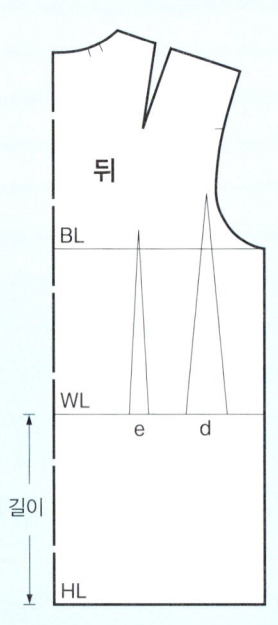
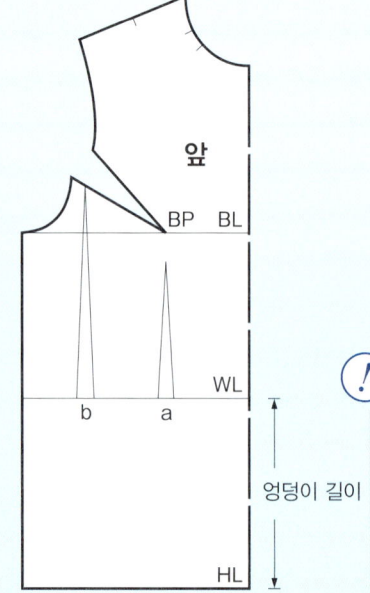

! 몸판 **A**는 P.15부터 소개
하는 디자인의 원형 역할을
한다. 이때 필요한 BL, WL,
허리 다트(a, b, d, e), 알아
두면 편리한 맞춤 표시가 모
두 들어 있다. **B**~**V**까지
는 필요한 경우에만 표시.

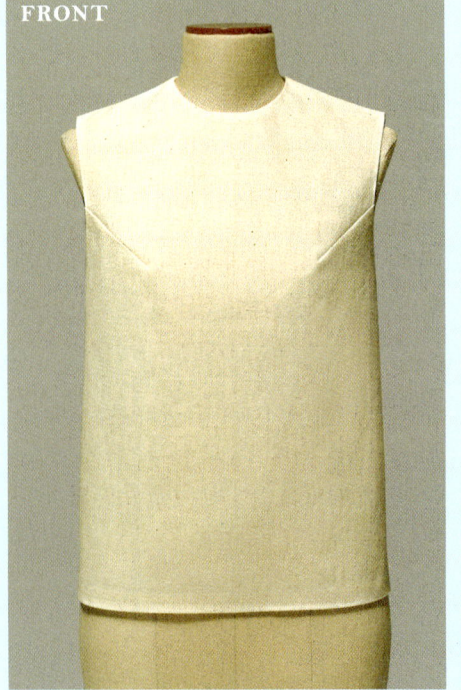
FRONT

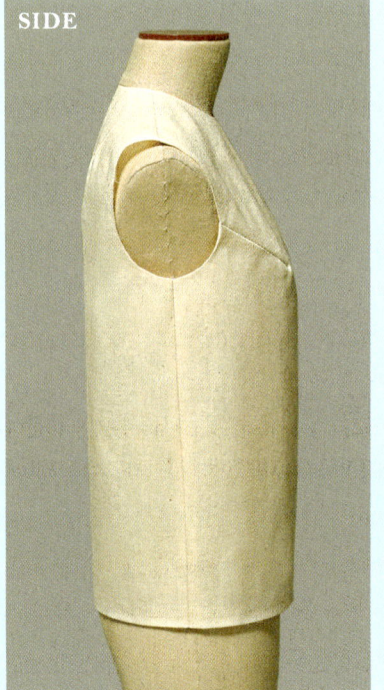
SIDE

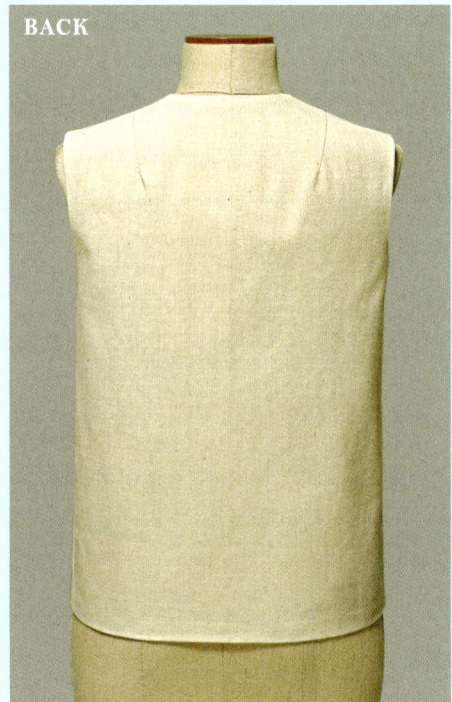
BACK

직선적인 박시 라인.
기본 체형 9호(치수표 P.8)로, 엉덩이 둘레 여유분은 4cm로 적게 둔다.

→ 기본 패턴 만드는 법 몸판 **A**…P.130, 여유분 넣는 법…P.116

옆선을 밑단까지 수직으로 내린 상자처럼 네모난 실루엣.
몸판의 기본형으로, 다양한 디자인으로 전개하는 데 바탕이 된다.
이 책의 모든 몸판 패턴을 Ⓐ부터 전개하여 해설한다.

Ⓑ 밑단에서 1cm 추가

Ⓐ 상태는 엉덩이 둘레 여유분이 적기 때문에 밑단에서 추가한다.
이 정도의 추가 분량은 실루엣에 별 영향이 없다.
오버 블라우스의 경우, 엉덩이선에 8cm 이상의 여유분이 들어가 있는지 확인하자.

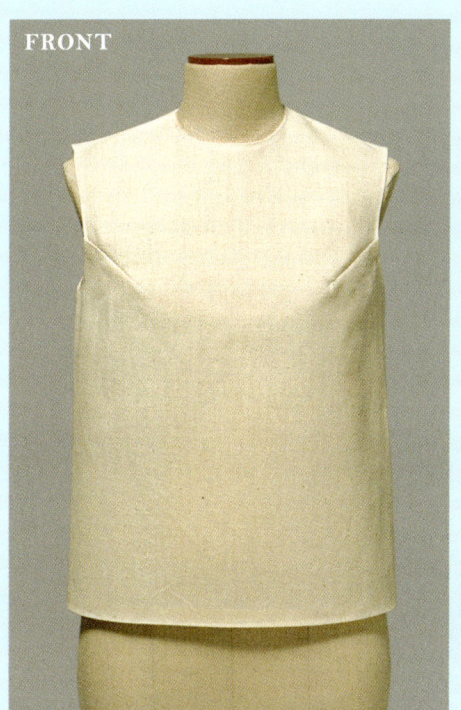

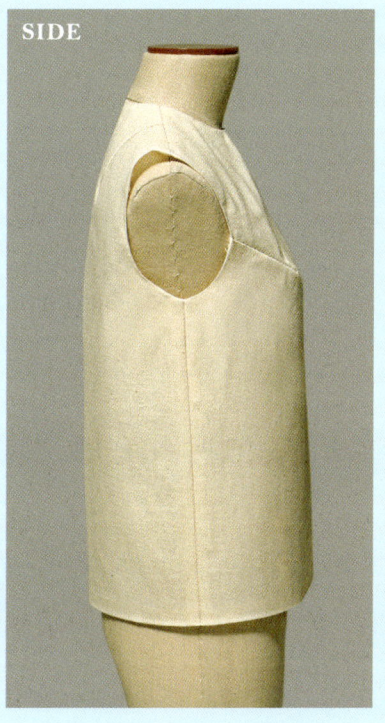

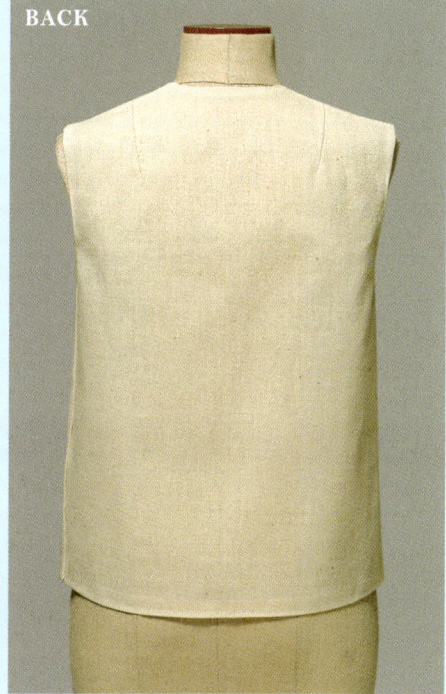

옆선은 Ⓐ보다 밑단이 살짝 퍼짐.

15

2 교시 **셰이프트 라인**
— Shaped line —

C 허리 다트 1개, 옆에서 1cm 줄이고 밑단에서 1cm 추가

허리선에서 약간 가늘어지도록 앞뒤에 분량이 작은 다트 a, e를 넣고,
균형을 생각해 옆선도 줄인 부드러운 실루엣 타입. 옆선에서 줄인 분량은 1cm.

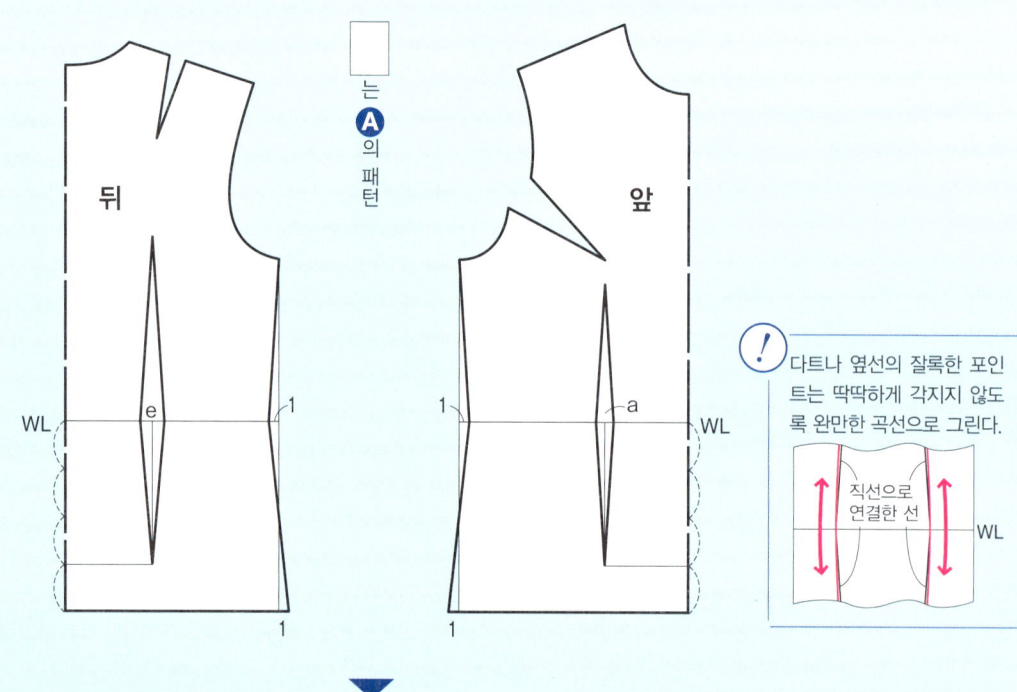

는 Ⓐ의 패턴

뒤   앞

WL   e   1   1   a   WL

1   1

! 다트나 옆선의 잘록한 포인
트는 딱딱하게 각지지 않도
록 완만한 곡선으로 그린다.

직선으로
연결한 선   WL

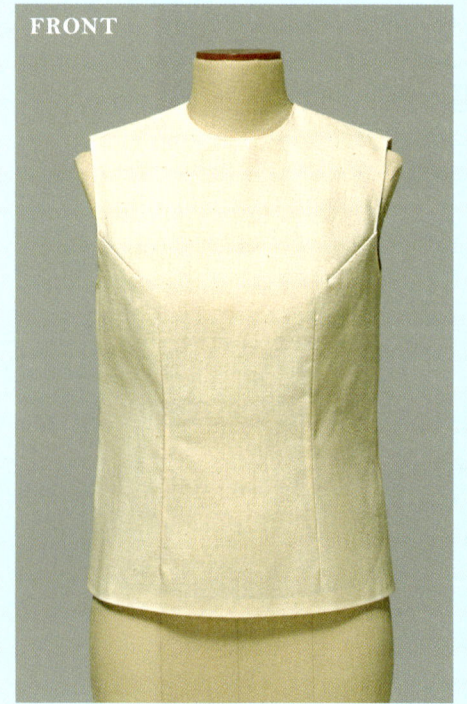

FRONT

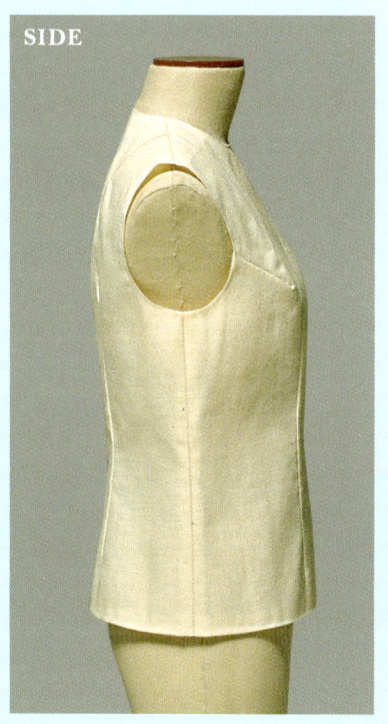

SIDE

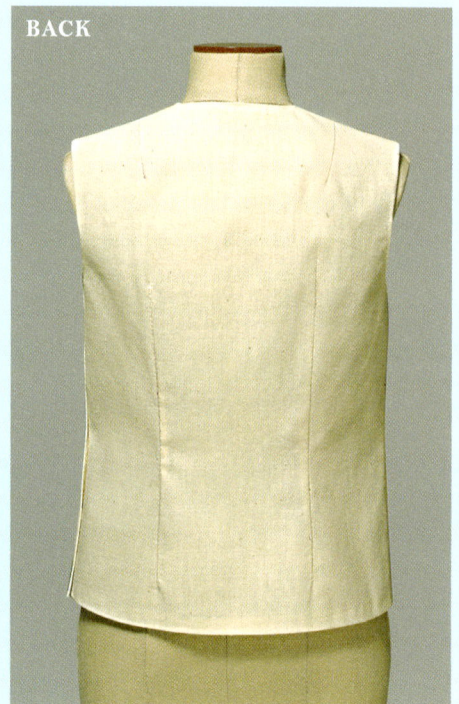

BACK

허리선에서 살짝 줄기 때문에 기본 체형(치수표 P.8)의 경우,
사이즈와 상관없이 허리둘레 여유분을 17cm로 조금 넉넉하게 둔다. 가슴둘레와 허리둘레 차이가 적을수록 여유분은 줄어든다.

여성의 체형에 맞게 허리를 줄여 몸매 라인을 아름답게 표현한 실루엣.
다트를 적절히 사용해, 형태감은 살리고 여유분은 줄여 원하는 스타일로 만들 수 있다.

Ⓓ 허리 다트 2개, 옆에서 1.5cm 줄이고 밑단에서 1cm 추가

Ⓒ에 다트를 2개 추가, 즉 허리 다트 a, b, d, e를 모두 넣어 허리를 줄여
몸매를 강조한 라인. 단, d는 다트 크기를 반으로 줄여 여유분을 확보. 옆에서 줄인 분량은 1.5cm로.

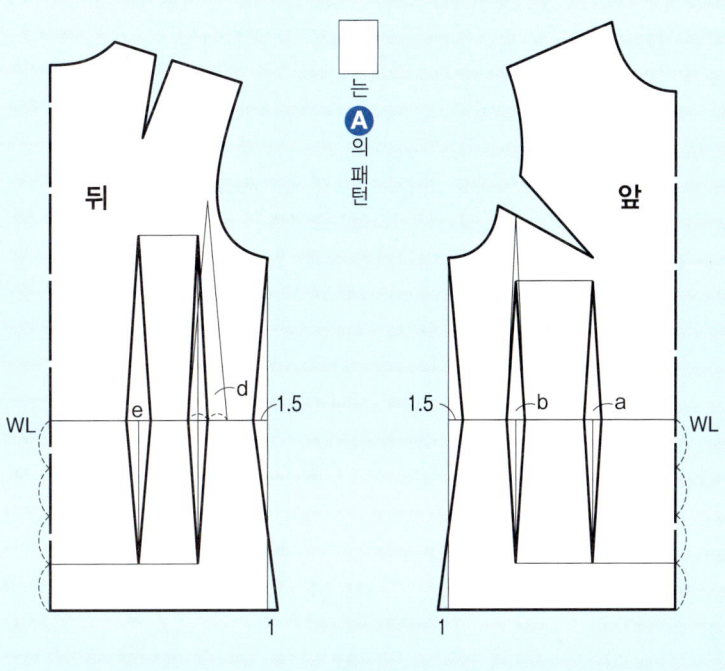

뒤

앞

□는 Ⓐ의 패턴

WL

1.5

e d

1.5 b a

WL

1

1

FRONT

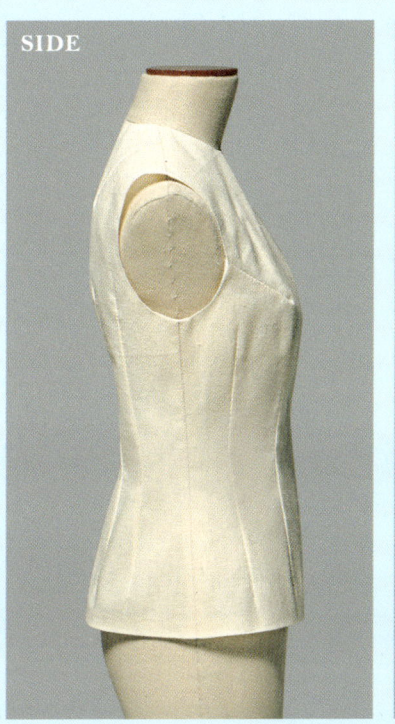

SIDE

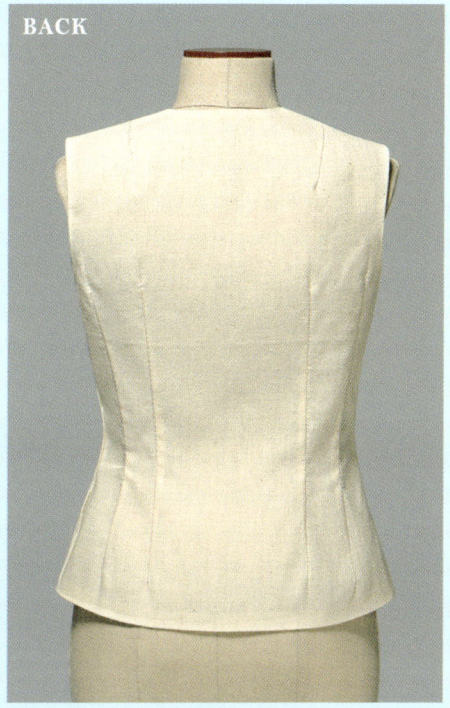

BACK

허리선에서 많이 줄기 때문에, 기본 체형(치수표 P.8)의 경우,
사이즈와 상관없이 허리둘레 여유분은 7.8cm. 가슴둘레와 허리둘레의 차이가 적을수록 여유분은 줄어든다.
볼륨이 생겨 허리가 날씬해 보인다.

3 교시 프린세스 라인
— Princess line —

E 허리 다트 1개 이용, 옆에서 1cm 줄이고 밑단에서 1cm 추가

허리선에서 약간 가늘어지도록 이음선과 옆선에서 조금씩 줄인다.
이용하는 허리 다트 a, e, e를 옆쪽으로 이동해 선의 흐름이 아름답다. 균형을 생각해 옆선도 1cm 줄인다.

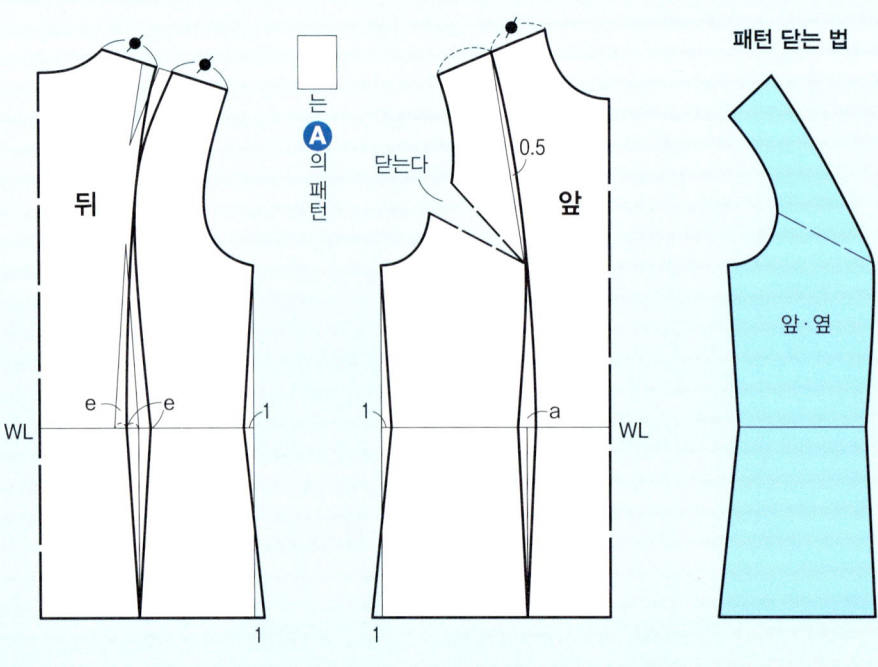

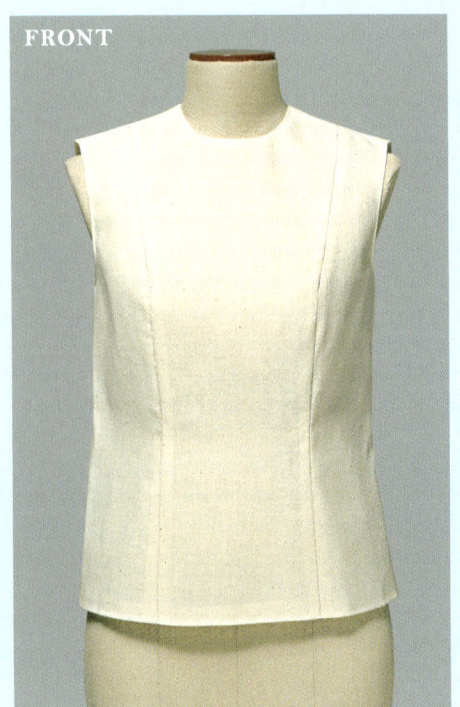

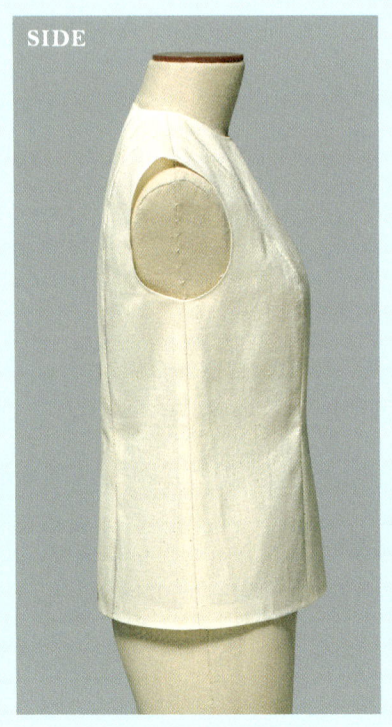

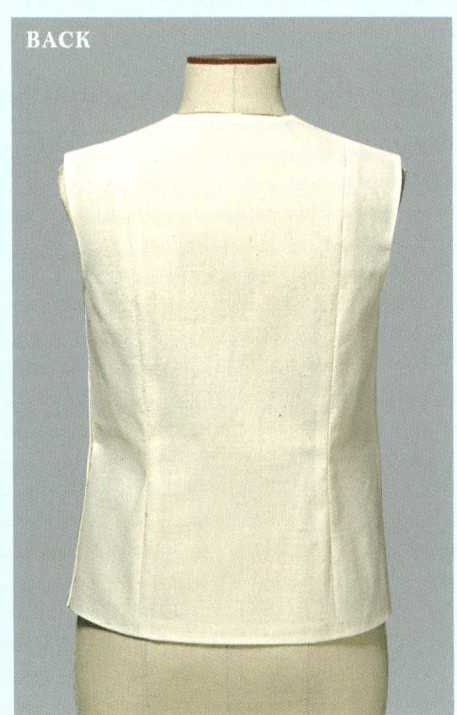

FRONT   SIDE   BACK

ⓒ와 같은 분량으로 줄이므로 셰이프트 라인과 같은 실루엣.
이음선에서 줄여 곡선이 완만하고 자연스럽다.

셰이프트 라인에 다트가 아닌 세로 이음선을 넣어 상반신에 꼭 맞게 한 디자인.
어깨부터 내려오는 이음선을 프린세스 라인이라고 한다.
허리를 줄인 전체량이 **C**(P.16), **D**(P.17)와 거의 같은 분량이지만 이음선으로 인해 실루엣이 매끄럽다.
앞 AH 다트와 뒤 어깨 다트는 이동해 이음선에 넣는다. 앞뒤 이음선이 어깨선에서 연결되도록 치수를 맞춘다.
*이음선: 잘라서 천을 이어 맞출 때 생기는 경계(솔기)

F 허리 다트 1개, 옆에서 1.5cm 줄이고 밑단에서 1cm 추가

E와 같은 방법으로 더 줄인 디자인. 허리에 더 맞추기 위해.
앞은 다트 a + 1cm, 뒤는 다트 e + 1.5cm, 옆선에서 각각 1.5cm 줄인다.
1개의 이음선에서 줄일 수 있는 분량은 이것이 최대.

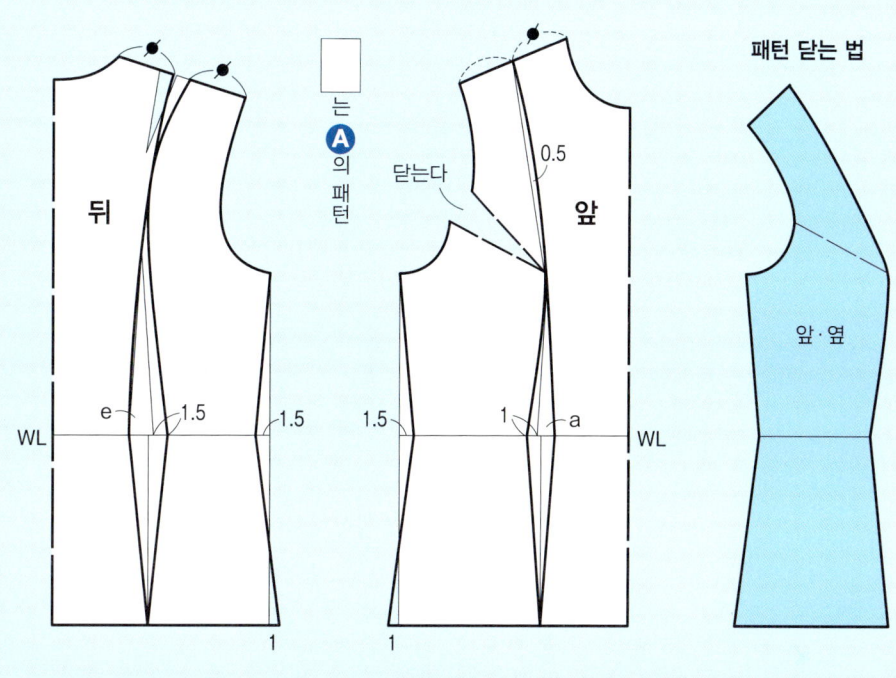

□ 는 **A**의 패턴

패턴 닫는 법

뒤 / 앞 / 앞·옆 / 닫는다 / 0.5 / e / 1.5 / 1.5 / WL / 1.5 / 1 / a / WL / 1 / 1

FRONT

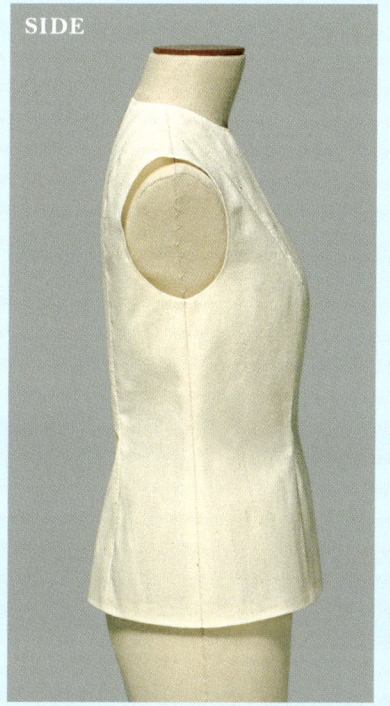

SIDE

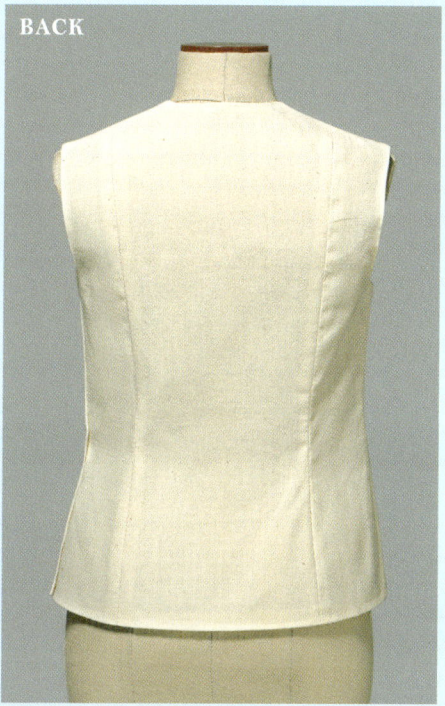

BACK

줄인 곳이 **D**보다 적어, 입체감이 조금 덜한 완만한 실루엣.

→ 닫는다···P.160

4 교시 플레어 라인
— Flare line —

G 밑단 폭을 3cm 추가, 다트를 닫아 밑단을 벌린다

앞 AH 다트와 뒤 어깨 다트를 닫아 밑단을 벌린다.
다트를 닫는 분량에 따라 플레어 분량도 달라지는데, 플레어를 더 넣고 싶은 경우 **H** 를 참조.

절개 그림

닫는다

뒤

□ 는 **A** 의 패턴

닫는다

앞

벌린다

벌린다

3

3

앞

앞 AH 다트를 닫으면서 생긴 치수
※ 뒤도 같은 방법으로 잘라서 벌린다

FRONT

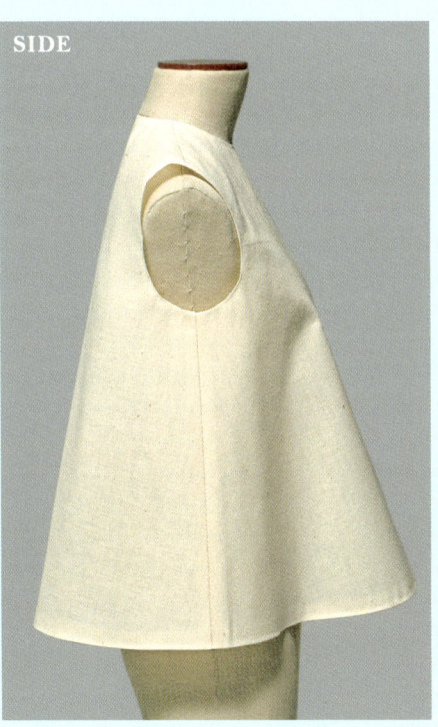

SIDE

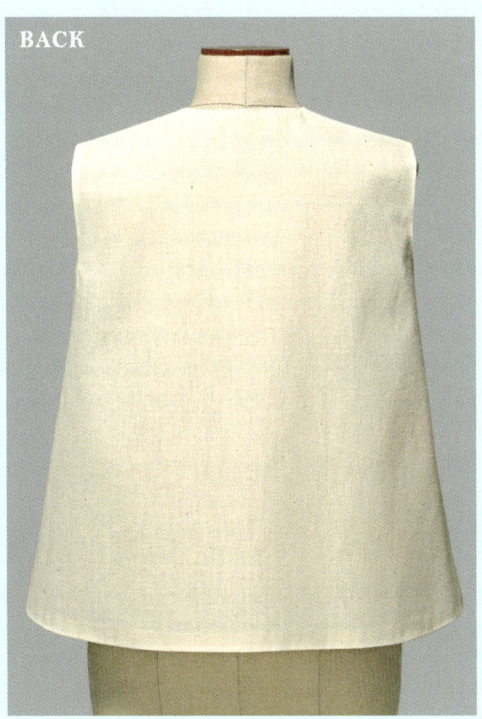

BACK

밑단 쪽으로 서서히 퍼진다. 기본 체형 9호(치수표 P.8)의 경우, 플레어 분량은 잘라서 벌리기 전 가슴둘레 치수의 약 0.5배.
플레어의 물결 라인은 소재에 따라 느낌이 달라진다. 어깨 주위는 플레어를 넣지 않아 깔끔하다.

가슴선부터 밑단까지 나팔꽃 모양으로 벌어지는 허리 줄임이 없는 디자인.
플레어 분량이나 넣는 방법에 따라 자유자재로 실루엣을 만들 수 있다.
천의 폭이 부족할 때는 이음선을 넣어준다.

H G방법 + 절개선을 넣어 잘라서 벌린다

몸판

G
H

G의 방법에, 진동 둘레 가장 안쪽을 기준점으로 수직의 절개선을 넣고 플레어 분량을 넣는다.
이 분량은 다트를 닫으면서 벌어지는 분량과 같은 분량까지가 최대.
플레어 분량은 잘라서 벌리기 전 가슴둘레 치수의 1배.

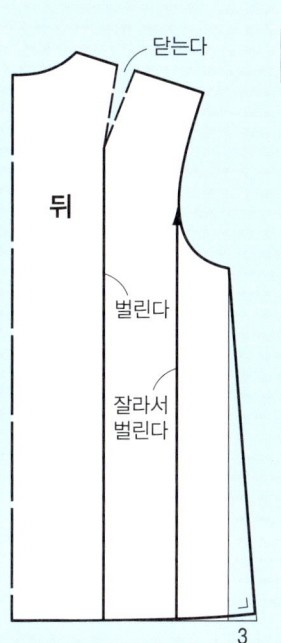

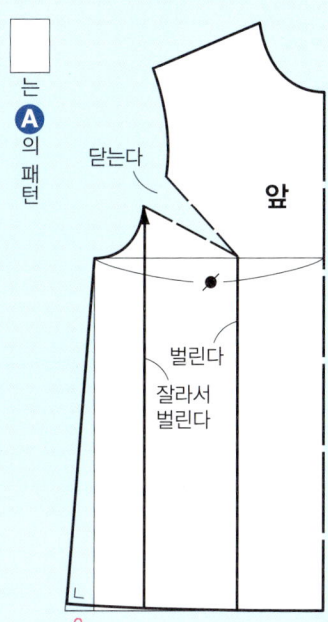

절개 그림

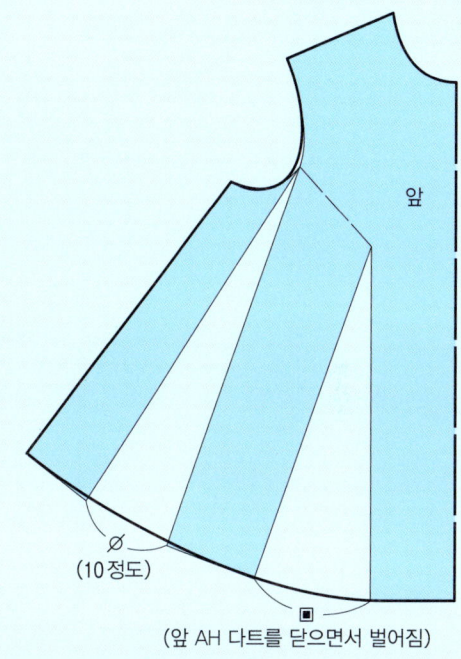

닫는다

□ 는 A의 패턴

잘라서 벌리는 분량 (∅) = ● ×1 − (3 + ▣)
※ ~~~~~ 는 플레어 분량. 뒤도 같은 방법으로 계산해 잘라서 벌린다

FRONT

SIDE

BACK

플레어 분량이 많아서 플레어의 물결 라인이 많다. 물결 라인의 모양은 소재에 따라 달라진다.
어깨 주위는 플레어를 넣지 않아 깔끔하다.

→ 플레어 분량 차이에 따른 비교…P.104, 천 차이에 따른 비교…P.107, 닫는다·벌린다…P.161, 기준점을 잡고 잘라서 벌린다…P.163

5 교시 목둘레에 턱을 넣는다
— Tuck in neck —

I 밑단 폭을 1cm 추가, 다트를 닫아 목둘레를 벌린다

원하는 목둘레의 위치에 절개선을 넣어 벌린다.
방법은 AH 다트와 뒤 어깨 다트를 닫아 벌어지는 치수만큼 목둘레를 벌린다.

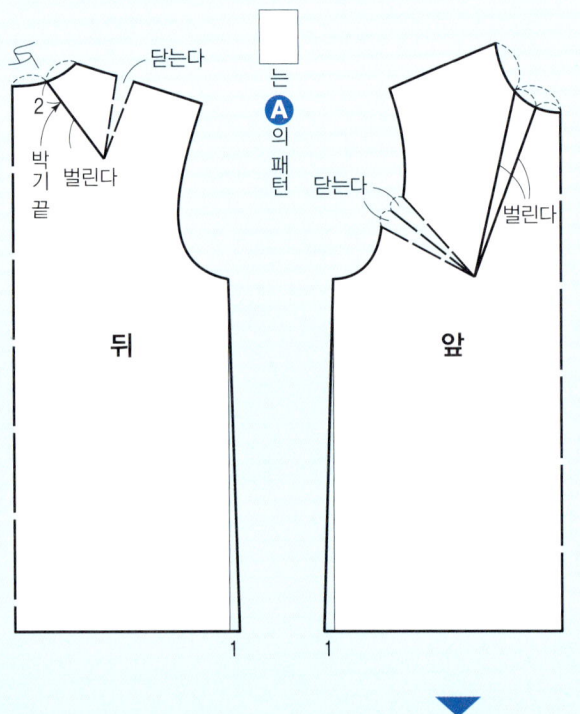

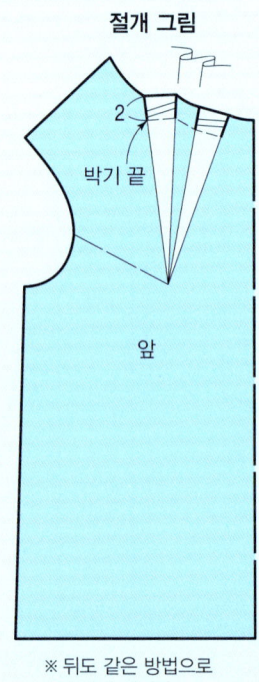

절개 그림

※ 뒤도 같은 방법으로
잘라서 벌린다

FRONT

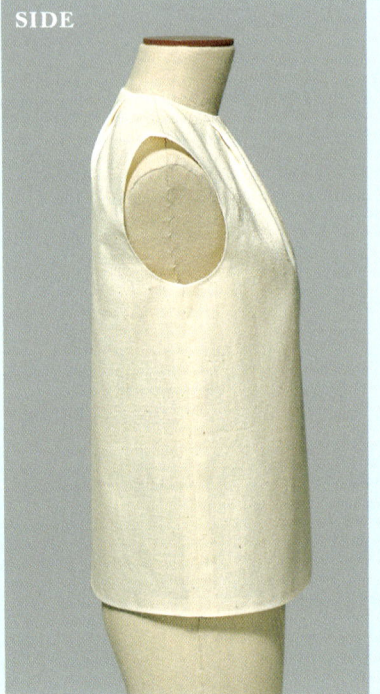

SIDE

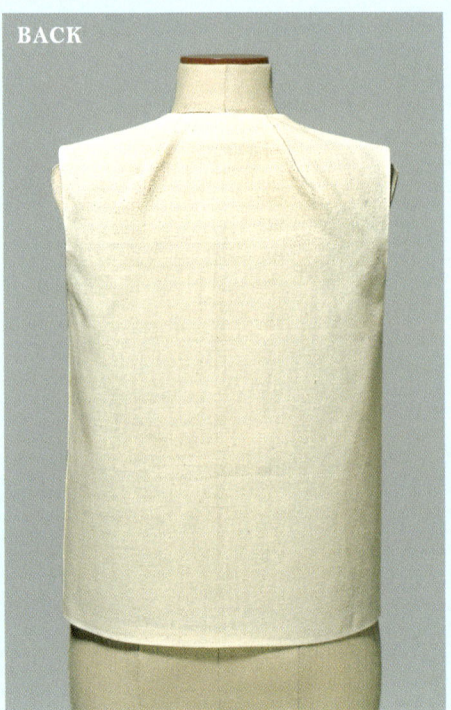

BACK

턱을 꺾는 방향은 여기서는 앞뒤 모두 바깥쪽. 턱 분량은 전체적으로 조금 적게.
실루엣은 Ⓑ와 같은 단정한 박스형.

목둘레에 턱을 넣어 가슴선 위쪽을 입체적으로 표현한다. 턱은 장식을 위해 천을 접어 꿰맨 주름을 말한다.
턱의 개수, 분량 그리고 꺾는 방향에 따라 여러 가지로 변형이 가능하다.
천의 폭이 부족할 때는 이음선을 넣어준다.

J 밑단 폭을 1cm 추가, 다트를 닫아 목둘레를 벌리고 중심에 턱 분량을 추가

I와 같이 목둘레에 절개선을 넣어 벌리고, 다시 앞뒤 중심에 턱 분량을 평행으로 추가한다.
이 분량은 앞 AH 다트를 닫으면서 벌어지는 정도와 같은 분량이 적당.

몸판

I

J

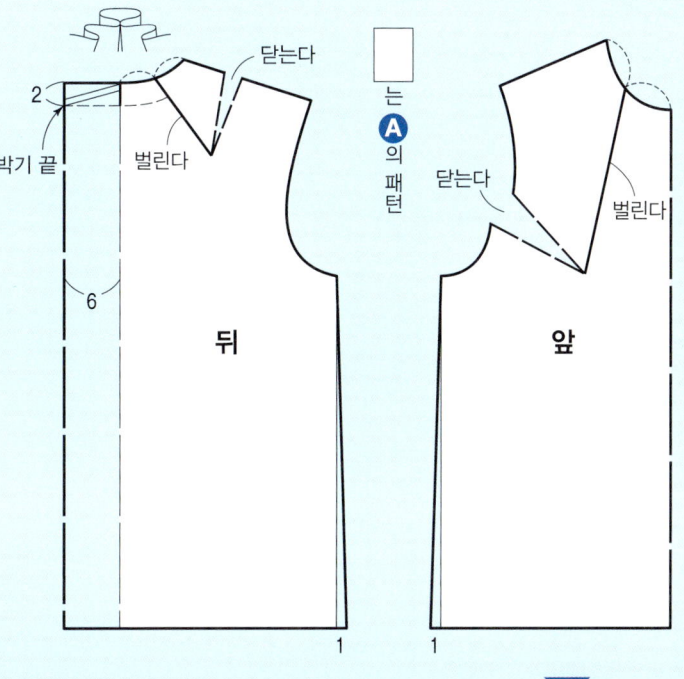

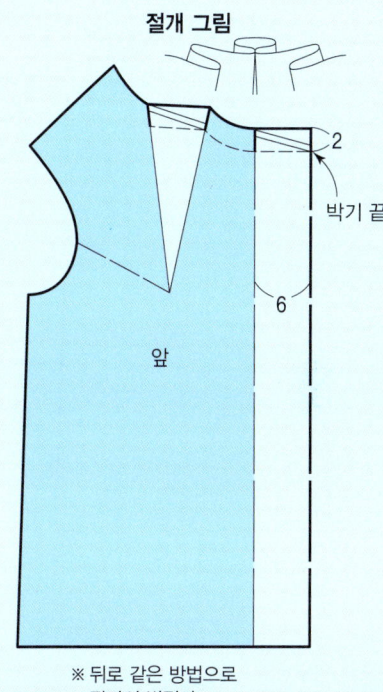

절개 그림

※ 뒤로 같은 방법으로
잘라서 벌린다

FRONT

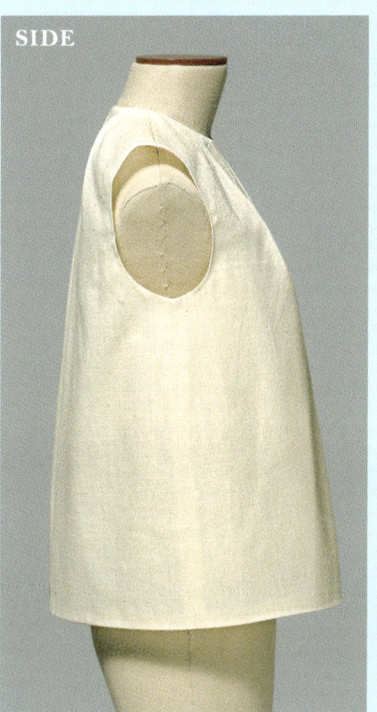

SIDE

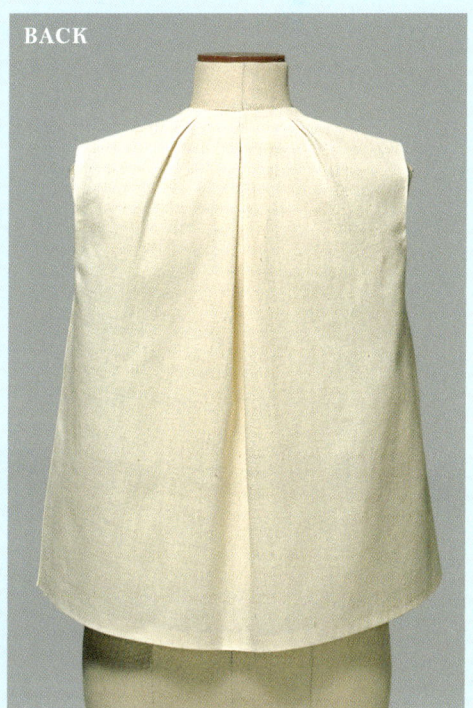

BACK

턱을 중심 쪽으로 꺾으면 음영이 뚜렷해져 입체감이 살아난다.
턱 분량이 많아 밑단이 약간 퍼지는 실루엣.

목둘레에 개더를 넣는다

— Gather in neck —

K 밑단 폭을 1cm 추가, 다트를 닫아 목둘레를 벌린다

앞 AH 다트와 뒤 어깨 다트를 닫아 목둘레를 벌린다.

절개 그림

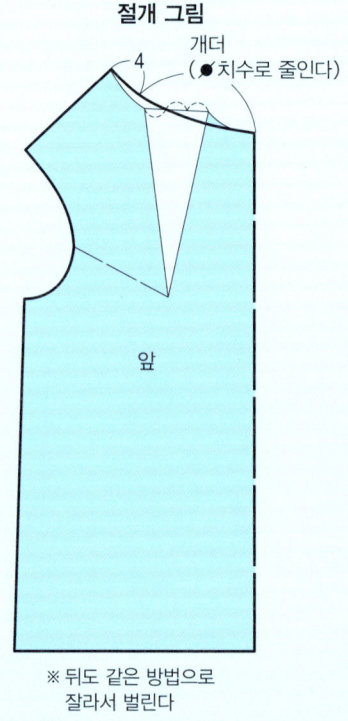

※ 뒤도 같은 방법으로
잘라서 벌린다

FRONT

SIDE

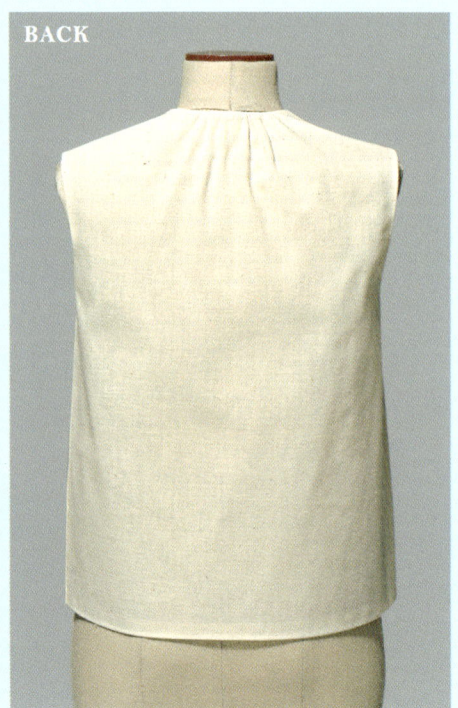

BACK

개더 분량은 뒤는 ∅의 약 0.5배, 앞은 ●의 약 1배.
실루엣은 Ⓑ와 같은 단정한 박스형.

→ 개더 분량 차이에 따른 비교…P.102, 천 차이에 따른 비교…P.106, 닫는다·벌린다…P.161

목둘레에 개더를 넣어 가슴선 위쪽을 입체적으로 표현한다.
개더 분량이 같아도 천의 두께나 장력에 따라 볼륨과 실루엣이 달라진다.
두꺼운 천은 0.7~1배, 얇은 천은 1~2배 정도의 개더 분량이 표준이다.
어깨 가까이까지 개더를 넣으면 들뜨기 쉬우므로 주의. 천의 폭이 부족할 때는 이음선을 넣는다.

L K 방법＋중심에 개더 분량을 추가

K와 같은 방법으로 다트를 닫아 목둘레를 벌리고, 다시 앞뒤 중심에 개더 분량을 평행으로 추가한다.
개더 분량은 뒤는 ∅의 1.5배, 앞은 ♥의 2배.

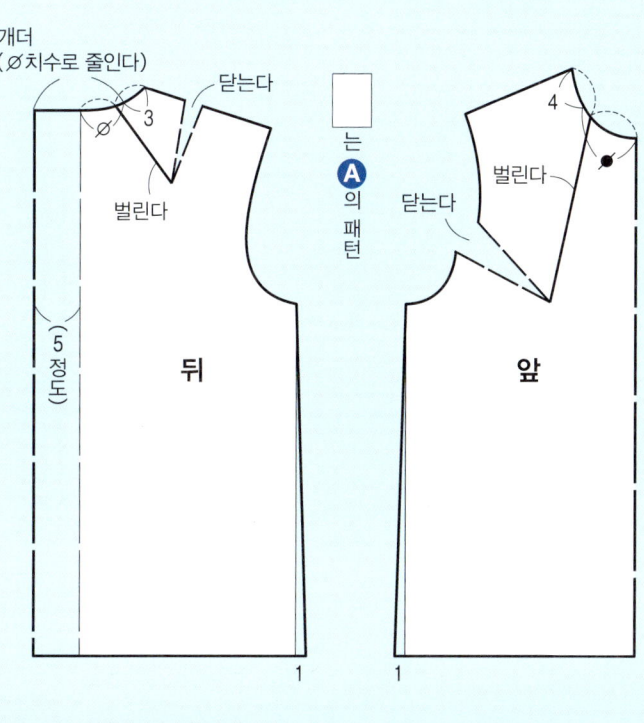

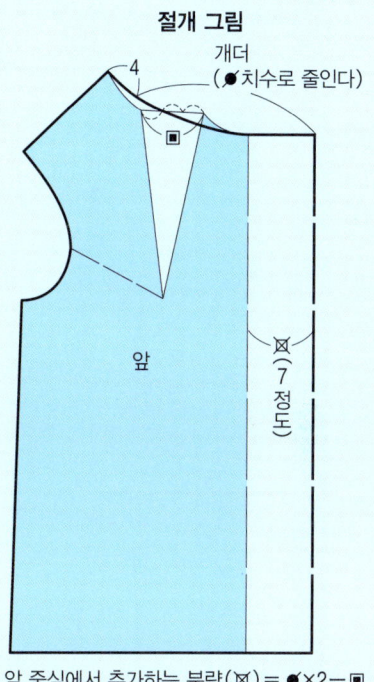

앞 중심에서 추가하는 분량(⊠) = ♥×2−◼
※ ∿∿ 는 개더 분량.
　뒤도 배율은 다르지만 같은 방법으로 계산해 잘라서 벌린다

FRONT

SIDE

BACK

박스형이지만 개더 분량이 많아 밑단이 살짝 퍼지는 디자인.

→ 개더 분량 차이에 따른 비교…P.102, 천 차이에 따른 비교…P.106, 닫는다·벌린다…P.161

7 교시 허리 이음선
— Waist seam —

M 이음선을 넣어 옆에서 1.5cm 줄이고, 밑단에서 1cm 추가,
몸판은 다트 b와 d를 닫고 페플럼은 맞댄다

허리선에 이음선을 넣고, 몸판은 a, e를 다트로, b, d는 닫아 벌어지는 분량을 진동 둘레 여유분으로 둔다.
페플럼은 a, b, d, e를 몸판과 같은 분량으로 잡은 뒤 맞댄다. 직선적이므로 엉덩이 둘레 여유분은 적게 둔다.

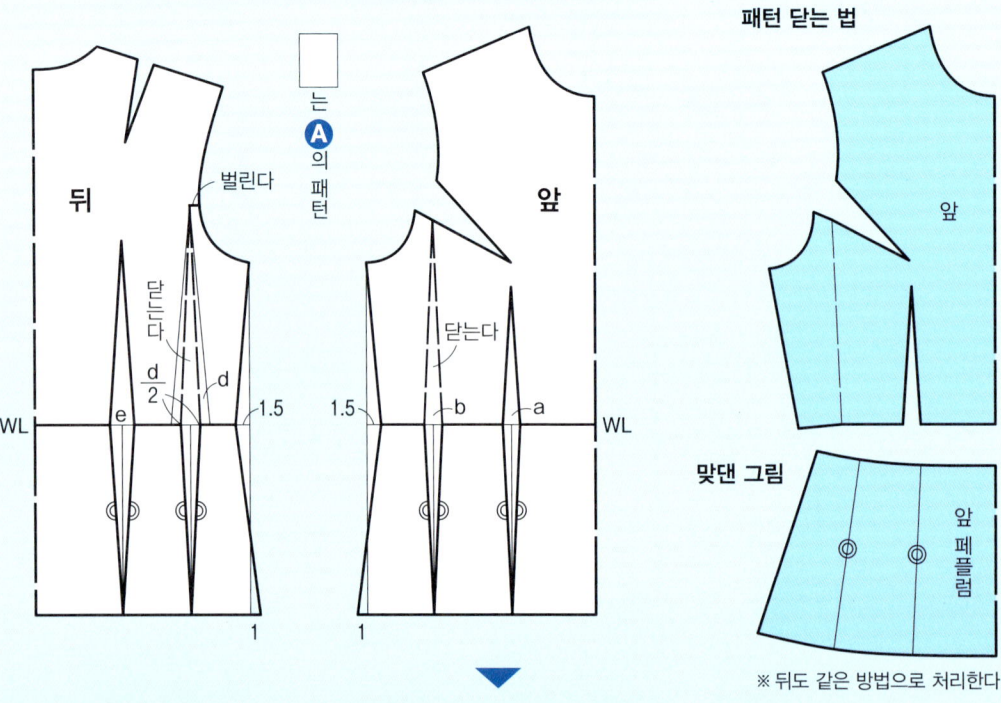

패턴 닫는 법

맞댄 그림

※ 뒤도 같은 방법으로 처리한다

FRONT

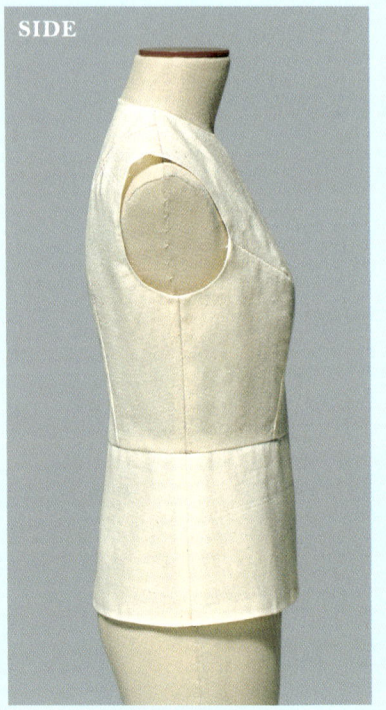

SIDE

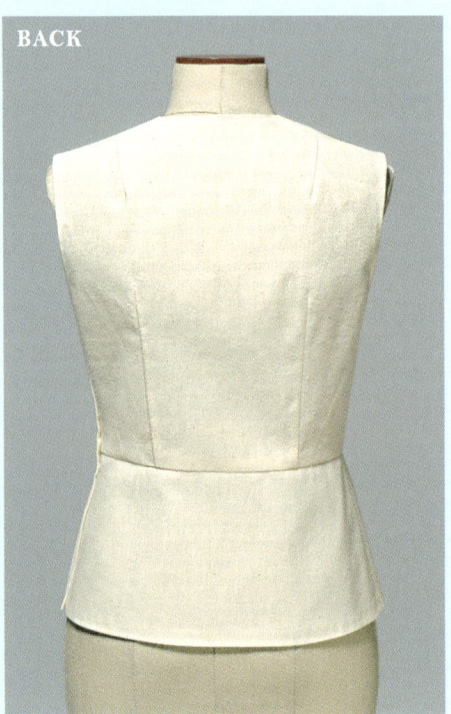

BACK

허리를 줄이는 분량은 많지만 실루엣은 **D**와 거의 같다.
이음선으로 인해 허리선이 또렷이 도드라지며 허리가 잘록해 보인다.

허리에 이음선을 넣어 몸판과 페플럼(밑단 쪽 부분)으로 나눈 디자인이다.
이음선 위치는 허리선(WL)의 위아래 5cm 정도까지 응용 가능하다.
페플럼은 다트를 맞대서 몸에 붙이거나, 잘라서 벌려 플레어나 개더를 넣는 등 디자인 변형이 다양하다.

ⓜ방법＋페플럼은 맞대면서 플레어 분량을 벌린다

ⓜ의 방법에, 페플럼은 허리선에서 맞대어 밑단에 플레어 분량을 넣는다.
플레어 분량은 허리 완성 치수의 0.9배.

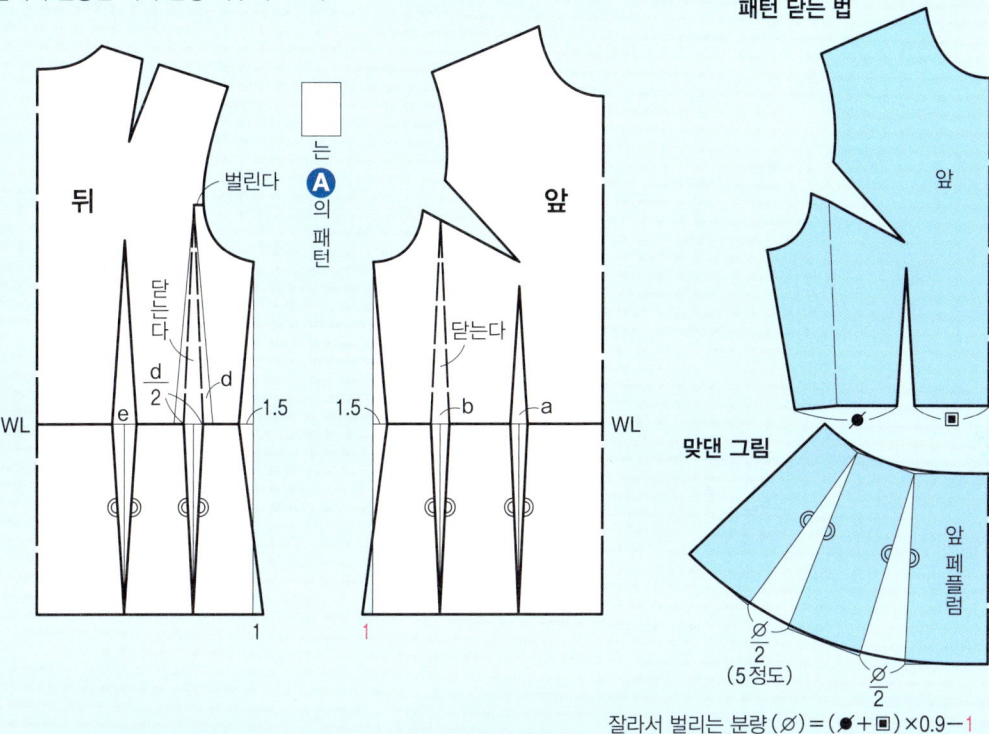

패턴 닫는 법

맞댄 그림

잘라서 벌리는 분량(∅)＝(◆＋■)×0.9－1
※〜〜는 플레어 분량. 뒤도 같은 방법으로 계산해 처리한다

FRONT

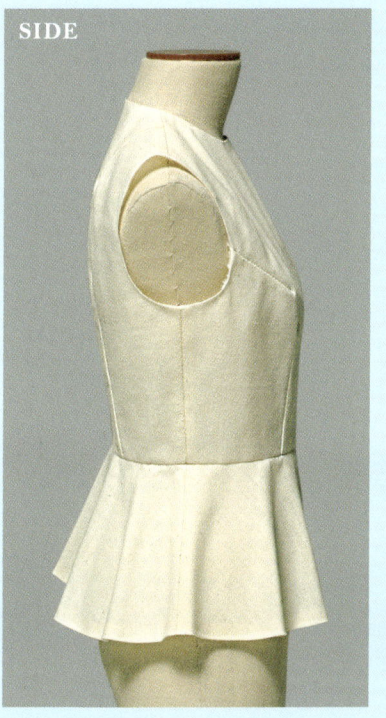

SIDE

BACK

페플럼에 플레어가 적당히 들어간 '피트 앤드 플레어' 실루엣.

→ 플레어 분량 차이에 따른 비교…P.104, 천 차이에 따른 비교…P.107, 닫는다…P.160, 닫는다·벌린다…P.161, 맞대면서 벌린다…P.158

 7 **허리 이음선**
—Waist seam—

O 이음선을 넣고 페플럼은 밑단에서 2cm 추가, 절개선을 넣어 잘라서 벌린다

허리선에 이음선을 넣고, 페플럼은 허리 쪽을 기준점으로 잘라서 벌리고, 밑단에서 플레어 분량을 넣는다.
플레어 분량은 허리 완성 치수의 0.4배.

절개 그림

잘라서 벌리는 분량(∅) = ● ×0.4 − 2
※ 〰〰 는 플레어 분량.
뒤도 같은 방법으로 계산해 잘라서 벌린다

FRONT

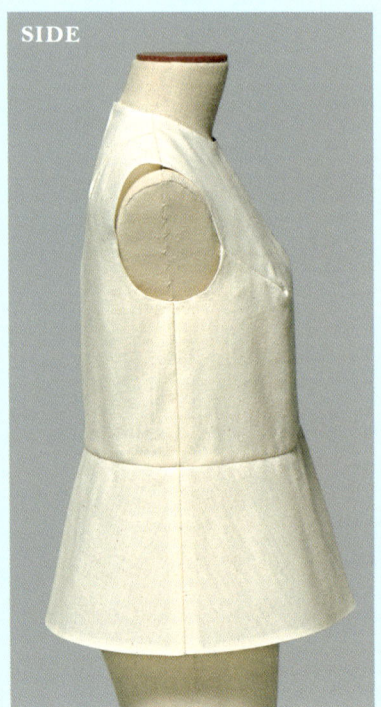

SIDE

BACK

박시 라인의 몸판이라도, 페플럼에 플레어 분량을 넣으면 허리가 가늘어 보인다.

→ 플레어 분량 차이에 따른 비교…P.104, 천 차이에 따른 비교…P.107, 기준점을 잡고 잘라서 벌린다…P.163

이음선을 넣고 페플럼은 밑단에서 1.5cm 추가, 절개선을 넣어 잘라서 벌린다

허리선에서 5cm 내린 위치에 이음선을 넣는다.
페플럼은 허리 쪽을 기준점으로 잘라서 벌리고, 밑단에 플레어 분량을 넣는다.
플레어 분량은 허리 완성 치수의 0.3배.

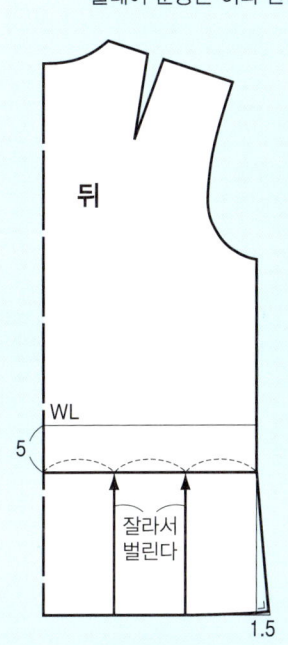

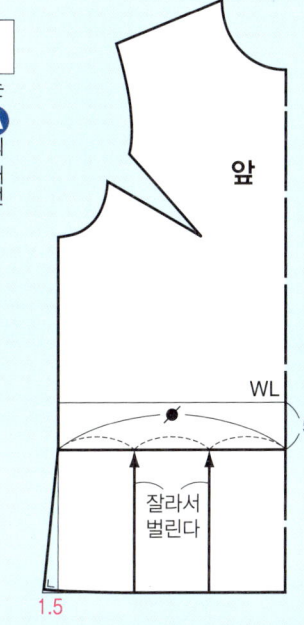

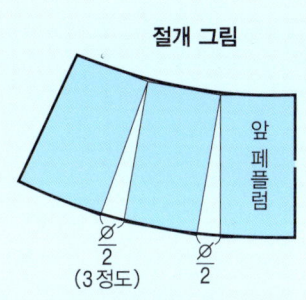

절개 그림

잘라서 벌리는 분량(∅) = ●×0.3－1.5

※ ∼∼ 는 플레어 분량.
　뒤도 같은 방법으로 계산해 잘라서 벌린다

FRONT

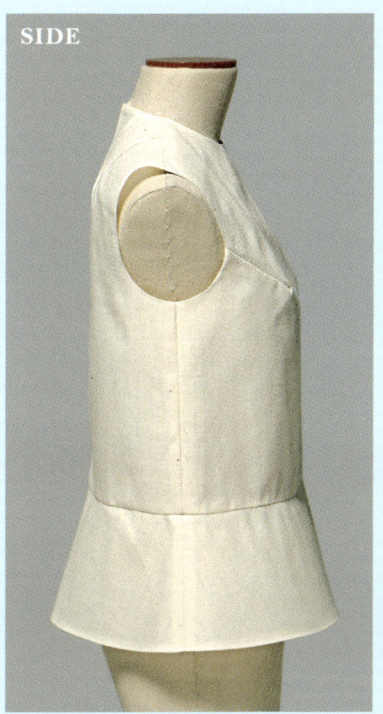

SIDE

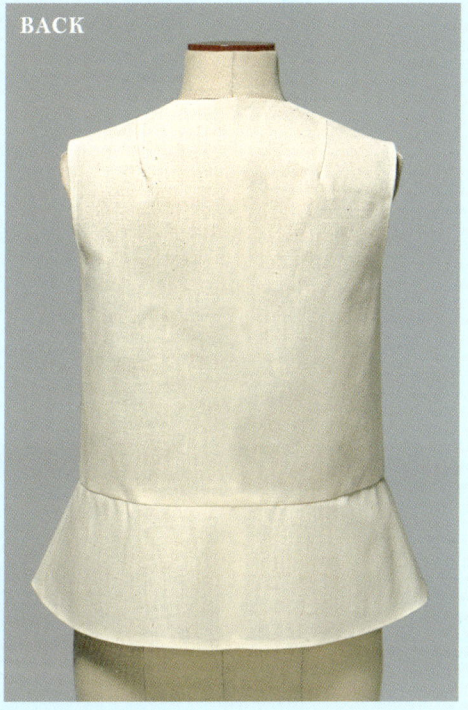

BACK

로 웨이스트(low waist) 이음선. 페플럼의 길이가 짧아 플레어 분량에 비해 밑단이 많이 퍼진다.

→ 플레어 분량 차이에 따른 비교…P.104, 천 차이에 따른 비교…P.107, 기준점을 잡고 잘라서 벌린다…P.163　　29

8 교시 요크 이음선 ①
— Yoke seam —

Q 이음선을 넣고 밑단에서 1cm 추가

어깨와 앞뒤 중심에 이음선을 넣는다. 앞 몸판은 AH 다트를 닫는다.

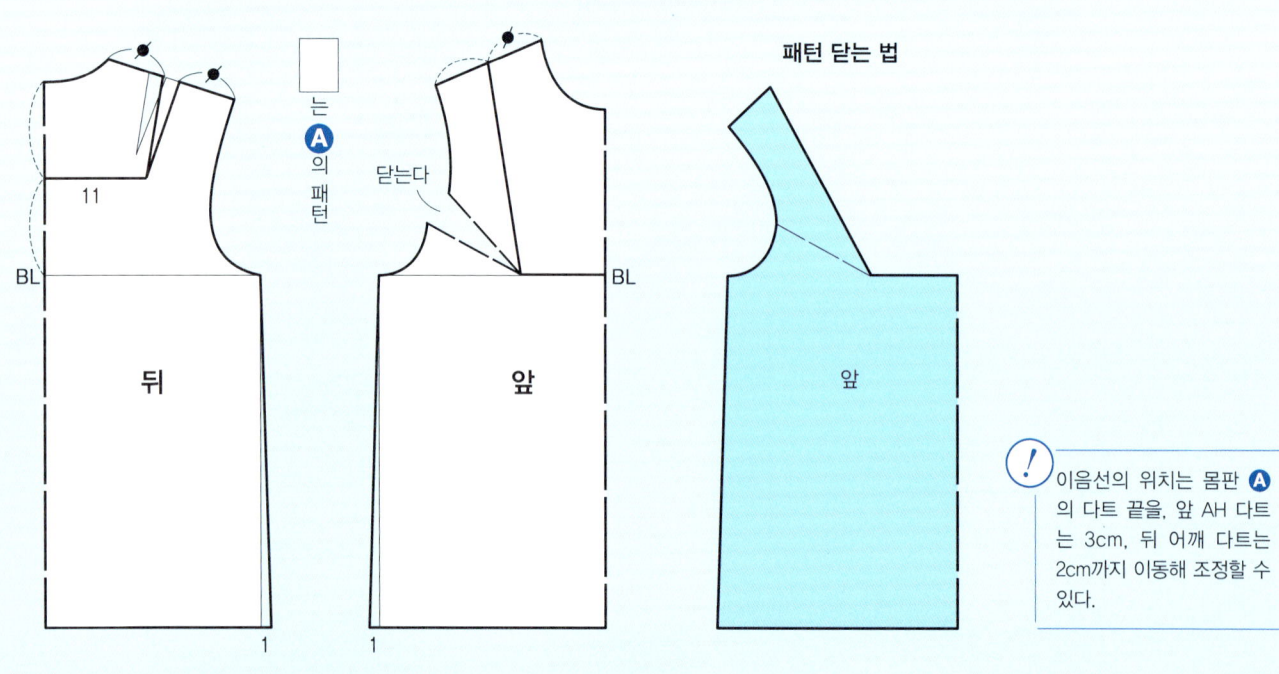

□ 는 **A** 의 패턴

11

BL

뒤

닫는다

BL

앞

패턴 닫는 법

앞

1   1

! 이음선의 위치는 몸판 **A** 의 다트 끝을, 앞 AH 다트 는 3cm, 뒤 어깨 다트는 2cm까지 이동해 조정할 수 있다.

▼

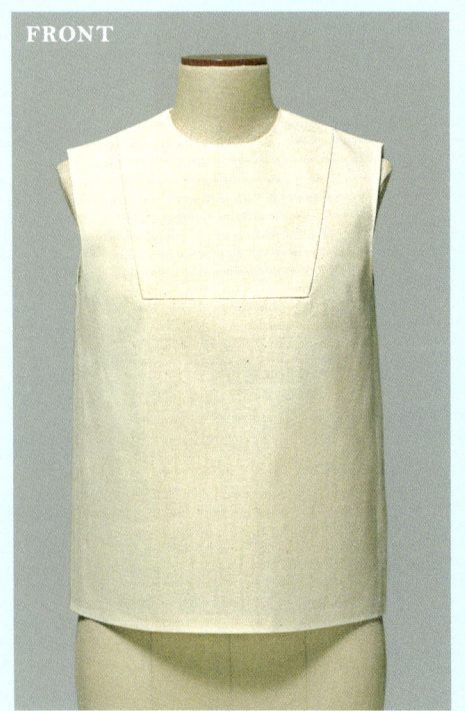

FRONT

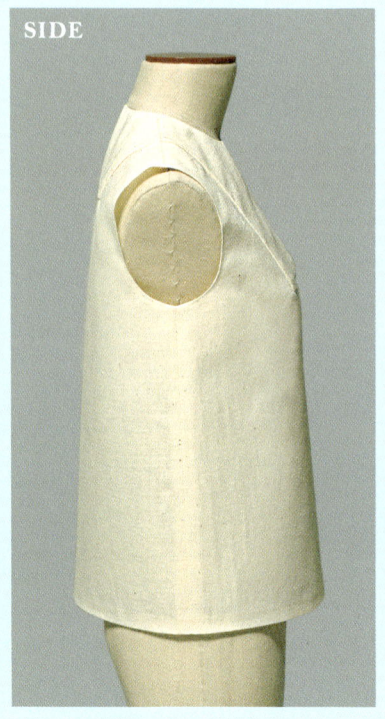

SIDE

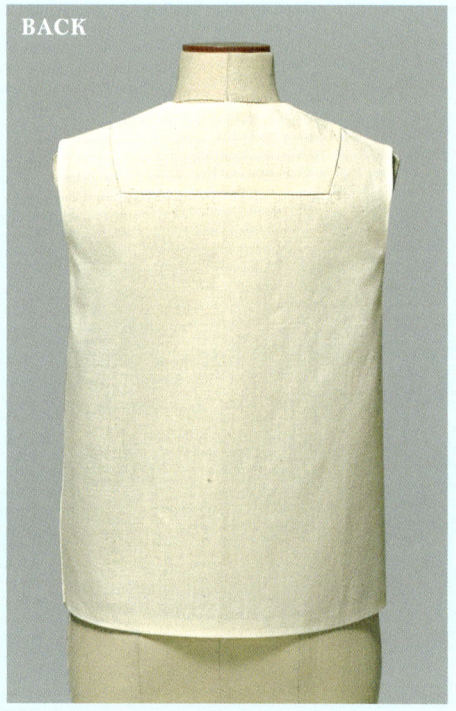

BACK

실루엣은 **B**와 같은 밑단이 살짝 퍼지는 박스형.
다트를 이음선에 흡수시킨 디자인이라 깔끔하다.

요크는 몸판의 어깨나 가슴, 등 또는 허리 아래 등을 잘라서 천을 이어 맞춘 부분을 말한다.
다트를 활용하거나 천을 이어 맞춰 몸에 맞게 하는 기능의 역할과 이음선에 개더나 플레어, 턱 등을 추가해 장식 효과를 낼 수 있다.
요크 이음선 ①은 앞바대 같은 가슴 요크의 일종으로, 앞뒤에 모두 같은 모양의 이음선을 넣는다.
어깨선에서 앞뒤 요크가 연결되도록 치수를 맞춘다.

R Q방법＋중심에 개더 분량을 추가

몸판

Q의 방법에, 앞뒤 몸판 중심 쪽에서 개더 분량을 평행으로 추가한다.
뒤의 분량은 ∅의 1배, 앞도 ⊠의 1배.
개더 분량은 사용하는 천에 따라 적당히 조정한다. 개더는 턱으로도 변경 가능.

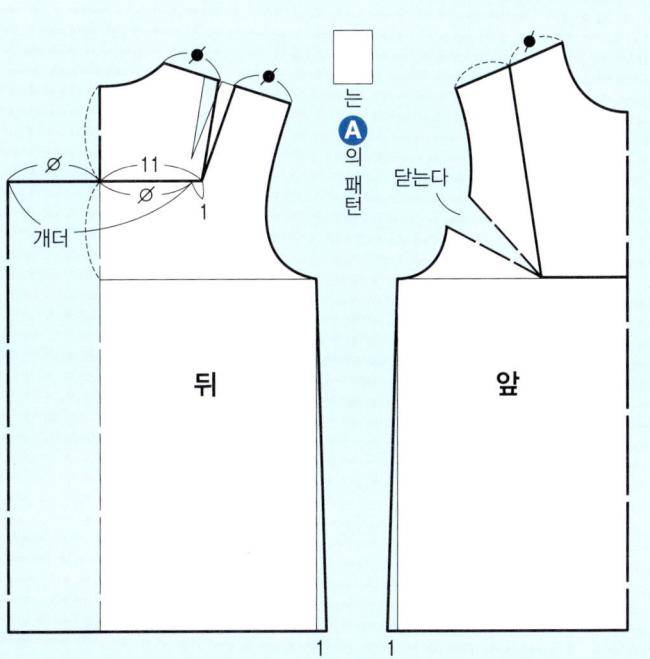

패턴 닫는 법

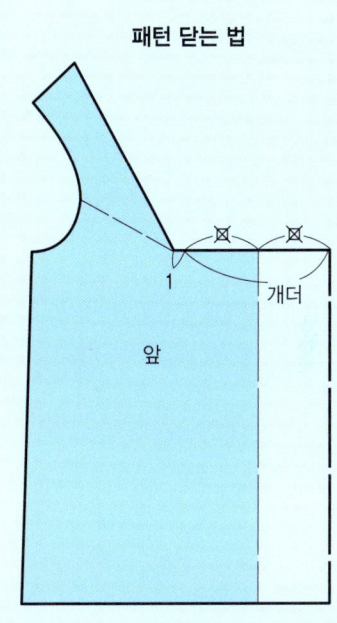

FRONT

SIDE

BACK

앞뒤 중심 부근에 개더를 넣어 앞뒤에서 볼 때는 박시 라인.
옆에서 보면 플레어 실루엣에 가깝다.

→ 개더 분량 차이에 따른 비교…P.102, 천 차이에 따른 비교…P.106, 닫는다…P.160

9 교시 요크 이음선 ②
—Yoke seam—

S 이음선을 넣고 중심에 개더 분량을 추가, 밑단에서 1cm 추가

앞은 AH 다트를 닫는 사정상 유두점 부근을 지나는 이음선을 넣는다.
앞 요크는 AH 다트를 닫는다. 앞뒤 몸판 중심 쪽에 개더 분량을 평행으로 추가한다.
분량은 뒤는 ∅의 0.5배, 앞은 ●의 0.5배.
개더 분량은 사용하는 천에 따라 적당히 조정한다. 개더는 턱으로도 변형 가능.

패턴 닫는 법

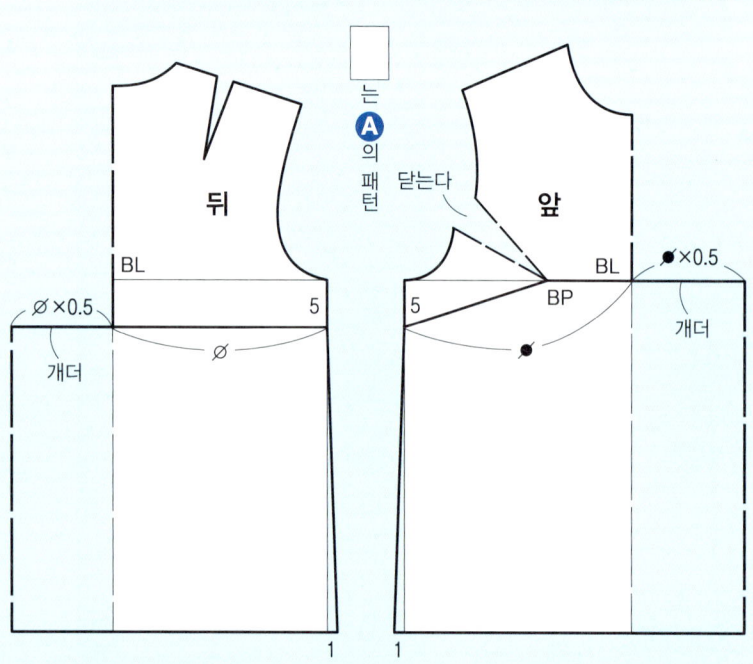

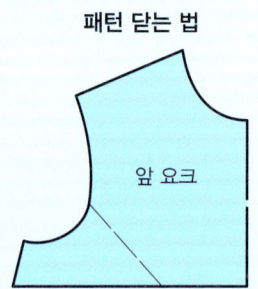

요크는 깔끔하게 몸에 딱 맞게 한다. 개더가 전체적으로 들어가 볼륨감이 있고, 밑단이 살짝 퍼지는 실루엣.

 → 개더 분량 차이에 따른 비교…P.102, 천 차이에 따른 비교…P.106, 닫는다…P.160

가슴선 근처에 이음선을 넣은 가슴 요크의 일종.
요크 이음선이 몸판을 한 바퀴 빙 돌아 있기 때문에 개더나 턱,
플레어를 변경하거나 분량도 자유자재로 조정해 디자인 변형의 폭이 넓다.

T 이음선을 넣고 밑단에서 2.5cm 추가, 절개선을 넣어 밑단에서 플레어 분량을 잘라서 벌린다

이음선을 넣는 법, 즉 요크의 모양은 **S**와 동일하다. 앞뒤 몸판에 절개선을 넣어
요크 쪽을 기준점으로 밑단을 잘라서 벌린다. 플레어 분량은 **A**의 가슴 완성 치수의 0.5배.
절개 분량을 늘리면 플레어도 풍성해진다.

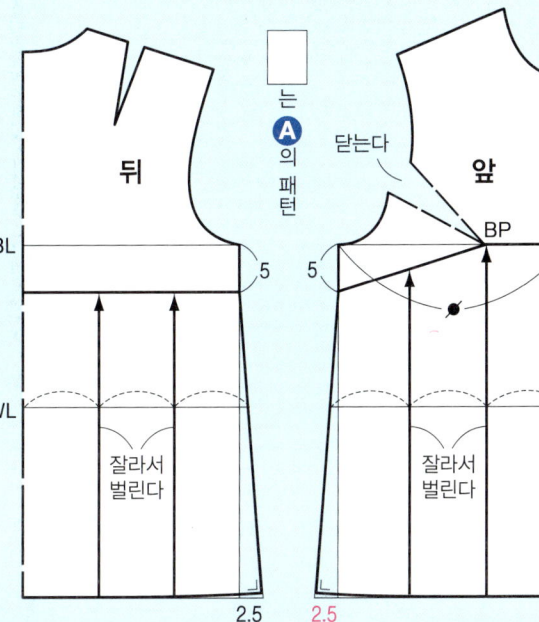

패턴 닫는 법

S
T

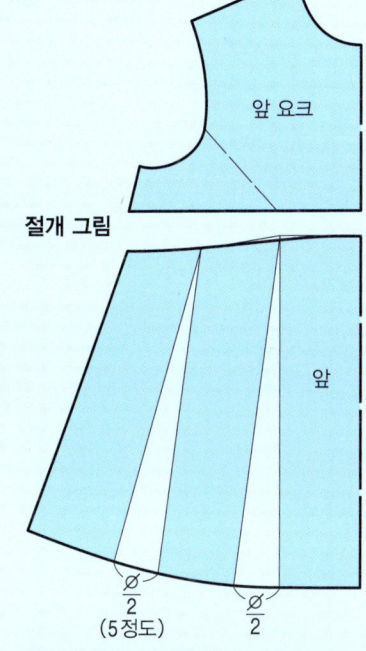

잘라서 벌리는 분량 (∅) = ⚫×0.5−2.5
※ ∿∿ 는 플레어 분량. 뒤도 같은 방법으로 계산해 잘라서 벌린다.

FRONT

SIDE

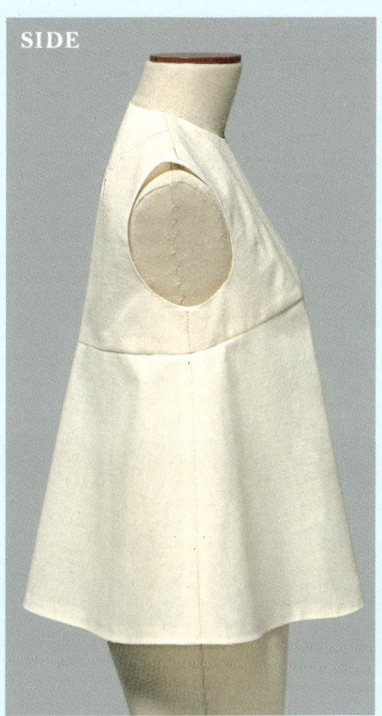

BACK

G(P.20)에 가까운 밑단이 퍼지는 실루엣.
이음선을 넣음으로써 요크는 몸에 맞고 밑단 쪽만 플레어가 들어간다.

→ 플레어 분량 차이에 따른 비교…P.104, 천 차이에 따른 비교…P.107, 닫는다…P.160, 기준점을 잡고 잘라서 벌린다…P.163 33

10교시 요크 이음선 ③
— Yoke seam —

U 밑단에서 1cm 추가, 이음선을 넣고 앞은 AH 다트를 닫아 이음선에서 벌리고, 뒤 중심에 개더 분량을 추가

앞은 어깨선과 평행으로, 뒤는 다트 끝에서 수평으로 이음선을 넣는다.
앞 몸판은 AH 다트를 닫아 요크 이음선을 벌리며 이때 늘어난 분량만큼
개더를 더 잡는다. 뒤 몸판의 개더는 앞 몸판의 개더와 비슷한 정도로 균형을
이루도록 중심에서 추가한다.

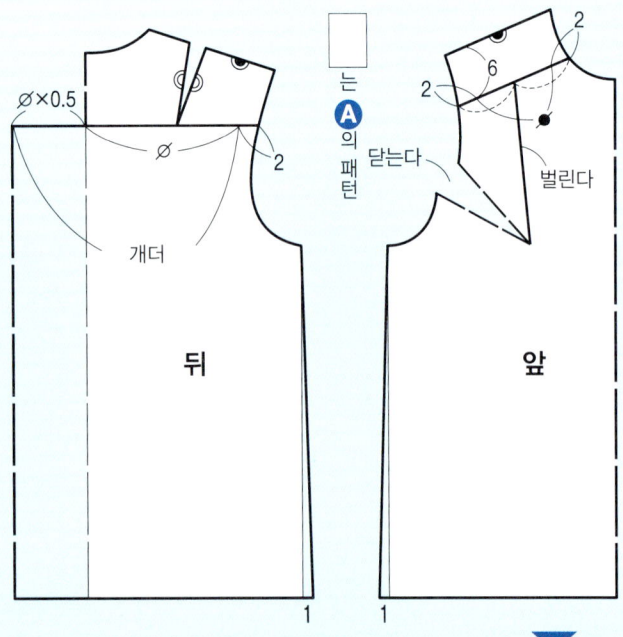

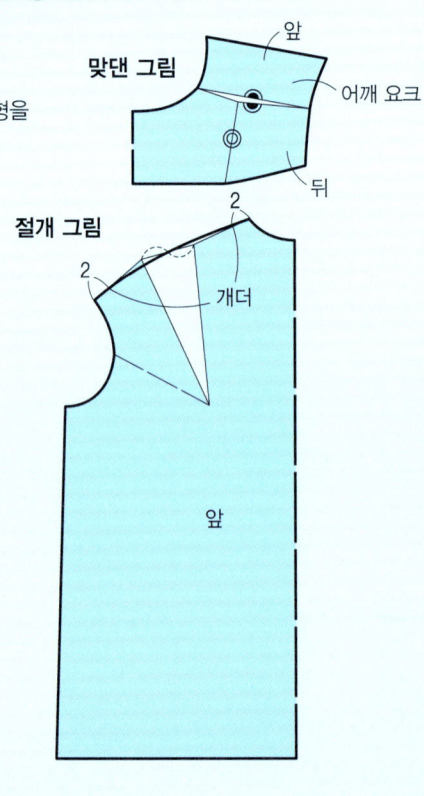

맞댄 그림

절개 그림

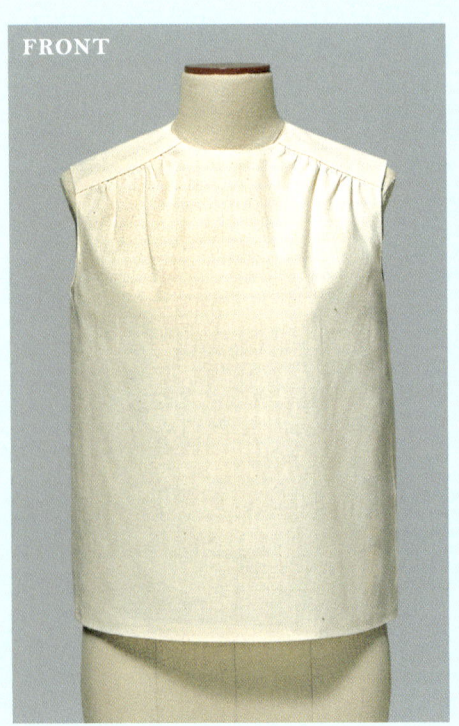

FRONT

SIDE

BACK

앞에서 보면 박스형, 전체적으로 밑단이 살짝 퍼지는 실루엣.
개더 분량은 뒤는 ∅의 0.5배, 앞은 ●의 약 0.6배.

 → 개더 분량 차이에 따른 비교…P.102, 천 차이에 따른 비교…P.106, 2곳 이상 맞댄다…P.159, 닫는다・벌린다…P.161

어깨를 감싸는 모양이 특징인 어깨 요크. 어깨선에서 맞대어 앞뒤를 연결하는 패턴이다.
이음선에 개더나 턱을 넣을 경우,
개더 끝을 진동 둘레선에서 약간 떼어놓아야 진동 둘레 부근이 깔끔하다.

Ⓥ Ⓤ방법＋앞뒤에서 개더 분량을 추가

앞은 AH 다트를 닫고, 다트 끝에서 수직으로 절개선을 넣어 평행으로 벌린다.
뒤 몸판은 개더 분량을 뒤 중심에서 추가한다.
개더 분량은 뒤는 ∅의 1배, 앞은 ●의 1.2배.

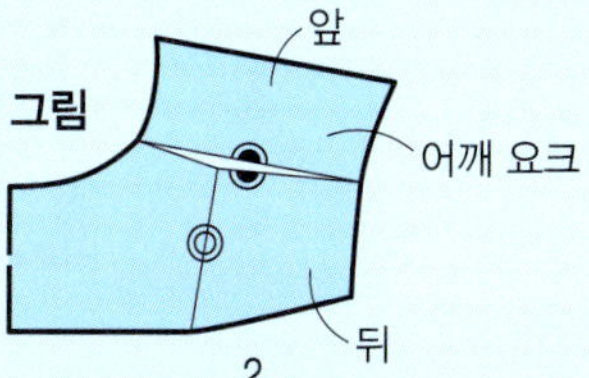

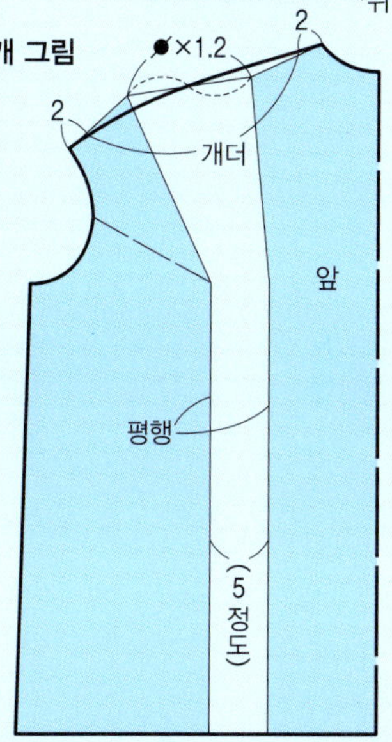

몸판

Ⓤ

Ⓤ Ⓥ

맞댄 그림

앞
어깨 요크
뒤

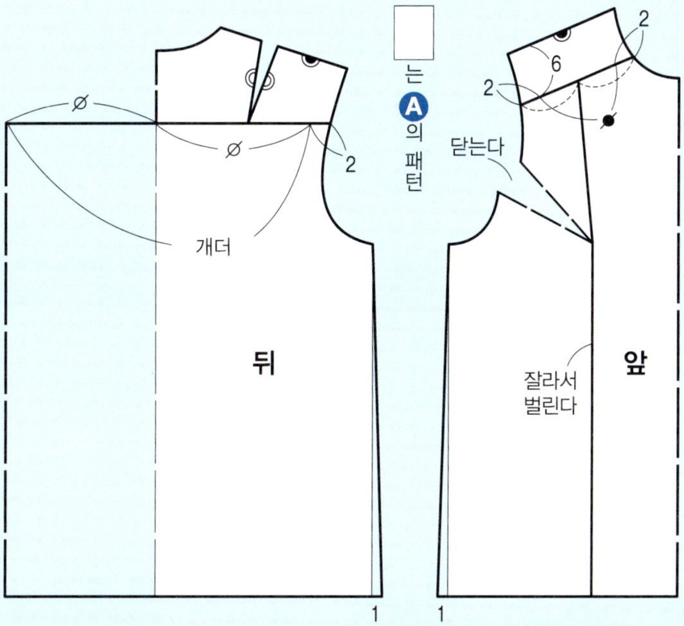

절개 그림

∅

는 Ⓐ의 패턴

개더

∅
2

뒤

1

닫는다

2
6
2
●

앞

잘라서 벌린다

1

●×1.2
2
2
개더

앞

평행

(5 정도)

FRONT

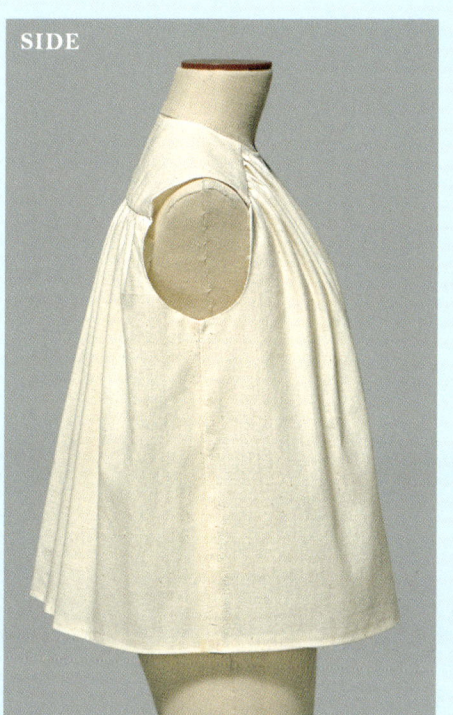

SIDE

BACK

개더가 풍성하고 밑단이 퍼지는 실루엣으로, 옷 폭 전체에 여유가 많다.

→ 개더 분량 차이에 따른 비교…P.102, 천 차이에 따른 비교…P.106, 2곳 이상 맞댄다…P.159, 닫는다…P.160, 평행으로 잘라서 벌린다…P.162

소매 패턴

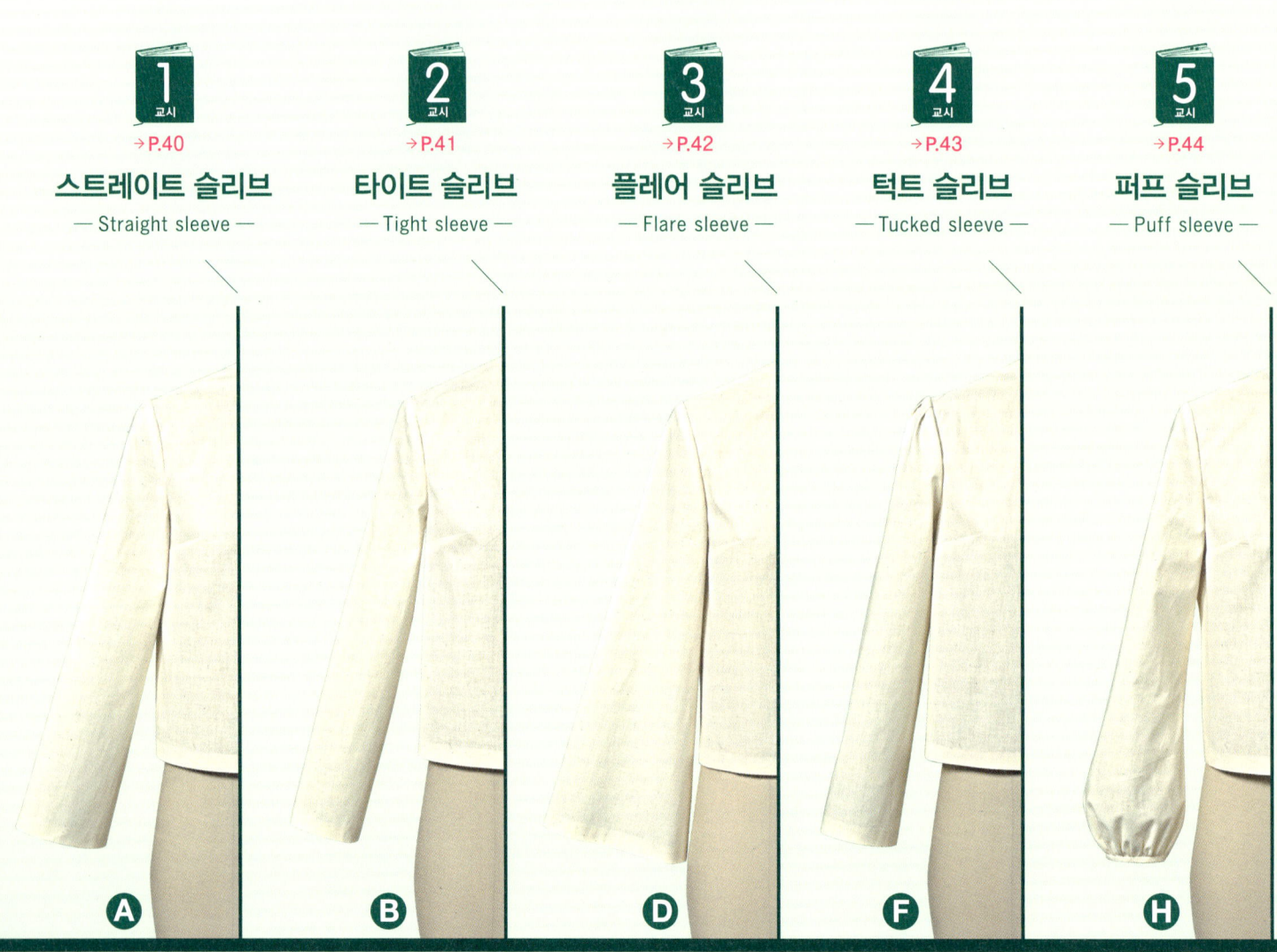

1 교시
→P.40
스트레이트 슬리브
— Straight sleeve —

Ⓐ

2 교시
→P.41
타이트 슬리브
— Tight sleeve —

Ⓑ

3 교시
→P.42
플레어 슬리브
— Flare sleeve —

Ⓓ

4 교시
→P.43
턱트 슬리브
— Tucked sleeve —

Ⓕ

5 교시
→P.44
퍼프 슬리브
— Puff sleeve —

Ⓗ

소매는 원통형으로 팔을 감싸는 부분. 일반적으로 몸판의 진동 둘레에 붙이는 형태이지만
래글런 슬리브처럼 목둘레선에 비스듬히 이음선을 넣어 붙이거나, 기모노 슬리브처럼
몸판에 연결해서 재단하는 소매도 있다. 여기서는 10종류, 총 26가지의 디자인을 소개한다.
B~**Q**는 기본 패턴 **A**에서 변형되며 **R**~**Z**은 몸판에 직접 소매를 제도한다.

소매

6
교시
→ P.46

반소매
— Half sleeve —

L

7
교시
→ P.49

돌먼 슬리브
— Dolman sleeve —

R

8
교시
→ P.50

셔츠 슬리브
— Shirt sleeve —

T

9
교시
→ P.52

래글런 슬리브
— Raglan sleeve —

V

10
교시
→ P.54

기모노 슬리브
— Kimono sleeve —

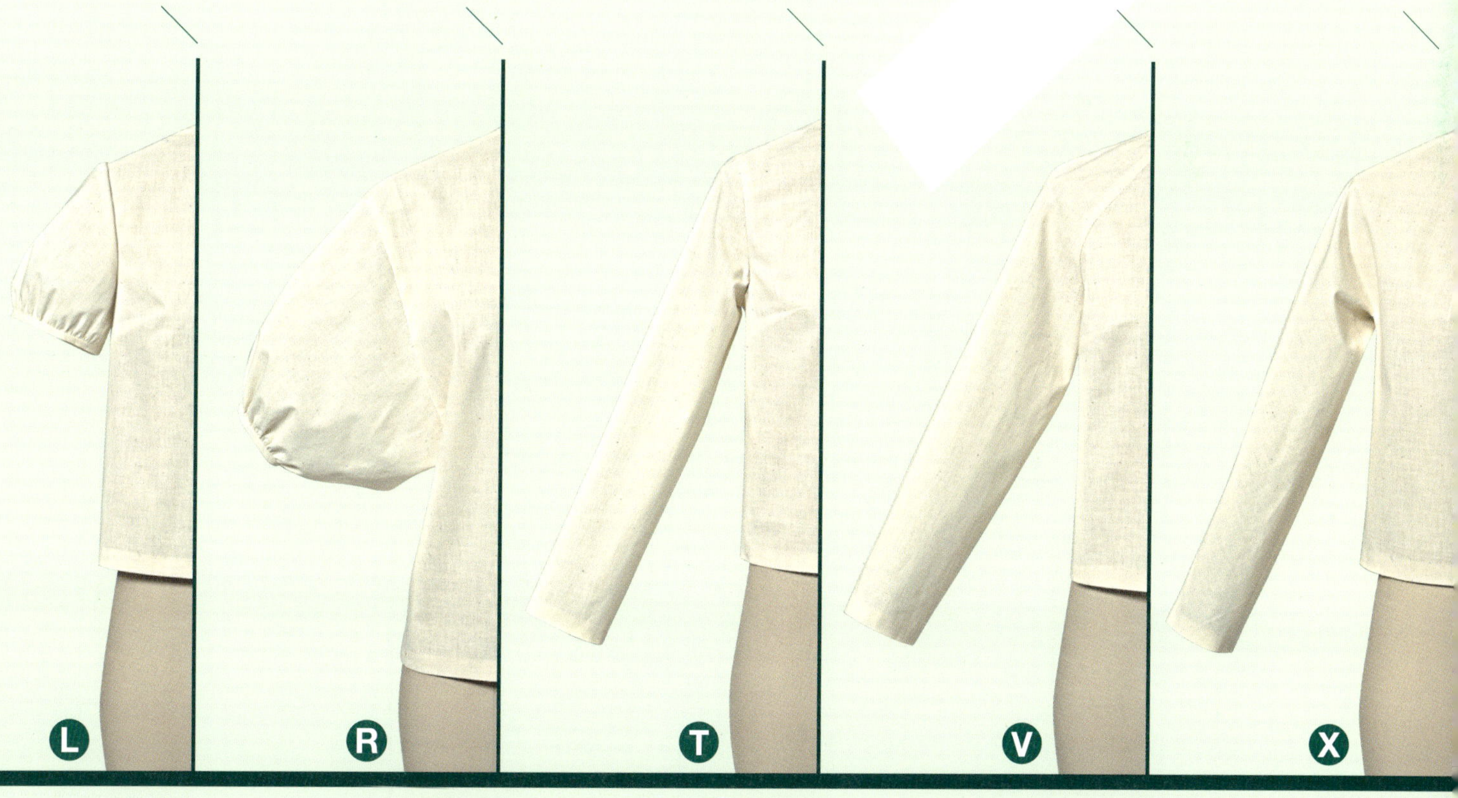

X

예습 소매의 기초 지식

각 부분의 명칭

패턴 설명에 필요한 각 부분 명칭이다. 기억해 두면 쉽게 이해할 수 있다.
스트레이트 슬리브 Ⓐ로 해설한다.

스트레이트 슬리브 Ⓐ

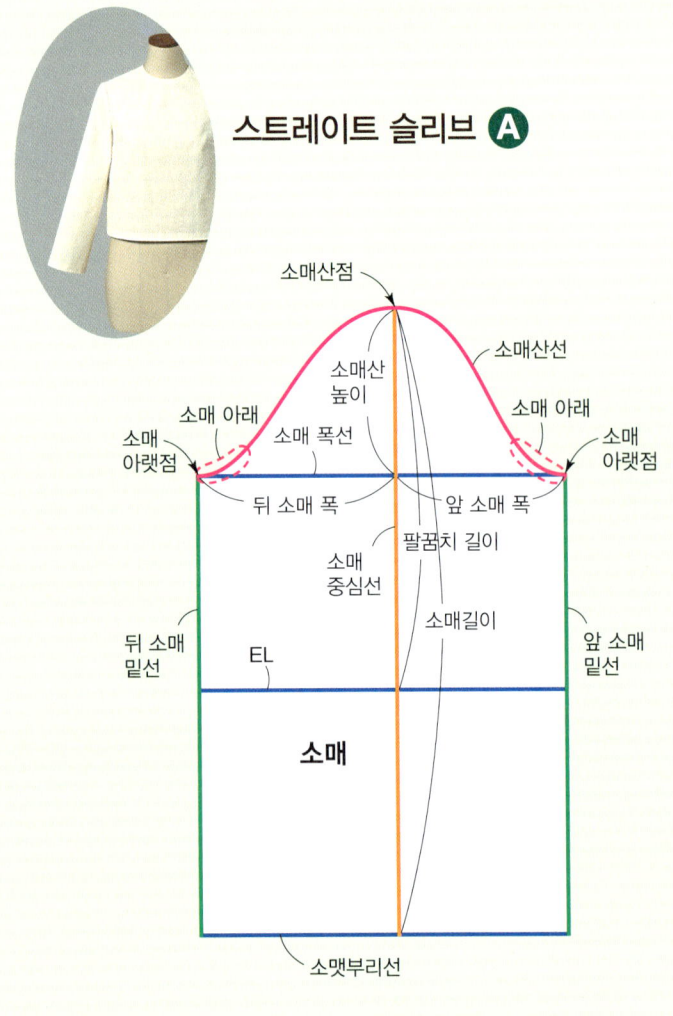

소매산점
소매산선
소매산 높이
소매 아래
소매 폭선
소매 아래
소매 아랫점
소매 아랫점
뒤 소매 폭
앞 소매 폭
소매 중심선
팔꿈치 길이
소매길이
뒤 소매 밑선
EL
앞 소매 밑선
소매
소맷부리선

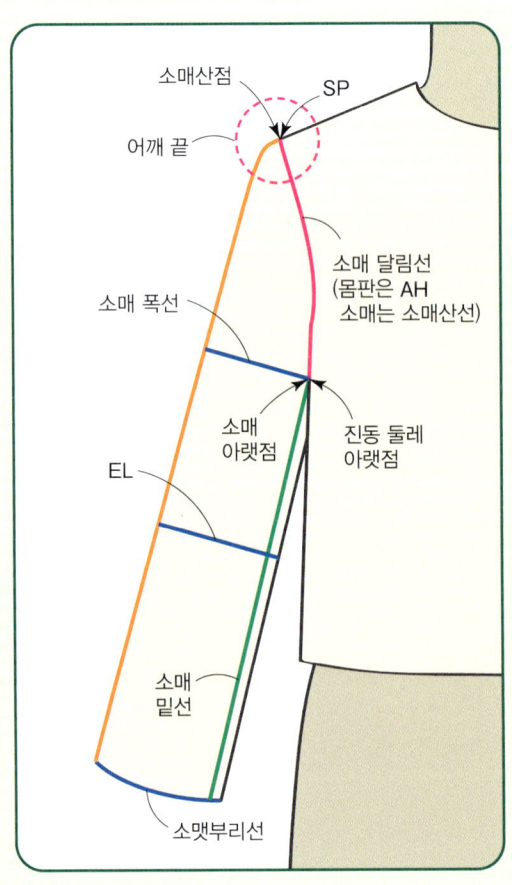

소매산점
SP
어깨 끝
소매 달림선
(몸판은 AH
소매는 소매산선)
소매 폭선
소매 아랫점
진동 둘레 아랫점
EL
소매 밑선
소맷부리선

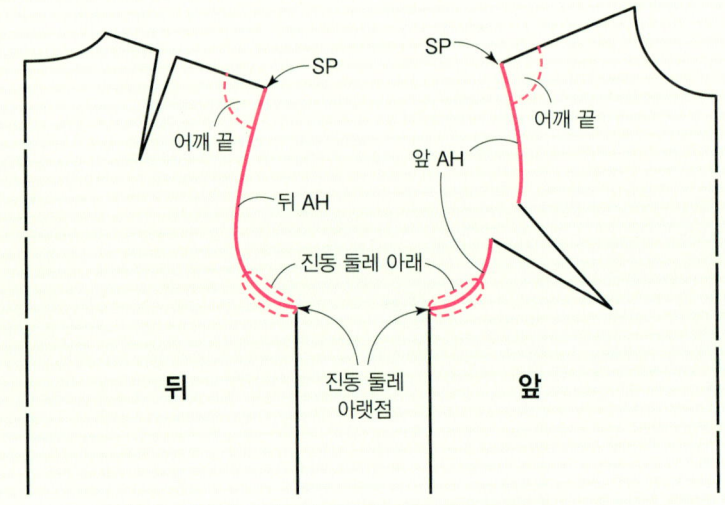

SP
어깨 끝
뒤 AH
진동 둘레 아래
진동 둘레 아랫점
뒤
SP
앞 AH
어깨 끝
앞
진동 둘레 아랫점

SP … 숄더 포인트(어깨 끝점)
AH … 암홀(진동 둘레)
EL … 엘보 라인(팔꿈치선)

치수 재기

치수 재기는 제도에 필요한 신체 치수를 측정하는 것이다. 치수를 정확하게 재는 것이야말로, 몸에 꼭 맞는 옷을 만드는 첫걸음이다. 소매 제도에는 ❶ 소매길이, ❷ 팔꿈치 길이가 필수. 그 밖에 ❸ 위팔 둘레, ❹ 팔꿈치 둘레, ❺ 손목 둘레, ❻ 손바닥 둘레의 치수를 재두면 제도 후 소매 폭이나 소맷부리의 여유를 확인할 수 있다.

❶ 소매길이
팔을 자연스럽게 내린 상태에서 SP(옆에서 보면 위팔 꼭대기 거의 중앙 위치)에서 손목의 바깥쪽 돌출된 뼈까지 길이를 잰다.

❷ 팔꿈치 길이
팔을 자연스럽게 내린 상태에서 SP에서 팔꿈치의 돌출된 뼈까지 길이를 잰다. 이곳이 EL이 된다.

❸ 위팔 둘레
팔의 가장 두꺼운 부분을 한 바퀴 돌려 잰다.

❹ 팔꿈치 둘레
팔꿈치를 구부렸을 때 돌출되는 위치로 팔을 내리고 한 바퀴 돌려 잰다.

❺ 손목 둘레
손목뼈가 돌출된 위치를 한 바퀴 돌려 잰다.

❻ 손바닥 둘레
엄지를 손바닥에 가볍게 붙인 상태에서, 엄지가 붙어 있는 부분과 새끼손가락 쪽 돌출된 위치를 지나 한 바퀴 돌려 잰다.

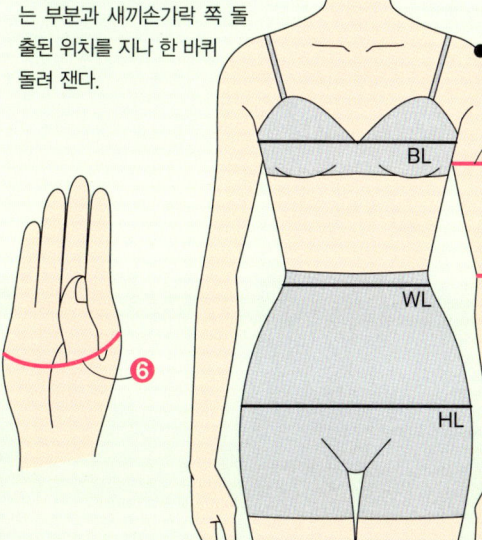

소매길이

치수상의 소매길이와는 별도로 패턴이나 의복에서 일반적으로 말하는 소매길이는 소매산점에서 소맷부리까지의 치수를 가리킨다. 그 치수에 따라 사진에 표시한 것처럼 대략적인 명칭으로 불린다. 여기서는 소매산점에서 EL까지는 5cm마다 선을 긋고, EL부터 그 아래는 5등분하여 선을 그어놓았다. 아래 사진의 소매는 Ⓐ(P.40)를 사용.

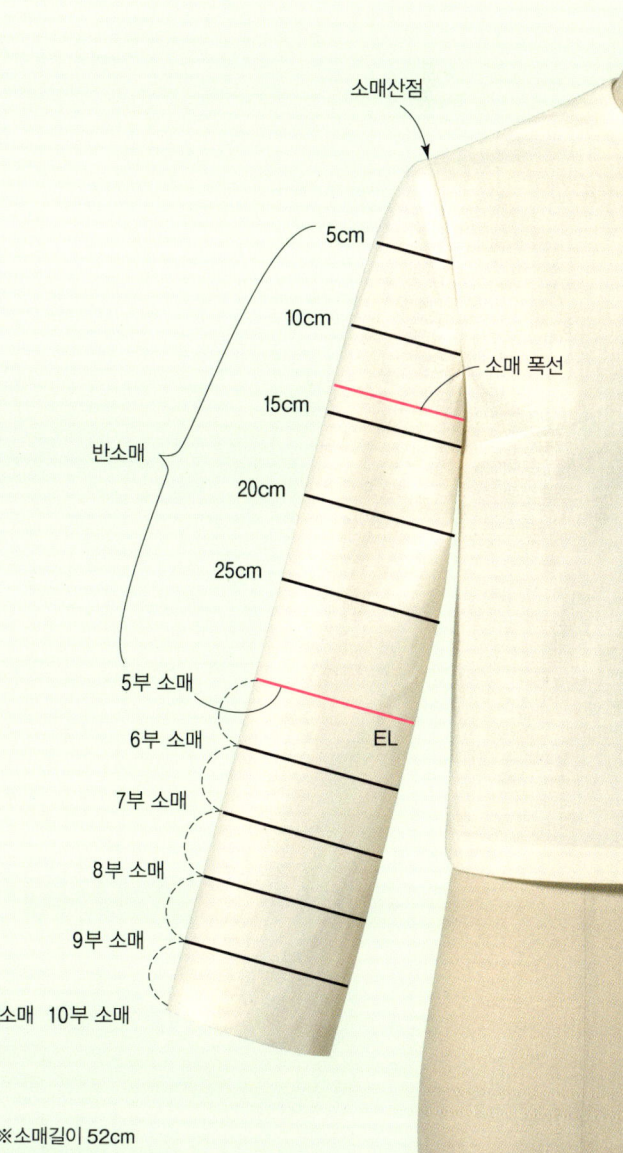

※소매길이 52cm
팔꿈치 길이 31.4cm

→ 책에 나온 제도와 작품의 참고 치수표…P.8, 소매길이 차이에 따른 비교…P.84

1 교시 # 스트레이트 슬리브
— Straight sleeve —

직선적인 박스 타입의 소매.
몸판의 진동 둘레 치수와 모양을 사용해 제도하는 소매의
기본형으로 여러 가지 디자인 전개에 토대가 된다. 이 책에서는
A를 원형으로 하여 **B**~**Q**까지의 소매 패턴을 설명한다.

A 기본 패턴

소매 밑선은 소맷부리까지 수직으로 내린다.
블라우스나 캐주얼한 재킷에 다는 가장 기본적인 소매 패턴.
여유분 줄임 분량은 진동 둘레 치수의 5%로 조금 적게 둔다.

부록
실물 대형 패턴
(9 사이즈로 전개)

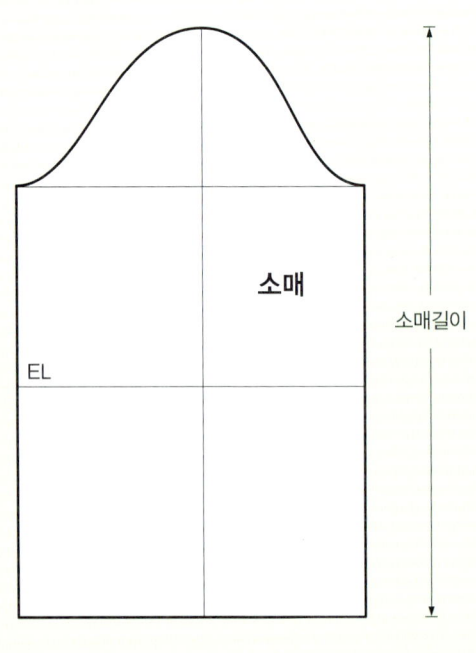

소매

EL

소매길이

> ! 여유분 줄임(ease, 이세, 오그림분, 홀줄임)은 천을 입체적으로 만드는 테크닉. 소매의 경우 어깨 끝의 둥글림을 표현한다. 방법은 여유분 줄임을 할 위치를 곱게 홈질하고 잡아당겨 줄인 뒤, 시접을 다림질해 평평하게 만든다. 이때 개더나 턱처럼 주름지지 않도록 주의한다.

FRONT

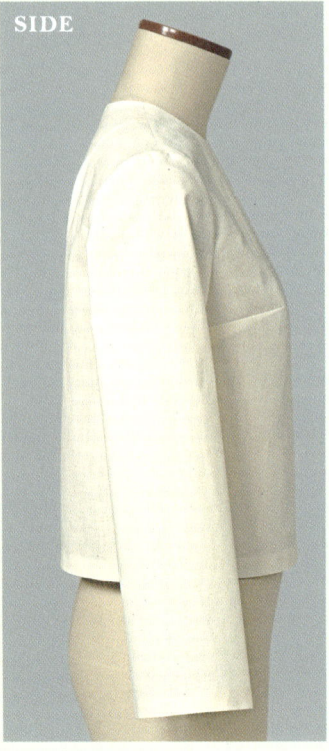
SIDE

소매 폭에 적당한 여유가 있는 직선적인 실루엣.

2 교시

타이트 슬리브
— Tight sleeve —

타이트는 '꼭 맞는다'라는 의미.
스트레이트 슬리브보다 팔에 딱 맞춘 소매를 말한다.
소맷부리 치수는 소매 폭과의 균형을 고려해
산출한 치수로 한다.

B 소맷부리 치수를 결정해 맞댄다

소매 폭의 비율로 소맷부리 치수를 결정하고, 앞뒤 소매 폭을
각각 2등분해, 소매 폭과의 차이를 소맷부리에서 자른다.
소맷부리 치수는 소매 폭의 $\frac{3}{4}$이 기준이지만,
손바닥 둘레 치수 + 3cm(여유분) 이상이 되도록 한다.

□는 Ⓐ의 패턴

맞댄 그림

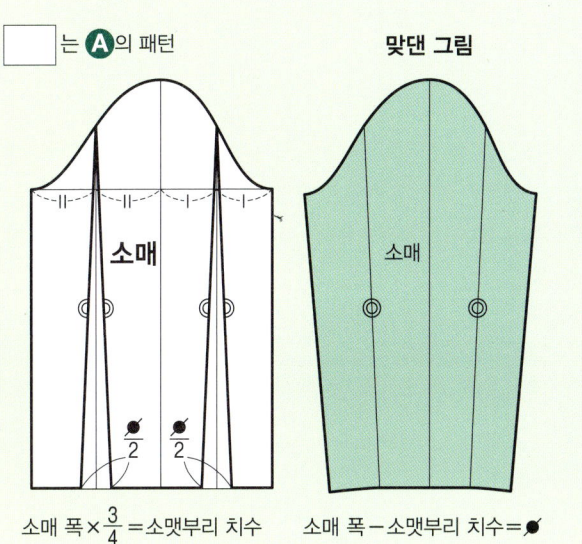

소매 폭×$\frac{3}{4}$=소맷부리 치수　　소매 폭−소맷부리 치수=◢

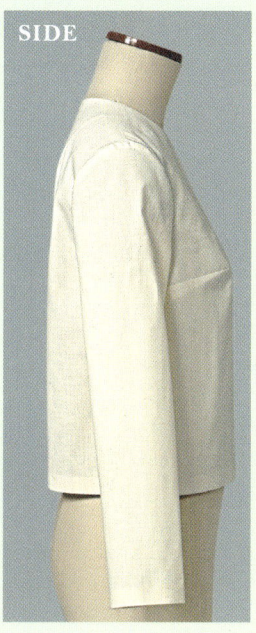

FRONT　　　SIDE

소맷부리를 향해 좁아지는 직선적이고 세련된 소매.

C 소맷부리 치수를 결정하고, 인체 곡선을 고려하여 그린 뒤 패턴을 맞댄다

완성된 모양을 가정하여 그린 뒤, 1장의 소매로 만든다.
뒤쪽에 소맷부리 다트를 넣어 팔에 맞춘다.
소맷부리 치수는 Ⓑ처럼 소매 폭을 토대로 결정한다.

□는 Ⓐ의 패턴

맞댄 그림

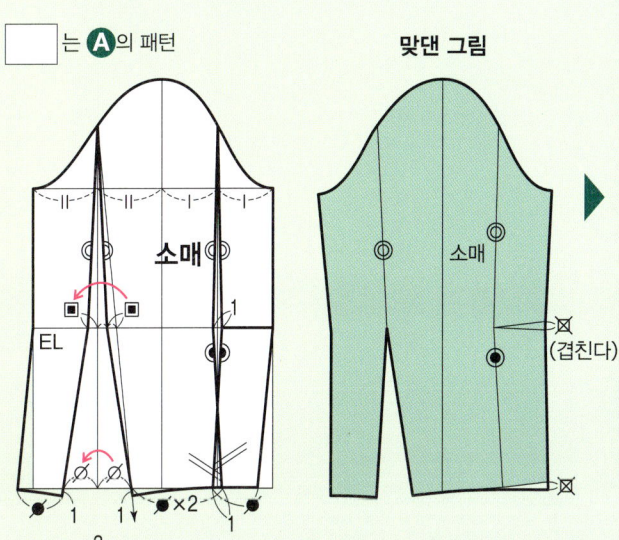

(겹친다)

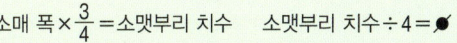

소매 폭×$\frac{3}{4}$=소맷부리 치수　　소맷부리 치수÷4=◢

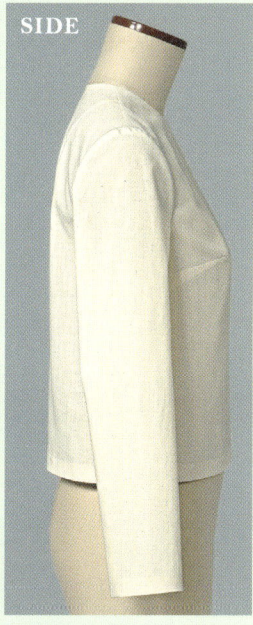

FRONT　　　SIDE

EL부터 소맷부리를 향해, 점점 좁아지는 소매. 팔 모양과 비슷한 형상.

→ 맞댄다···P.157, 2곳 이상 맞댄다···P.159

41

3 교시 플레어 슬리브
— Flare sleeve —

소맷부리를 향해 퍼지며 아름다운 플레어가 물결치는 디자인.
플레어 분량은 잘라서 벌리기 전 소매 폭(이 경우는 ④의 소매 폭)과의
균형을 고려해 결정한다. 플레어를 넣는 방법이나
분량에 따라 자유자재로 실루엣을 만들 수 있다.

D 절개선을 2개 넣고 잘라서 벌린다

앞뒤 소매 폭을 각각 2등분해 절개선을 넣고, 소맷부리에서
플레어 분량을 잘라서 벌린다. 플레어 분량은 잘라서 벌리기 전
소매 폭의 0.5배. 절개 분량을 늘리고 싶으면 E 를 참조한다.

□ 는 ④ 의 패턴

절개 그림

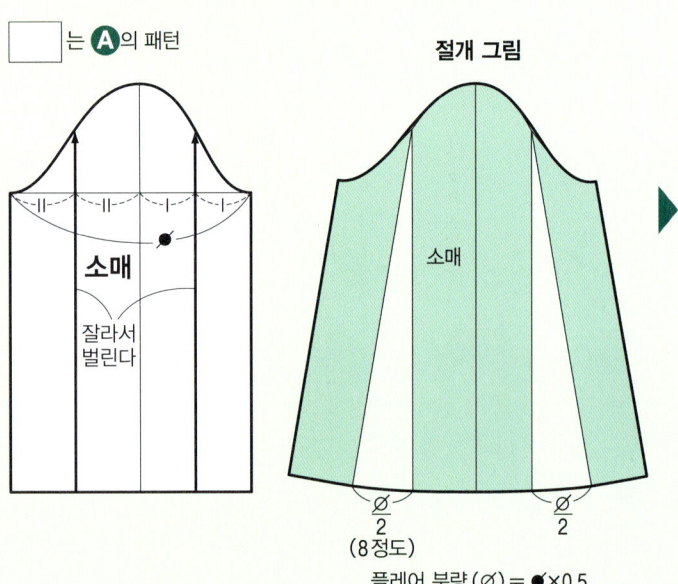

소매

잘라서
벌린다

소매

$\dfrac{\varnothing}{2}$
(8정도)

$\dfrac{\varnothing}{2}$

플레어 분량 (∅) = ● ×0.5

FRONT   SIDE

소맷부리를 향해 살짝 퍼지는 얌전한 실루엣.
플레어의 흔들림은 적다.

E 절개선을 3개 넣고 잘라서 벌린다

앞뒤 소매 폭을 각각 2등분해 절개선을 넣는다.
절개선과 소매 중심선에서 소매산을 기준점으로 소맷부리를
잘라서 벌린다. 플레어 분량은 잘라서 벌리기 전 소매 폭의 1배.

□ 는 ④ 의 패턴

절개 그림

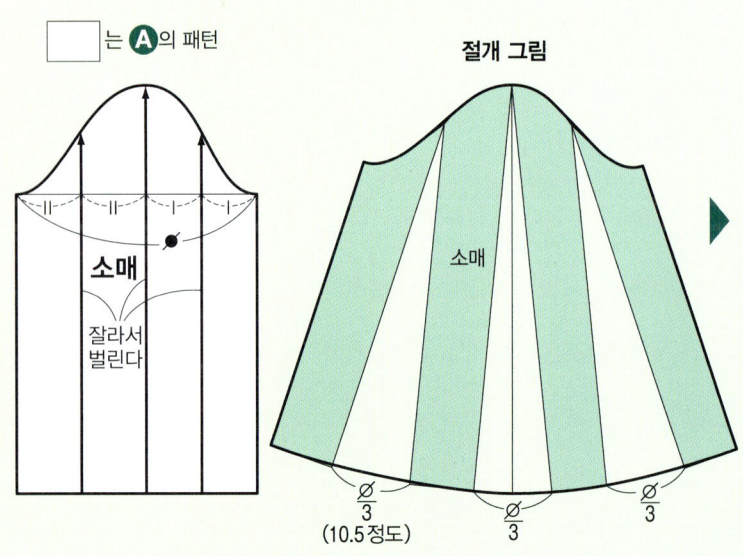

소매

잘라서
벌린다

소매

$\dfrac{\varnothing}{3}$
(10.5정도)

$\dfrac{\varnothing}{3}$

$\dfrac{\varnothing}{3}$

플레어 분량 (∅) = ● ×1

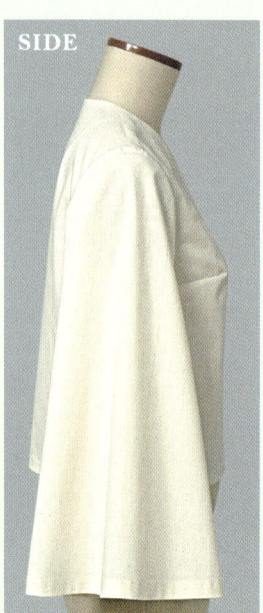

FRONT   SIDE

D 를 더 잘라서 벌린 디자인.
넉넉해서 플레어의 흔들림이 많다.

4 교시

턱트 슬리브
— Tucked sleeve —

소매산에 턱을 넣은 입체적인 소매.
소매산에서 잘라서 벌릴 때 기준점 위치에 따라 느낌이 달라진다.
1곳의 절개 분량을 조금 적게 둔다. 이것은 소매산선은 곡선이 급격해
턱 분량이 많으면 주름 잡기가 어렵기 때문이다.
재단용 패턴을 만들 때 턱 잡은 상태에서 소매산선을 다시 고치자.

F 소매 중심선과 평행으로 절개선을 넣고 소맷부리를 기준점으로 잘라서 벌린다

소매 중심선에 평행으로 절개선 4개를 넣고,
소매산을 잘라서 벌린다. 소맷부리 치수,
소매산 높이는 변하지 않지만, 소매 폭이 조금 넓어진다.
1곳의 절개 분량은 3cm가 최대.

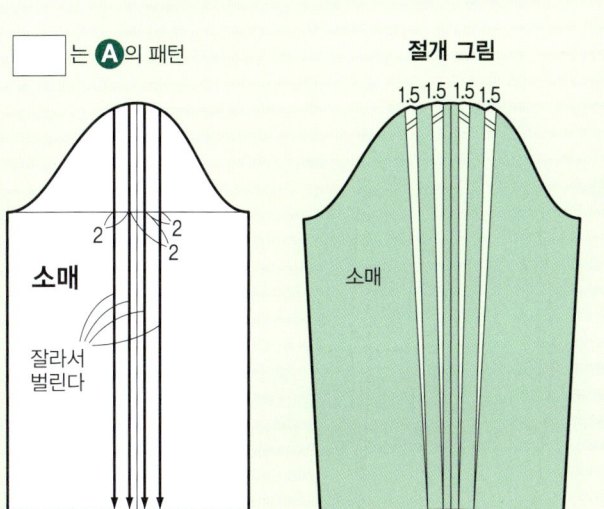

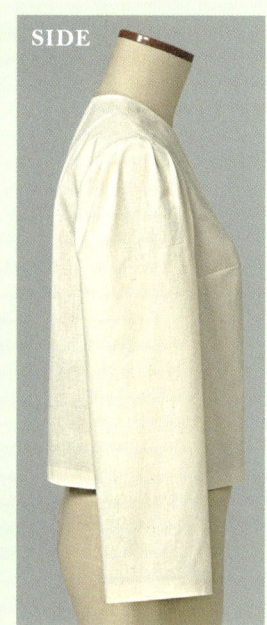

실루엣은 ⓐ에 가까운 박스형.
소매산 볼륨은 ⓖ에 비해 적다.

G 소매산 높이를 2등분해, 소매산만 절개선을 넣어 잘라서 벌린다

소매산에 절개선을 넣는다.
★치수를 잡고 a선을 잘라서 벌린 다음,
좌우 파트를 ☆의 위치를 기준점으로 b선을 잘라서 벌린다.
★는 정해진 치수가 아닌, 잘라서 벌리는 치수에 비례한다.
1곳의 절개 분량은 2cm가 최대.

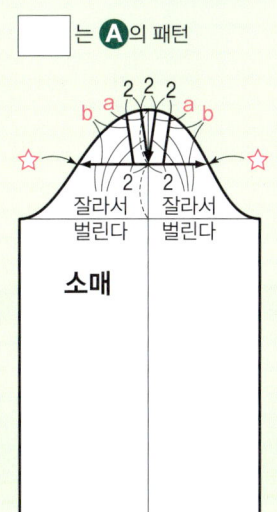

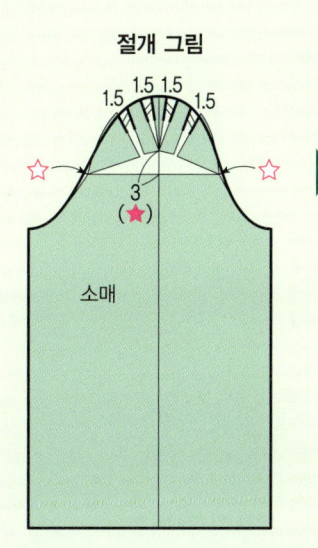

실루엣은 ⓕ와 같은 박스형.
소매산이 높아져 ⓕ보다 소매산 볼륨이 많다.

→ 기준점을 잡고 잘라서 벌린다…P.163

5 교시 **퍼프 슬리브**
— Puff sleeve —

H EL 아래로 절개선을 넣고, 소맷부리만 잘라서 벌린다

EL에서 앞뒤 소매 폭을 각각 2등분해 절개선을 넣는다. ★치수를 잡고, a선을 소매 중심선상을 기준점으로 잘라서 벌린 다음, ☆의 위치를 기준점으로 b선을 잘라서 벌린다. 개더 분량은 커프스 달림 치수의 1배. ★는 정해진 치수가 아닌, 잘라서 벌리는 치수에 비례한다.

□ 는 **A**의 패턴

절개 그림

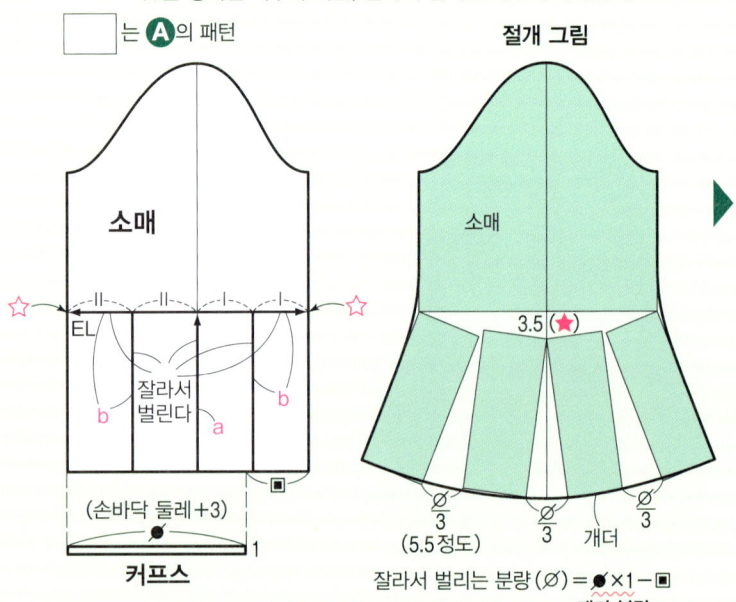

소매

3.5 (★)

☆

EL

잘라서
벌린다

b   a   b

(손바닥 둘레+3)

커프스   1

⌀/3 (5.5정도)   ⌀/3   ⌀/3 개더

잘라서 벌리는 분량 (⌀) = ●×1−■
개더 분량

FRONT

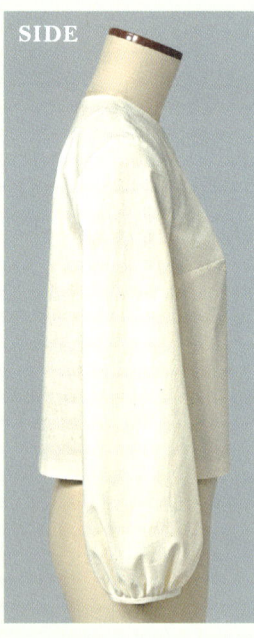
SIDE

위팔 부분은 깔끔하고, EL부터 소맷부리를 향해 볼륨감이 있다.
소매길이가 길어지고 곡선도 강조되므로 소맷부리에서 둥글림이 두드러진다.

I 소매산부터 절개선을 넣고, 소매산을 기준점으로 잘라서 벌린다

앞뒤 소매 폭을 각각 2등분해 소매 중심선과 평행으로 2개의 절개선을 넣는다. 절개선과 소매 중심선에서 소매산을 기준점으로 소맷부리를 잘라서 벌린다. 개더 분량은 커프스 달림 치수의 1배.

□ 는 **A**의 패턴

절개 그림

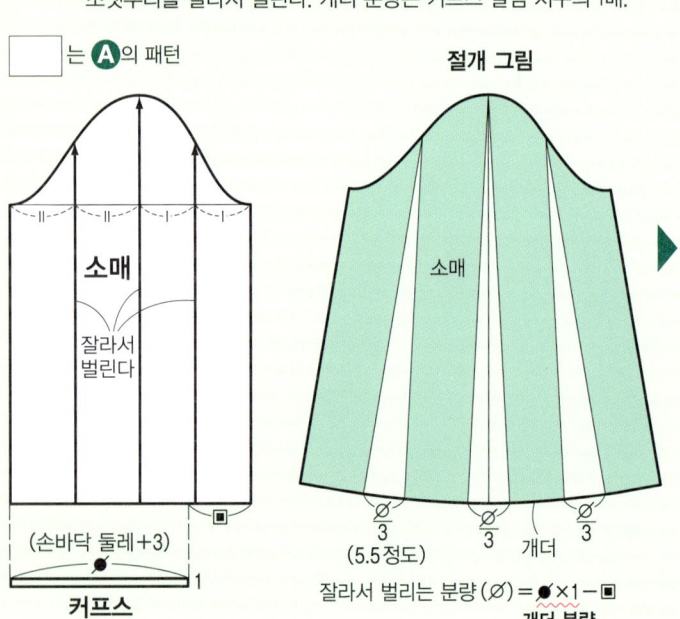

소매

잘라서
벌린다

(손바닥 둘레+3)

커프스   1

⌀/3 (5.5정도)   ⌀/3   ⌀/3 개더

잘라서 벌리는 분량 (⌀) = ●×1−■
개더 분량

FRONT

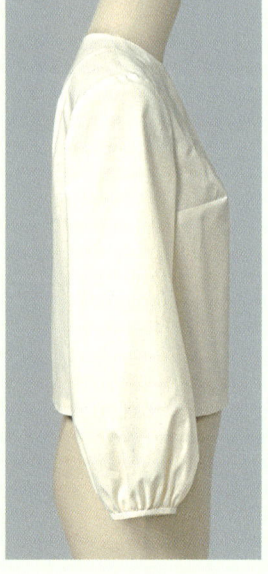
SIDE

소맷부리의 개더 분량은 **H**와 같지만
소매 폭이 전체적으로 넓어져 볼륨감이 생긴다.

→ 치수 재기…P.39, 개더 분량 차이에 따른 비교…P.102, 트임을 만드는 경우…P.91, 기준점을 잡고 잘라서 벌린다…P.163

소매산이나 소맷부리에 개더를 넣어 부풀린(퍼프) 디자인.
퍼프 분량이 같아도 천의 두께나 장력에 따라 볼륨이나 실루엣이 달라진다.
두꺼운 천은 완성 치수의 0.7~1배, 얇은 천은 1~2배가 표준적인 퍼프 분량.
커프스 달림 치수는 트임 없는 상태에서 입을 수 있는 치수(손바닥 둘레＋3)로 한다.

J 소매 중심선에서 평행으로 잘라서 벌린다

평행으로 잘라서 벌리고, 소매산과 소맷부리에 개더를 넣는다.
소맷부리의 개더 분량은 커프스 달림 치수의 0.7배.

 는 **A**의 패턴

절개 그림

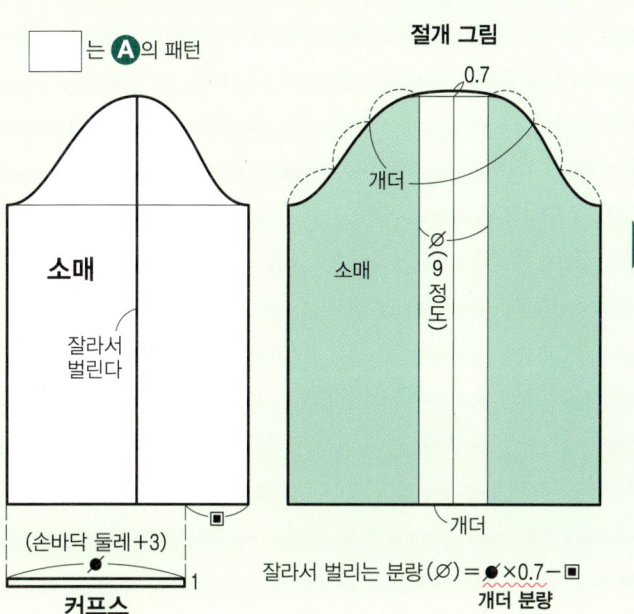

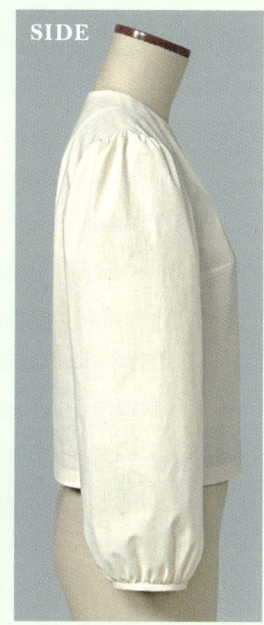

(손바닥 둘레＋3)

커프스

잘라서 벌리는 분량(∅)＝ ●×0.7 － ■
　　　　　　　　　　　　　　개더 분량

소맷부리 개더 분량은 **H**, **I**에 비해 적지만
소매 폭이 많이 넓어져 위팔에 여유가 생긴다.

K **J**방법 + 절개선을 넣고, 소매산을 기준점으로 잘라서 벌린다

J의 방법에 소맷부리 개더 분량을 더 추가한 타입이다. 앞뒤 소매 폭을
각각 2등분해 절개선을 넣는다. 소매 중심선에서 평행으로 잘라서 벌리고,
절개선에서 소매산을 기준점으로 소맷부리를 잘라서 벌린다.
소맷부리 개더 분량은 커프스 달림 치수의 1.5배.

 는 **A**의 패턴

절개 그림

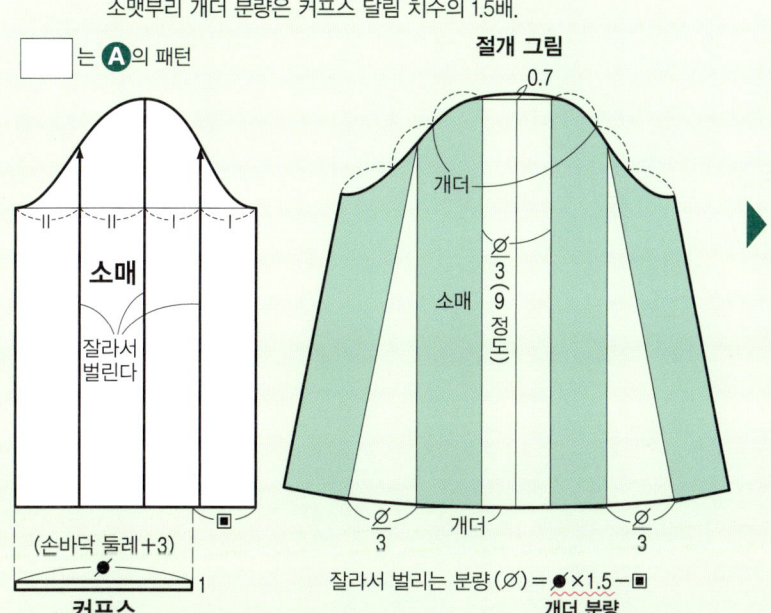

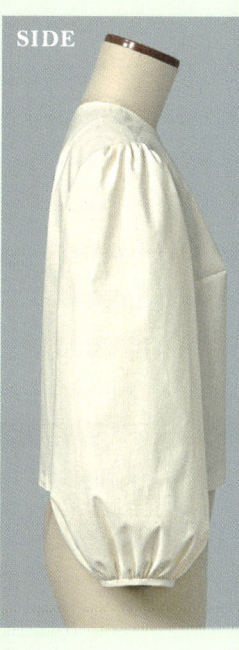

(손바닥 둘레＋3)

커프스

잘라서 벌리는 분량(∅)＝ ●×1.5 － ■
　　　　　　　　　　　　　　개더 분량

개더 분량이 많아 **H**~**K** 중에서 볼륨감은 최대.
소매산에서 소맷부리를 향해 퍼지는 실루엣. 전체에 여유가 있다.

→ 개더 분량 차이에 따른 비교…P.102, 트임을 만드는 경우…P.91, 평행으로 잘라서 벌린다…P.162, 기준점을 잡고 잘라서 벌린다…P.163

45

소매

H
I
J
K

FRONT　SIDE

FRONT　SIDE

0.7

개더

소매

∅(9 정도)

개더

0.7

개더

소매

∅/3 (9 정도)

개더

∅/3　　　∅/3

소매

잘라서 벌린다

소매

잘라서 벌린다

6교시 반소매의 변형
— Half sleeve —

L 소맷부리를 잘라서 벌린다(퍼프 슬리브)

앞뒤 소매 폭을 각각 2등분해 절개선을 넣는다.
절개선과 소매 중심선에서 소매산을 기준점으로 소맷부리를
잘라서 벌린다. 개더 분량은 커프스 달림 치수의 0.5배.

□는 Ⓐ의 패턴

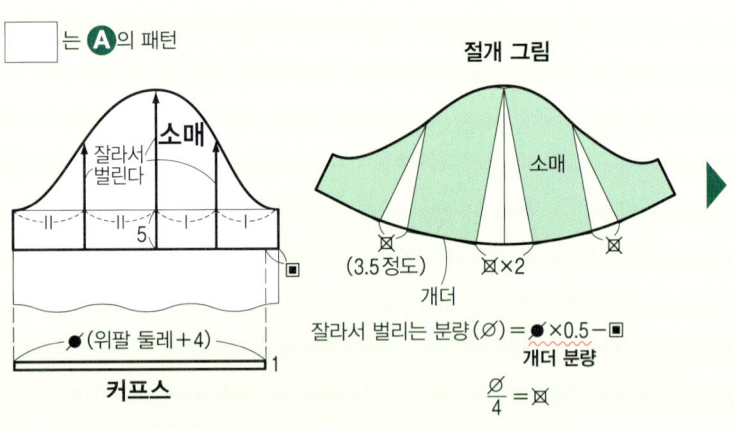

절개 그림

(3.5정도) 개더 ×2

잘라서 벌리는 분량 (∅) = ●×0.5 − ■
개더 분량
∅/4 = ⊠

FRONT   **SIDE**

일반적인 반소매 퍼프 슬리브. 어깨 끝의 부풀림은 작다.

M 소매산과 소맷부리를 잘라서 벌린다(퍼프 슬리브)

앞뒤 소매 폭을 각각 3등분해 절개선을 넣는다.
소매 중심선에서 평행으로 잘라서 벌리고,
절개선에서 소매산을 기준점으로 소맷부리를 잘라서 벌린다.
소맷부리 개더 분량은 커프스 달림 치수의 0.7배.

□는 Ⓐ의 패턴

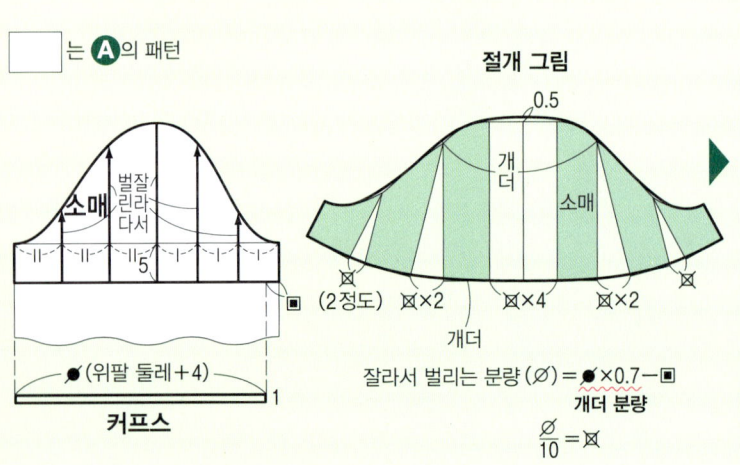

절개 그림

0.5
개더
소매

(2정도) ×2   ⊠×4   ⊠×2   ⊠
개더

잘라서 벌리는 분량 (∅) = ●×0.7 − ■
개더 분량
∅/10 = ⊠

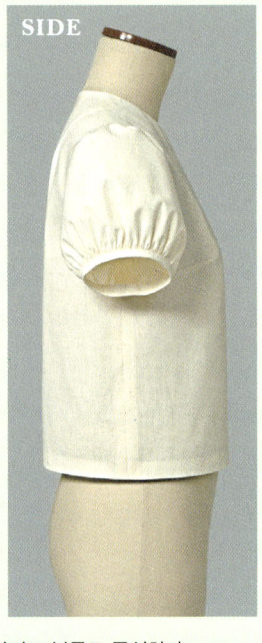

FRONT   **SIDE**

Ⓛ보다 더 잘라서 벌리므로 소매 폭도 넓어지고 볼륨도 풍성하다.
소매산의 개더로 인해 어깨 끝 부풀림도 크다.

 → 치수 재기…P.39, 개더 분량 차이에 따른 비교…P.102, 평행으로 잘라서 벌린다…P.162, 기준점을 잡고 잘라서 벌린다…P.163

1~5교시까지 배운 내용을 복습할 겸 반소매 디자인에 도전해보자.
볼륨이 큰 소매의 경우, 팔을 내렸을 때 들뜨지 않도록 소매 밑선 쪽 절개 치수를 적게 잡는다.

소맷부리를 잘라서 벌린다(퍼프 슬리브)

소맷부리에 턱을 넣은 퍼프 슬리브의 일종.
소매 중심선과 평행으로 2개의 절개선을 넣는다.
소매 중심선과 절개선에서 소매산을 기준점으로 소맷부리를
잘라서 벌린다.

☐ 는 Ⓐ의 패턴

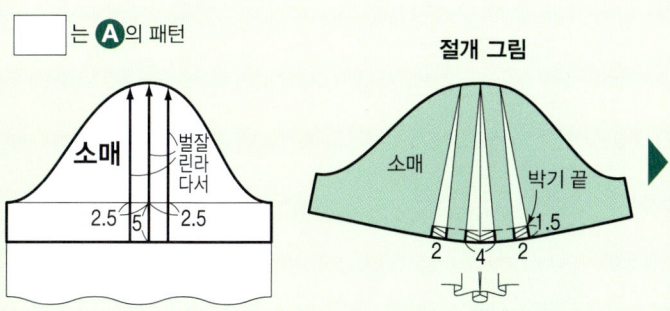

절개 그림

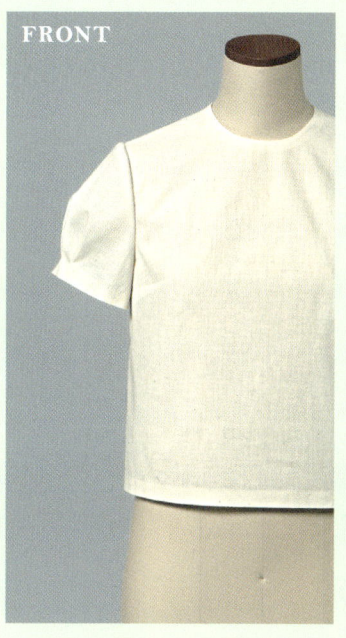

소맷부리 볼륨감은 적다. 턱은 중심 쪽으로 꺾는다.

소매

Ⓛ Ⓜ Ⓝ Ⓞ

소매산과 소맷부리를 잘라서 벌린다(턱트 슬리브)

퍼프 슬리브라고도 한다.
소매 중심선과 평행으로 4개의 절개선을 넣고,
같은 분량을 잘라서 벌린다.

☐ 는 Ⓐ의 패턴

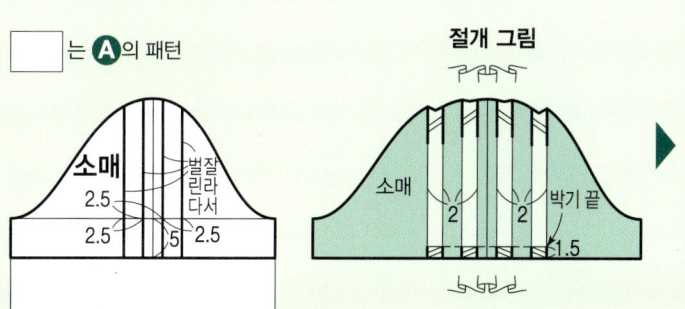

절개 그림

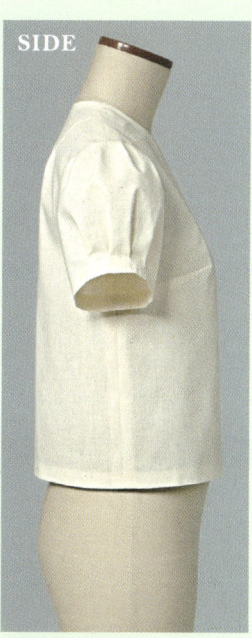

소맷부리 턱 분량은 Ⓝ과 같다. 턱을 소매 밑선 쪽으로 꺾어
Ⓝ과는 느낌이 다르다.
소매산을 잘라서 벌리므로 어깨 끝에 볼륨이 생긴다.

→ 평행으로 잘라서 벌린다…P.162, 기준점을 잡고 잘라서 벌린다…P.163   47

6 반소매의 변형
— Half sleeve —

P 소맷부리를 잘라서 벌린다(플레어 슬리브)

앞뒤 소매 폭을 각각 3등분해 절개선을 넣는다.
소매 중심선과 절개선에서 소매산을 기준점으로 소맷부리를
잘라서 벌린다. 플레어 분량은 잘라서 벌리기 전 소매 폭의 0.7배.
소매 밑선 쪽 절개 치수를 적게 두는 것은 플레어 슬리브도 마찬가지.

□ 는 Ⓐ의 패턴

절개 그림

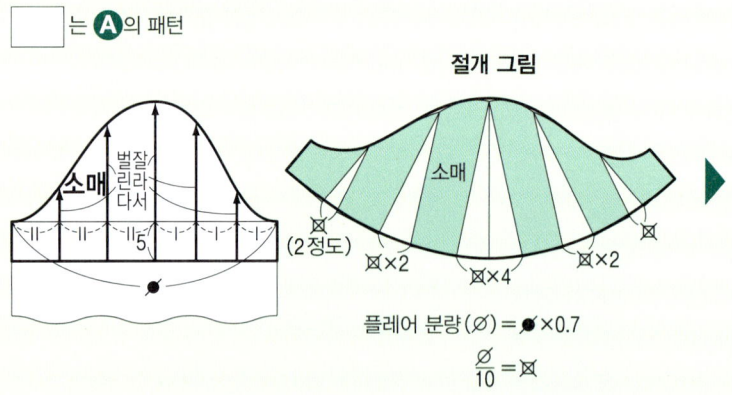

플레어 분량(∅) = ● × 0.7

$$\frac{∅}{10} = ⌧$$

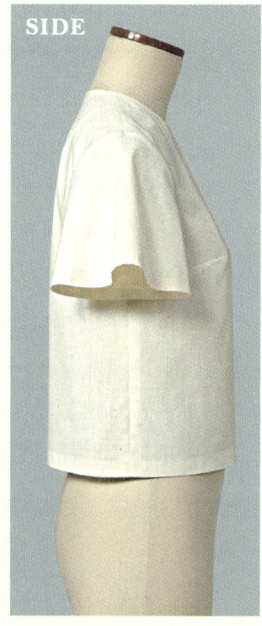

FRONT　　SIDE

소맷부리가 적당히 퍼지며 플레어가 예쁘게 연출된다.

Q 소맷부리선를 그린다(캡 슬리브)

소매 폭선보다 위쪽에 소맷부리선을 그리는 간단한 제도.
소맷부리를 곡선으로 하는 경우도 있지만
소맷부리의 마무리는 직선 쪽이 편하다.

□ 는 Ⓐ의 패턴

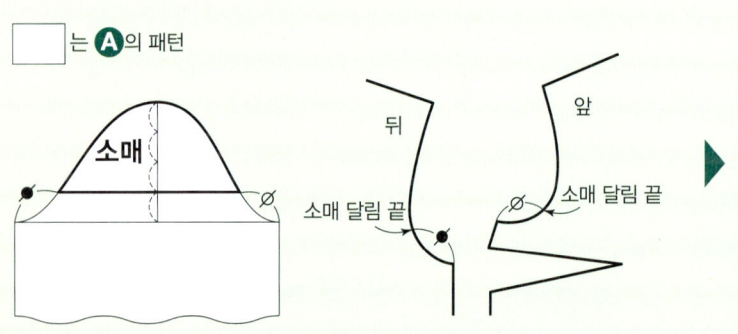

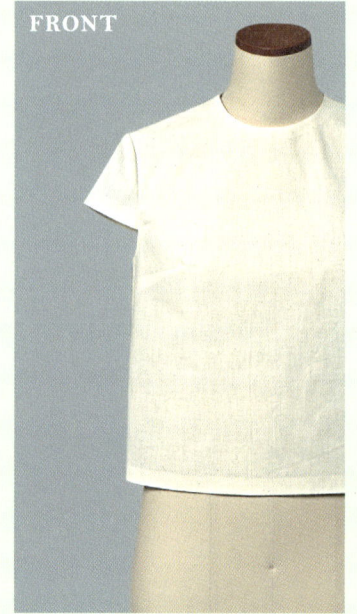
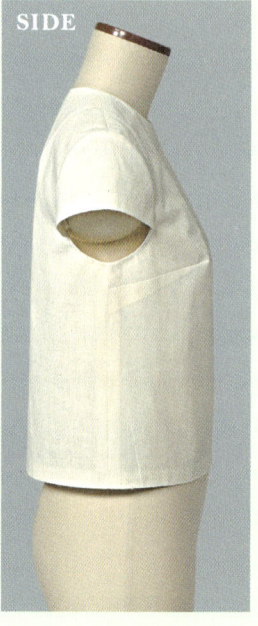

FRONT　　SIDE

어깨 끝만 살짝 덮는 짧은 소매.

7
교시

돌먼 슬리브
— Dolman sleeve —

돌먼 슬리브는 소매 폭이 넓고 전체적으로 여유 있으며
소맷부리가 좁아지는 소매. 아래 예는 몸판 Ⓐ(P.14)를 사용해
새롭게 몸판과 소매를 제도한다.

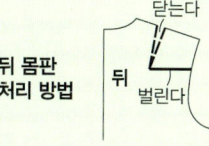

Ⓡ 몸판에 직접 제도한다

몸판 Ⓐ의 뒤 어깨 다트를 닫고 진동 둘레를 이동하여 여유분을 만든다. 앞뒤 모두 어깨선을
연장하고, 옆에 옷 폭 여유분을 넣은 다음, 진동 둘레 아래를 WL까지 내린다. 소매는 어깨 끝
을 그대로 연장해 소매 중심선을 그리고 소매산, 소맷부리, 소매 밑의 순서로 제도한다. 소매
산은 소매 폭선에 완만하게 연결한다. 마지막에 앞뒤 중심선을 맞댄다. 소맷부리의 개더 분량
은 커프스 달림 치수의 1배.

뒤 몸판
처리 방법

닫는다
뒤
벌린다

소매

Ⓟ
Ⓠ
Ⓡ
Ⓢ

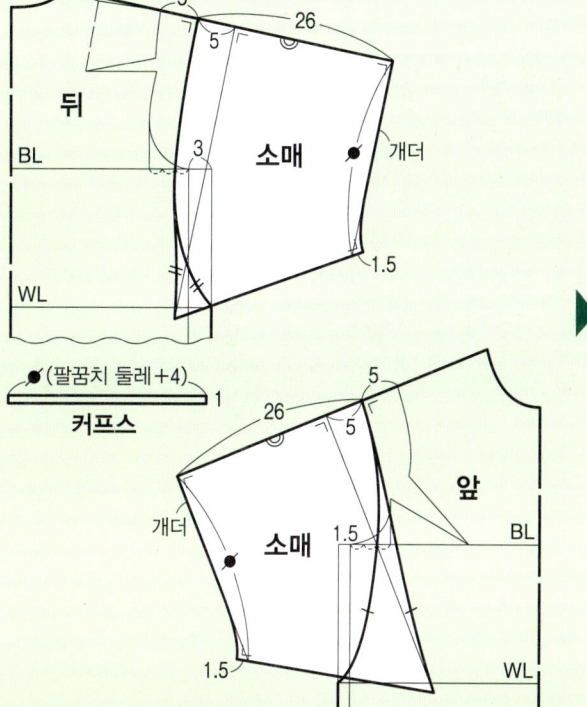

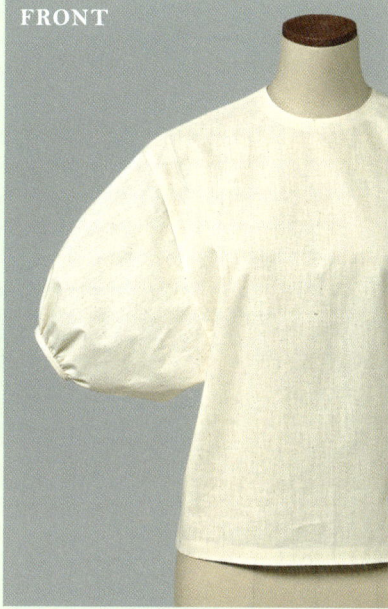
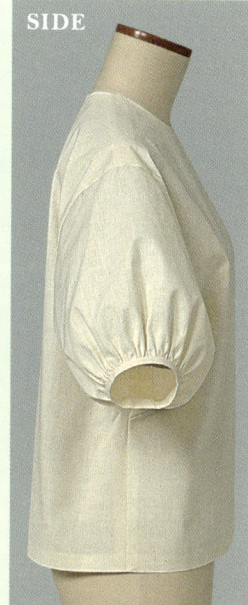

FRONT   SIDE

소매 폭이 넓어서 부드럽게 부푸는 실루엣. 소매 달림선이 깔끔하다.

Ⓢ Ⓡ방법＋소매 중심에 개더 분량을 추가한다

Ⓡ과 같이 제도한다. 소매를 맞댈 때 개더 분량을
소매 중심선에 평행으로 추가한다.

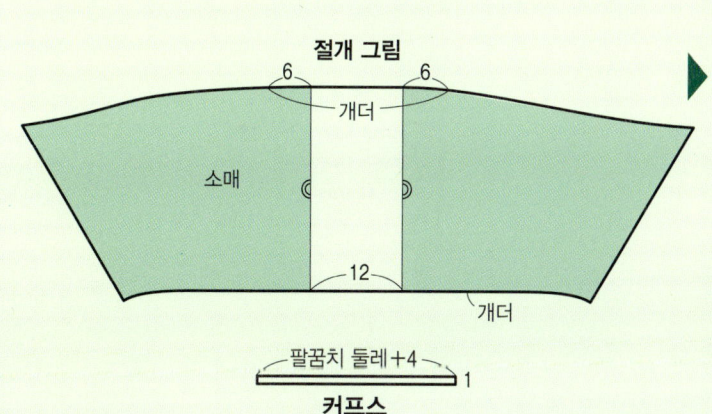

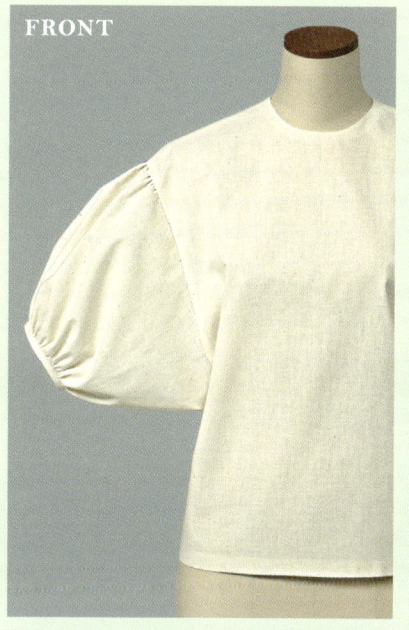

FRONT   SIDE

소매산과 소맷부리 개더 분량을 늘려 Ⓡ보다 더 볼륨이 있다.

→ 치수 재기…P.39, 맞댄다…P.157, 맞대면서 벌린다…P.158

8
교시
셔츠 슬리브
— Shirt sleeve —

T ## 몸판에 직접 제도한다(소매산 높이=평균 어깨 길이의 $\frac{3}{4}$)

몸판의 어깨 끝에서 소매 경사를 결정해 소매 중심선을 긋고 소매산, 소맷부리, 소매 밑의 순서로 제도한다.
소매산 높이는 셔츠 슬리브로는 비교적 높은 평균 어깨 길이의 $\frac{3}{4}$으로 설정.
소매산은 몸판의 진동 둘레와 살짝만 차이 나게 곡선을 수정하고, 진동 둘레와 같은 치수가 되도록 완만하게 소매 폭선에 연결한다.
맨 마지막에 앞뒤 중심선을 맞댄다.

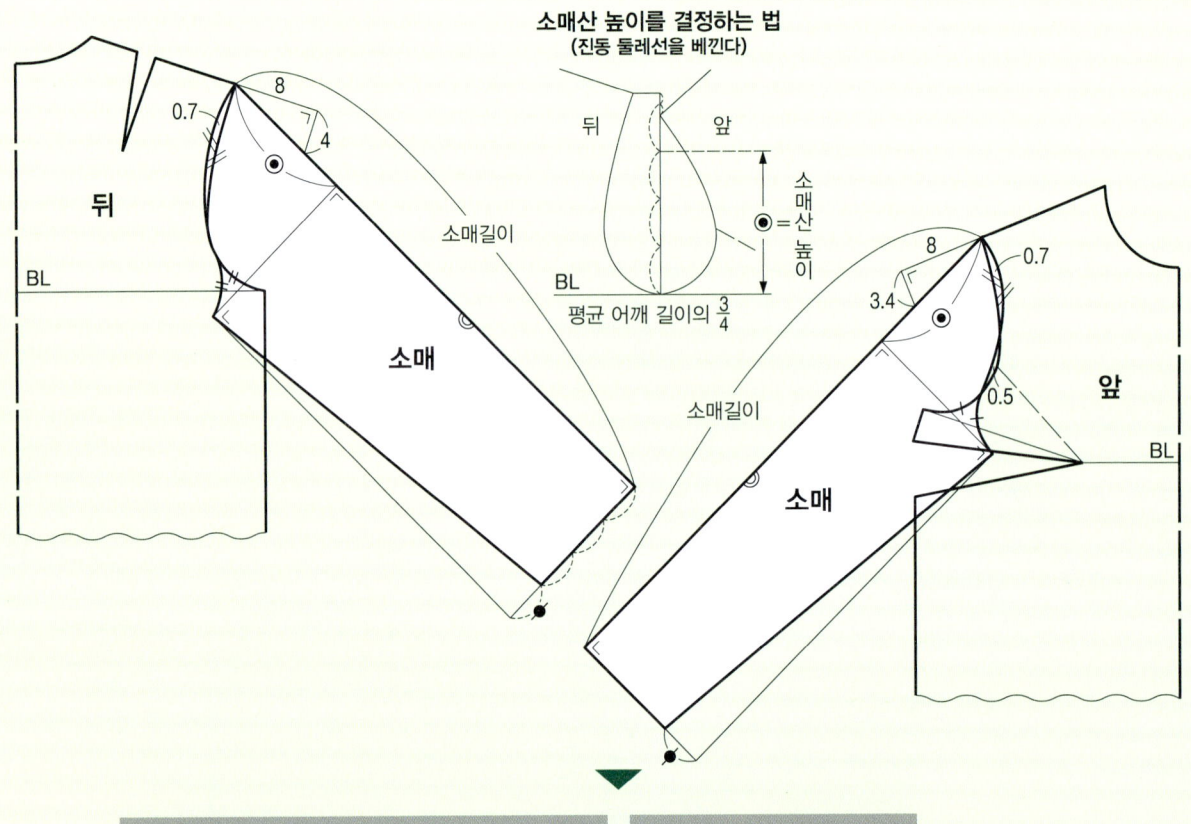

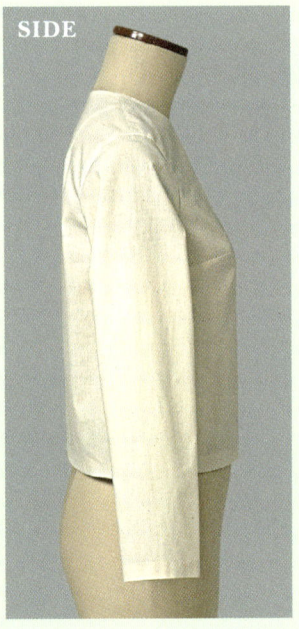

FRONT   SIDE

소매산이 높아서 소매 폭이 좁아진다. 이 때문에 기능성은 약간 떨어진다.
실루엣은 가늘고 세련된 느낌이다.

 → 치수 재기…P.39, 소매산 높이를 결정하는 법…P.137, 제도 방법…P.140, 맞댄다…P.157

소매산에 여유분 줄임 없이 주로 소매 달림선의 시접을 몸판 쪽으로 꺾어서 완성하는 소매.
이 소매는 단독으로 제도하지 않고 몸판의 진동 둘레에 겹쳐 같은 치수가 되게 그린다. 소매산 높이는 조금 낮게 설정.
아래 예는 몸판 Ⓐ(P.14)를 사용한다. 소매를 매끄럽게 그리기 위해 앞 AH 다트를 닫아 옆으로 이동한다.

Ⓤ 몸판에 직접 제도한다(소매산 높이=평균 어깨 길이의 $\frac{1}{2}$)

Ⓣ와 같이 제도한다. 소매 폭을 넓히기 위해 소매산 높이는 낮게, 평균 어깨 길이의 $\frac{1}{2}$로 설정.
이와 연동해 소매 경사(★)도 T보다 완만해진다.

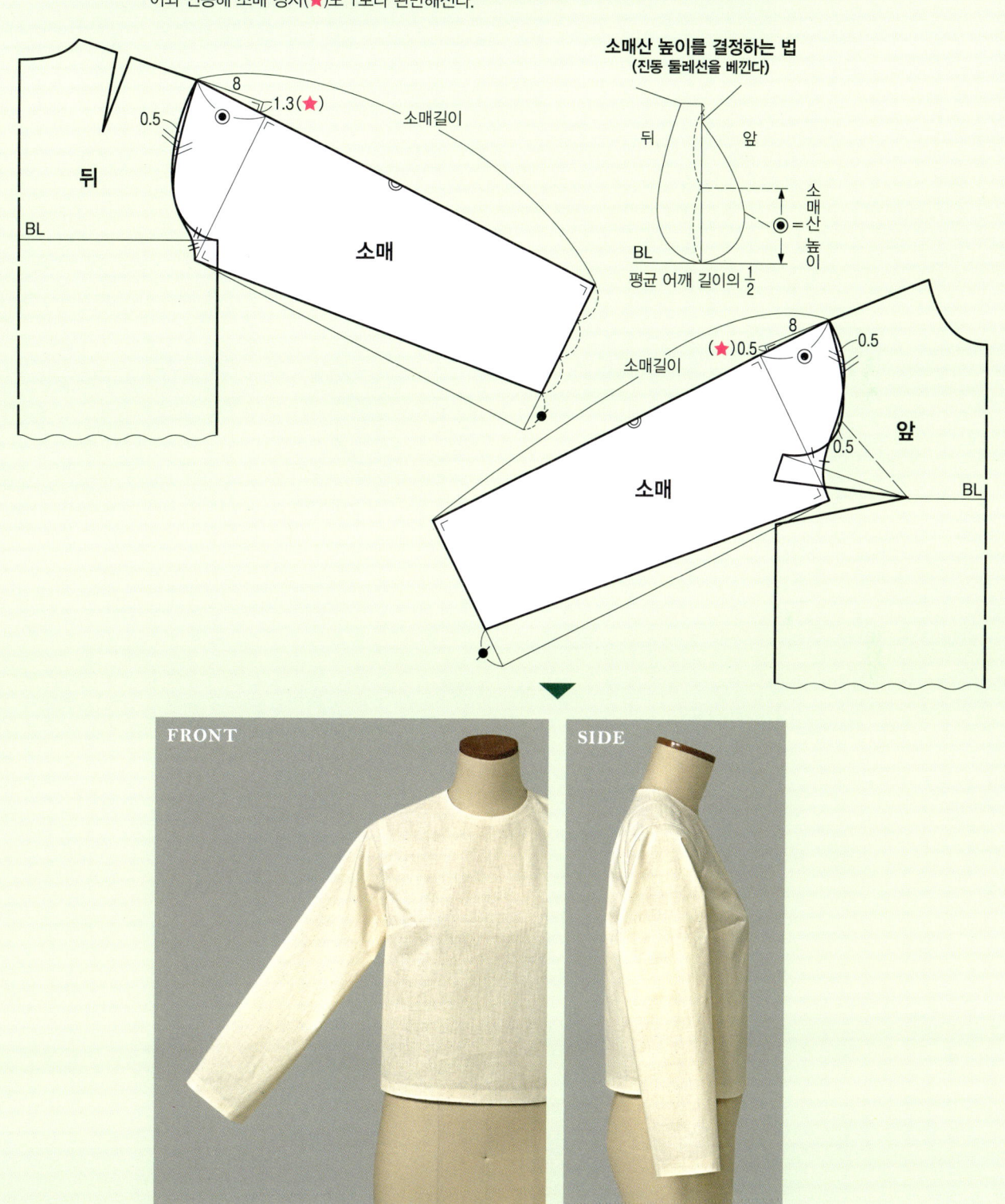

소매산 높이를 결정하는 법
(진동 둘레선을 베낀다)

소매산이 낮아질수록 소매 폭이 넓어지고 여유가 많아진다. 소매 밑도 길어져 팔을 움직일 때 저항감이 적다.
캐주얼웨어나 스포츠웨어, 작업복에 활용도가 높다.

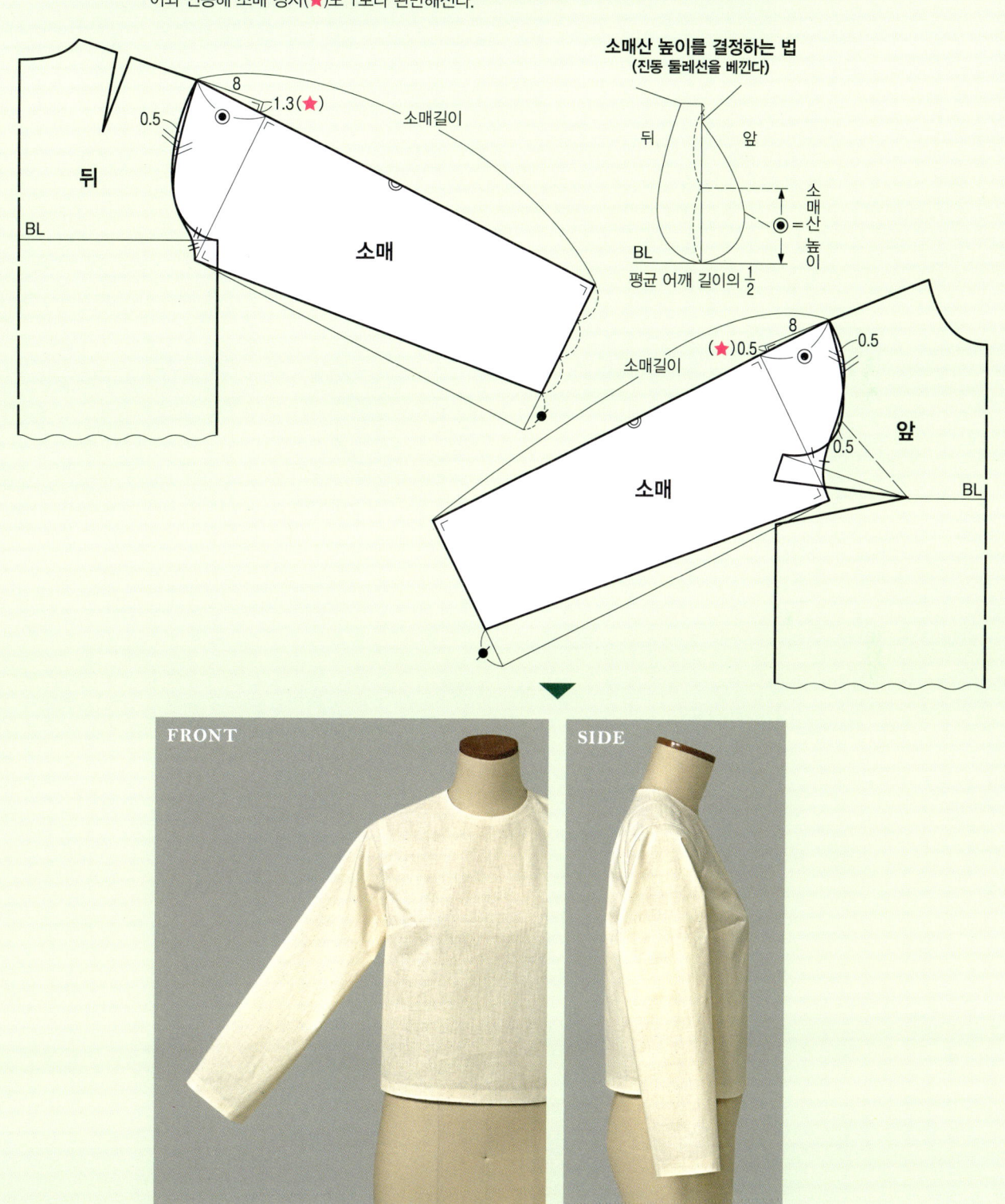

→ 소매산 높이를 결정하는 법…P.137, 제도 방법…P.140, 맞댄다…P.157

래글런 슬리브
— Raglan sleeve —

V 몸판에 소매 달림선을 그리고 직접 제도한다
(소매산 높이=평균 어깨 길이의 $\frac{3}{4}$)

맨 처음 몸판의 소매 달림선을 그린다. 소매 경사를 어깨 끝에서 결정해 소매 중심선을 긋고,
소매 달림선, 소매 밑, 소맷부리의 순서로 제도한다. 소매산 높이는 비교적 높게, 평균 어깨 길이의 $\frac{3}{4}$으로 설정.
소매 아래쪽 곡선은 몸판과 같은 치수가 되도록 소매 폭선에 연결한다.

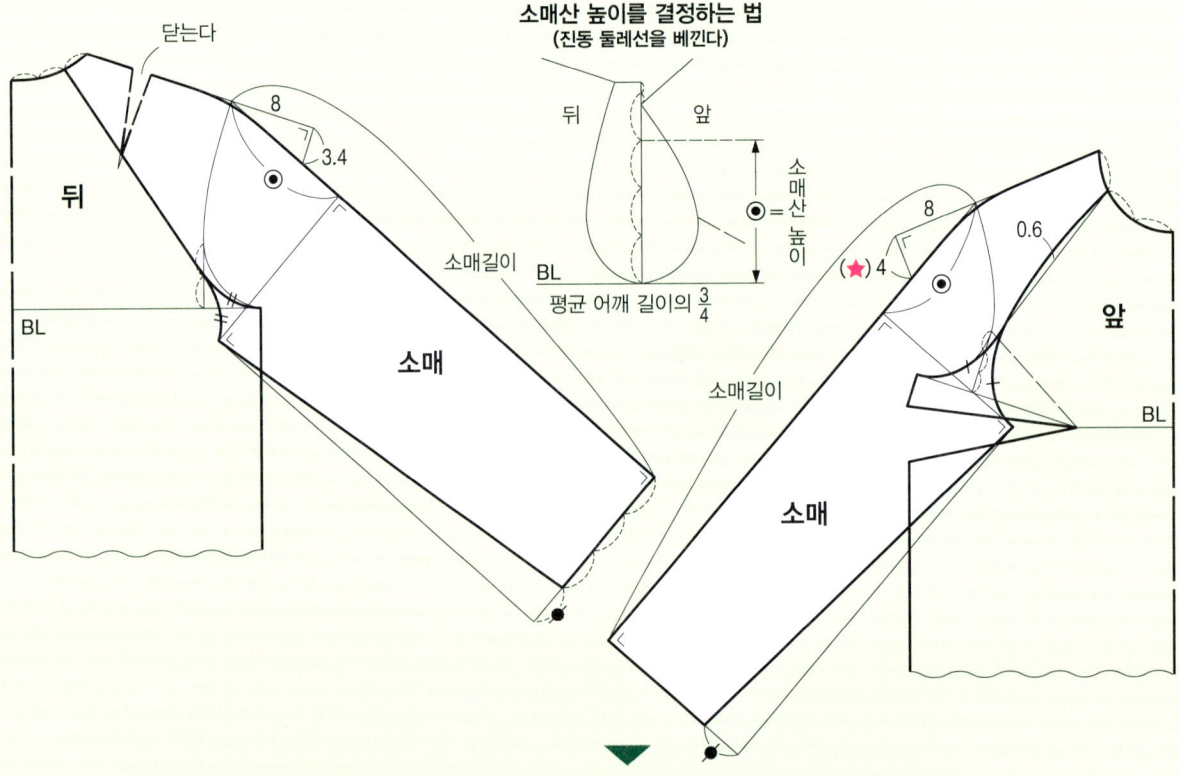

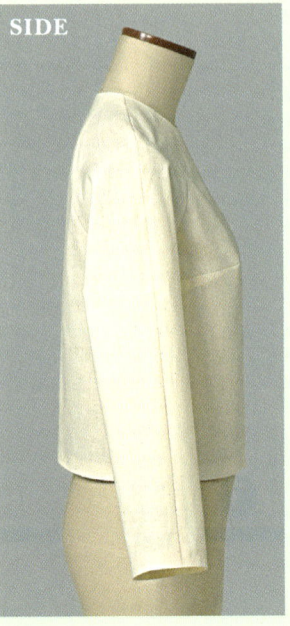

FRONT

SIDE

어깨 끝이 둥글고 전체적으로 가는 실루엣.
어깨부터 경사가 가파르기 때문에 소매 중심선을 솔기로 처리한다.

래글런 슬리브는 어깨 부분과 소매가 하나로 이어진 소매. 목둘레에서 겨드랑이 쪽으로 비스듬히 소매 달림선(래글런 선)을 넣는다.
소매가 앞쪽을 향하도록 소매 중심선의 경사는 앞뒤에서 차이를 두고, 앞을 급하게 한다.(앞의 ★치수를 뒤보다 많이 잡아 경사가 급해진다).
소매 달림선은 여유분 줄임 없이, 몸판과 같은 치수가 되도록 한다.
아래 예는 몸판 (P.14)를 사용한다. 소매를 매끄럽게 그리기 위해 앞 AH 다트를 닫아 옆으로 이동한다.

Ⓦ 몸판에 소매 달림선을 그리고 직접 제도한다
(소매산 높이＝평균 어깨 길이의 $\frac{1}{2}$)

Ⓥ와 같이 제도한다. 소매산 높이는 낮게, 평균 어깨 길이의 $\frac{1}{2}$로 설정. 따라서 소매 폭이 넓어진다.
이와 연동해 소매 경사도 Ⓥ보다 완만해진다.

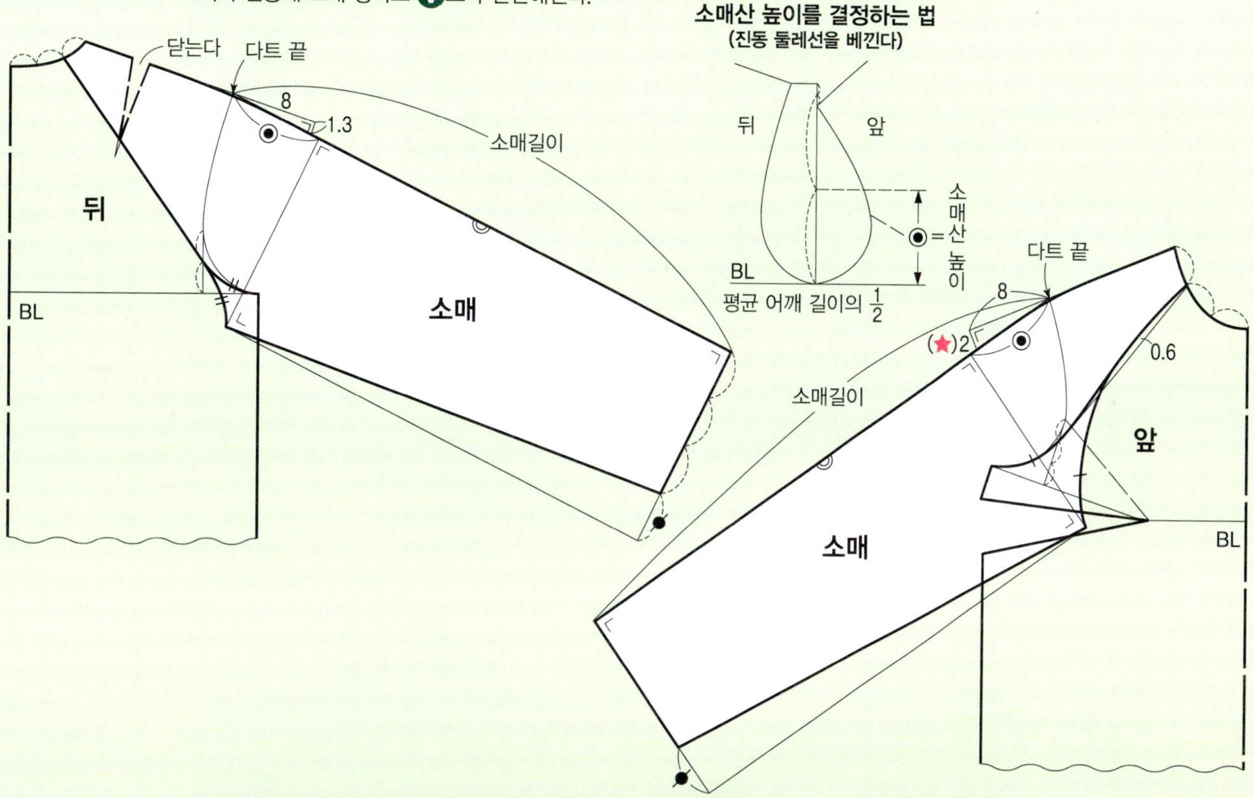

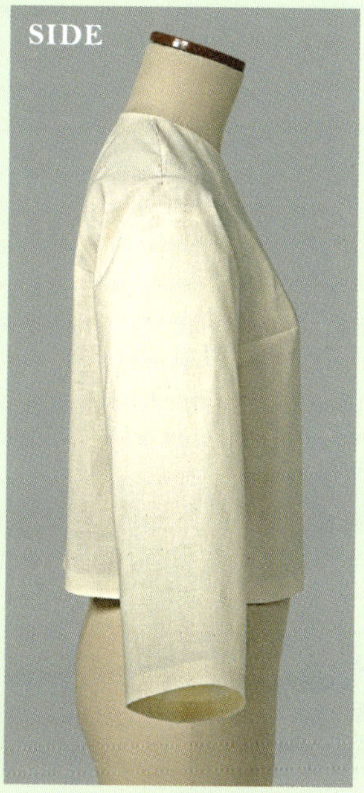

소매

Ⓥ
Ⓦ

닫는다　다트 끝

8

1.3

소매길이

뒤

BL

소매

소매산 높이를 결정하는 법
(진동 둘레선을 베낀다)

뒤　앞

BL

⊙＝소매산 높이

평균 어깨 길이의 $\frac{1}{2}$

소매길이

다트 끝

8

(★)2

0.6

앞

BL

소매

FRONT

SIDE

소매산을 낮게 잡아 Ⓥ보다 소매 폭이 넓어 여유가 있다. 소매 밑도 길어져
팔을 움직이기 편하다. 앞뒤 소매를 맞대고 어깨선은 다트로 처리한다.

→ 소매산 높이를 결정하는 법…P.137, 제도 방법…P.142, 맞댄다…P.157, 닫는다…P.160　53

10교시 기모노 슬리브
— Kimono sleeve —

Ⓧ 몸판에서 이어진 소매와 덧천을 제도한다

몸판의 어깨 끝에서 경사를 결정해, 소매 중심선을 긋는다.
진동 둘레 곡선의 가장 안쪽 위치에서 수직선(★)를 긋고, 옆선과의 간격을 2등분해 ☆선을 긋는다.
이어서 소매 밑, 소맷부리의 순서로 그린 다음, 소매 밑과 몸판의 옆 치수를 재서 덧천을 제도한다.
아래 예는 앞 AH 다트를 목둘레로 이동.

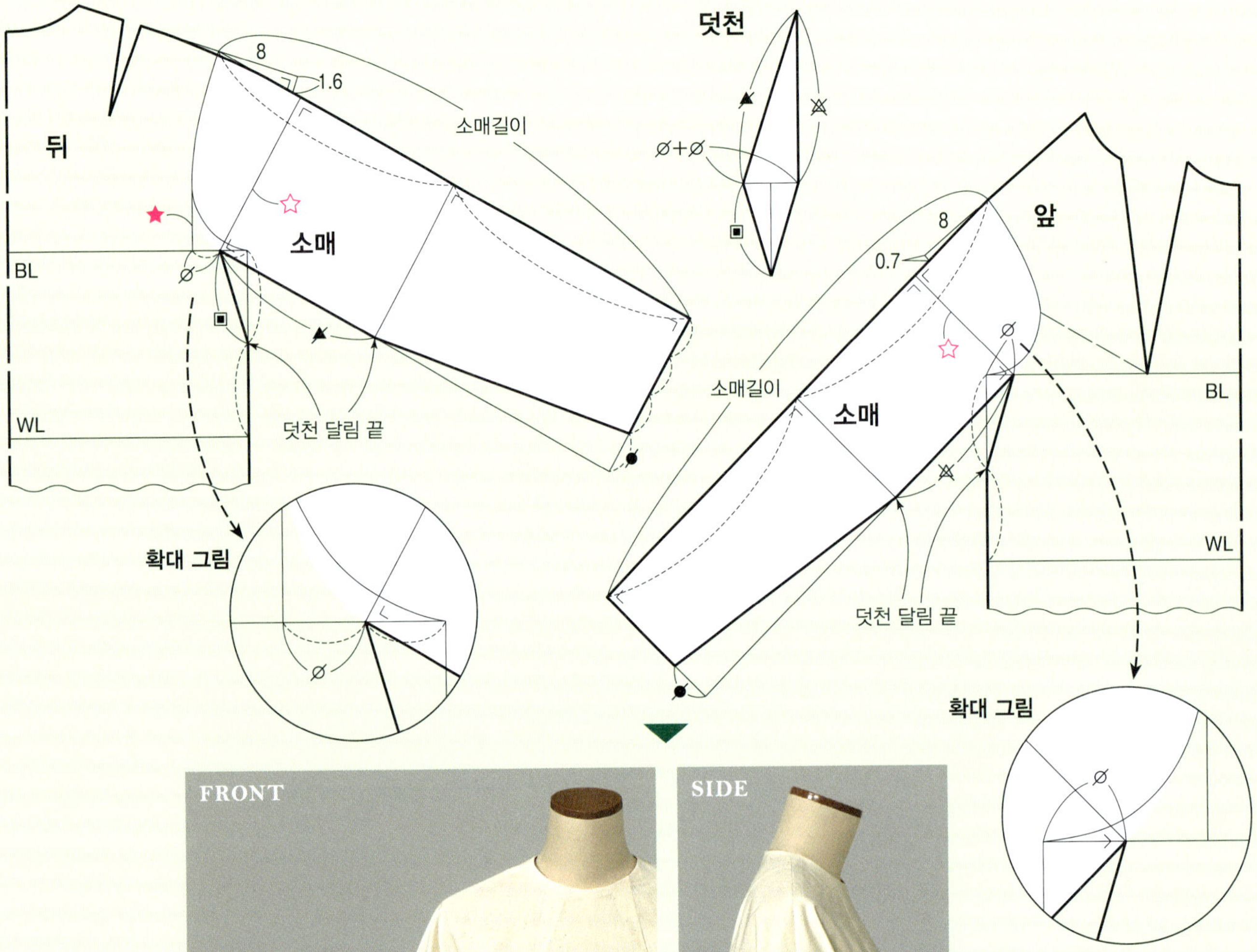

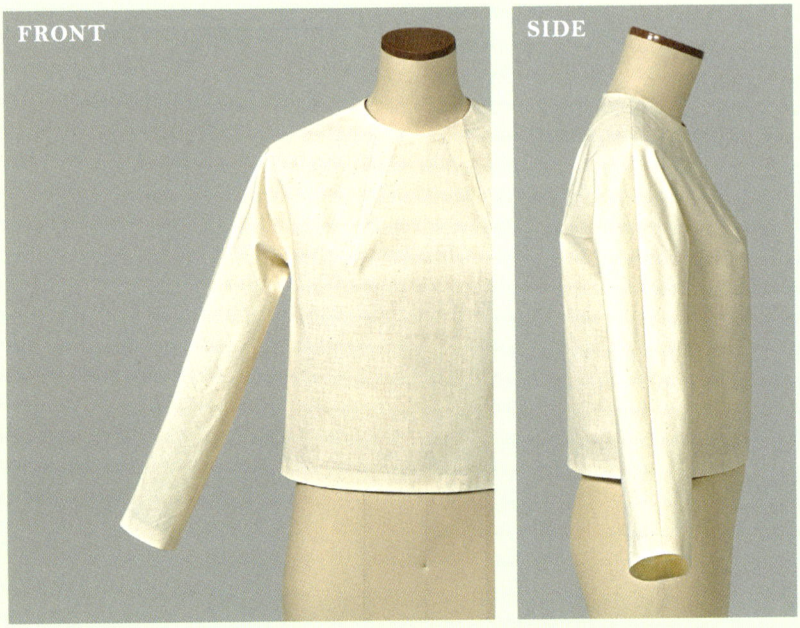

덧천

뒤

소매길이
8
1.6
★ ☆
소매
BL
WL
덧천 달림 끝

∅+∅

확대 그림

앞
8
0.7
소매길이
☆
소매
BL
WL
덧천 달림 끝

확대 그림

FRONT

SIDE

어깨 끝에서 소매로 가는 경사가 완만하고, 어깨 끝의 둥글림도 적다.
여유가 적어, 활동이 편하도록 덧천을 넣는다.

 → 치수 재기…P.39, 제도 방법 기모노 슬리브 Ⓧ…P.144

기모노 슬리브는 소매의 붙임선이 없이 몸판에서 이어진 소매.
긴소매의 경우 팔의 운동량을 확보하기 위해 주로 덧천을 대서 만든다.
아래 예는 몸판 **A**(P.14)를 사용한다. 앞 AH 다트를 닫아 제도에 지장이 없는 위치로 이동한다.

Y 몸판에서 이어진 소매를 제도한다(소매길이 5cm)

프렌치 슬리브라고도 한다. 몸판의 어깨선을 연장해
어깨 끝을 조금만 떨어뜨려 거기부터 직각으로,
그다음 완만한 곡선으로 원래의 진동 둘레에 연결한다.
아래 예는 앞 AH 다트를 옆으로 이동한 것.

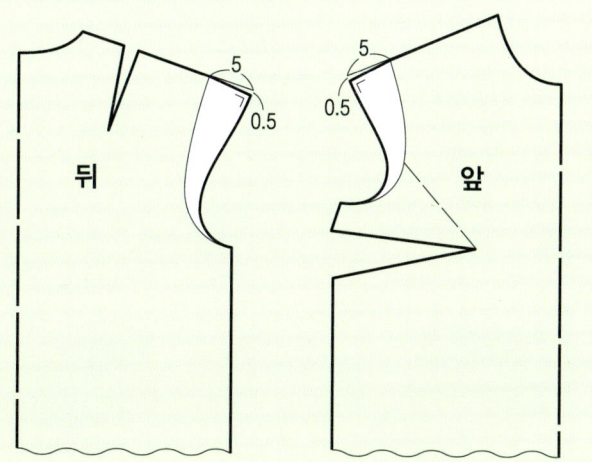

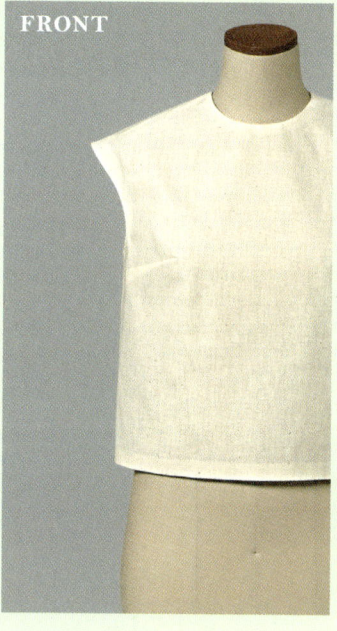

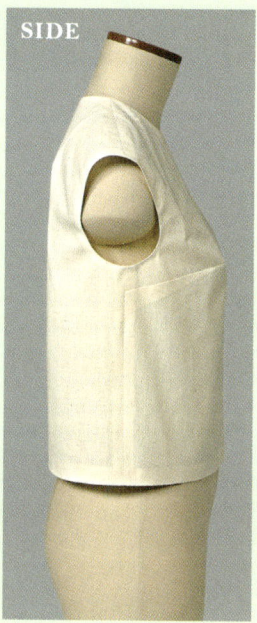

FRONT   SIDE

어깨 끝을 커버하는 디자인.
패턴과 실제 완성이 가장 간단한 소매.

소매
X
Y
Z

Z 몸판에서 이어진 소매를 제도한다(소매길이 12cm)

조금 긴 프렌치 슬리브. 몸판의 어깨선을 연장해
거기부터 직각으로, 그다음 완만한 곡선으로 옆선에 연결한다.
소맷부리 치수를 확보하기 위해, 어깨 끝 경사는 두지 않는다.
아래 예는 앞 AH 다트를 옆으로 이동.

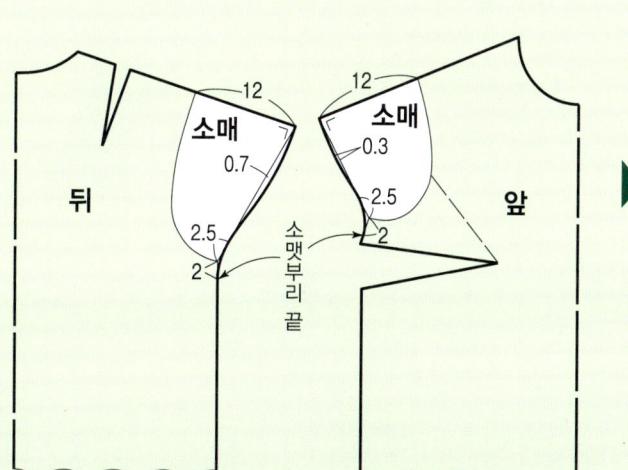

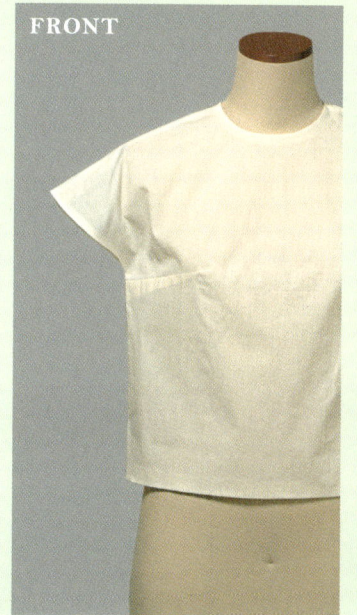

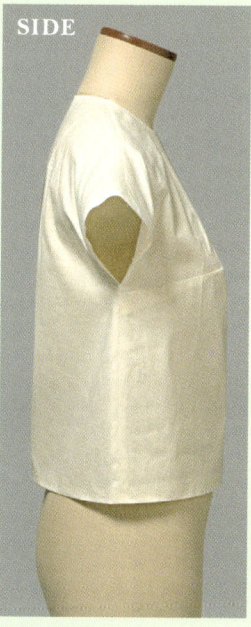

FRONT   SIDE

입으면 어깨 끝에서 소매로 가는 경사가 자연스럽고
어깨 끝을 완벽히 커버한다.

칼라 패턴

1 교시
→ P.60
스탠드 칼라
— Stand collar —
Ⓐ

2 교시
→ P.63
셔츠 칼라
— Shirt collar —
Ⓖ

3 교시
→ P.66
칼라 밴드 달린 셔츠 칼라
— Shirt collar —
Ⓜ

4 교시
→ P.69
플랫 칼라
— Flat collar —
Ⓢ

6 교시
→ P.71
보 칼라
— Bow collar —
Ⓧ

7 교시
→ P.72
프릴 칼라
— Frill collar —
ⓐ

칼라는 목 주위에 달려 있는 부분.

얼굴과 가장 가깝기 때문에 옷 디자인 중에서 중요한 포인트가 된다.

여기서는 11종류, 모두 40가지의 칼라 디자인을 소개한다. 설명의 편의상 몸판은 모두 (P.14)를 사용하고,

앞 중심과 SNP(목 옆점)에서 목둘레를 크게 해서 블라우스를 전제로 여유를 두었다.

실제는 자신이 만들고 싶은 디자인으로 몸판을 완성한 뒤 칼라를 제도한다.

→ P.70

세일러 칼라
— Sailor collar —

→ P.74

후드
— Hood —

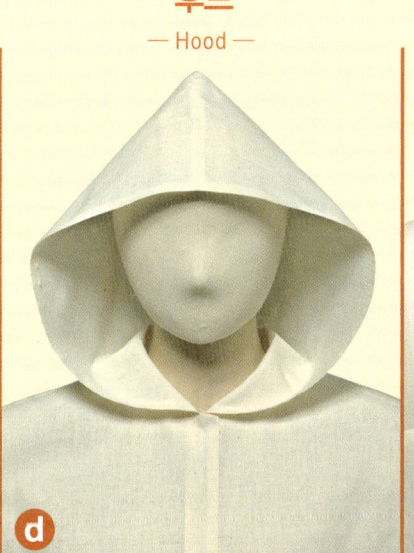

→ P.78

테일러드 칼라
— Tailored collar —

→ P.80

숄 칼라
— Shawl collar —

→ P.82

하이넥
— High neck —

 칼라의 기초 지식

각 부분의 명칭

패턴 설명에 필요한 각 부분 명칭. 기억해서 이해도를 높이자!
셔츠 칼라 **G**와 칼라 밴드 달린 셔츠 칼라 **M**으로 설명한다.

셔츠 칼라 **G**

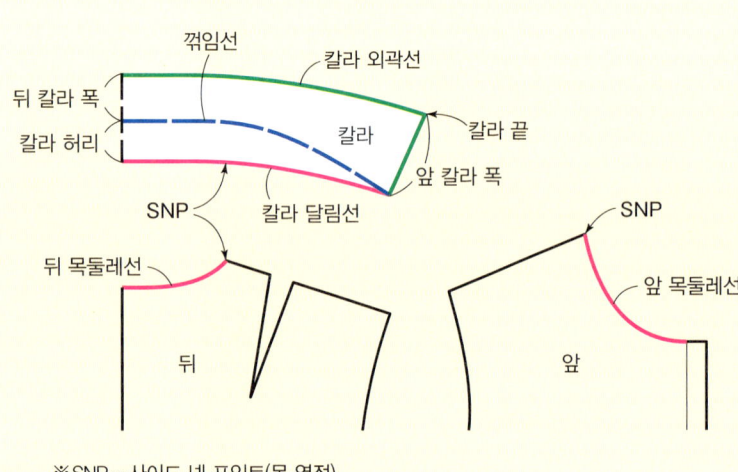

꺾임선
칼라 외곽선
뒤 칼라 폭
칼라 허리
칼라
칼라 끝
앞 칼라 폭
SNP
칼라 달림선
뒤 목둘레선
뒤
SNP
앞 목둘레선
앞

※SNP…사이드 넥 포인트(목 옆점)

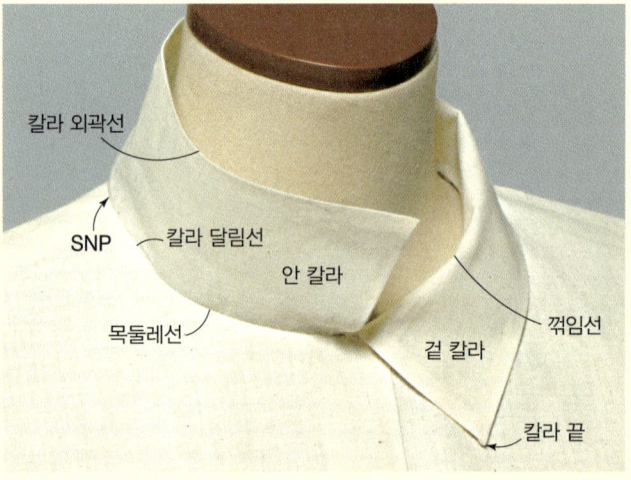

칼라 외곽선
SNP
칼라 달림선
안 칼라
목둘레선
겉 칼라
꺾임선
칼라 끝

칼라 밴드 달린 셔츠 칼라 **M**

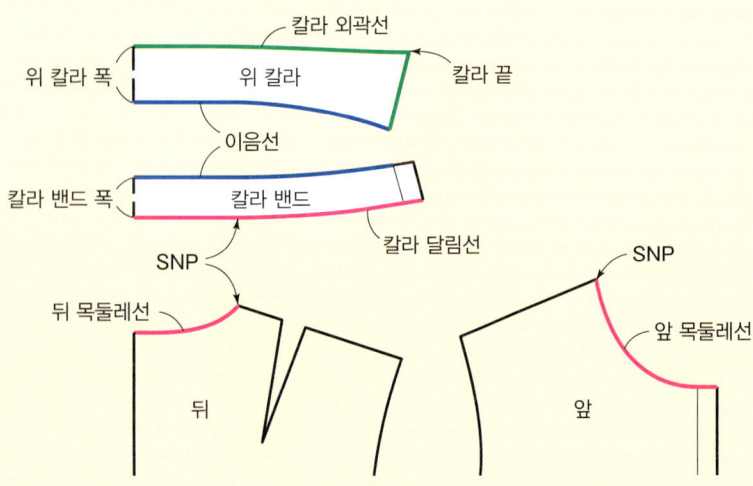

칼라 외곽선
위 칼라 폭
위 칼라
칼라 끝
이음선
칼라 밴드 폭
칼라 밴드
칼라 달림선
SNP
뒤 목둘레선
뒤
SNP
앞 목둘레선
앞

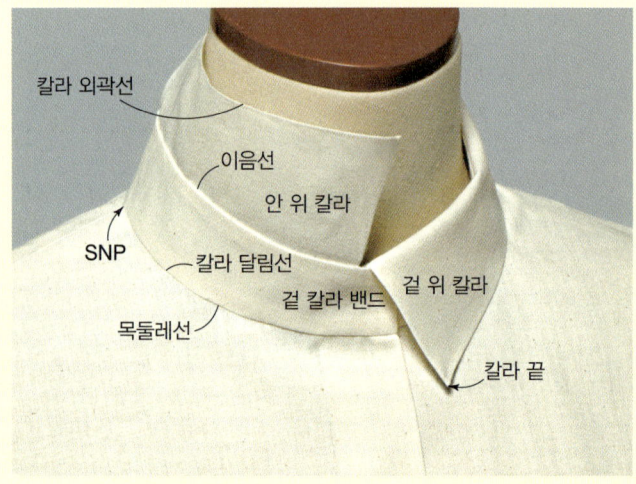

칼라 외곽선
이음선
안 위 칼라
SNP
칼라 달림선
겉 칼라 밴드
겉 위 칼라
목둘레선
칼라 끝

치수 재기

치수 재기는 제도에 필요한 몸 부위의 치수를 재는 것. 칼라는 후드(P.74~77)를 제도하는 경우에만 ① 머리 둘레와 ② 후드 치수가 필요하다.

① 머리 둘레

앞이마 미간과 뒷머리의 가장 돌출된 곳을 지나 한 바퀴 돌려 잰다. 뒷머리의 돌출점이 쉽게 분간이 안 될 때는 손으로 만져보고 찾는다. 그림처럼 수평이 안 되는 경우도 있다.

② 후드 치수

머리 마루점(머리 가장 높은 위치)에서 FNP까지 가볍게 줄자를 대고 잰다.

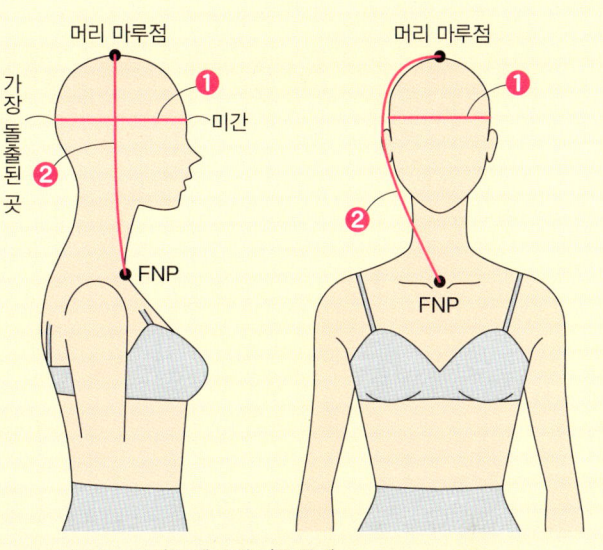

※ FNP … 프런트 넥 포인트(목 앞점)

칼라

칼라의 좌우 모양 차이

앞 중심에 칼라가 달리는 셔츠 칼라 등에서 좌우 칼라 끝의 위치가 어긋나 보이는 경우가 있다.
이것은 안자락에 달리는 칼라를 꺾을 때 겉자락 몸판의 두께만큼 잡혀 올라가기 때문이다.
좌우가 똑같게 보이려면 패턴을 만들 때 안자락의 앞 칼라 폭을 칼라 달림선에서 추가한다(분량은 천의 두께에 따라 다르다). 아래 예는 셔츠 칼라 **G**(P.63)의 경우.

수정 전

겉자락 쪽   칼라   안자락 쪽

수정 후

겉자락 쪽   칼라   안자락 쪽   0.5 추가

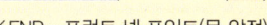

겉자락   안자락   칼라 끝의 높이 차이가 생긴다

겉자락   안자락   칼라 끝의 높이가 같다

→ 책에 있는 제도, 작품의 참고 치수표…P.8

1
교시 스탠드 칼라
— Stand collar —

A 앞 중심에서 1cm 올린다

스탠드 칼라의 기본형.
몸판의 목둘레 치수를 수평선상에 두고,
앞 중심에서 1cm 올려 경사지게 제도한다.
칼라 달림선은 앞 중심 쪽으로 완만한 곡선이 된
다. 경사진 탓에 칼라 외곽선이 칼라 달림선보다
조금 짧아진다.

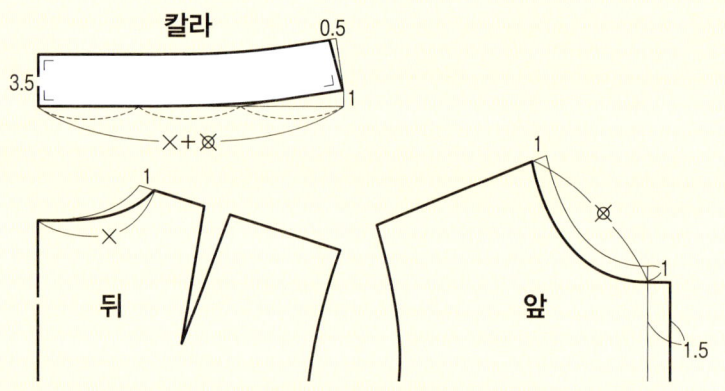

FRONT

SIDE

BACK

목에 아주 조금만 붙
는다. 목 주위에 적당
히 여유가 있다.

B 칼라 달림선이 수평

몸판의 목둘레 치수를 수평선상에 두고
제도한다. 패턴은 사각형.
칼라 달림선에 경사가 없는 것 말고는 A와 같다.

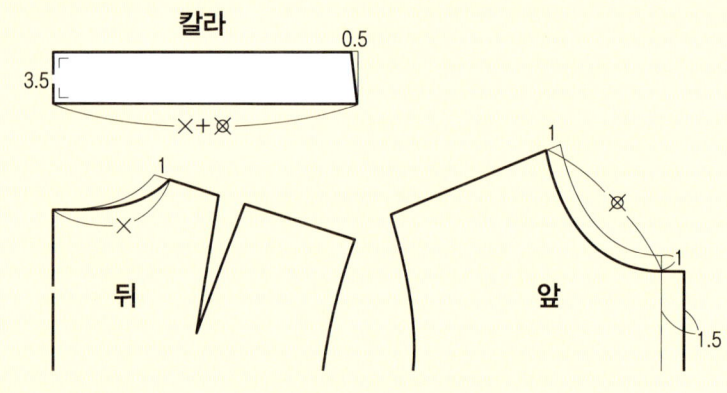

FRONT

SIDE

BACK

곧게 세워지고
목에서 떨어진다.
앞 끝이 벌어져 보이는 것은
중력에 의해 칼라가 조금
처지기 때문.
A보다 목 주위에
여유가 많다.

 → 제도 방법…P.146, 목둘레 차이에 따른 칼라 비교…P.94, 칼라 끝 변형…P.96

몸판의 목둘레에서 곧게 세워진 직사각형에 가까운 칼라. 칼라 폭이나 칼라 달림선의 휘는 정도, 칼라 끝의 모양에 따라 느낌이 달라진다.
칼라의 앞 끝이 수직으로 보이도록 모든 디자인의 칼라 끝을 0.5cm 비스듬히 자른다.
여기서는 생략했지만, 디자인에 있어서 턱이 앞 칼라에 닿기 쉬우므로 앞 중심의 칼라 폭을 뒤 중심보다 0.3~0.5cm 좁게 하는 경우가 있다.

 ## 앞 중심에서 3cm 올린다

앞 중심에서 3cm 올려 경사지게 한다.
Ⓐ와 같이 제도하면
칼라 달림선이 ×＋⊠ 치수보다 길어지므로
치수를 확인해 뒤 중심에서 수정한다.
앞 칼라 달림선은 경사가 가파른 곡선이 된다.
Ⓐ보다 칼라 외곽선이 더 짧아진다.

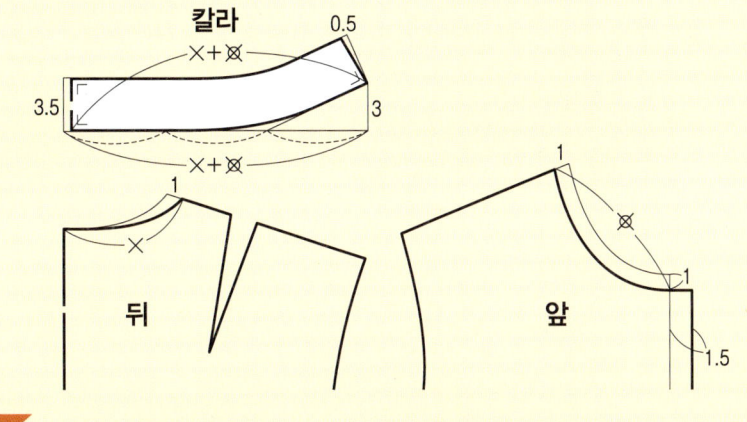

FRONT

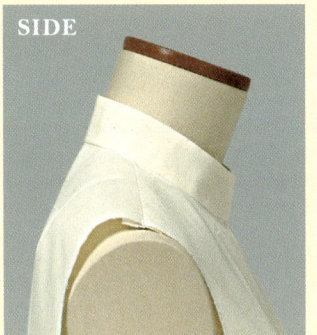

SIDE

BACK

Ⓐ보다 목 쪽으로 붙는
칼라가 되지만,
목 주위에 적당히
여유가 있다.

 ## 앞 중심에서 8.5cm 올린다

앞 중심에서 8.5cm 올려 경사지게 한다.
이 경사 분량이 최대. 앞 중심에서 올리는 치수가 많아질수록
칼라 달림선과의 오차가 커지기 때문에 미리 수평선상에서
뺀다. 제도 후 달림선 치수를 재고, 뒤 중심에서 수정한다.
칼라 달림선은 심한 곡선이 되고 칼라 외곽선이 상당히 짧아진다.
칼라 폭을 더 넓히고 싶을 때는 목 주위가 답답하지 않도록
앞 중심에서 올리는 치수를 8.5cm보다 적게 조정한다.

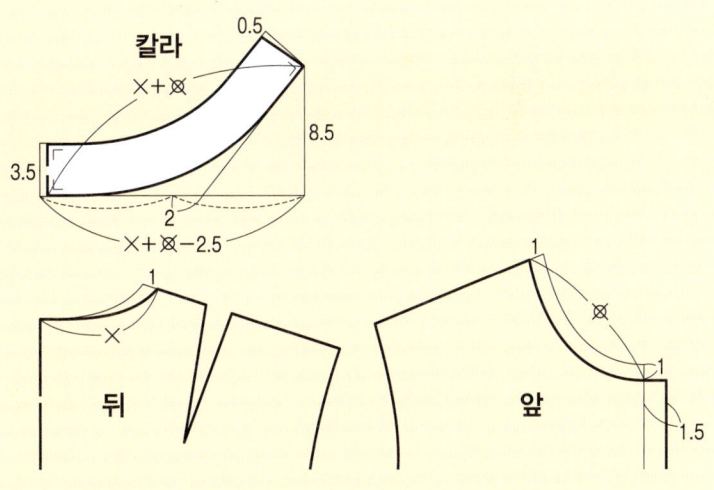

FRONT

SIDE

BACK

꽤 많이 목 쪽으로 붙는다.
목 주위의 여유는 최소.

스탠드 칼라
Stand collar

 몸판의 앞 끝까지 칼라를 추가

B와 같이 제도하고,
앞 중심에서 앞 끝까지의 치수를 평행으로 추가한다.
A, **C**, **D** 디자인도 같은 방법으로 추가할 수 있다.

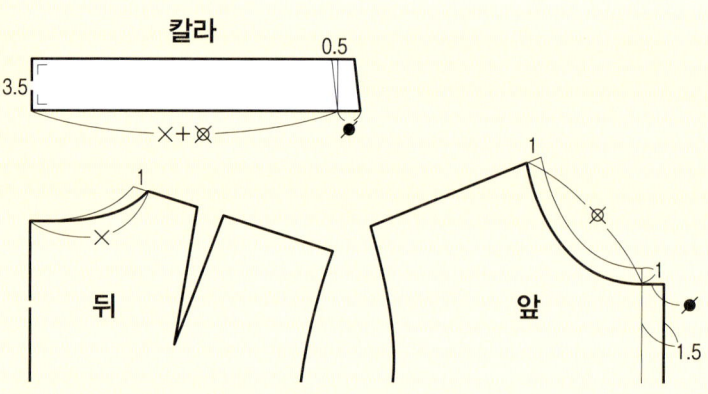

FRONT

SIDE

BACK

칼라의 실루엣은
A와 비슷하지만,
칼라가 앞 중심에서 겹친다.

 목둘레를 크게 하고, 거기서 직접 제도해 잘라서 벌린다

뒤 중심에서 2cm, SNP와 앞 중심에서
3cm를 잡고 목둘레를 그린다.
그것과 평행으로 칼라를 제도한다.
칼라 달림 쪽과 칼라 외곽 쪽을
각각 3등분해 절개선을 그린 뒤,
칼라 달림 쪽을 기준점으로
잘라서 벌린다. 어깨는 맞대면서 벌린다.

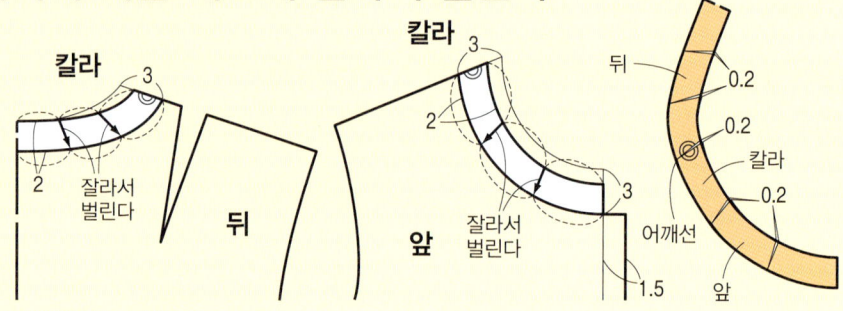

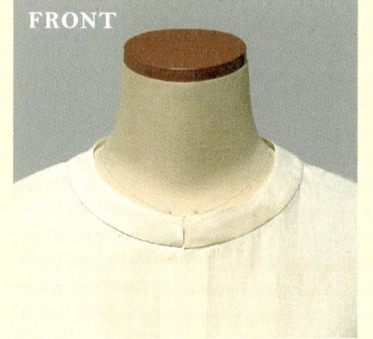
FRONT

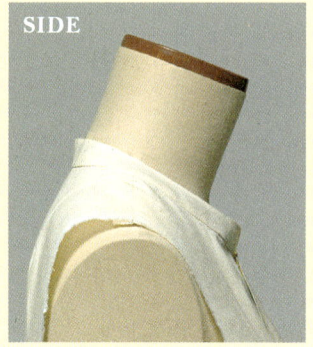
SIDE

BACK

아주 살짝 몸에서
떨어뜨려 세운다.

셔츠 칼라
— Shirt collar —

몸판의 목둘레에서 세워 접는 칼라.
칼라 폭, 칼라 허리의 높이, 칼라 끝의 모양에 따라 느낌이 달라진다. 치수를 변경하면 칼라 외곽의 치수가 부족하거나 남아서, 시침바느질(가봉)이 필요하다.
아래 예는 최상의 균형을 맞춘 제도.
G~J는 앞뒤 칼라 폭은 그대로 둔 채 칼라 허리의 높이와 올림 치수를 변경해 비교.

G 3cm의 칼라 허리

뒤 칼라 폭과 칼라 허리의 높이가 표준적인 셔츠 칼라의 기본형.
올림 치수(★)를 결정하고, 몸판의 목둘레 치수를 토대로 제도한다.
칼라 폭은 뒤 중심에서 3.5cm, 앞에서 6.5cm. 올림 치수는 2.5cm.

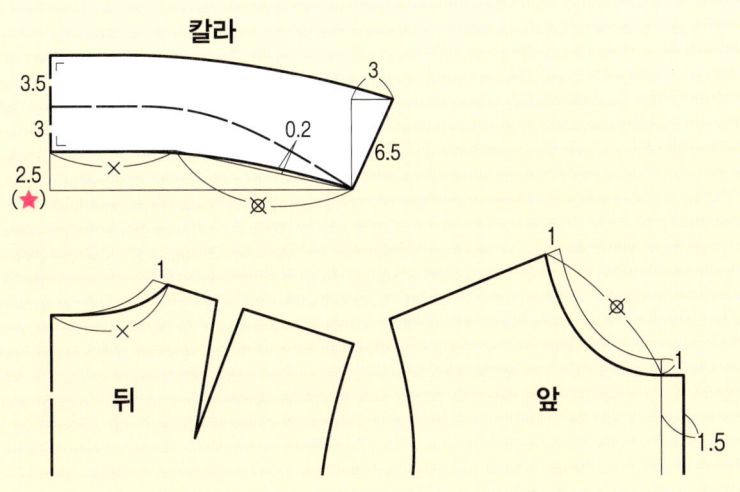

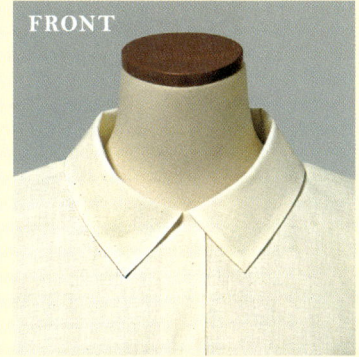
FRONT

BACK

앞 중심에서 뒤까지 칼라 허리의 곡선이
가파르고, 뒤 칼라는 세운다.
세련된 이미지.

칼라
E F G H

H 1cm의 칼라 허리

칼라 허리 1cm는 셔츠 칼라로는 가장 적은 치수.
칼라 허리를 낮추면 뒤 칼라가 세워지지 않기 때문에, 칼라 외곽의 치수가 많이
필요하다. 그 치수를 확보하기 위해, 올림 치수(★)를 8cm로 설정했다.
칼라 달림선의 곡선도 가파르게 완성된다. 그 밖에는 **G**와 같이 제도한다.

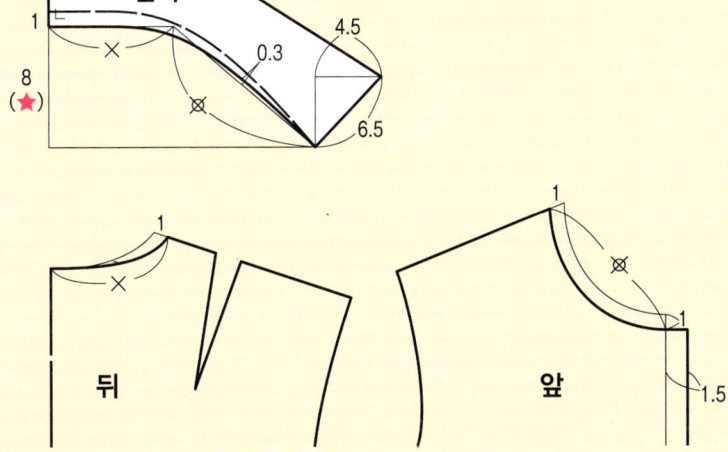

FRONT
Here!

BACK

칼라의 꺾이는 각도가 완만하고, 어깨에 누
운 듯이 보인다. 우아한 이미지의 셔츠 칼라.

→ 제도 방법…P.147, 목둘레 차이에 따른 칼라 비교…P.94, 칼라 끝 변형…P.96

셔츠 칼라
─ Shirt collar ─

I **2cm의 칼라 허리**

칼라 허리가 낮은 셔츠 칼라.
칼라 외곽 치수를 확보하기 위해, 올림 치수(★)를 4.5cm로 설정.
칼라 달림선의 곡선은 **H**보다 완만해진다.
그 밖에는 **G**와 같이 제도한다.

FRONT

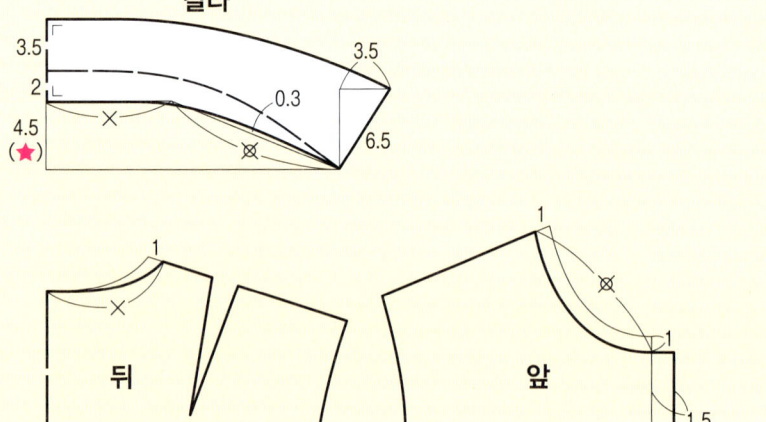

칼라

BACK

칼라의 꺾이는 각도는 **G**와 **H**의 중간 정도.
약간 어깨에 누운 듯이 보인다.

J **4cm의 칼라 허리**

뒤 칼라 폭보다 칼라 허리를 높게 해, 뒤 칼라 달림선이 보이는 디자인.
G와 같은 제도다.
올림 치수(★)가 1cm이므로, 칼라 달림선은 직선에 가까운 완만한 곡선이 된다.

FRONT

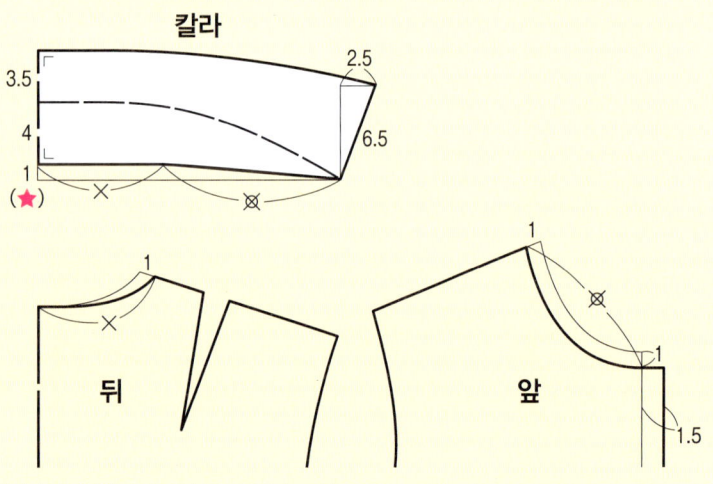

칼라

BACK

칼라 허리를 목 쪽으로 붙여 높게 세운다.
뒤 칼라 폭을 좁게 해, 칼라가 꺾이는 각도가
G보다 가파르다. 칼라가 더 서 보인다.

의 앞 칼라 달림선의 곡선을 변경

와 같은 치수로 제도하지만,
앞 칼라 달림선의 곡선을 반대로 그려 칼라 허리 부분을 늘린다.
G, **H**, **J**의 칼라도 같은 방법이 가능하다.

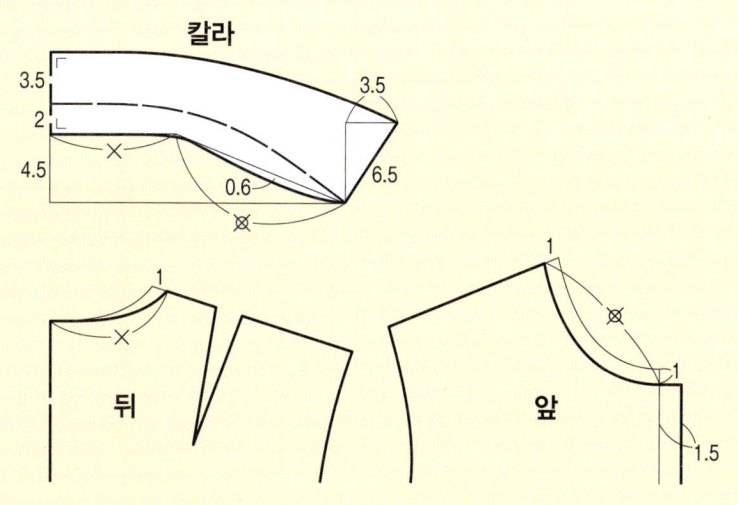

FRONT

BACK

칼라

에 비해 앞 꺾임선이 직선적이어서 인상이 강해 보인다.

L 꺾임선을 앞 중심에서 떨어뜨린다

오픈 칼라라고도 불리는 셔츠 칼라의 일종.
몸판의 목둘레와 앞 꺾임선을 그린 뒤 이 치수를 토대로 제도한다.
칼라 외곽을 수평선으로 하면 골선으로 재단하는 것도 가능하다.

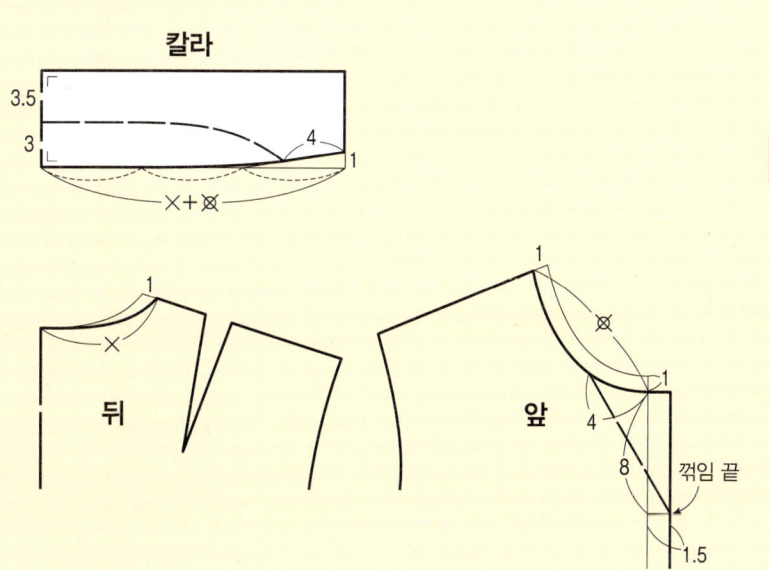

FRONT

BACK

꺾임 끝부터 앞을 벌리기 때문에 칼라 외곽이 저절로 자리 잡는다.

→ 제도 방법···P.147

3 교시 칼라 밴드 달린 셔츠 칼라
— Shirt collar —

M 칼라 밴드 폭 3cm, 앞 중심에서 1cm 올린다
위 칼라 폭 4cm, 간격 치수 3cm

칼라 밴드 달린 셔츠 칼라의 기본형.
앞뒤 몸판의 목둘레 치수를 토대로 칼라 밴드를 그리고
이 칼라 밴드를 토대로 다시 위 칼라를 제도한다.
위 칼라와 칼라 밴드의 이음선(이하 이음선) 치수 차이는 위 칼라의 뒤 중심에서 수정한다.

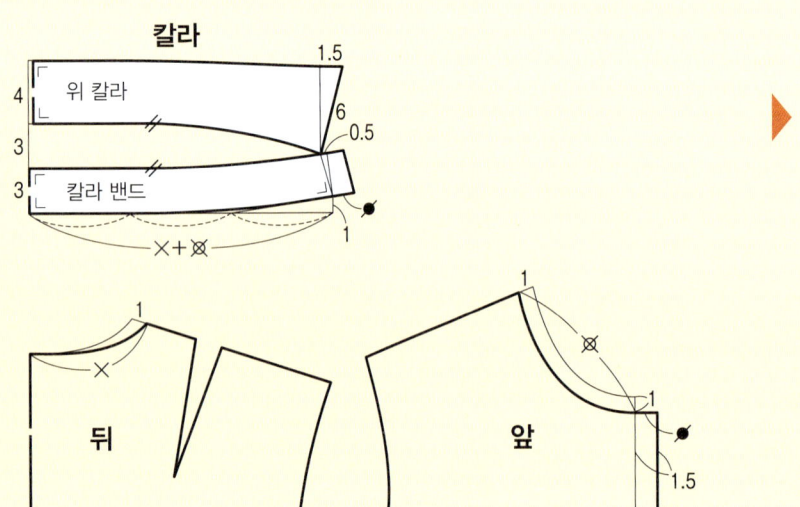

FRONT

BACK

수직으로 세워 목 주위에
여유가 많은 편이다.

N 칼라 밴드 폭 3cm, 앞 중심에서 3cm 올린다
위 칼라 폭 4cm, 간격 치수 7cm

M과 같이 제도한다.
칼라 밴드 달림선과 몸판의 목둘레 치수 차이는 칼라 밴드의 뒤 중심에서 수정.
이음선의 치수 차이는 위 칼라의 뒤 중심에서 수정한다.

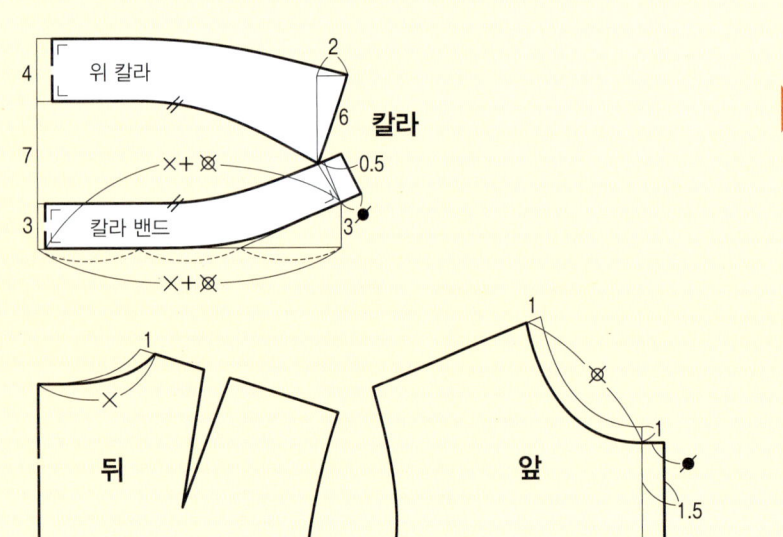

FRONT

BACK

이음선 치수가 조금 짧아지기 때문에
M보다 목 쪽으로 붙는 디자인이다.
목 주위의 여유는 표준이다.

셔츠 칼라의 일종으로, 좀 더 목 쪽에 붙이기 위해 위 칼라와 칼라 밴드로 잘라서 이어 맞춘 칼라.
몸판에 스탠드 칼라와 같은 칼라 밴드를 달고, 그 위쪽에 위 칼라를 단다. 위 칼라 폭, 칼라 밴드 폭, 칼라의 휘는 정도, 칼라 끝의 모양에 따라 느낌이 달라진다.
여기서는 생략했지만 턱이 앞 칼라에 닿기 쉬우므로, 앞 중심의 폭을 뒤 중심보다 0.3~0.5cm 좁게 하는 경우도 있다.
🅜~🅞는 칼라 폭을 그대로 둔 채, 칼라의 휘는 정도를 변경해 비교하고 🅠, 🅡은 칼라 밴드에 연결해 위 칼라를 제도하는 디자인을 소개한다.

🅞 칼라 밴드 폭 3cm, 앞 중심에서 8.5cm 올린다
위 칼라 폭 4cm, 간격 치수 14cm

칼라 밴드는 앞 중심에서 올리는 치수가 많으므로
🅓(P.61)와 같이
수평선상에서 줄여둔다.
치수를 맞추는 방법은 🅝과 같다.
칼라 달림선, 이음선,
칼라 외곽선 모두 곡선이 가파르다.

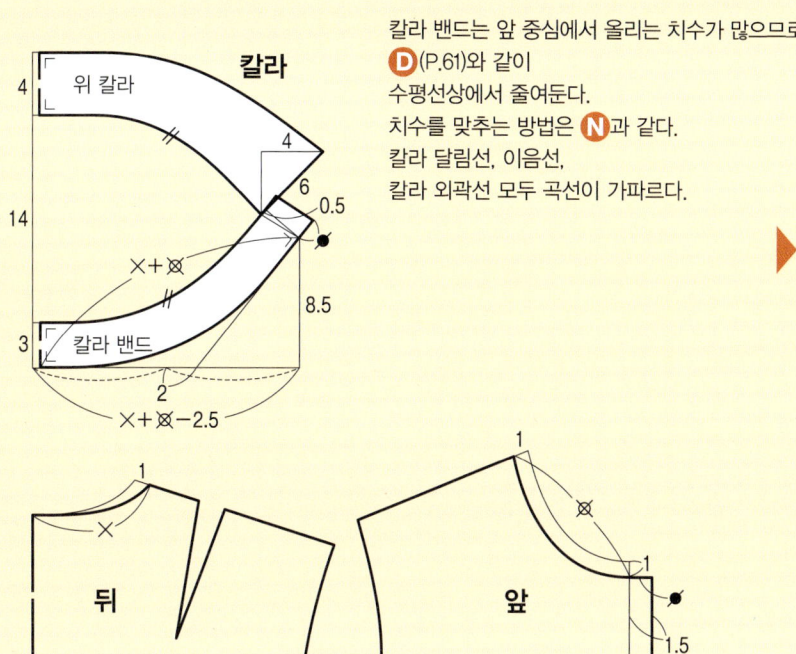

FRONT

BACK

칼라

M

N
O

P

🅝보다 더 칼라 밴드가 목 쪽으로 붙는다.
목 주위 여유는 적다. 이음선에 비해 칼라 외곽
선이 길어서 칼라가 어깨에 누운 듯이 된다.

🅟 칼라 밴드 폭 5cm, 앞 중심에서 3cm 올린다
위 칼라 폭 4cm, 간격 치수 7cm

위 칼라 폭보다 칼라 밴드 폭을 넓게 한 디자인.
제도 방법은 🅝과 같다.

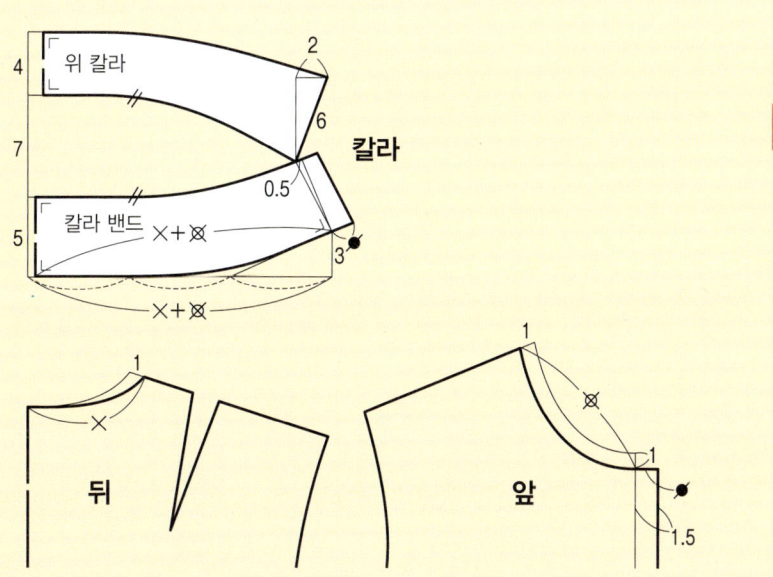

FRONT

BACK

칼라 밴드 폭을 넓게 해서 곡선을 만들기 때문에
목 쪽으로 붙고 여유가 적다. 뒤는 칼라 밴드가
보이지만 이것 자체가 디자인이다.

→ 제도 방법…P.148   67

3 칼라 밴드 달린 셔츠 칼라
— Shirt collar —

Q 칼라 밴드에 이어서 칼라 끝을 그린다

윙 칼라라고도 한다.
몸판의 목둘레 치수를 토대로 칼라 밴드를 그리는데,
칼라 외곽의 꺾임선은 수평으로 그린다. 이어서 앞 위 끝에,
칼라 끝부분만 제도한다.

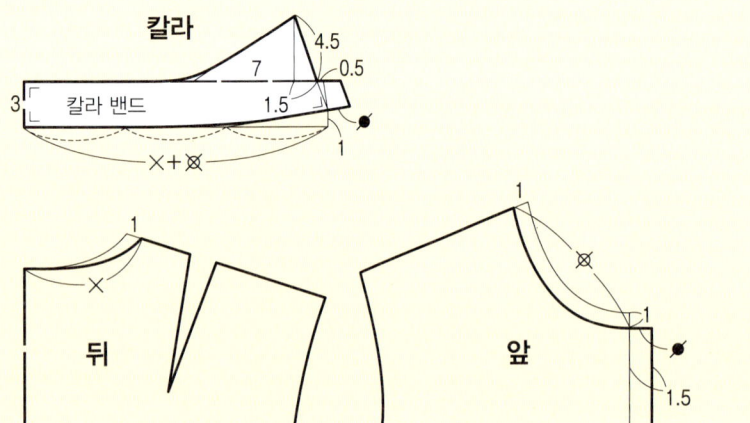

FRONT

BACK

목 쪽으로 곧게 세우고, 칼라 끝은 작은 삼
각형으로 꺾는다.

R 칼라 밴드에 이어서 위 칼라를 그린다

칼라 밴드와 위 칼라를 1장으로 이어서 제도한다.
어깨부터 앞까지 칼라 외곽 치수가
부족해지기 쉬워, 칼라 밴드 단추를 채우지 않고
입는 경우에 적합하다.

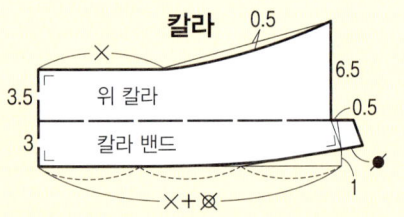

단추를 채우면…

Here!

앞 어깨 쪽 칼라 외곽이 꼭 끼기 때문에
칼라 끝이 들뜨기 쉽다

FRONT

BACK

단추를 풀면 칼라 외곽도 안정된다.
뒤는 M과 비슷한 실루엣.

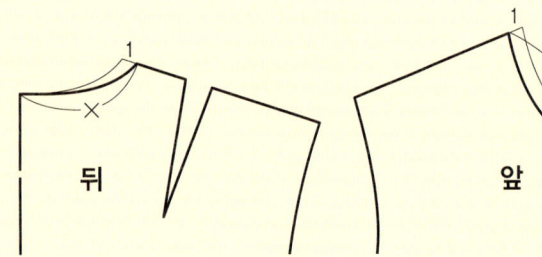

플랫 칼라
— Flat collar —

플랫은 '평평하다'라는 의미.
칼라 허리가 너무 낮아 거의 평평하게 꺾이는 칼라.
칼라 폭이나 칼라 끝의 모양은 자유롭게 변형이 가능하다.
여기서는 칼라 허리가 없는 **S**와 조금 세우는 **T**의
2가지 패턴을 소개.

S 몸판에 직접 칼라를 그리고, 어깨선에서 맞댄다

앞뒤 각각의 몸판 목둘레선에 직접 칼라를 제도한다.
어깨를 맞대고 칼라를 베낀다.

맞댄 그림

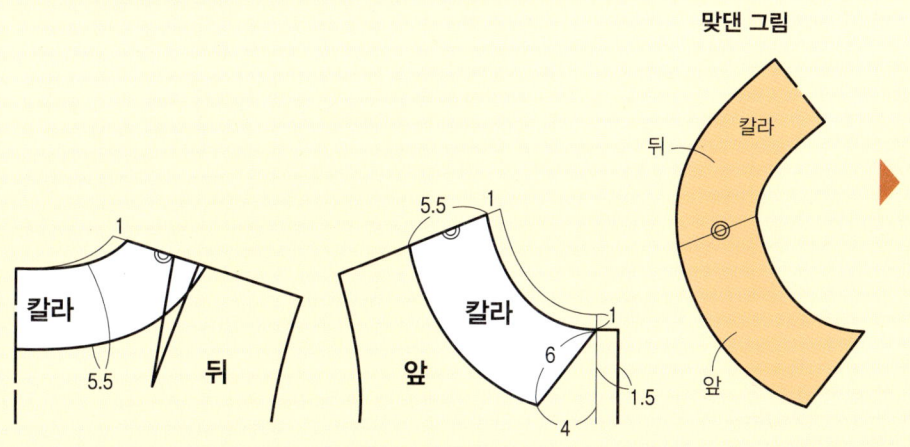

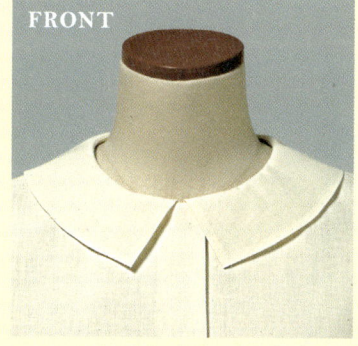

FRONT

BACK

몸판에 딱 붙어 평평하게 꺾인다.
칼라 허리는 거의 없다.

칼라

Q
R
S
T

T 어깨선을 겹쳐서 칼라를 그린다

앞뒤 몸판의 어깨선을 겹쳐서 베끼고, 칼라를 제도한다.
뒤 중심선에서 몸판 위로 0.5cm 낸 뒤 앞 중심선으로 칼라 달림선을 그리면,
몸판의 목둘레 치수보다 전체가 약 0.5cm 짧아진다.
부족분을 칼라를 달 때 늘려 박으면
작은 칼라 허리를 예쁘게 세울 수 있다.

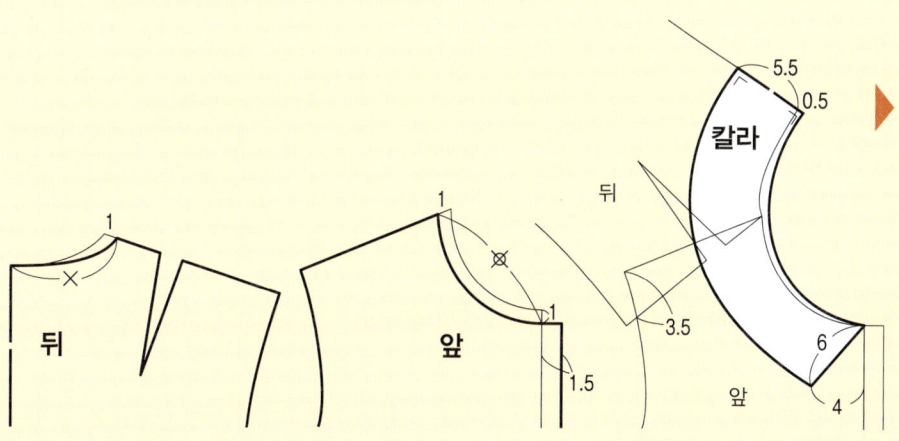

FRONT

BACK

어깨선을 겹쳐서 칼라 외곽이 짧아진다.
그 때문에 칼라 뒤 중심에
약 1cm의 칼라 허리가 생기고, 앞으로 올수록
점점 적어져 앞 중심에서는 거의 0이 된다.

→ 제도 방법 플랫 칼라 **T**…P.149, 맞댄다…P.157

5 교시 세일러 칼라
— Sailor collar —

세일러(해병)복에 자주 등장한 데서 이름 붙은 칼라이다.
플랫 칼라의 일종으로 칼라 허리가 낮고 앞은 V넥,
뒤는 네모지다. V넥의 깊이, 칼라 폭,
칼라 외곽의 모양은 원하는 대로 변형이 가능하다.
여기서는 표준적인 형태 3가지를 소개한다.

U 목둘레는 FNP에서 12cm 내리고 칼라 폭은 어깨에서 10cm

표준적인 세일러 칼라. 플랫 칼라 **T**(P.69)와 같이
앞뒤 어깨선을 겹쳐서 베끼고, 칼라를 제도한다.
칼라 외곽의 모양은 뒤에서 앞의 순서로 그린다.

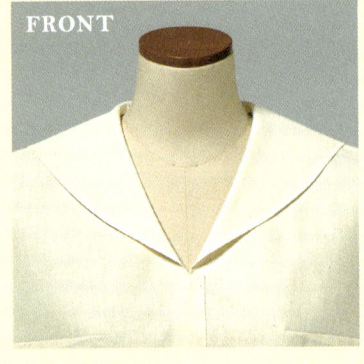

FRONT   BACK

뒤 중심에서 약 0.8cm의 칼라 허리가 생기고, 칼라 폭은 조금 넓다. 앞 칼라 외곽은 완만한 곡선.

V 목둘레는 FNP에서 12cm 내리고 칼라 폭은 어깨에서 7cm

칼라 폭이 좁은 세일러 칼라. 칼라 폭을 조정하여 **U**와 같은 방식으로 제도한다.
어깨의 칼라 폭을 좁게 하는 경우, 뒤 중심의 길이도 짧게 해야 균형이 맞는다.
반대로 칼라 폭을 넓게 할 때는 뒤 중심도 마찬가지로 길게 한다.

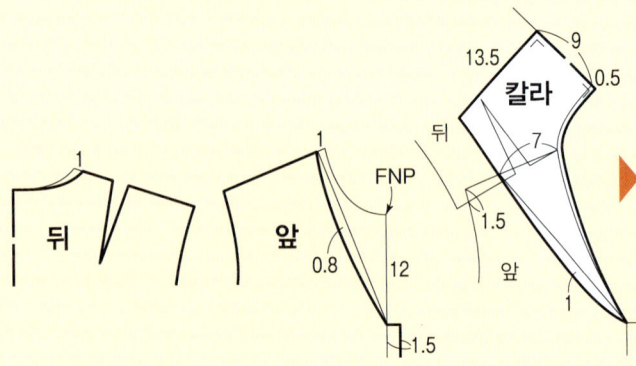
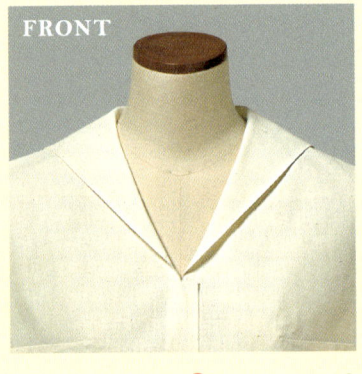

FRONT   BACK

칼라 허리와 목둘레는 **U**와 같다. 칼라 폭은 좁고, 앞 칼라 외곽은 직선적이다.

W 목둘레는 FNP에서 22cm 내리고 칼라 폭은 어깨에서 10cm

앞 목둘레 V넥을 깊게 한 디자인.
목둘레를 바꿔 **U**와 같이 제도한다.

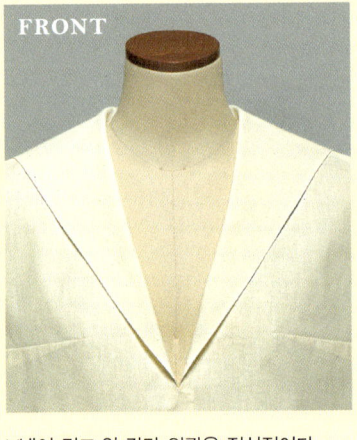
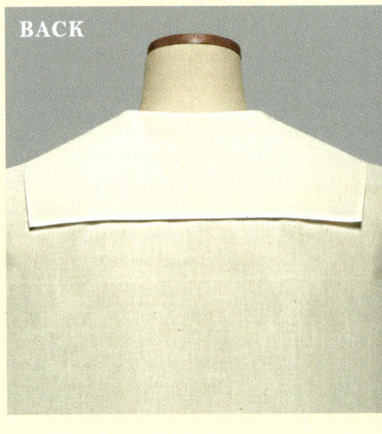

FRONT   BACK

V넥이 깊고 앞 칼라 외곽은 직선적이다.

칼라에 넥타이처럼 직사각형의 천을 붙이고 나비매듭을 한 칼라.
타이 칼라라고도 한다. 칼라 폭을 달리한 디자인을 3가지 소개한다.
길이는 리본의 칼라 폭이 넓을수록 길게 해야 균형이 맞지만
원하는 대로 조정할 수 있다. 좌우 같은 길이로 묶으면 차이가 나므로
똑같이 하고 싶다면 길게 재단해서 묶어본 뒤 긴 쪽을 자른다

X 칼라 폭 3cm

앞 몸판의 칼라 달림 끝은 리본 매듭이
예쁘게 자리 잡도록 앞 중심에서 떨어진 위치에 정한다.
목둘레 치수를 수평선상에 두고 제도한다.
칼라 달림 끝부터 리본의 길이는 45cm.

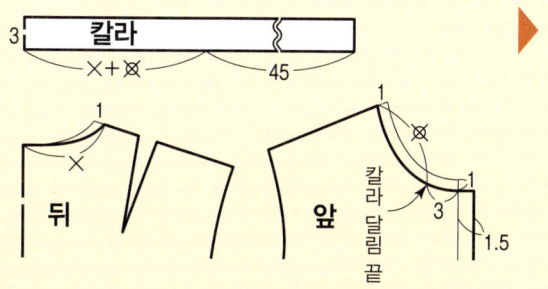

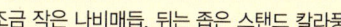

조금 작은 나비매듭. 뒤는 좁은 스탠드 칼라풍.

칼라

U V W X Y Z

Y 칼라 폭 7cm

X와 같이 제도한다.
칼라 달림 끝부터
리본의 길이는 60cm.

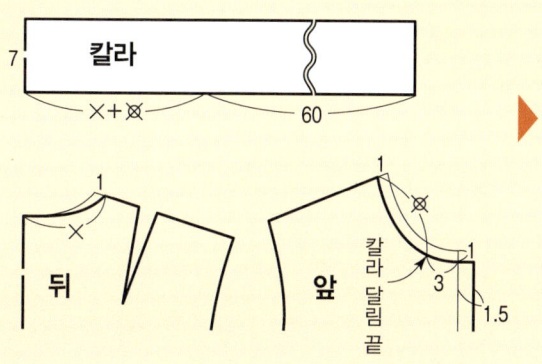

표준 크기의 나비매듭. 뒤는 목 쪽으로 붙는다.

Z 칼라 폭 15cm

X와 같이 제도한다.
칼라 달림 끝부터
리본의 길이는 75cm.

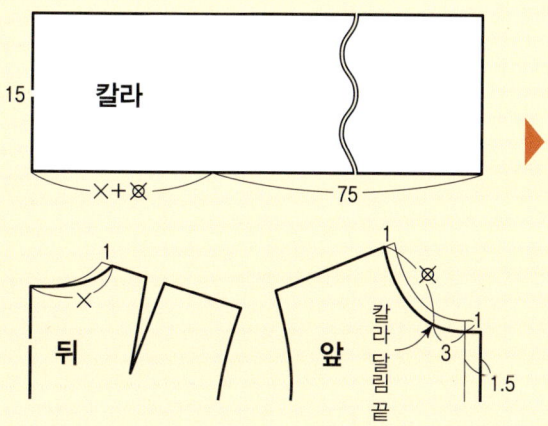

천의 볼륨이 풍성한 칼라. 칼라 폭이 넓고, 뒤는 자연스럽게 주름이 잡힌다.

7 프릴 칼라
교시
— Frill collar —

a 직사각형

목둘레 치수를 토대로 개더 분량을 추가한다.
개더 분량은 목둘레 치수의 1배.
칼라 달림선 쪽에 개더를 잡고 목둘레 치수로 줄인다.

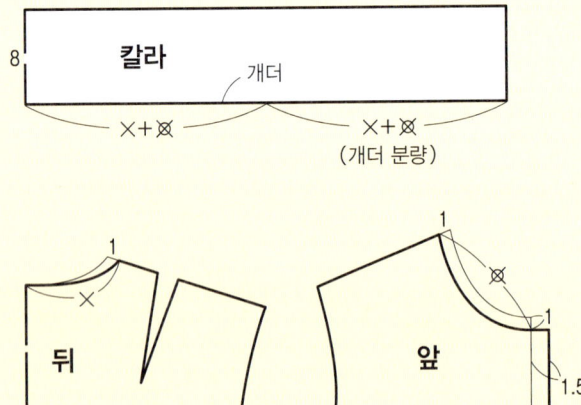

FRONT

BACK

살짝 부푼 부드러운
이미지의 칼라가 된다.

b 몸판의 목둘레선을 토대로 칼라를 그린 뒤 플레어 분량을 잘라서 벌린다

앞뒤 몸판의 어깨선을 맞대서 베끼고,
목둘레선을 토대로 칼라 모양을 그린다.
칼라 달림 쪽과 외곽을 각각 6등분하여 절개선을 넣고,
플레어 분량을 잘라서 벌린다.

절개 그림

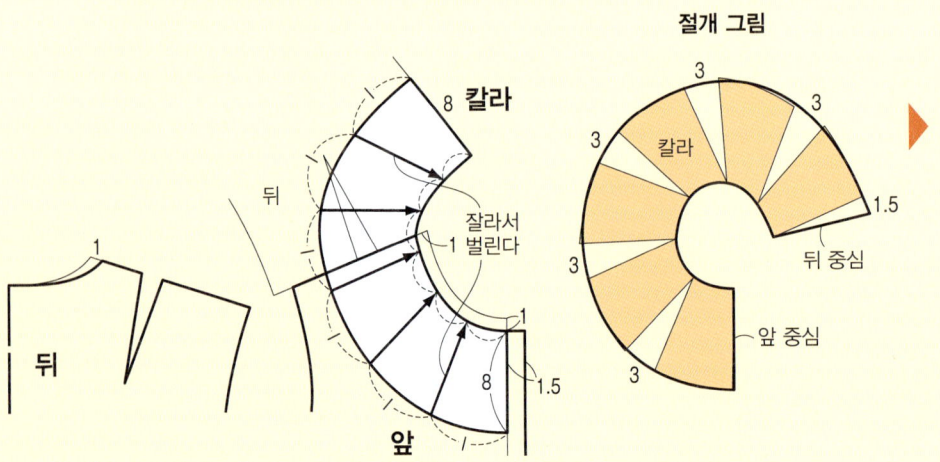

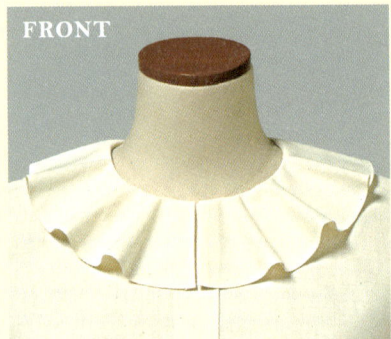

FRONT

BACK

플레어 분량은 조금 적게. 절개한 위치마다
예쁜 플레어가 물결친다.

→ 개더 분량 차이에 따른 비교…P.102, 기준점을 잡고 잘라서 벌린다…P.163

개더를 잡거나 플레어를 넣은 칼라 디자인.
제도 방법이 다른 2가지와 목둘레선을 변경한 1가지를 소개.
칼라 폭, 개더 분량, 플레어 분량, 칼라 끝의 모양은 원하는 대로 조정해보자.

C 목둘레를 V넥으로 한다

몸판의 목둘레선을 V넥으로 한 프릴 칼라.
b와 같이 제도하고, 목둘레 쪽을 기준점으로 플레어 분량을 잘라서 벌린다.

칼라

a

b
c

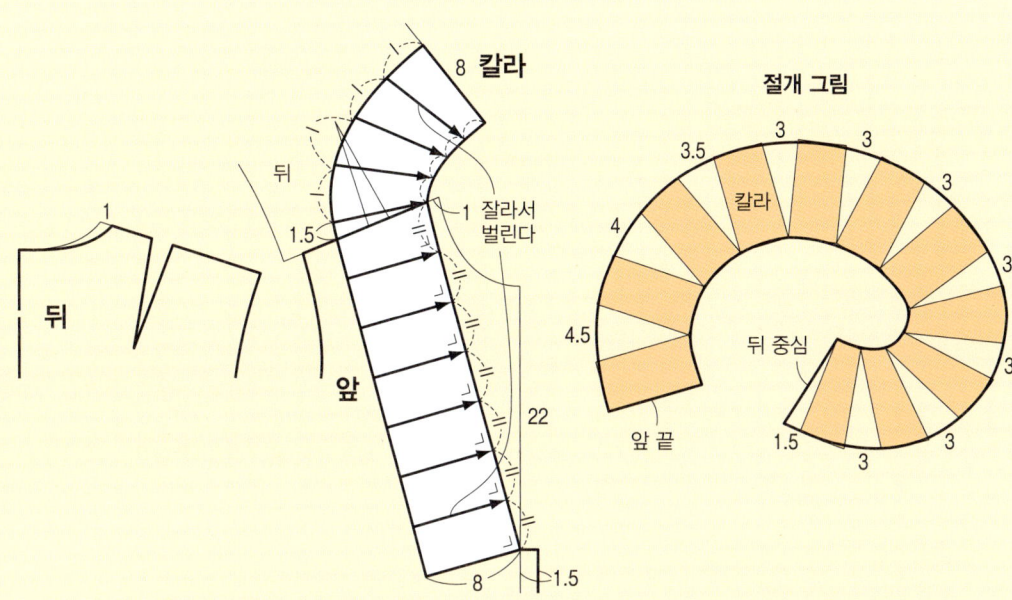

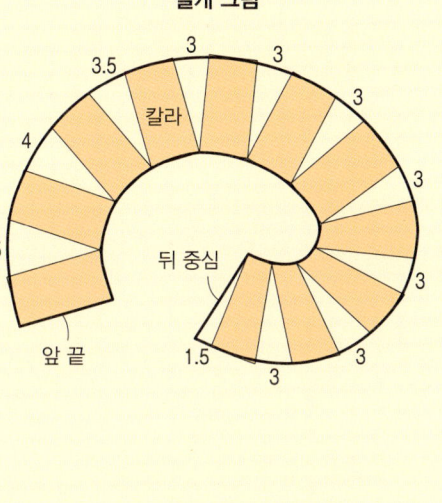

절개 그림

FRONT

BACK

전체 플레어 분량은 조금 많게.
b와 같이 절개한 위치마다 예쁜 플레어가 물결친다.

→ 기준점을 잡고 잘라서 벌린다…P.163

8 교시 후드
—Hood—

d 중심에서 이어준다

앞 몸판 중심의 목둘레에서 위로 후드 길이를 잡고, 거기서 뒤로 후드 폭을 잡는다.
다음에 앞뒤 몸판의 목둘레와 같은 치수가 되도록 후드 달림선을 그린다.
뒤 중심선의 곡선을 그리면 완성.

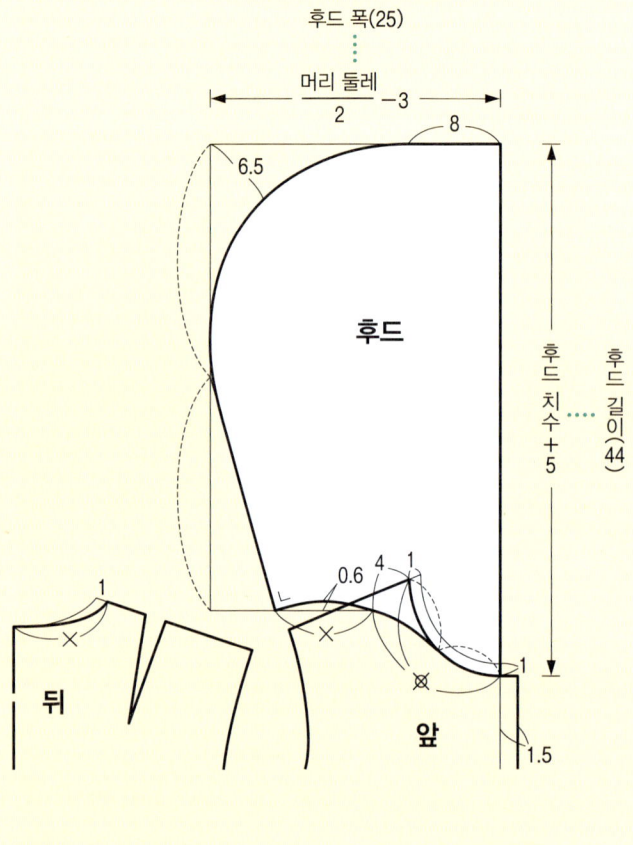

※ ( ) 안의 치수는 후드 치수 39cm,
　머리 둘레 56cm의 경우

후드 폭(25)

머리 둘레 / 2 − 3

8

6.5

후드

후드 치수 + 5

후드 길이 (44)

뒤

0.6　4　1

1

앞

1.5

1

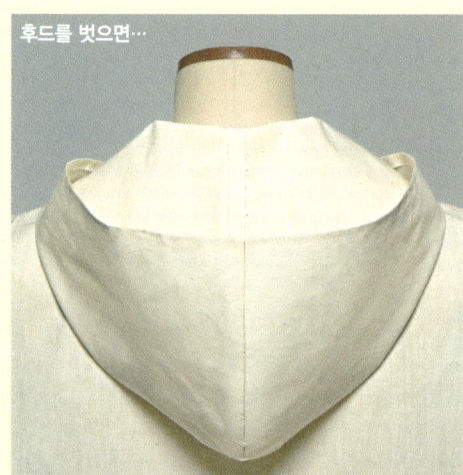

후드를 벗으면…

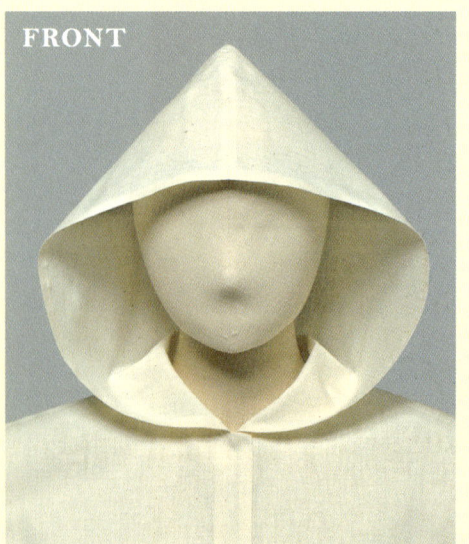

FRONT

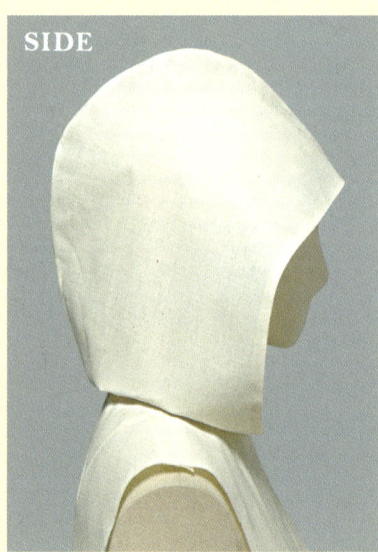

SIDE

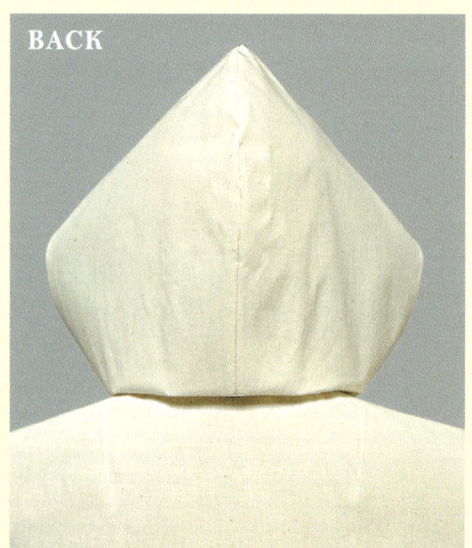

BACK

평면적인 패턴이기 때문에 정수리에서 삼각으로 뾰족한 듯한 모양. 옆에서 보면 머리를 따라 곡선이 된다.

 → 치수 재기…P.59, 제도 방법 후드 d …P.151

몸판의 목둘레에 붙여서 머리에 덮어쓰는 쓰개의 일종.
패션 아이템일 뿐만 아니라 방수, 방한의 목적으로도 사용된다.
후드 길이, 후드 폭, 후드 달림 치수에 따라 모양이 달라진다.

e d의 응용으로 중심에 덧천을 끼운다

d 제도의 중심에서 덧천 폭을 잘라서 이음선을 그리고, 이음선과 같은 치수로 덧천을
그린다. 덧천은 뒷머리부터 뒤 목둘레까지의 폭을 서서히 좁히면서 균형을 맞춘다.

칼라

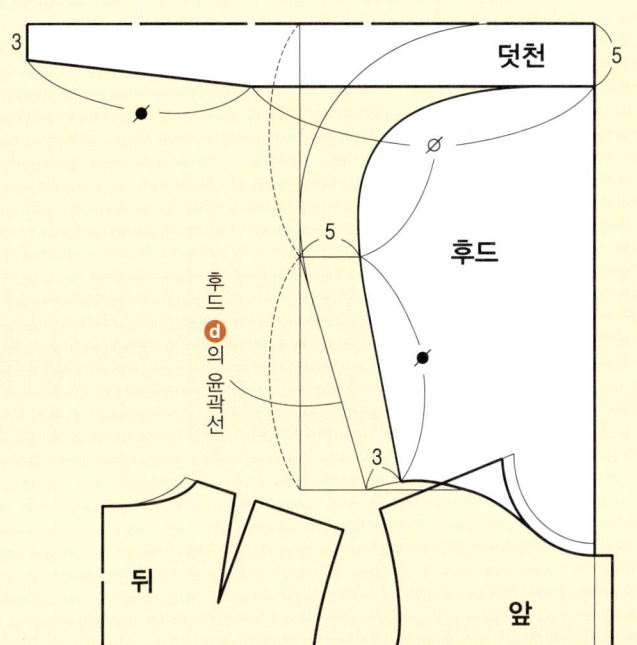

후드 d 의 윤곽선

덧천

후드

뒤

앞

3 · 5 · 5 · 5 · 3

후드를 벗으면…

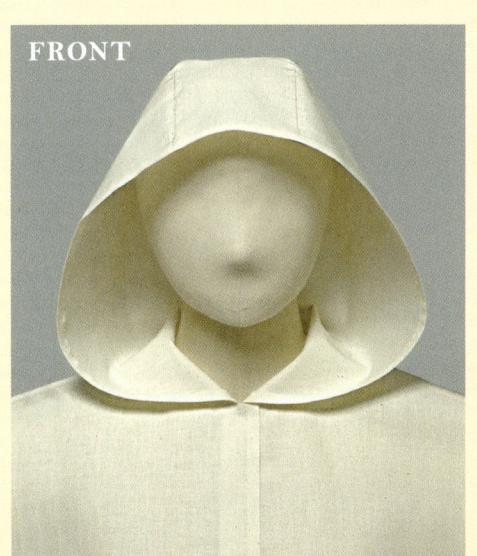

FRONT

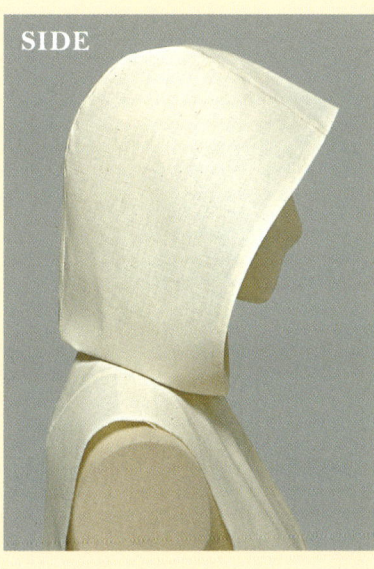

SIDE

BACK

d 에서 보이는 삼각의 뾰족함이 없어지고 머리 모양을 따르는 실루엣. 입체감을 살려 덧천의 앞 끝 주변이 머리에서 조금 떨어진다.

→ 제도 방법 후드 d …P.151   75

8 후드
— Hood —

 앞 중심을 7cm 세운다

앞 중심에 세운 부분을 붙여 목까지 덮은 디자인이므로 앞 목둘레선은 중심에서 아래로 내리는 치수를 조금 많이 둔다.
후드 길이와 후드 폭을 잡고, 앞 중심의 세운 부분을 그린 다음, 앞 끝 윤곽선, 후드 달림선, 뒤 중심선의 순으로 그린다.

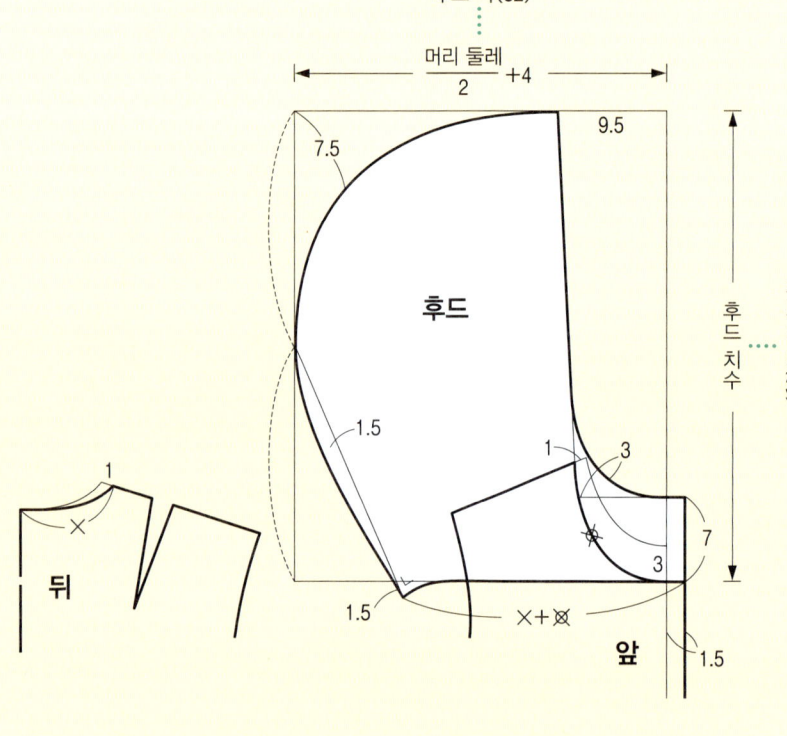

※ ( ) 안의 치수는 후드 치수 39cm,
　 머리 둘레 56cm의 경우

후드를 벗으면…

FRONT

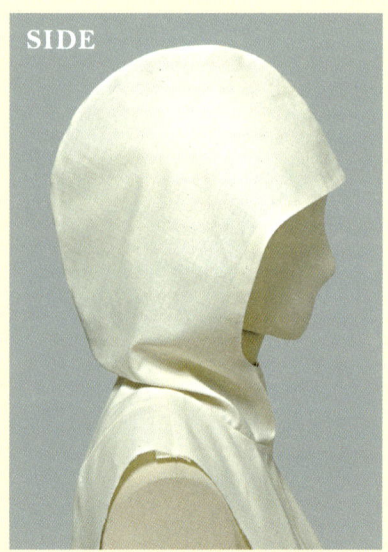

SIDE

BACK

앞의 세운 부분이 목을 감싸는 후드. ⓓ, ⓔ보다 얼굴 주위의 여유는 적고, 머리에 더 잘 맞는다.
평면적인 패턴이기 때문에, ⓓ와 같이 정수리는 뾰족한 모양. ⓔ처럼 덧천을 끼우는 것도 가능하다.

g 이음선을 넣는다

턱 주변에서 정수리까지 비스듬히 이음선을 넣는 디자인.
이음선에 여유분을 넣기 때문에 제도상의 후드 길이, 후드 폭은 조금 적게 설정.
후드 길이와 후드 폭을 잡은 다음, 앞 끝 윤곽선, 이음선, 후드 달림선, 뒤 중심선의 순으로 그린다.

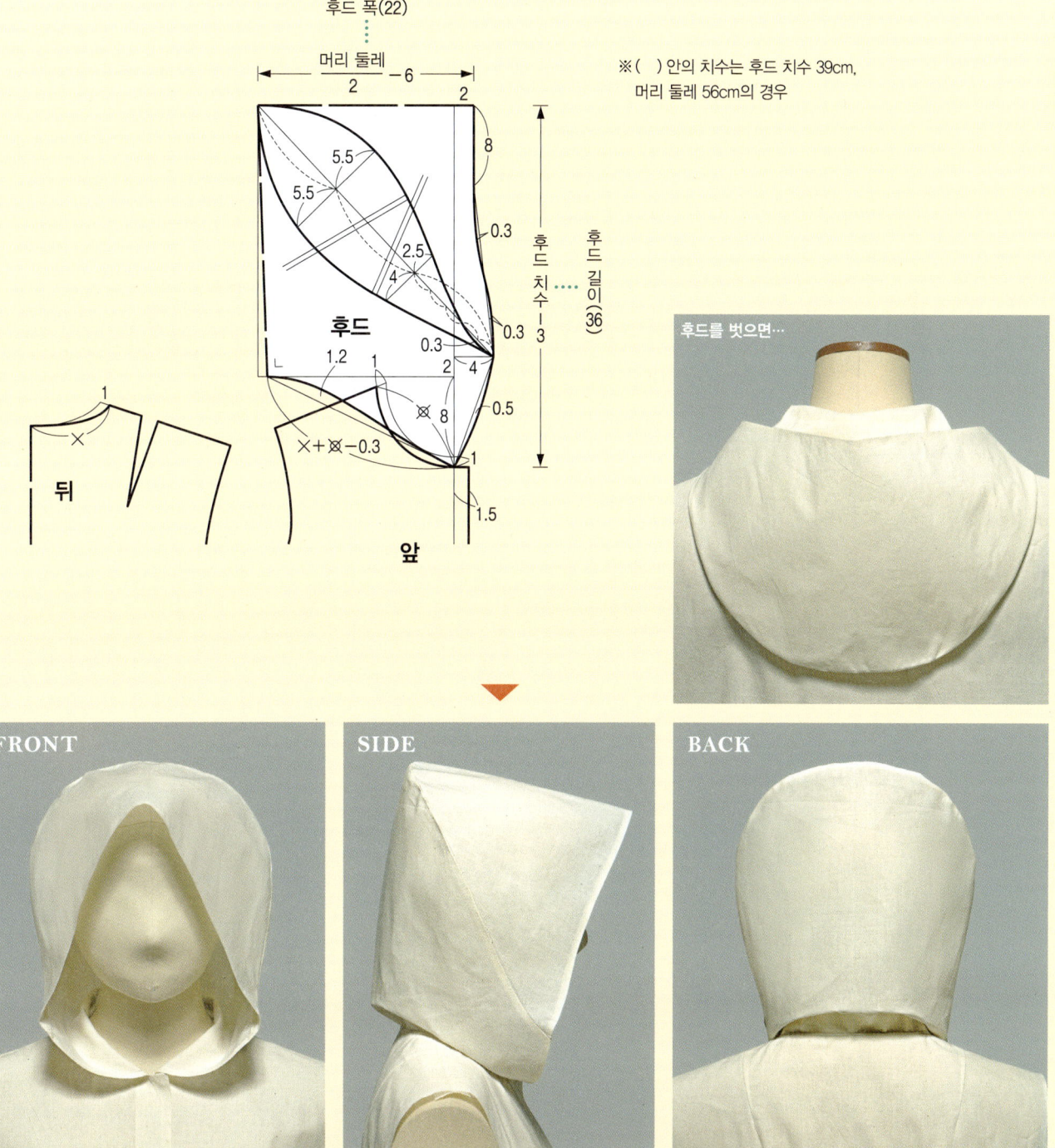

※ ( ) 안의 치수는 후드 치수 39cm,
　머리 둘레 56cm의 경우

칼라

f
g

후드를 벗으면...

FRONT

SIDE

BACK

얼굴 옆까지 깊게 덮어쓴다. 이음선을 넣어 앞에서 보면 머리 모양을 따라 곡선이 생겨 입체적으로 보이고,
옆에서 보면 직선적인 사각형이다. 후드를 벗으면 평면이 된다.

9 교시 테일러드 칼라
—Tailored collar—

h 3cm의 칼라 허리

테일러드 칼라의 기본형. 몸판의 목둘레, 라펠, 위 칼라의 순으로 제도한다.
꺾임 끝은 BL과 WL 사이를 2등분한 위치로
칼라 폭은 뒤에서 4cm, 라펠에서 8cm, 각진 부분은 3cm, 누임 치수(★)는 2.5cm로 설정한다.

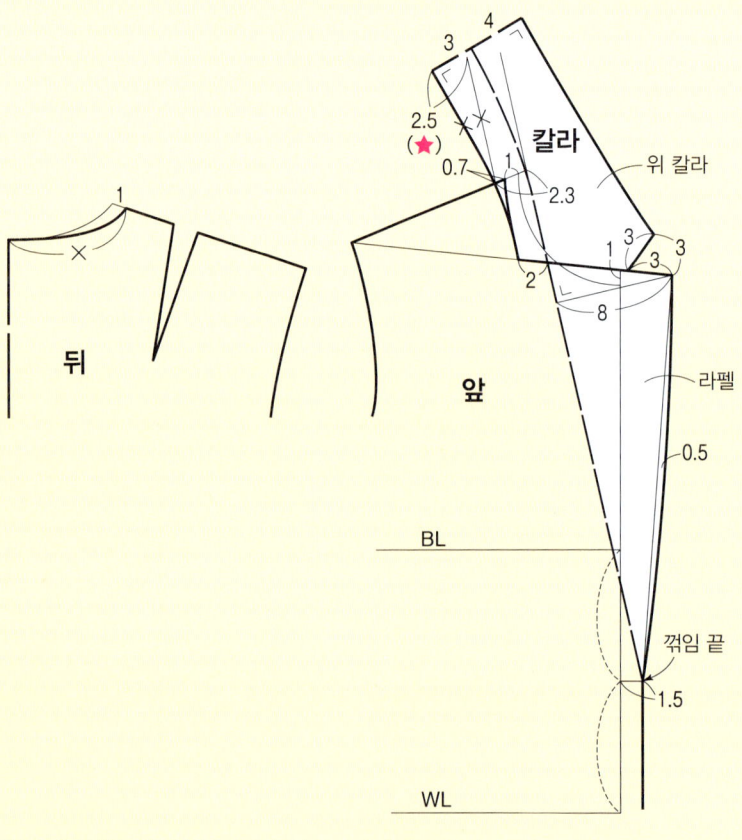

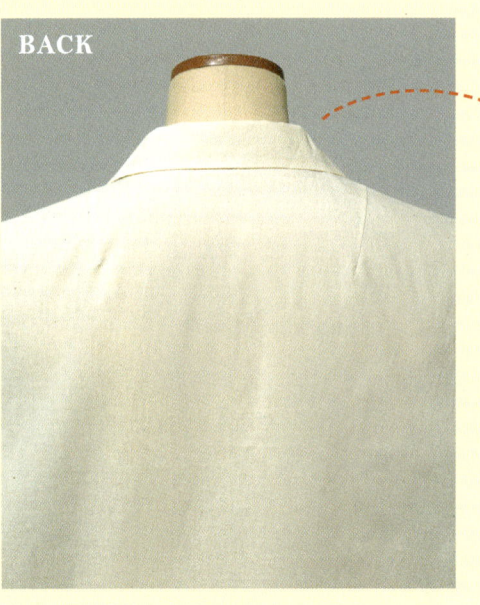

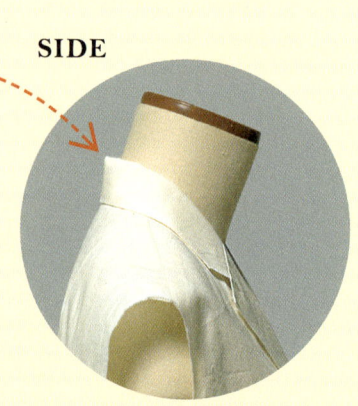

칼라 허리가 높아
목이 보이는 부분이 적다.

칼라 허리가 높아 라펠에서 위 칼라를 향해 칼라 허리가 서고, 옆에서 뒤까지는 목 쪽으로 붙는다.

→ 제도 방법···P.152

재킷이나 코트에 주로 이용되는 칼라로, 이른바 신사복 칼라.
위 칼라와 라펠로 구성되어 있으며 둘의 경계에 깃아귀가 있다. 칼라 허리의 높이나 칼라 폭, 누임 치수에 따라 느낌이 달라진다.
여기서는 칼라 폭은 일정하게 두고, 칼라 허리의 높이와 누임 치수를 변경한 2종류를 소개한다.

i 1cm의 칼라 허리

h 와 같이 제도한다.
칼라 허리를 낮게 설정하면 칼라 외곽의 치수가 많이 필요하다.
그 치수를 확보하기 위해 누임 치수를 6cm로 늘려서 칼라를 그린다.

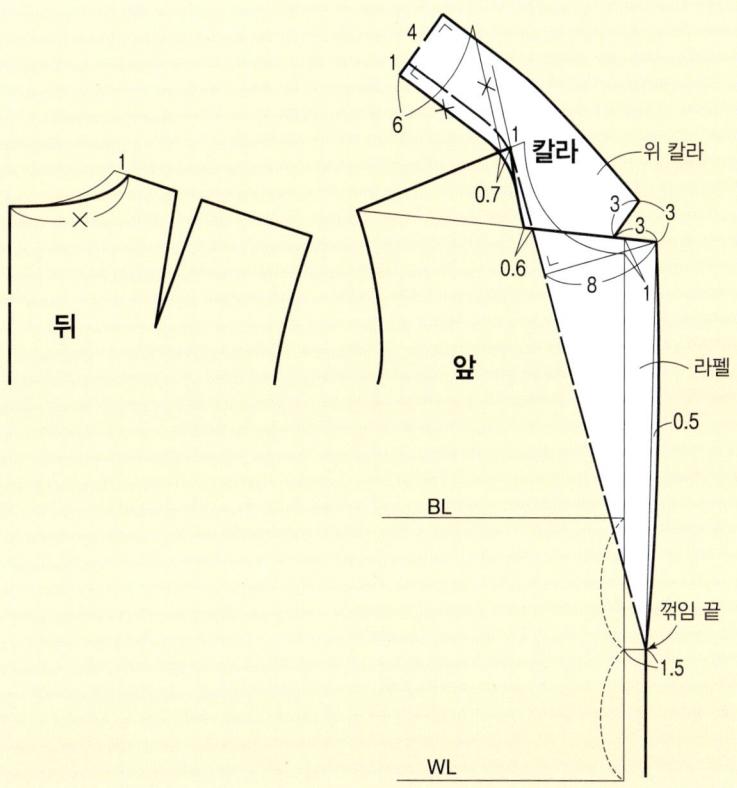

FRONT

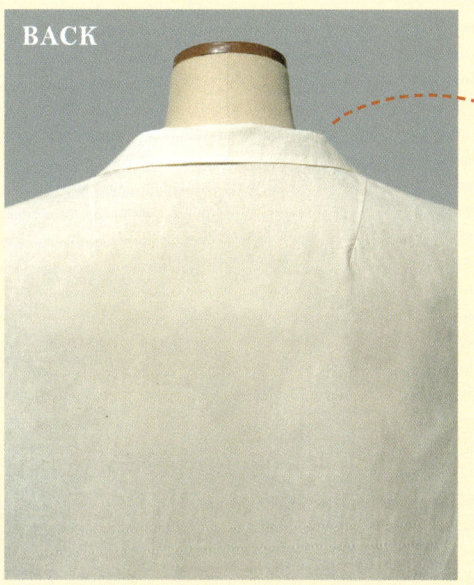

BACK

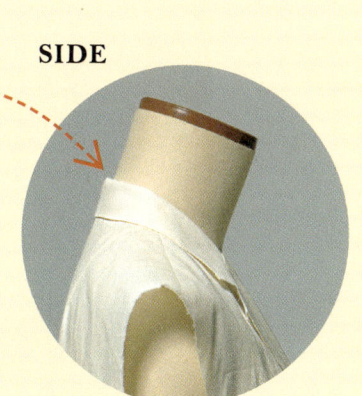

SIDE

칼라 허리가 낮아
목이 보이는 부분이 늘어난다.

칼라 허리가 낮아 h 에 비해 목 주위에 여유가 많다. 앞의 V존도 넓어진다.

10 교시 솔 칼라
— Shawl collar —

j 3cm의 칼라 허리

솔 칼라의 기본형. 몸판의 목둘레, 라펠, 위 칼라의 순으로 제도한다.
꺾임 끝은 BL과 WL 사이를 2등분한 위치로, 칼라 폭은 뒤에서 4cm,
라펠에서 6cm, 누임 치수(★)는 2.5cm로 설정.

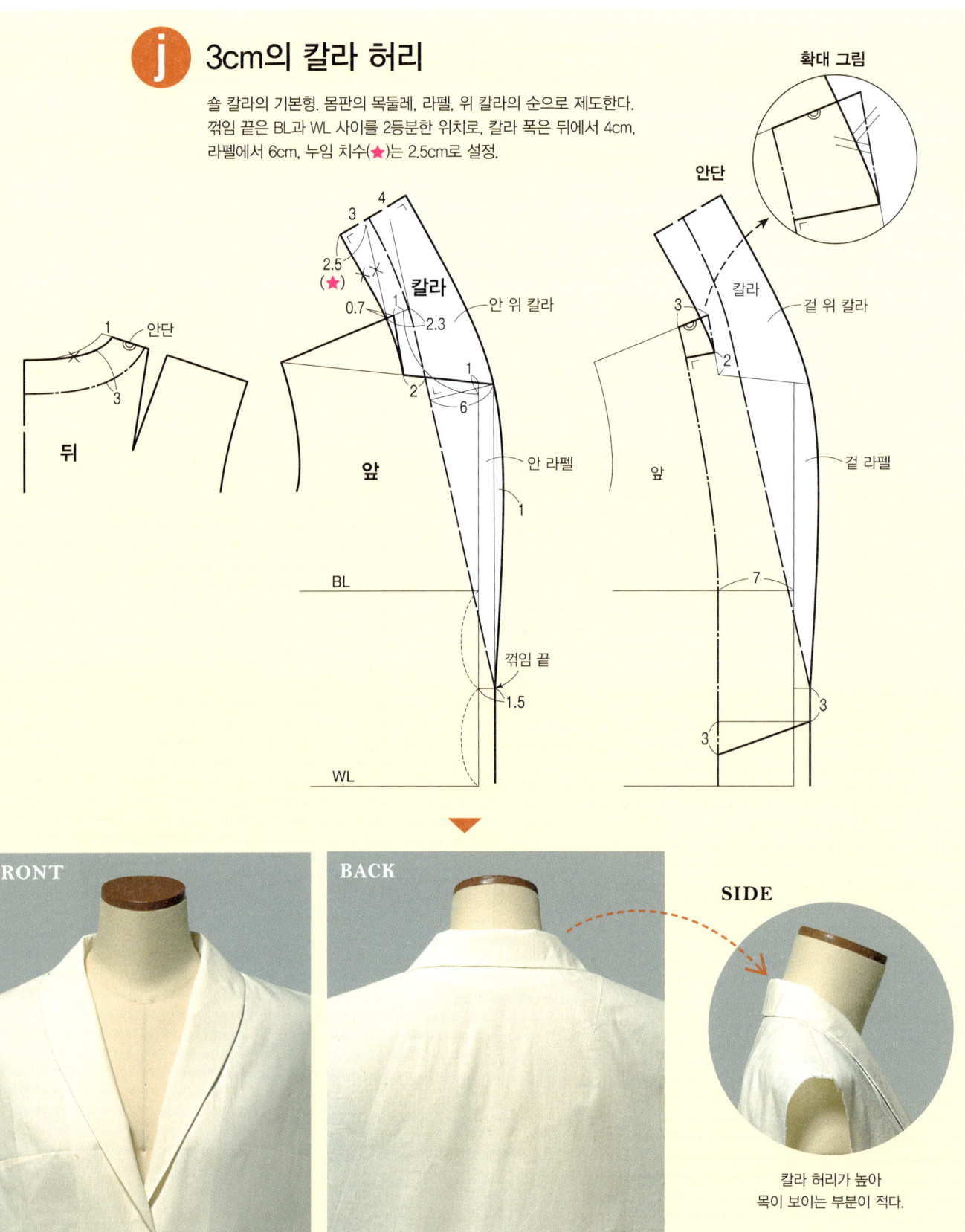

FRONT

BACK

SIDE

칼라 허리가 높아
목이 보이는 부분이 적다.

칼라 허리가 높아 라펠에서 칼라를 향해 칼라 허리가 서고, 옆에서 뒤까지는 목 쪽으로 붙는다.

→ 제도 방법···P.154, 맞댄다···P.157

목에 숄을 걸치는 듯한 디자인으로 둥근 칼라.
위 칼라와 라펠로 구성되어 있지만 깃아귀가 없고, 일명 수세미 칼라라고도 부른다.
칼라를 꺾었을 때 이음선이 보이지 않도록 안단은 겉 라펠과 겉 위 칼라까지 이어서 재단한다.
칼라 허리의 높이나 칼라 폭, 누임 치수에 따라 느낌이 달라진다. 여기서는 칼라 폭은 일정하게 두고 칼라 허리의 높이를 변경한 2종류를 소개한다.

k 1cm의 칼라 허리

j 와 같이 제도한다.
칼라 허리를 낮게 설정하면 칼라 외곽의 치수가 많이 필요하다.
이 치수를 확보하기 위해 누임 치수를 6cm로 늘려서 칼라를 그린다.

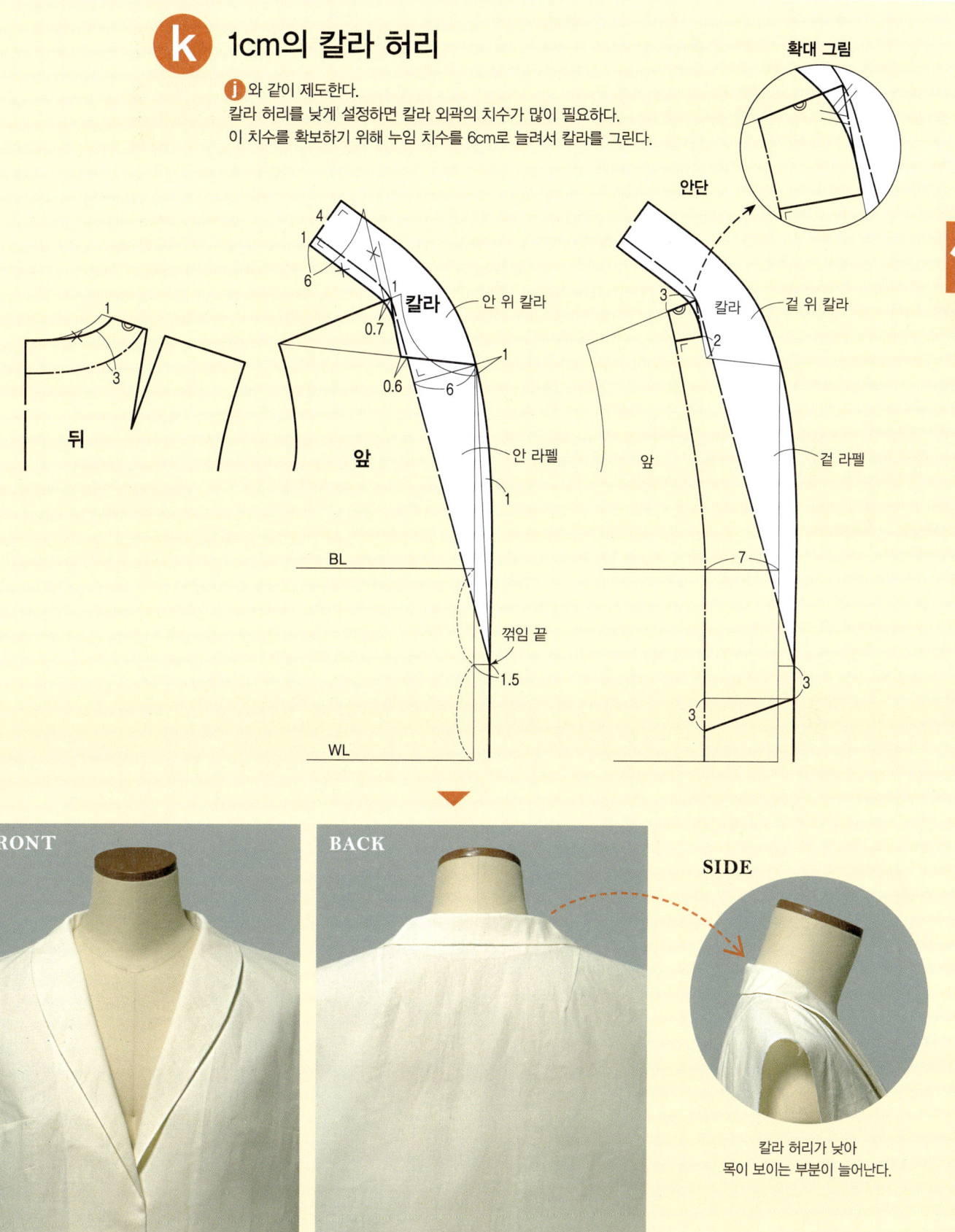

확대 그림

안단

뒤

앞
칼라
안 위 칼라
0.7
0.6   6
안 라펠
1
BL
꺾임 끝
1.5
WL

앞
칼라   겉 위 칼라
2
겉 라펠
7
3   3

FRONT

BACK

SIDE

칼라 허리가 낮아
목이 보이는 부분이 늘어난다.

칼라 허리가 낮아 j 에 비해 목 주위에 여유가 많다. 앞의 V존도 넓어진다.

→ 제도 방법…P.154, 맞댄다…P.157

11 교시 하이넥
— High neck —

몸판에 이어서 재단하는 높은 칼라.
제도 방법이 다른 3종류를 소개한다.

칼라
l
m
n

l 몸판에 이어서 세운다

앞뒤 중심과 어깨에서 세우는 치수를 결정하고
칼라 위 끝선, 어깨선을 그린다. 이 치수가 최대로
더 이상 올리면 목 주위에 여유가 없어진다.
더 높게 하고 싶을 때는 **m**, **n**의 제도를 이용한다.

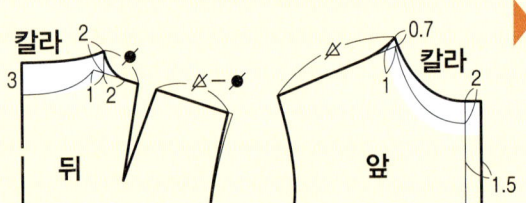

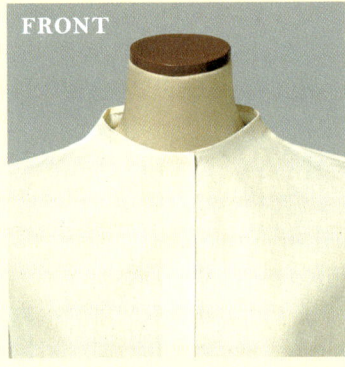

조금 낮게 세운다. 옆은 여유 있지만 앞뒤 여유가 적다.

m 목둘레 다트를 이용한다

앞뒤 모두 몸판의 다트를 목둘레로 이동해 제도한다.
앞뒤 중심, 다트, 어깨에서 세우는 치수를 결정하고 칼라 위 끝선과 어깨선을 그린다.
목 주위의 여유를 확보하기 위해 앞 목둘레 다트에서 위 끝의 치수를 추가한다.
어깨선은 앞의 치수로 뒤를 맞춘다.
이대로는 칼라 위 끝의 연결이 좋지 않으므로 마지막 패턴 체크는 필수.

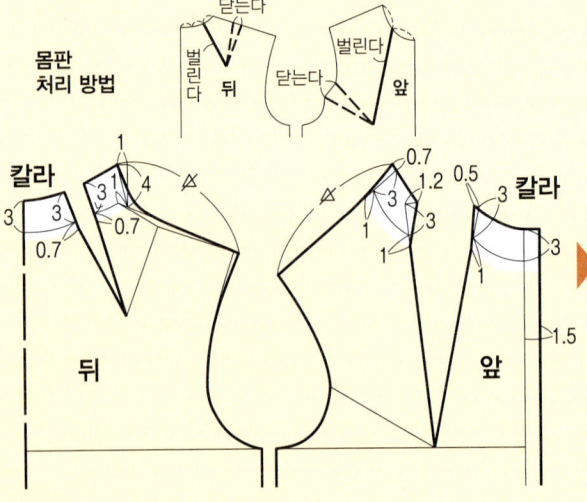

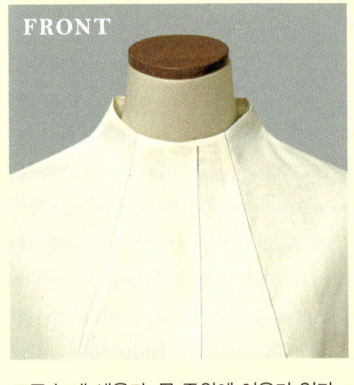

조금 높게 세운다. 목 주위에 여유가 있다.

n 앞 몸판에 이어서 칼라를 그린다

뒤 목둘레선을 그린 다음, 앞의 SNP에서 뒤 목둘레에서 내린 치수만큼 내리고
그 위치에서 뒤 목둘레 치수(x)를 수직으로 잡는다. 그 선을 눕혀 뒤 칼라 달림선,
뒤 중심선을 그린다. 칼라 외곽선은 완만한 곡선으로 앞 끝에 연결한다.

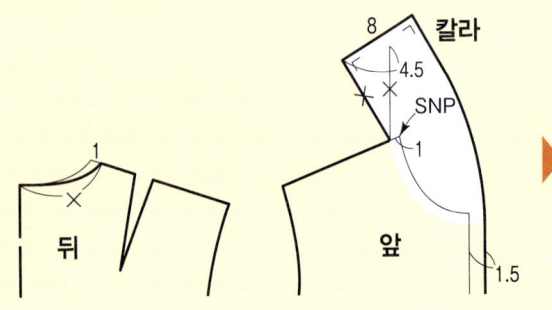

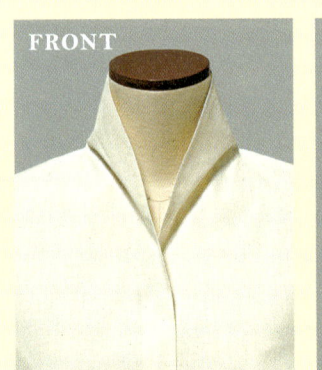
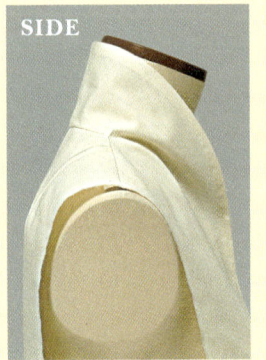

앞 끝부터 완만하게 세우고, 옆과 뒤는 목에 딱 붙는 높은 칼라.

→ 제도 방법 하이넥 **m**…P.156, 패턴 체크…P.167

Lecture on Pattern-making

응용 종류와 방법을 쉽게 설명한다

특별 강의

나만의 특별한 감각을 한층 높일 수 있는 패턴의 '응용'.
패턴에 부분적인 변화를 더하면 가능성은 무한대로 넓어진다.
종류와 방법을 알아야 완성도가 높아진다.

옷 길이, 소매길이 차이에 따른 비교

옷 길이

		1	2
		38cm	**48cm**

몸판 Ⓐ 길이를 기준으로 가감. 아래 예는 등 길이 38cm, 엉덩이 길이 20cm의 경우.

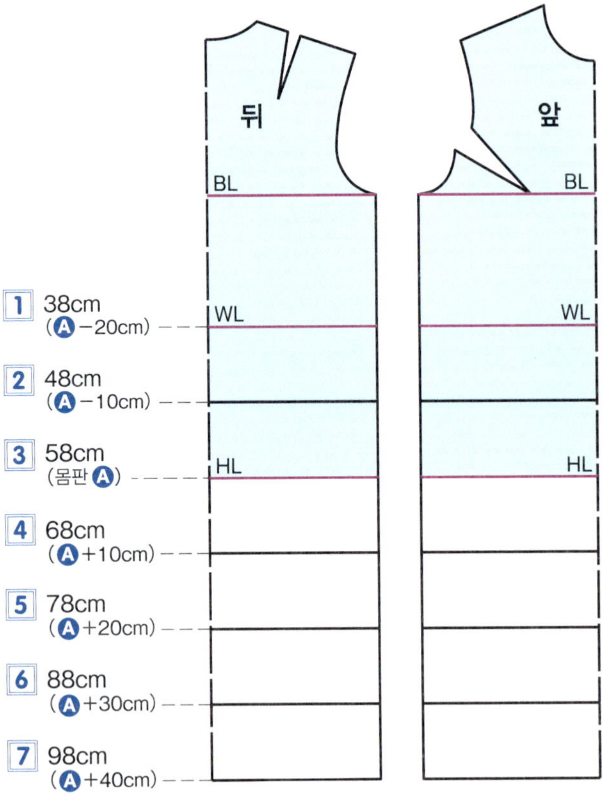

뒤   앞

BL   BL

1	38cm (Ⓐ−20cm)	WL	WL
2	48cm (Ⓐ−10cm)		
3	58cm (몸판Ⓐ)	HL	HL
4	68cm (Ⓐ+10cm)		
5	78cm (Ⓐ+20cm)		
6	88cm (Ⓐ+30cm)		
7	98cm (Ⓐ+40cm)		

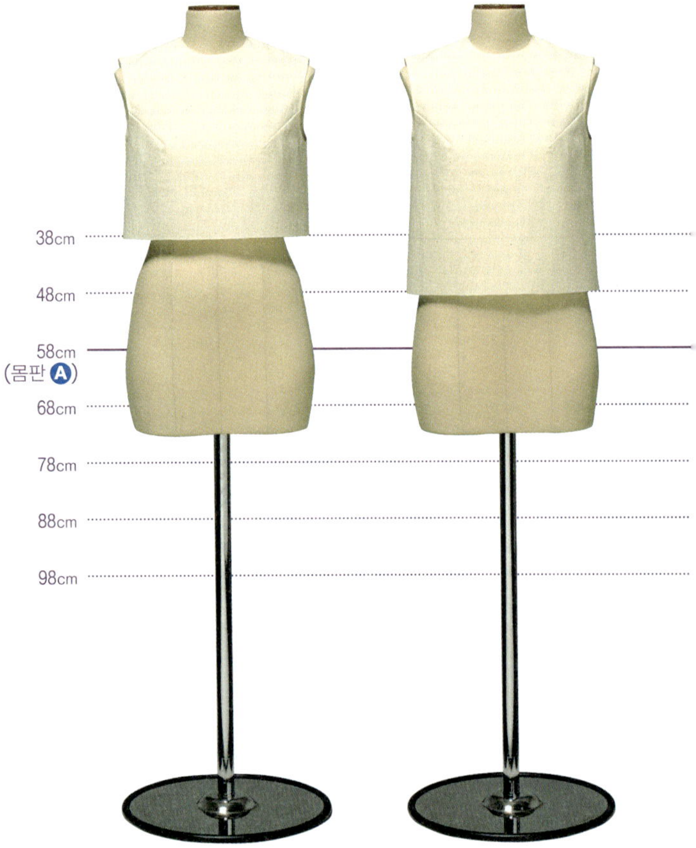

38cm
48cm
58cm (몸판Ⓐ)
68cm
78cm
88cm
98cm

소매길이

		1	2	3
		15cm (반소매)	**20cm** (반소매)	**25cm** (반소매)

소매산점부터 일정한 치수(EL~소맷부리는 등분해 결정한 치수)로 표시. 몸판과의 균형도 고려한다. 아래 예는 소매길이 52cm, 몸판 옷 길이 48cm인 경우.

소매

1	15cm (반소매)
2	20cm (반소매)
3	25cm (반소매)
4	31.4cm (5부 소매)	EL
5	35.5cm (6부 소매)
6	39.6cm (7부 소매)
7	43.7cm (8부 소매)
8	47.9cm (9부 소매)
9	52cm (10부 소매, 긴소매)

15cm
20cm
25cm
31.4cm
35.5cm
39.6cm
43.7cm
47.9cm
52cm

20cm

25cm

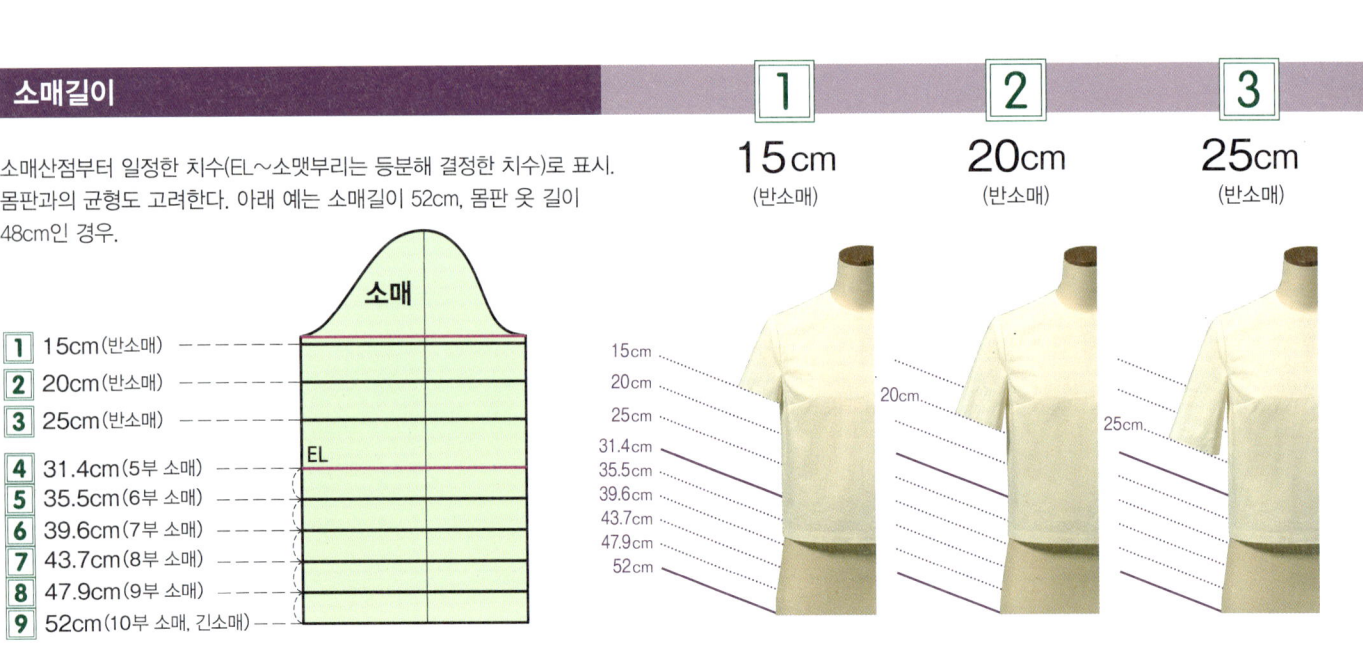

길이를 바꾸기만 해도 다양하게 디자인을 응용할 수 있다. 여기서는 단계적으로 길이를 변화시켜 소개하였다.
아래 예는 몸판 **Ⓐ**(P.14)와 소매 **Ⓐ**(P.40)를 사용했다.

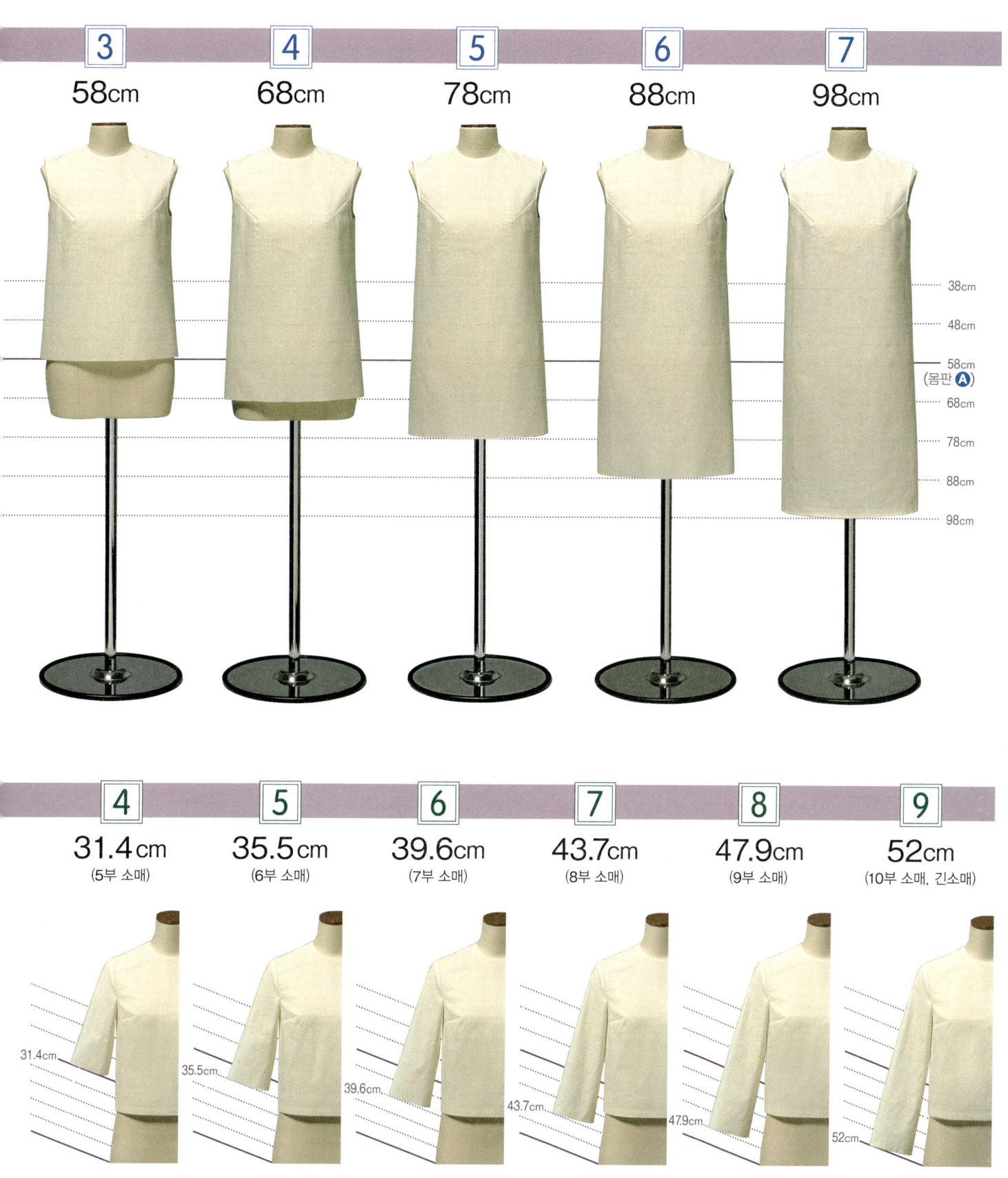

3	4	5	6	7
58cm	68cm	78cm	88cm	98cm

38cm
48cm
58cm (몸판 Ⓐ)
68cm
78cm
88cm
98cm

4	5	6	7	8	9
31.4cm	35.5cm	39.6cm	43.7cm	47.9cm	52cm
(5부 소매)	(6부 소매)	(7부 소매)	(8부 소매)	(9부 소매)	(10부 소매, 긴소매)

31.4cm
35.5cm
39.6cm
43.7cm
47.9cm
52cm

슬리브리스의 진동 둘레 변형

1 얕은 슬리브리스

옆선을 3cm 위로 연장해 진동 둘레선을 다시 그린다.
겨드랑이 바로 아래까지 가려져 안심하고 입을 수 있다.
이너웨어 또는 1장으로 입는 블라우스나 원피스에 활용.

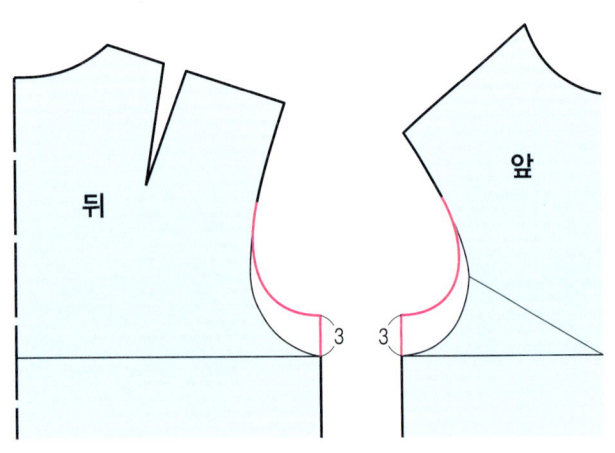

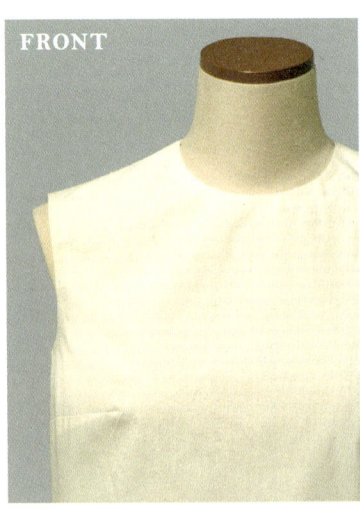

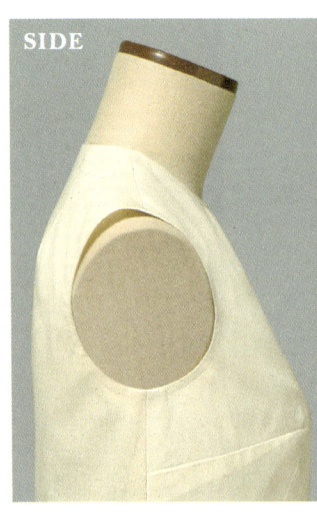

2 기본 슬리브리스

진동 둘레를 그대로 사용한다.
소매를 다는 것을 염두에 두고 몸판 패턴을 만들었으므로 진동 둘레에 적당히 여유가 있다.
소매 달린 이너웨어 위에 겹쳐 입기 가능.
입을 때 속옷이 보일 수 있으므로 이너웨어가 필요하다.

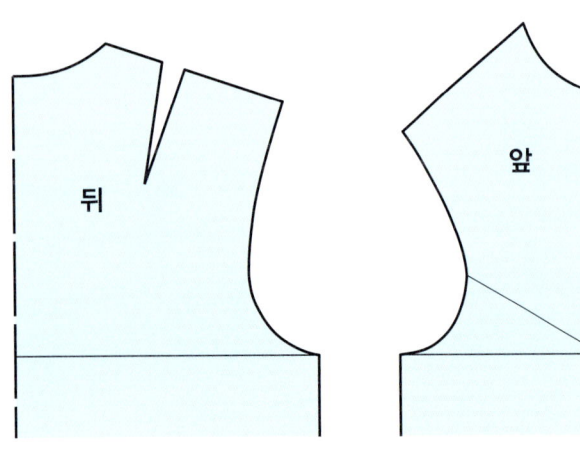

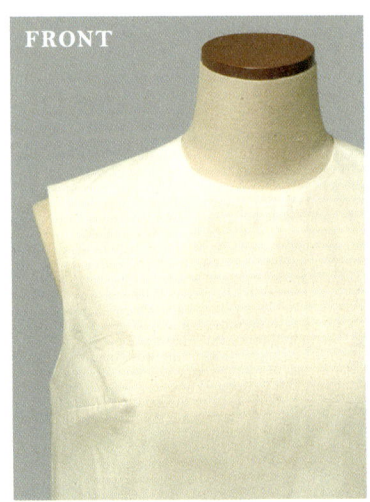

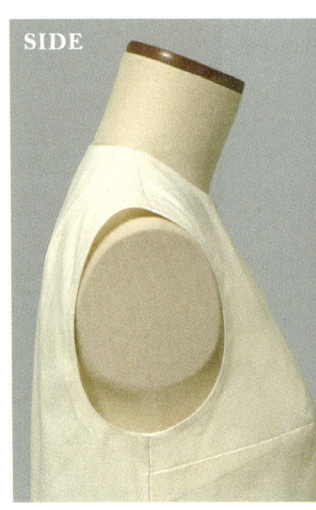

슬리브리스 디자인은 암홀의 자유로운 변화가 가능하다.
거울로 어깨 끝과 겨드랑이점의 균형을 보면서 결정한다.
아래 예는 몸판 Ⓐ(P.14)를 이용한 기본적인 변형.
앞 AH 다트가 있는 몸판 스타일에서 변형할 경우는
다트를 이동하거나 일시적으로 맞대어 진동 둘레를 그린다.

Point 겨드랑이점이란

팔을 아래로 내렸을 때, 팔과 몸체의
경계. 앞쪽을 '앞 겨드랑이점', 뒤쪽을
'뒤 겨드랑이점'이라고 한다. 가슴너
비와 등 너비를 재는 기준점이다.

앞 겨드랑이점

3 깊은 슬리브리스

옆선을 3cm 잘라 진동 둘레선을 다시 그린다.
진동 둘레에 여유가 많다.
입을 때 속옷이 보일 수 있으므로 이너웨어가 필요하다.

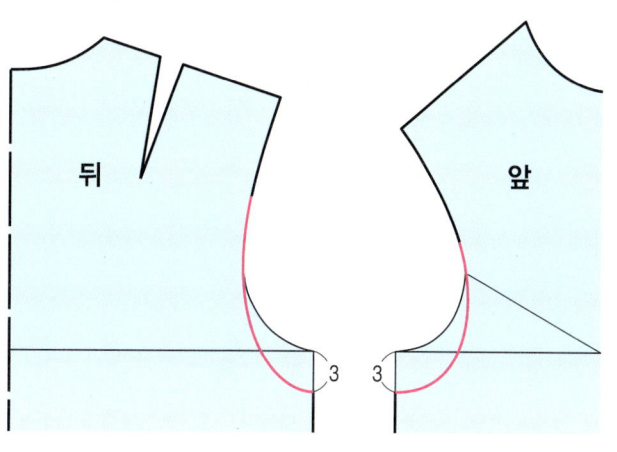

뒤　앞

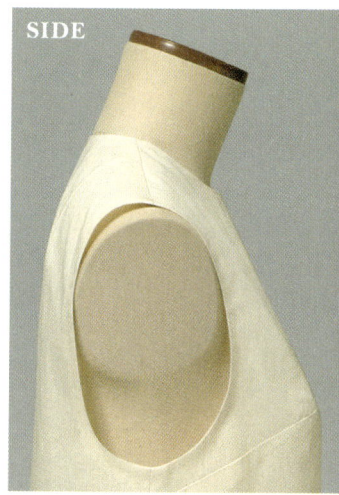

FRONT　SIDE

4 아메리칸 암홀

어깨선을 SP에서 6cm 자르고 진동 둘레선을 다시 그린다.
어깨선이 짧아지기 때문에 뒤 어깨 다트는 목둘레로 이동한다.
입을 때 이너웨어를 받쳐 입지만
하나만 입는 스타일이라면 1 을 참조해 진동 둘레 아래를 올려준다.

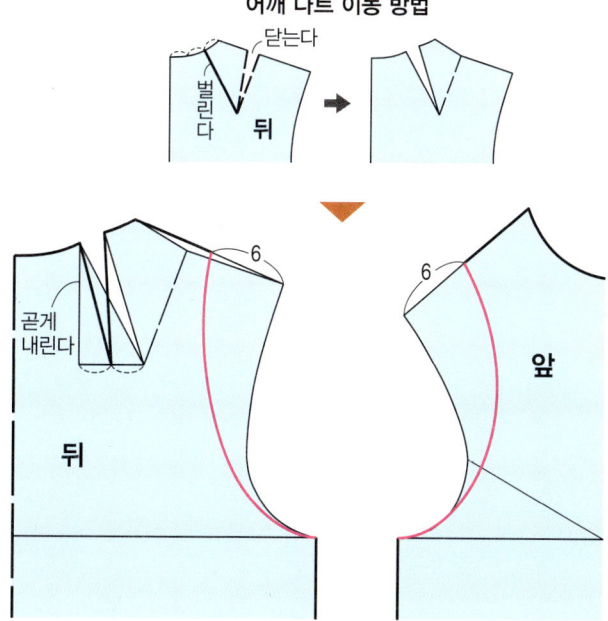

어깨 다트 이동 방법
닫는다
벌린다　뒤
곧게
내린다
6　6
뒤　앞

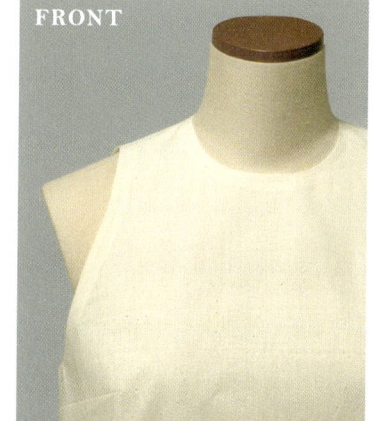

FRONT

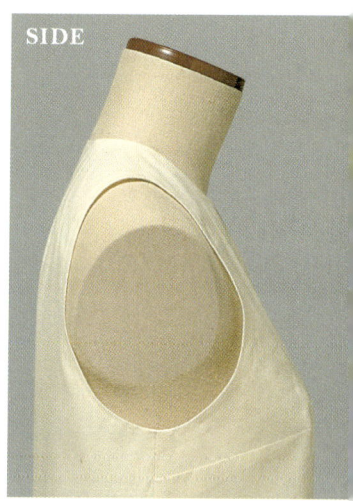

SIDE

→ 닫는다·벌린다···P.161

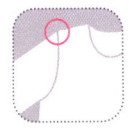

어깨 끝 위치 차이에 따른 비교

어깨 끝의 위치(소매 달림 위치)는 어느 정도 바꿀 수 있다.
어깨 폭을 좁게(1) 또는 넓게(3) 보이도록 활용할 수 있다.
아래 예는 몸판 A (P.14)와 소매 A (P.40).
설명의 편의상 몸판의 길이는 짧게 하고
앞 AH 다트를 옆으로 이동한다.

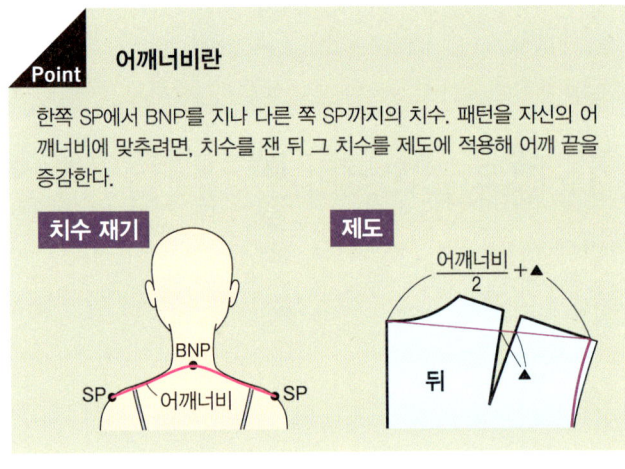

Point 어깨너비란

한쪽 SP에서 BNP를 지나 다른 쪽 SP까지의 치수. 패턴을 자신의 어깨너비에 맞추려면, 치수를 잰 뒤 그 치수를 제도에 적용해 어깨 끝을 증감한다.

치수 재기

제도

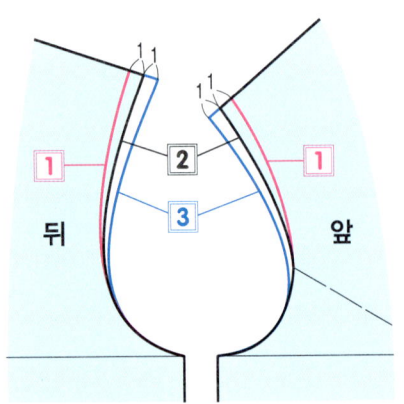

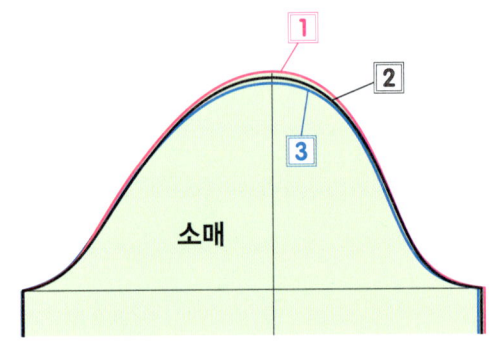

1 어깨 끝을 1cm 자른다

어깨선을 1cm 잘라 진동 둘레선을 다시 그린다. 소매 A 는 P.137의 방법으로 새롭게 제도한다. 2 에 비해 소매산은 높지만 소매 폭은 거의 바뀌지 않는다. 어깨너비가 좁아지고, 날씬하게 보인다.

2 어깨 끝 증감 없이

소매 A 를 그대로 사용한다. 표준 어깨너비.

3 어깨 끝을 1cm 추가한다

어깨선을 1cm 추가해서 진동 둘레선을 다시 그린다. 소매 A 는 P.137의 방법으로 새롭게 제도한다. 2 에 비해 소매산은 낮지만 소매 폭은 거의 바뀌지 않는다. 어깨너비가 넓어지고, 커 보인다.

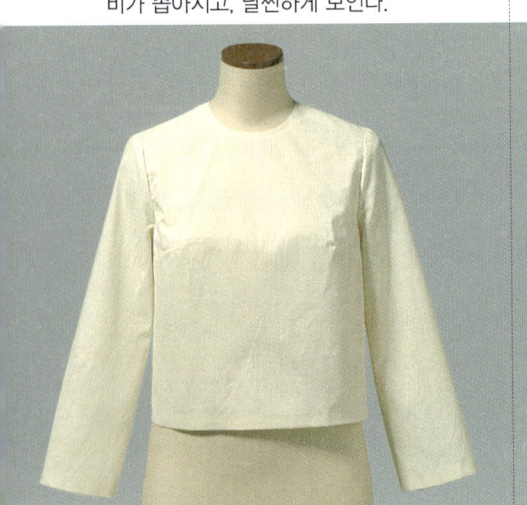

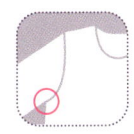

진동 둘레 아래의 위치 차이에 따른 소매 비교

진동 둘레 아래의 위치를 이동하면
외관과 모양, 기능이 달라진다.
아래 예는 몸판 Ⓐ(P.14)와 소매 Ⓐ(P.40).
설명의 편의상 몸판의 길이는 짧게 하고
앞 AH 다트를 옆으로 이동한다.

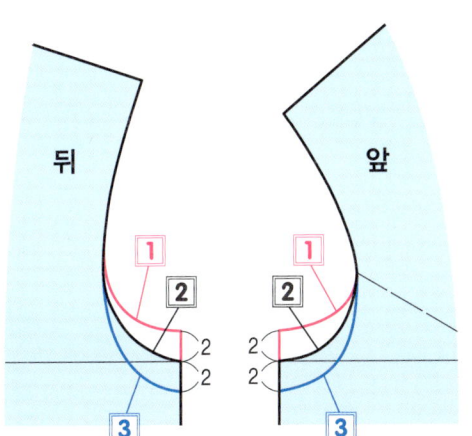

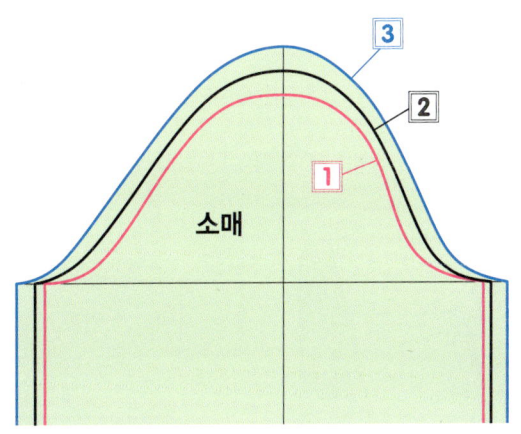

 1

진동 둘레 아래를 2cm 올린다

옆선을 2cm 위로 연장해 진동 둘레선을 다시 그린다. 소매 Ⓐ 는 P.137의 방법으로 새롭게 제도한다. 2 에 비해 소매산이 낮고, 소매 폭도 좁다. 진동 둘레 여유는 적지만 겨드랑이 바로 밑에 소매가 달리기 때문에, 팔을 들기가 편하다. 좁은 소매로 실루엣이 세련된 느낌이다.

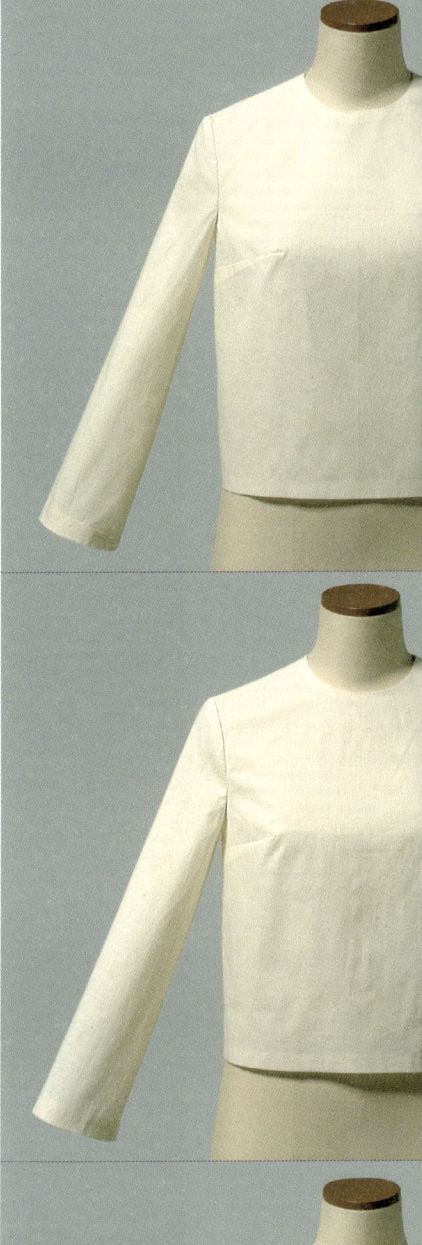

2

옆선에서 이동 없이

몸판 Ⓐ의 진동 둘레와 소매 Ⓐ 를 그대로 사용한다. 소매산의 높이, 소매 폭, 진동 둘레 여유 모두 최상의 균형. 비교적 활용도가 높으며 다양한 소재에 적용된다.

 3

진동 둘레 아래를 2cm 내린다

옆선에서 2cm 잘라 진동 둘레선을 다시 그린다. 소매 Ⓐ는 P.137의 방법으로 새롭게 제도한다. 2 에 비해 소매산이 높고 소매 폭도 넓다. 진동 둘레 여유가 많아 입고 벗기는 편하지만, 팔을 들면 옆선도 끌려가 밑단이 치켜 올라간다. 위에 레이어드하는 아이템으로 많이 이용된다.

커프스의 종류

커프스는 소맷부리에 붙여 손목이나 팔을 덮는 천. 다양한 아이템, 디자인이 있지만
일반적인 것을 소개한다. 커프스 폭이나 소매길이는 적당히 조정 가능하다.
4 는 소매 B(P.41 타이트 슬리브), 그 외에는 소매 A(P.40 스트레이트 슬리브)를 사용해 소맷부리를 소매길이 위치로 조정한 디자인 예.

1 스트레이트 커프스

소매 쪽에 턱이나 개더를 넣지 않고, 소맷부리에 이음선만 넣은 커프스. 소매길이로 잡은 소맷부리부터 평행으로 커프스 폭을 잡는다.

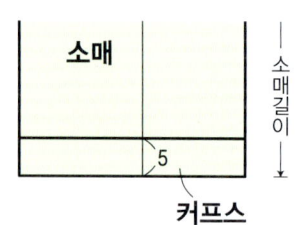

2 밴드 커프스

반듯한 밴드 모양의 커프스. 턱이나 개더를 넣은 소맷부리에 단다. 아래 예는 트임을 만들지 않은 경우. 커프스 달림 치수는 [손바닥 둘레 + 3cm] 이상 필요. 트임을 만들 경우 P.91을 참조한다.

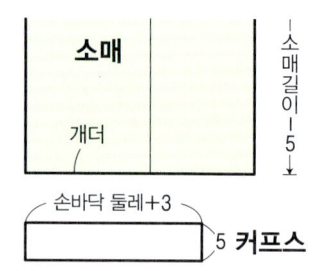

3 파이핑 커프스

가는 바이어스의 커프스. 아래 예는 트임을 만들지 않은 경우. 커프스 달림 치수는 [손바닥 둘레 + 3cm] 이상 필요. 트임을 만들 경우 P.91을 참조한다.

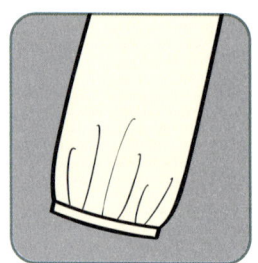
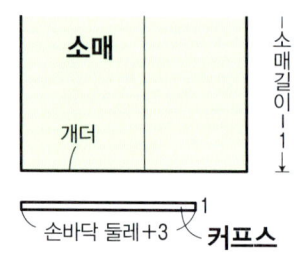

4 익스텐션 커프스

익스텐션은 연장, 확장 등의 뜻으로, 플레어 모양으로 소맷부리가 퍼진 커프스. 소매길이로 잡은 소맷부리부터 평행으로 커프스 폭을 잡고 플레어 분량을 넣은 뒤 잘라서 벌린다.

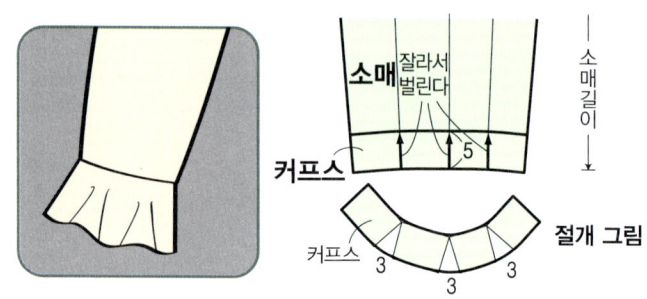

절개 그림

5 니티드 커프스

니트 소재를 사용한 커프스의 총칭. 커프스를 늘려서 소매에 달며 개더를 넣은 듯한 소맷부리. 아래 예는 커프스를 손목에 딱 맞게 하기 위해 [손목 둘레 + 3cm]로 설정. 니트의 신축성이 약한 경우 커프스 달림 치수를 늘리거나 소매에 적당히 개더를 넣어 커프스를 단다.

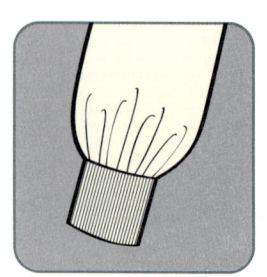
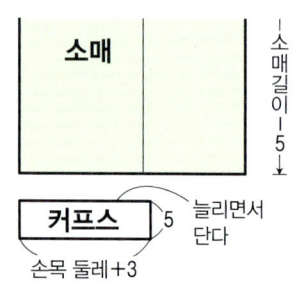

6 버튼드 커프스

장식적인 단추나 여러 개의 단추를 디자인 포인트로 한 커프스. 소매길이로 잡은 소맷부리부터 평행으로 커프스 폭을 잡는다. 아래 예는 뒤 소매 폭 중심에 트임(또는 민트임)을 넣은 경우.

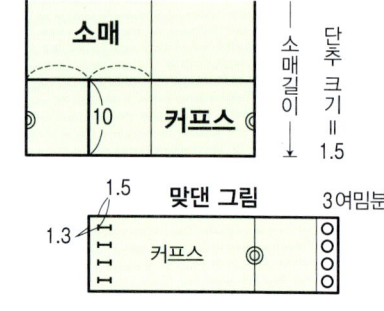

맞댄 그림

 → 치수 재기…P.39, 기준점을 잡고 잘라서 벌린다…P.163

 # 소맷부리 트임의 종류

커프스 달림 치수를 [손바닥 둘레+3cm]보다 꽉 조이게 만들고 싶을 때는 트임이 필요하다.
솔기를 이용하거나 가위집을 넣는 방법이 있다. 커프스 달림 치수는 [손목 둘레+3cm] 이상에서 적당히 설정할 수 있다.
소맷부리에 턱을 넣는 디자인의 경우, 소맷부리의 완성 치수와 커프스 달림 치수의 차이를 턱 분량으로 배분한다.
아래 예는 소매 Ⓐ(P.40 스트레이트 슬리브)를 사용한 소맷부리 트임. 1 ~ 4 의 커프스 달림 치수는 최솟값 [손목 둘레+3cm]로 설정.
5 , 6 은 디자인 감각을 살려 만든 트임의 예.

1 솔기 이용

소매 밑 솔기나 소매의 이음선을 이용해서 만든다.
트임은 맞닿게 된다.

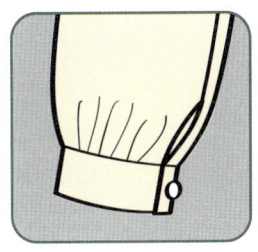
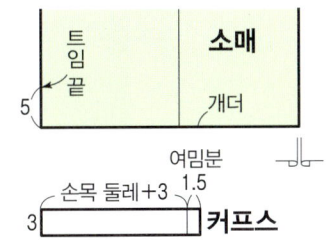

2 슬래시(바이어스)

가위집을 넣고, 그 끝을 바이어스로 감싸는 방법. 앞쪽 바이어스는
안쪽으로 접어 넣으면 슬래시가 가려져 깔끔하게 완성된다.

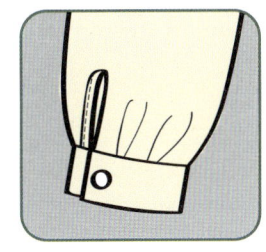
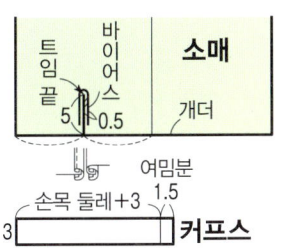

3 슬래시(안단)

안단으로 처리하는 방법. 겉끼리 안단을 박고 가위집을 넣어 겉으
로 뒤집는다. 트임을 가리려면 소매를 조금 겹쳐 완성(A의 방법).

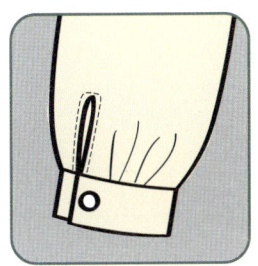
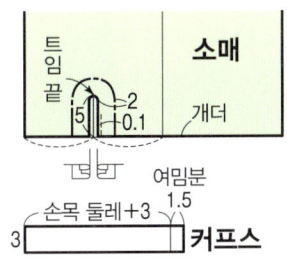

4 덧단

가위집을 넣고 뒤쪽은 바이어스로, 앞쪽은 직사각형의 가는 천으로
마무리하는 방법. 덧단 끝을 삼각으로 해서 뾰족단이라고 한다.

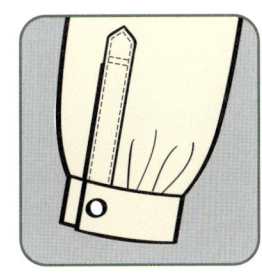
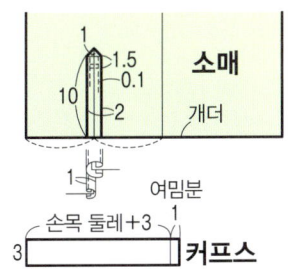

5 슬릿

솔기를 이용해 트임과 소맷부리를 별도로 재단하거나 이어서 재단
한 안단으로 마무리한다. 트임 부분은 소매와 안단의 소매 밑을 각
각 박아서 가르고, 겉끼리 맞대어 박은 뒤, 겉으로 뒤집는다.

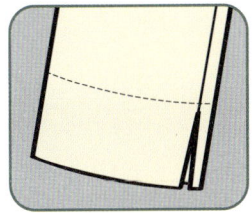
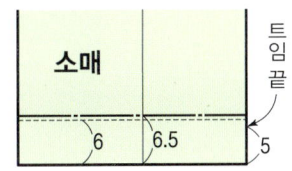

6 민트임

솔기를 이용해 트임이 있는 것처럼 보이게 만든 부분. 재킷에 주로
사용한다. 실제로 벌어지진 않지만, 단순한 솔기 처리보다 한 단계
완성도가 높다.

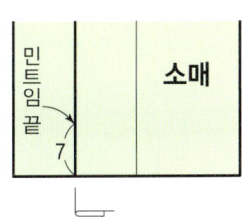

Point ### 커프스 다는 방법 2종

커프스의 여밈분은 겹치는 분량이지만 일괄적이진 않다. 여밈분까지 소매
를 다는 경우(Ⓐ)와 여밈분을 제외하고 소매를 다는 경우(Ⓑ) 2가지가 있다.

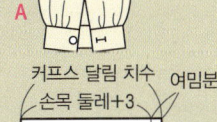
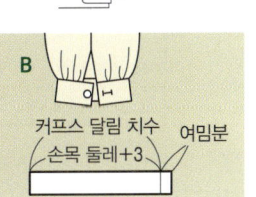

칼라리스의 목둘레 변형

1 라운드 네크라인(소)

둥근 목둘레의 총칭. 앞 중심과 어깨에서 1.5cm씩 자른다.
목둘레 치수가 머리 둘레보다 적어, 트임이 필요하다.

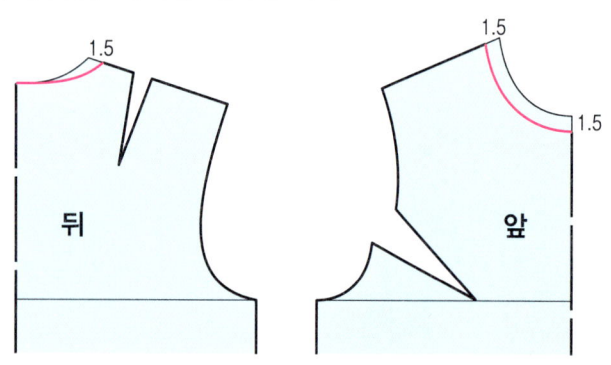

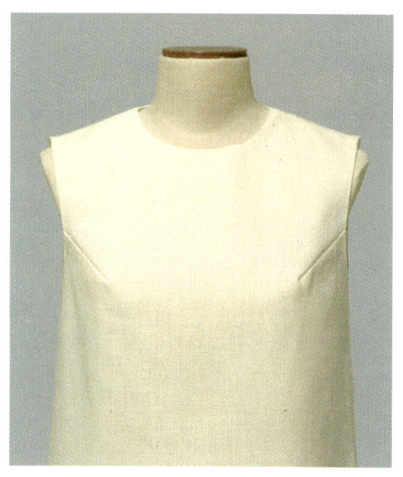

2 라운드 네크라인(대)

목둘레를 깊고 크게 한 우아한 라인. 이 이상 커지면 속옷이 보이기 쉽다.
앞 중심에서 7cm, 뒤 중심에서 1cm, 어깨에서 6cm를 자른다. 목둘레가 머리 둘레보다 크기
(기본 체형 9호로 약 65cm) 때문에 트임이 필요 없다. 뒤 어깨 다트는 닫고 목둘레를 벌린다.

어깨 다트 이동 방법

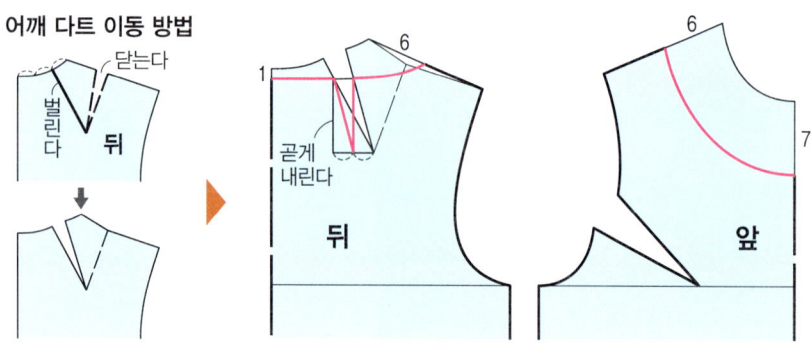

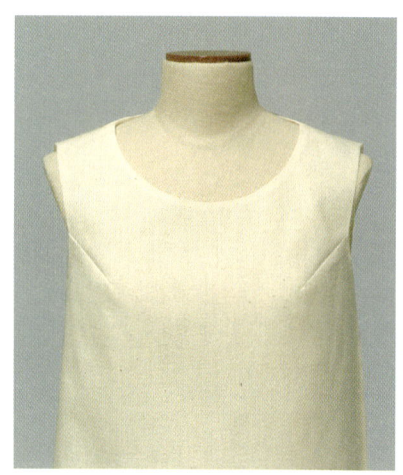

3 보트 네크라인

완만한 곡선으로 옆으로 넓게 판, 배 밑바닥 모양의 목둘레. 어깨에서 8cm, 목둘레를 잘
연결하려면 뒤 중심에서 1.5cm를 자른다. 뒤 어깨 다트는 2와 같이 목둘레로 이동한다.
목둘레 치수가 머리 둘레보다 커지므로(기본 체형 9호로 약 62cm) 트임은 필요 없다.

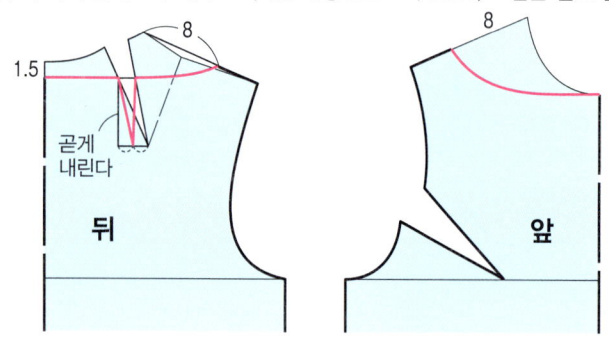

칼라리스의 목둘레는 자유로운 디자인 변화가 가능하다. 거울을 보면서 가장 어울리는 모양을 선택하자.
반드시 목둘레 치수를 확인할 것. 머리 둘레보다 치수가 적은 경우 트임이 필요하다.
트임을 넣지 않을 때는 여유를 두어 머리 둘레+3cm 이상으로 조정한다.
아래 예는 몸판 Ⓐ(P.14)를 사용한 기본적인 변형이다.

4 V 네크라인(얕은 형)

V자 모양 목둘레의 총칭. 앞 중심에서 7cm, 어깨에서 6cm, 뒤 중심에서 1cm를 자른다.
앞 목둘레는 완만하게 둥글린다. 뒤 어깨 다트는 ②와 같이 목둘레로 이동한다.
목둘레 치수가 머리 둘레보다 커지므로(기본 체형 9호로 약 62cm) 트임은 필요 없다.

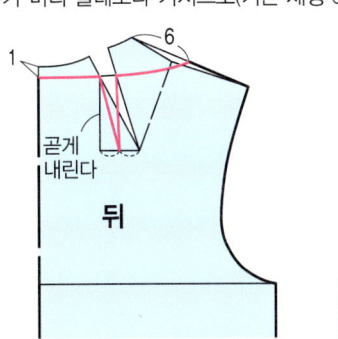
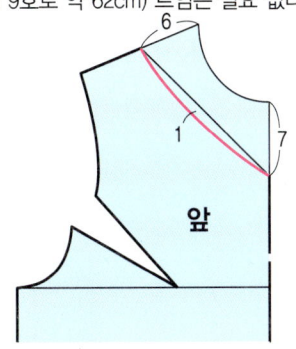

5 V 네크라인(깊은 형)

목둘레 트임을 깊게 한 선명한 라인의 디자인. 앞트임의 깊이가 신경 쓰일 땐 이너웨어를 착용.
앞 중심에서 12cm, 어깨에서 1cm를 자른다. 목둘레는 완만하게 둥글린다.
목둘레 치수가 머리 둘레보다 커지므로(기본 체형 9호로 59cm) 트임은 필요 없다.

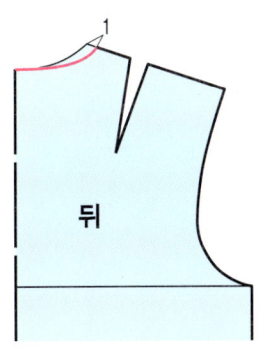
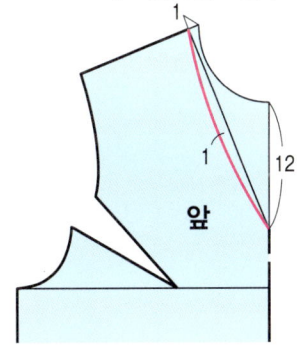

6 스퀘어 네크라인

사각형의 목둘레. 앞 중심에서 4cm, 뒤 중심에서 1.5cm, 어깨에서 5cm를 자른다.
뒤 다트는 ②와 같이 목둘레로 이동한다. 목둘레 치수가 머리 둘레보다 커지므로
(기본 체형 9호로 약 69cm) 트임은 필요 없다.

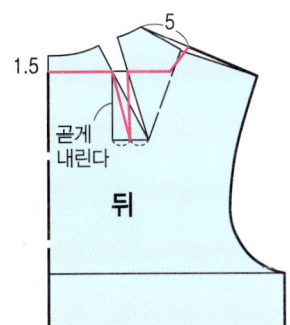
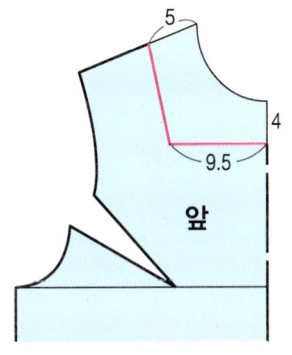

목둘레 차이에 따른 칼라 비교

스탠드 칼라

1 목둘레를 그대로 사용

목 주위의 여유가 거의 없고, 칼라가 목에 붙어 답답하게 보인다.
목둘레를 잠그지 않고 앞을 열어서 입는 디자인에 적당하다.

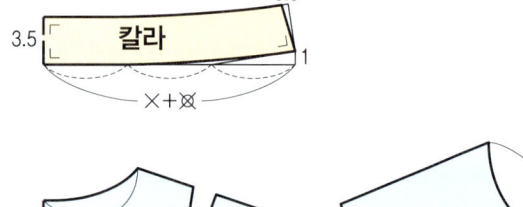

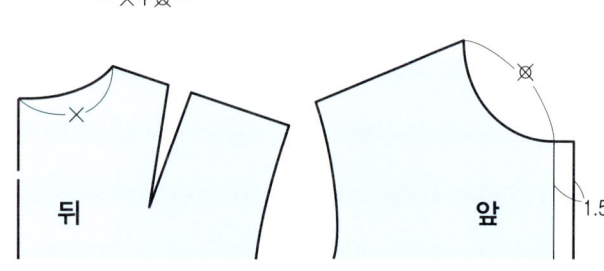

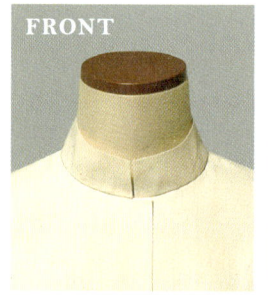
FRONT

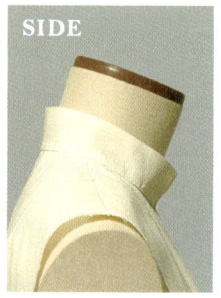
SIDE

BACK

2 조금 크게 한다

목둘레를 FNP, SNP에서 1cm씩 자른다.
자른 뒤 목둘레 치수를 토대로 칼라를 제도.
목 주위에 최소한의 여유가 생긴다.

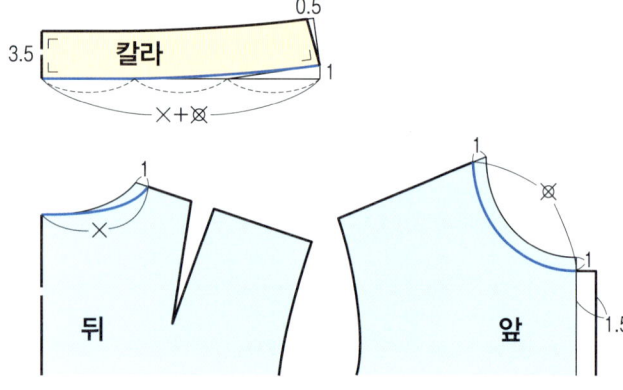

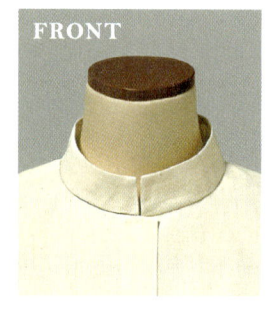
FRONT

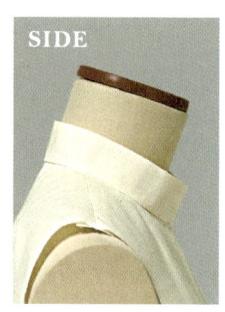
SIDE

BACK

3 더 크게 한다

목둘레를 FNP, SNP에서 2cm씩 자른다.
자른 뒤 목둘레 치수를 토대로 칼라를 제도.
목 주위에 여유가 많고, 칼라가 목에서 떨어진다.

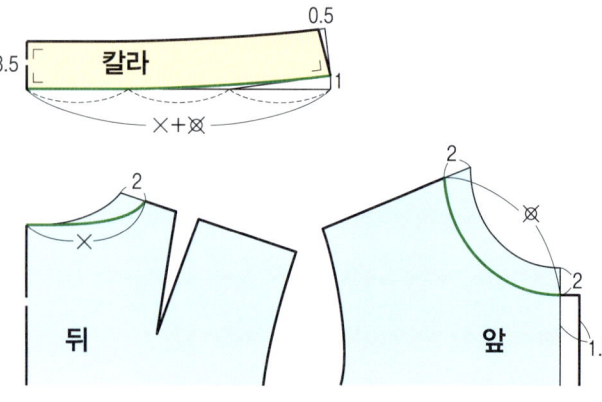

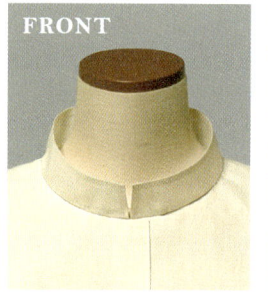
FRONT

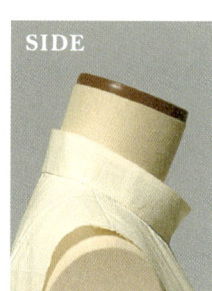
SIDE

BACK

같은 디자인, 같은 패턴의 칼라라도 몸판의 목둘레를 바꾸면 목 주위의 여유분이나 외형이 달라진다.
아래 예는 몸판 Ⓐ(P.14) + 칼라 Ⓐ(P.60 스탠드 칼라)와 몸판 Ⓐ(P.14) + 칼라 Ⓖ(P.63 셔츠 칼라)의 경우.

셔츠 칼라

1 목둘레를 그대로 사용

목 주위가 거의 여유 없이 딱 맞는 칼라.

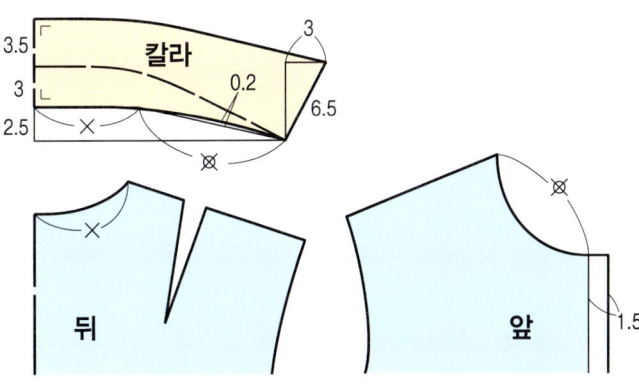

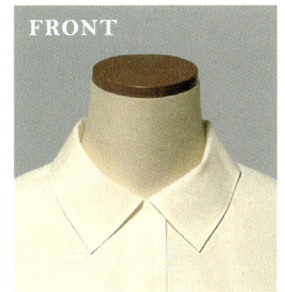
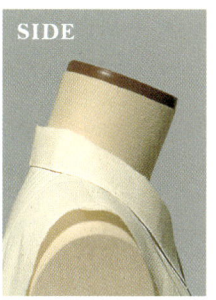
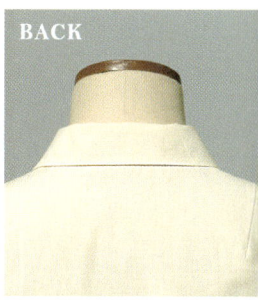

2 조금 크게 한다

목둘레를 FNP, SNP에서 1cm씩 자른다.
자른 뒤 목둘레 치수를 토대로 칼라를 제도.
목 주위에 최소한의 여유가 생긴다.

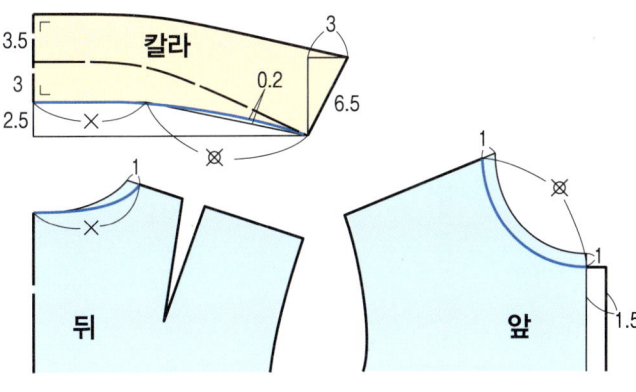

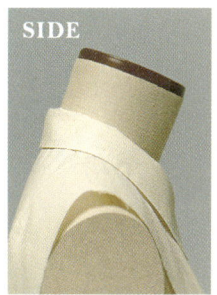

3 더 크게 한다

목둘레를 FNP, SNP에서 2cm씩 자른다.
자른 뒤 목둘레 치수를 토대로 칼라를 제도.
목 주위에 여유가 많고, 칼라가 목에서 생긴다.

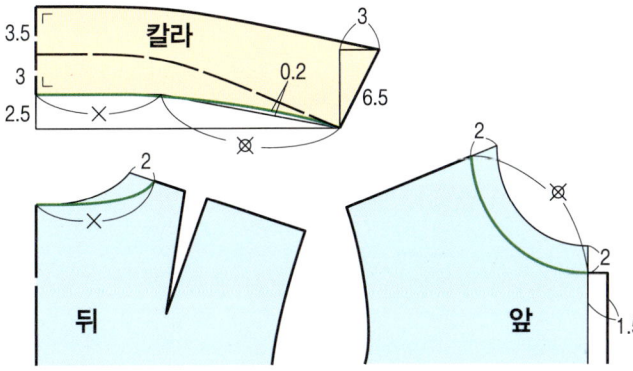

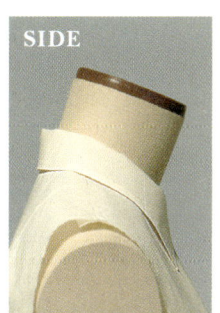

칼라 끝 변형

1 거의 직각

A의 칼라 끝.
예리한 느낌이 든다.

2 조금 둥글게

칼라 끝에서 0.5cm
위치를 지나는 곡선으로.
직선보다는 귀여운 느낌이다.

0.5

3 둔각

위 끝을 1cm 잘라서 경사지게 한다.
앞 중심에 생기는 V자 모양이
디자인 포인트.

1

*둔각: 직각보다는 크고
180도보다는 작은 각

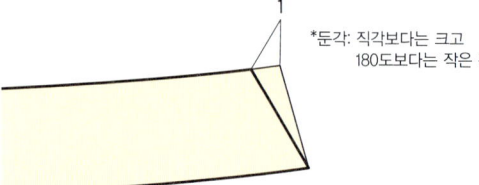

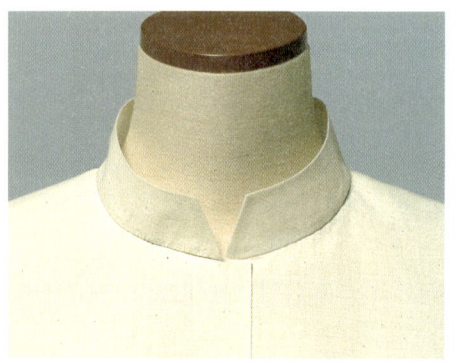

4 완만한 곡선

칼라 끝에서 2cm 자르고
거기서 1cm 위치를 지나는
곡선으로. 여성스러운 이미지.

1   2

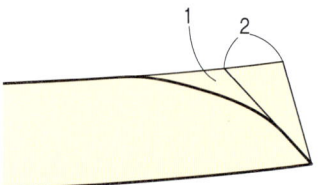

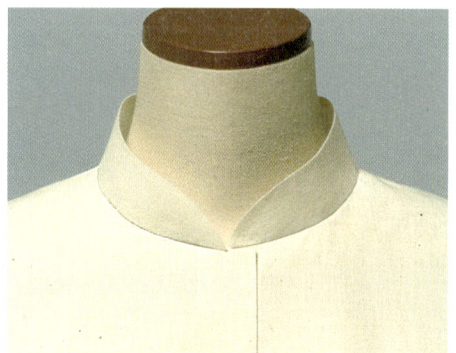

칼라 끝을 각지게 하거나 둥글게 하는 등 여러 변화를 줄 수 있다. 원하는 모양을 고르자.
아래 예는 칼라 A (P.60 스탠드 칼라), 칼라 G (P.63 셔츠 칼라)를 사용한 각각 4개의 디자인이다.

셔츠 칼라

1 예각
G의 칼라 끝.
세련되고 스포티한 느낌이다.

*예각: 직각보다 작은 각

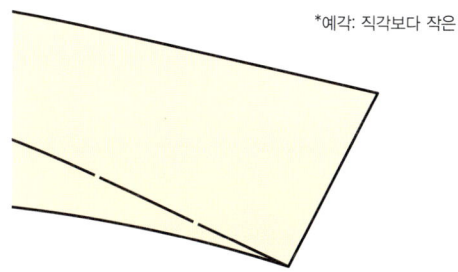

2 조금 둥글게
칼라 끝에서 1.2cm 위치를 지나는 곡선으로. 우아한 인상이 된다.

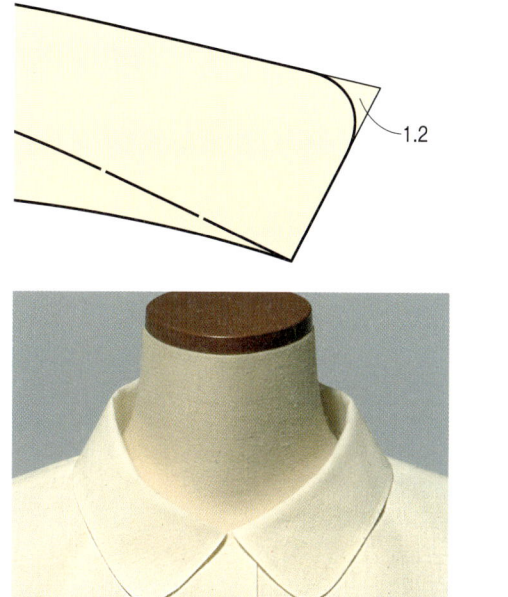

1.2

3 둔각
칼라 외곽을 2.5cm 자른다.
캐주얼한 느낌이다.

2.5

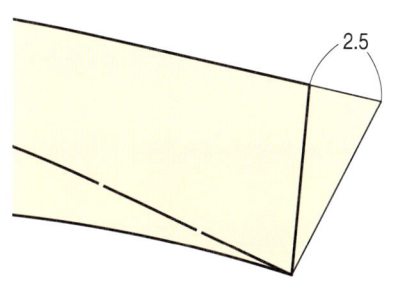

4 완만한 곡선
칼라 끝에서 2.5cm
위치를 지나는 곡선으로.
사랑스러운 이미지.

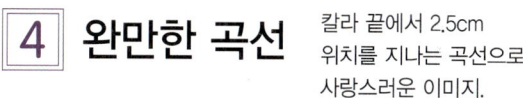

2.5

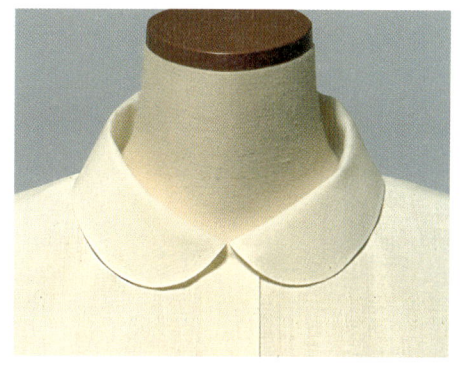

앞트임과 목둘레 마무리의 종류

트임은 옷을 입고 벗을 때 편의성이나 장식을 위해 만든다.
칼라의 유무나 칼라를 다는 방법에 따라 앞트임과 목둘레의 완성 방법이 달라진다.
여기서는 5종류의 트임을 골라, 칼라가 없거나 칼라가 달린 경우의
제도와 완성 방법을 각각 소개한다.
아래 예는 몸판 Ⓐ(P.14)를 사용한다.

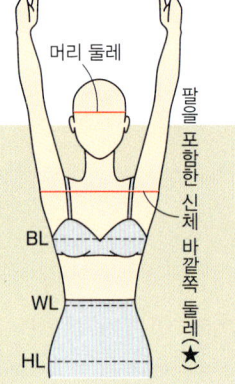

머리 둘레

팔을 포함한 신체 바깥쪽 둘레(★)

Point ### 트임을 생각하는 법

"목둘레가 작아 머리가 안 들어간다", "허리가 꽉 껴 머리 위로 입을 수 없다"와 같은 경우 트임이 필요하다. 트임을 넣지 않고, 머리 위로 입는 옷을 만들 때는 옷 폭과 목둘레 치수를 다음과 같이 확인하자. 옷 폭은 머리와 조금 떨어져 팔을 똑바로 들어 올렸을 때 팔을 포함한 몸 바깥쪽 둘레 +5cm(여유분)로, 목둘레는 머리 둘레 +3cm 이상으로 완성한다. 중간까지의 트임을 만들 경우는 트임 길이를 포함해, 이 치수가 되도록 조정한다.

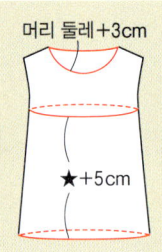

머리 둘레+3cm

★+5cm

BL···가슴선, WL···허리선, HL···엉덩이선

---

1 안단   안단을 대고 박아서 마무리한다.

칼라 없음

앞 끝과 앞뒤 목둘레를 빙 둘러 안단을 대고 박는다.

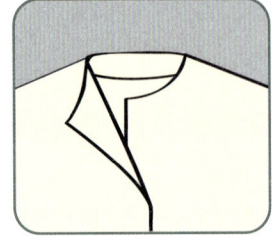

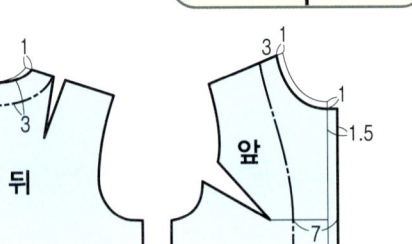

뒤   앞

칼라 달림

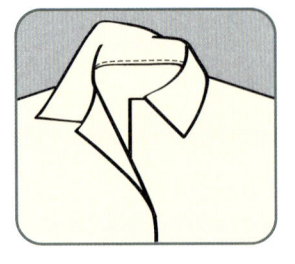

앞 끝과 앞 목둘레에 안단을 대고 박는다. 뒤 목둘레 시접은 칼라 안으로 넣는다.

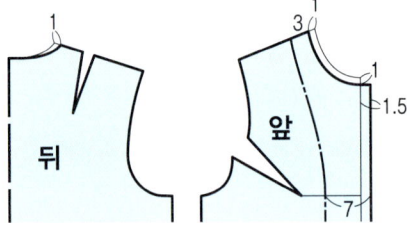

뒤   앞

---

2 앞단   오른쪽 앞(단춧구멍 쪽) 끝에 앞단이라 불리는 가늘고 긴 천을 끼우고 마무리한다. 왼쪽 앞은 두 번 접기 한다.

칼라 없음

목둘레를 가는 바이어스 천으로 마무리한 뒤, 앞단을 단다. 앞단은 위 끝을 박아놓는다.

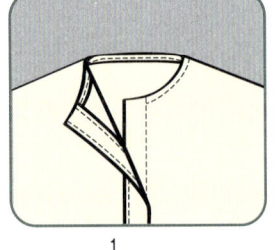

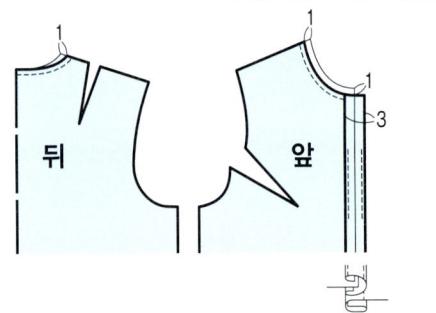

뒤   앞

칼라 달림

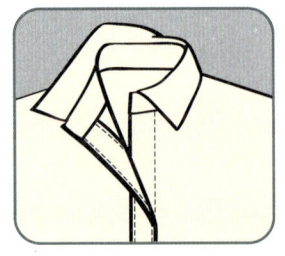

a는 앞단을 단 뒤, 칼라를 단다. b는 칼라를 달기 전에 앞단 위 끝을 박아놓는다. c는 앞단을 달기 전에 칼라를 단다.

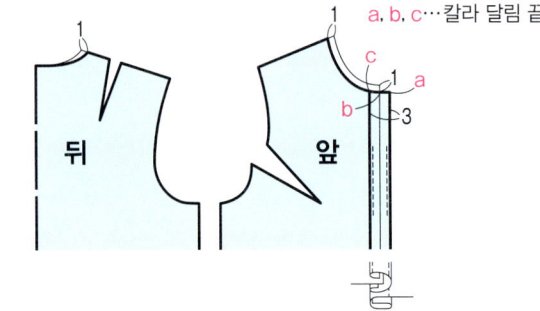

a, b, c···칼라 달림 끝

뒤   앞

3 약식 단추집

단추집(넓은 의미)은 옷의 단추가 보이지 않게 만드는 방법.
여기 소개한 약식 단추집은 앞 끝 천을 접기만 하는 간단한 완성법이다.

칼라 없음

오른쪽 앞 끝의 단추집 부분과 안단을 이어서 재단한다. 단추집 부분을 완성선에서 접고, 안단을 겉끼리 맞닿게 꺾은 뒤, 목둘레를 박는다.

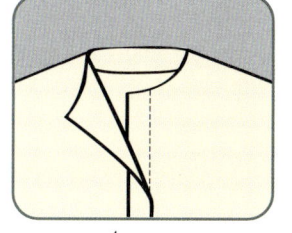

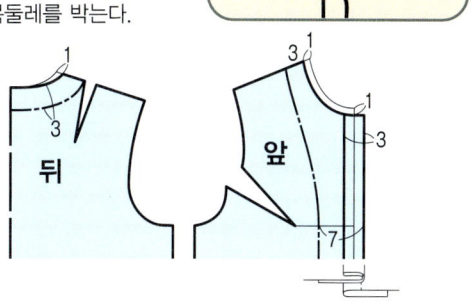

칼라 달림

오른쪽 앞 끝의 단추집 부분을 이어서 재단한다. 앞단의 경우처럼 칼라 달림 끝 위치에 따라 바느질 순서가 달라진다.

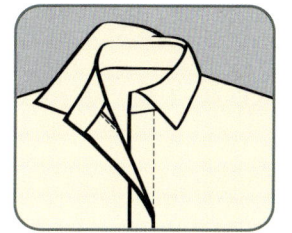

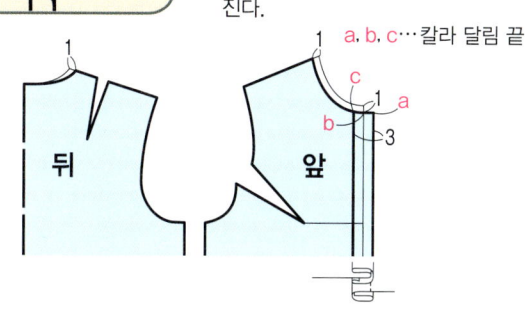

a, b, c…칼라 달림 끝

4 덧단

중간까지의 트임. 트임 부분에 가위집을 넣고 직사각형의 가늘고 긴 천(덧단 천)을 댄다.

칼라 없음

트임에 가위집을 넣고 목둘레를 바이어스로 마무리한 뒤, 덧단을 단다. 덧단 천의 위 끝을 박아놓는다.

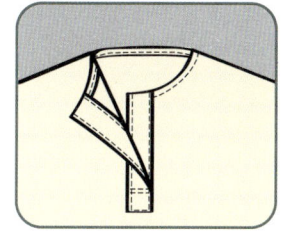

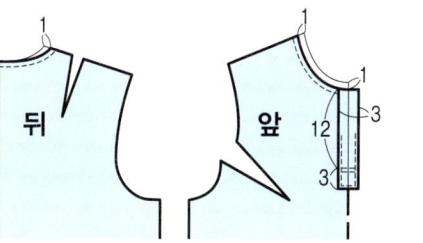

칼라 달림

앞단의 경우처럼 칼라 달림 끝의 위치에 따라 바느질 순서가 달라진다.

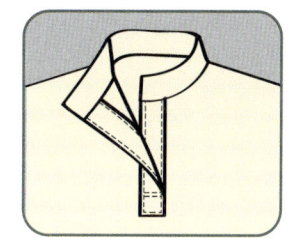

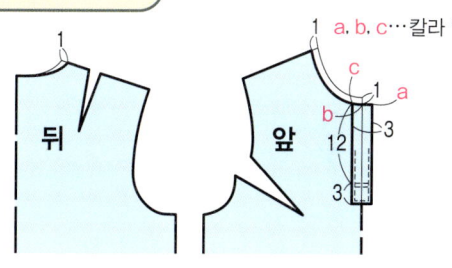

a, b, c…칼라 달림 끝

5 슬래시

중간까지의 트임. 트임 부분과 안단을 맞대어 박고 가위집을 넣어 뒤집는다.

칼라 없음

트임 부분과 앞뒤 목둘레에 겉끼리 맞대어 안단을 박고, 가위집을 넣어 겉으로 뒤집는다.

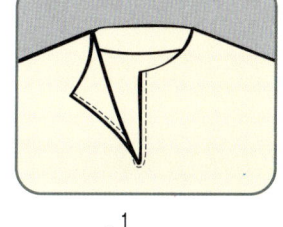

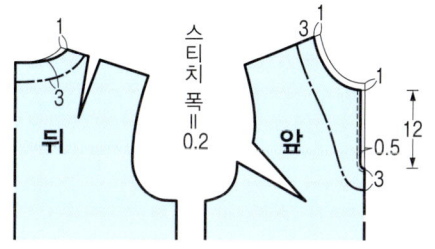

칼라 달림

트임을 안단으로 마무리하고, 칼라를 단다. 뒤 칼라 달림 시접은 칼라 안으로 넣는다. 칼라를 단 뒤 박아서 마무리한다.

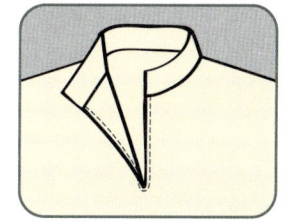

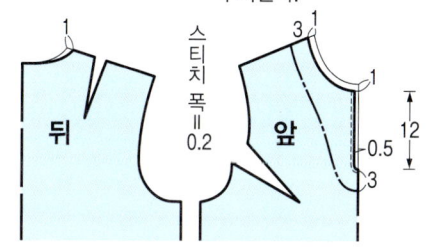

 포켓의 종류

실용성과 장식 기능을 겸비한 포켓은 디자인도 다양하다.
자주 사용하는 일반적인 것을 소개한다. 치수는 표준이므로 취향이나 전체적인 균형을
고려하여 선택한다. 위치는 자유롭게 설정하지만 입을 때를 상상해 몸에 손을 대보고
편한 위치를 검토해보자. 스티치 폭도 적절히 감안한다.

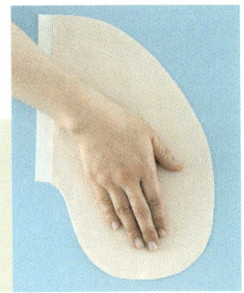

 포켓 크기의 기본

포켓에 손을 넣을 때 손이 쏙 들어가고, 둘레에 일정한 여유가 있는 크기가 표준.
포켓을 제도할 때 그 위에 손을 올려놓고 확인한다.

1 패치(사각)

패치는 덧댄다는 뜻.
기본적인 사각 패치 포켓. 스티치 등으로 박아서 붙인다.

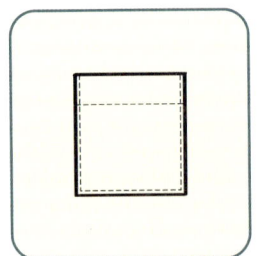
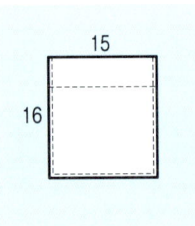

2 패치(육각)

각을 많이 잡아 좀 더 캐주얼한 포켓.
스티치 등으로 박아서 붙인다.

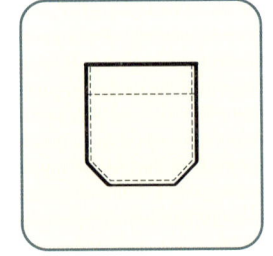
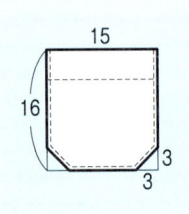

3 패치(오각)

셔츠의 가슴 포켓으로 자주 이용되는 홈베이스 모양 포켓.
스티치 등으로 박아서 붙인다.

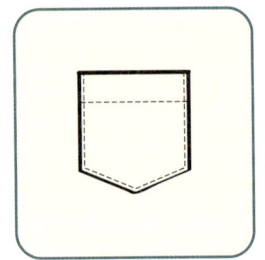
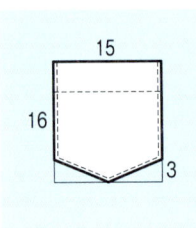

4 패치(둥근 모서리)

모서리를 둥글려 부드러움을 더한 포켓.
스티치 등으로 박아서 붙인다.

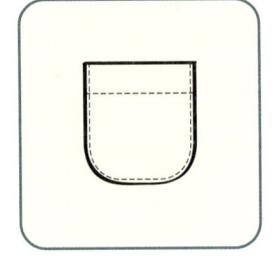
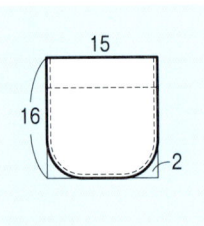

5 패치(둥근 모서리·다트)

모서리를 둥글려 다트를 넣은 입체적인 패치 포켓.
스티치 등으로 박아서 붙인다.

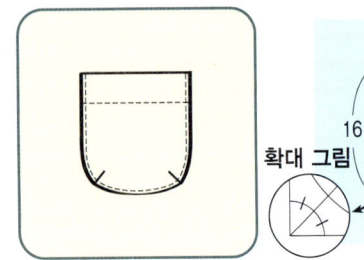

확대 그림

6 패치(턱·둥근 모서리)

포켓 입구에 턱을 잡은 입체적인 패치 포켓.
스티치 등으로 박아서 붙인다.

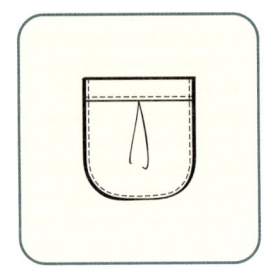
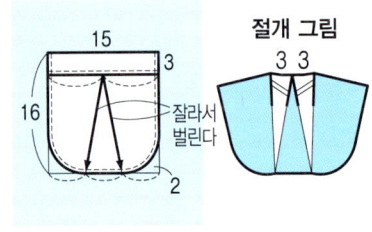

절개 그림

잘라서
벌린다

7 파이핑

입구 아래쪽을 파이핑 처리한 포켓. 가위집을 넣어서 만든다. 파이핑이란 가는 테두리. 천의 올 방향을 바꾸거나 다른 천으로 만들면 악센트가 된다. 포켓 입구에 플랩을 달면 플랩 포켓으로.

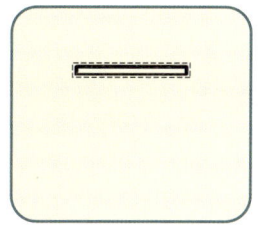
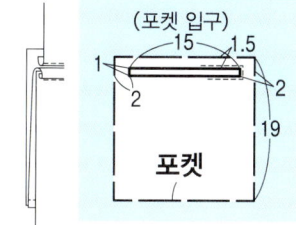

8 더블 파이핑

입구 위아래를 파이핑 처리한 포켓. 가위집을 넣어서 만든다. 파이핑 천의 올 방향을 바꾸거나 다른 천으로 만들면 악센트가 된다. 포켓 입구에 플랩을 달면 플랩 포켓이 된다.

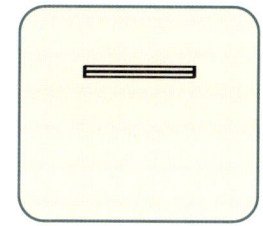
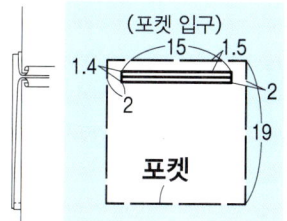

9 박스

포켓 입구에 상자 모양의 천을 댄 포켓. 가위집을 넣어서 만든다. 상자 천의 올 방향을 바꾸거나 다른 천으로 만들면 옷의 악센트가 된다.

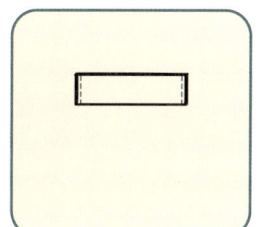
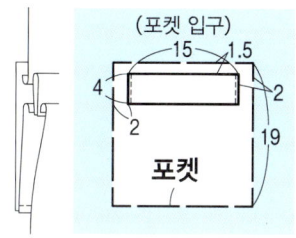

10 솔기 이용(수평)

이음선 시접에 포켓 천을 붙여서 만든다. 이 예는 포켓 천을 이어서 재단한 경우. 포켓 입구가 표시 나지 않는다.

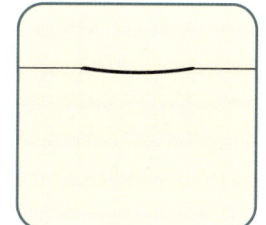
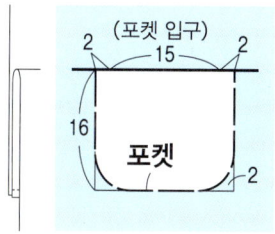

11 솔기 이용(수직)

이음선 시접에 포켓 천을 붙여서 만든다. 포켓 입구가 표시 나지 않는다.

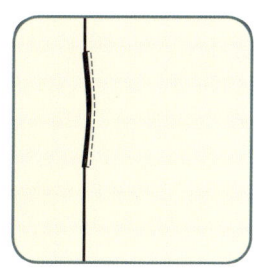
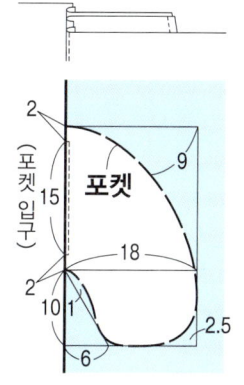

12 솔기 이용(수직·스티치)

이음선 뒤쪽 시접에 포켓 천을 이어서 재단하고, 앞쪽을 스티치로 박아서 붙인다. 스티치가 디자인 포인트가 된다.

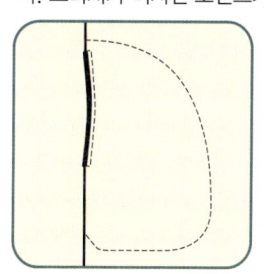
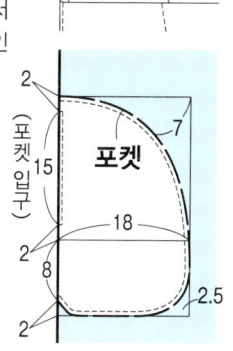

13 장식 플랩(둥근 모서리)

플랩은 포켓 입구에 달린 뚜껑. 플랩만 단 장식용 가짜 포켓이다. 포켓의 기능은 없지만 악센트 효과가 있다.

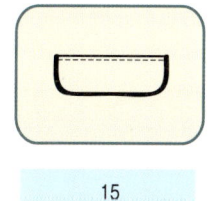
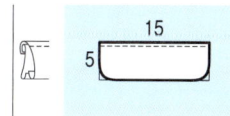

14 장식 플랩(오각)

장식용 가짜 포켓. 13과 모양이 다르다.

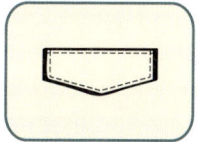
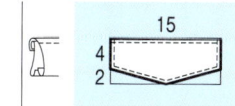

15 장식 포켓(박스형)

박스 포켓의 상자 모양 천을 댄 장식용 가짜 포켓. 포켓의 기능은 없지만 악센트 효과가 있다.

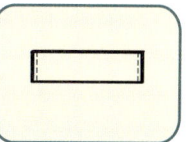
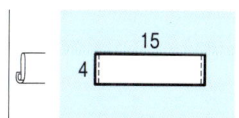

개더 분량 차이에 따른 비교

같은 디자인의 몸판에 붙는 페플럼 부분의 개더 분량을 달리하여 비교한다.
분량의 많고 적음에 따라 느낌이 크게 달라지므로 만들고 싶은 옷의 이미지에 맞춰 조정하자.
아래 예는 몸판 Ⓐ(P.14)를 사용한다.

1 0.4배

개더 분량을 몸판 달림 치수의 0.4배로 추가한다.
개더 볼륨과 밑단 퍼짐은 모두 적다. 밑단 웨이브도 거의 나타나지 않는다.
개더를 넣는 디자인에 있어서는 최소 분량이다.

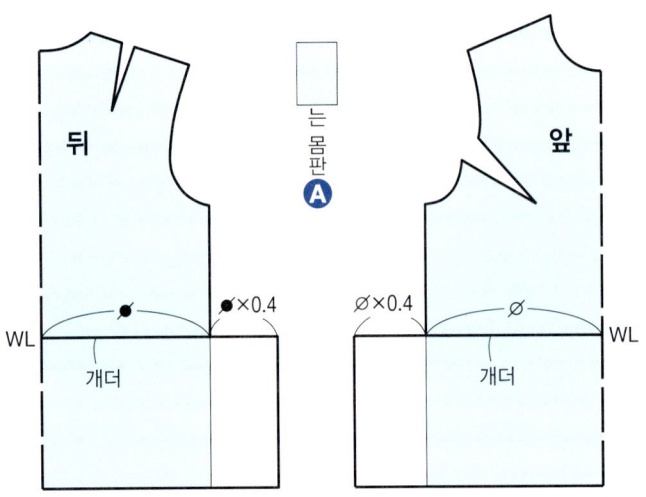

2 0.7배

개더 분량을 몸판 달림 치수의 0.7배로 추가한다.
개더 볼륨과 밑단 퍼짐, 밑단 웨이브 모두 균형이 잘 잡혀 있다.

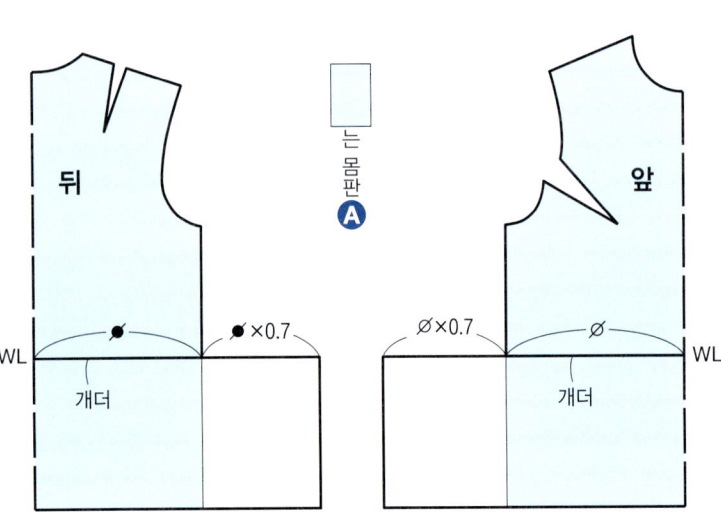

3 1배

개더 분량을 몸판 달림 치수의 1배로 추가한다.
개더 볼륨과 밑단 퍼짐, 밑단 웨이브 모두 조금 많은 편이다.

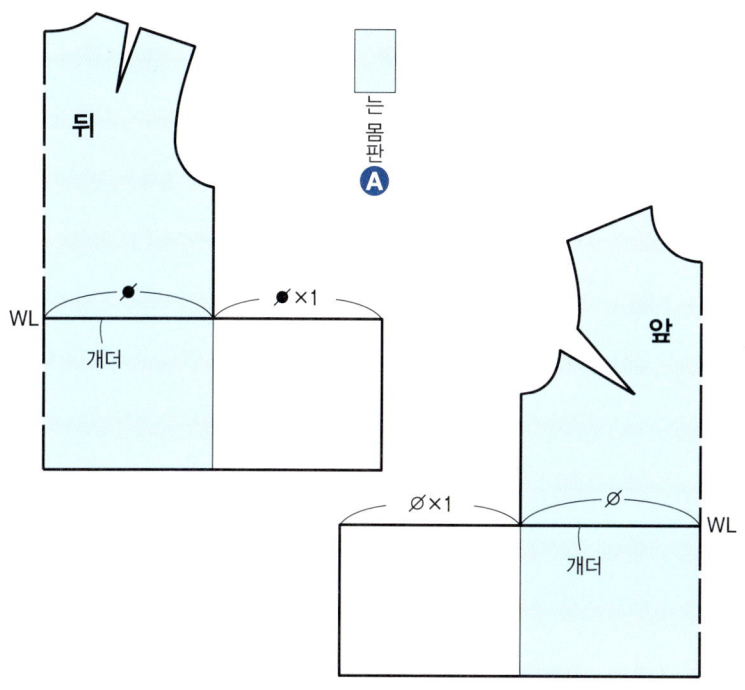

4 1.5배

개더 분량을 몸판 달림 치수의 1.5배로 추가한다.
개더 볼륨과 밑단 퍼짐, 밑단 웨이브 모두 가장 많다.
천 두께에 따라서는 시접이 두꺼워진다.

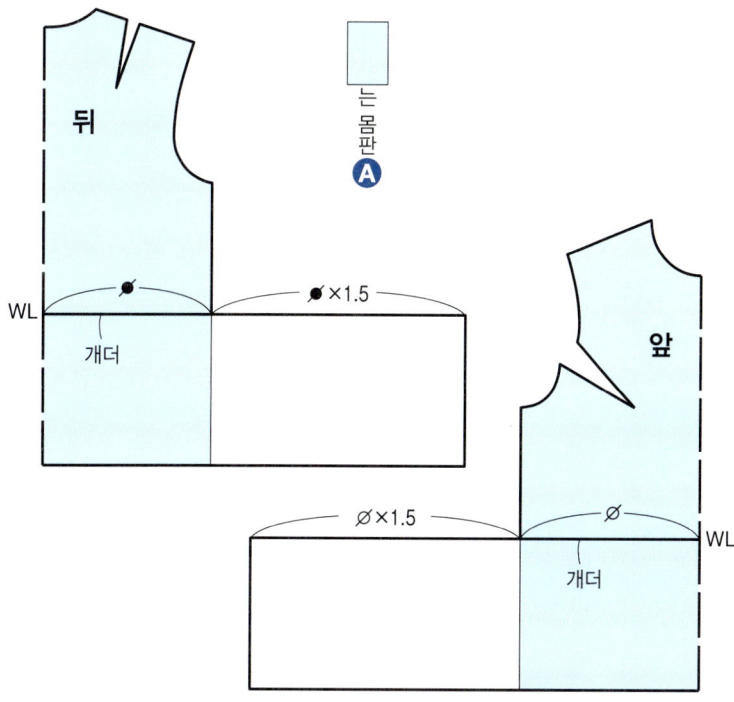

플레어 분량 차이에 따른 비교

같은 디자인의 몸판에 붙는 페플럼 부분의 플레어 분량을 바꿔 비교한다.
분량의 많고 적음이나 길이에 따라 느낌이 크게 달라지기 때문에 만들고 싶은 옷의 이미지에 맞춰 조정하자.
아래 예는 몸판 Ⓐ(P.14)를 사용한다.

1 0.4배

플레어 분량을 원래 밑단 둘레 치수의 0.4배로
계산하고 그 치수를 3등분해 절개선 위치와 옆에 배분해 잘라서 벌린다.
플레어 굴곡이 완만하고, 밑단 퍼짐이 적다.
플레어를 넣는 디자인에 있어서 최소 분량이다.

절개 그림

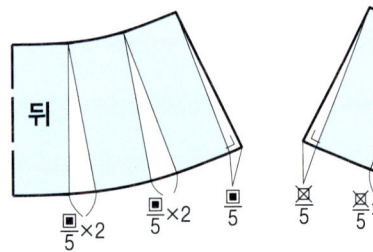
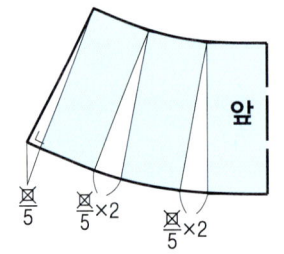

잘라서 벌리는 분량(■) = ✎×0.4   잘라서 벌리는 분량(⊠) = ∅×0.4

2 0.7배

플레어 분량을 원래 밑단 둘레 치수의 0.7배로
계산하고 그 치수를 1 과 같이 배분해 잘라서 벌린다.
플레어 굴곡, 밑단 퍼짐 모두 균형이 잘 잡혀 있다.
분량을 결정할 때 표준이 된다.

절개 그림

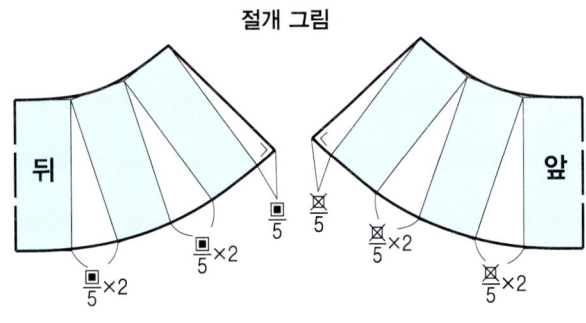

잘라서 벌리는 분량(■) = ✎×0.7   잘라서 벌리는 분량(⊠) = ∅×0.7

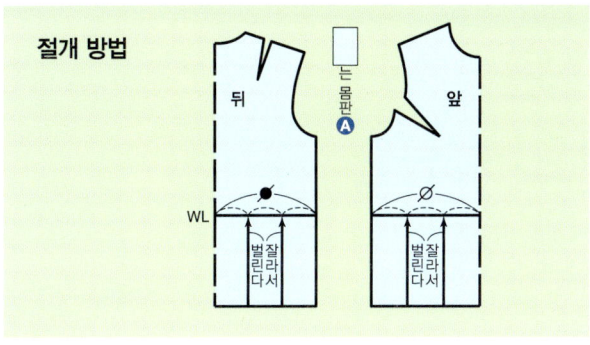

절개 방법

3 1배

플레어 분량을 원래 밑단 둘레 치수의 1배로
계산하고 그 치수를 1과 같이 분배해 잘라서 벌린다.
밑단 굴곡이 크고, 밑단 퍼짐도 많아진다.

절개 그림

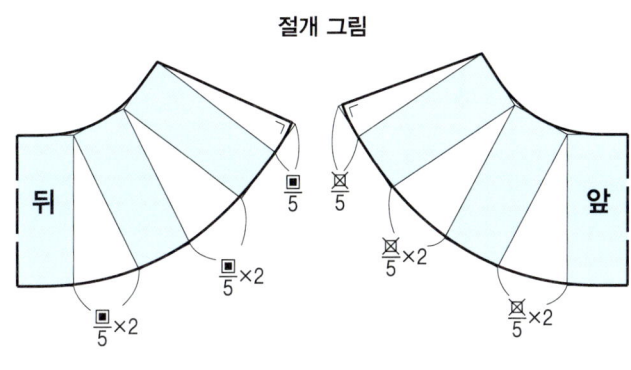

잘라서 벌리는 분량(■) = ●×1   잘라서 벌리는 분량(⊠) = ∅×1

4 1.5배

플레어 분량을 원래 밑단 둘레 치수의 1.5배로
계산하고 그 치수를 1과 같이 배분해 잘라서 벌린다.
밑단 굴곡과 밑단 퍼짐이 가장 많다.
선명하고 큰 플레어가 뚜렷이 나타난다.

절개 그림

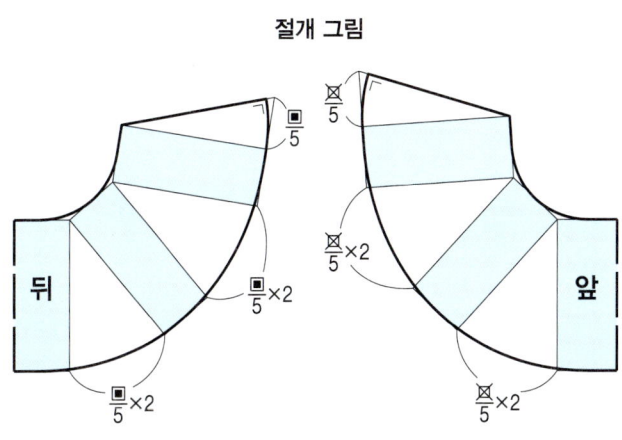

잘라서 벌리는 분량(■) = ●×1.5   잘라서 벌리는 분량(⊠) = ∅×1.5

→ 기준점을 잡고 잘라서 벌린다…P.163

천에 따른 개더 실루엣의 비교

같은 패턴을 사용해도 소재에 따라 개더의 느낌이 달라진다. 만들고 싶은 옷의 이미지에 맞춰 조정하자.
P.103 3 개더 분량 1배를 4종류의 천으로 비교한다.

1 부드러운 면

장력은 적지만 밑단 퍼짐이 있다. 개더는 부드럽고 곡선적이다. 웨이브의 크기와 개수는 표준이다.

2 장력이 강한 평직 마

가로 장력이 강하고, 전체적으로 볼륨감이 있다. 개더 웨이브가 크고 수는 적다.

3 신축성이 높은 면 후라이스

무게감이 있어 밑단 퍼짐이 적고 개더는 직선적. 개더 웨이브의 크기와 수는 표준이다.

4 처짐이 있는 레이온

볼륨이 가장 작고 개더는 직선적. 웨이브가 작고 수는 많다.

천에 따른
플레어 실루엣의 비교

같은 패턴을 사용해도 소재에 따라 플레어의 느낌이 달라진다. 만들고 싶은 옷의 이미지에 맞춰 조정하자.
P.105 ③ 플레어 분량 1배를 4종류의 천으로 비교한다.

1 부드러운 면

장력은 적지만 밑단 퍼짐이 있다.
플레어는 선명하고 딱딱한 이미지.

2 장력이 강한 평직 마

가로 장력이 강하고 밑단에 볼륨감이 있다.
플레어는 곡선적으로 부드러운 이미지.

3 신축성이 높은 면 후라이스

무게감이 있어 밑단 퍼짐이 적고
플레어는 직선적으로 수가 많다. 활발한 이미지.

4 처짐이 있는 레이온

폭의 볼륨이 가장 작아 몸에 붙는다.
플레어 수가 많고 섬세한 이미지.

올 방향 차이에 따른 비교

사용한 천은 일반 천으로 적당한 장력이 있는 면 100%의 브로드다. 세로 스트라이프 방향이 세로 올이다.
P.105 3 플레어 분량 1배의 패턴을 사용해 비교한다. 뒤 페플럼도 올 방향은 동일.

1 세로 방향

천의 올이 중심선과 평행하다. 스트라이프의 시각 효과로 가늘고 길어 보인다. 세로 실의 장력이 강하기 때문에 옆쪽 플레어가 세로 방향으로 흐른다.

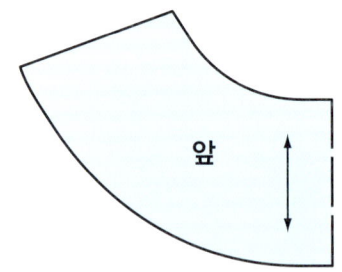

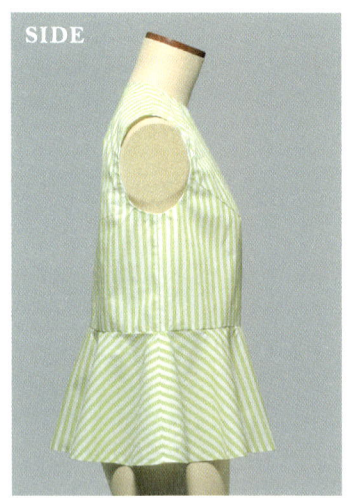

2 가로 방향

천의 올이 중심선과 수직이 된다. 세로 실의 장력과 스트라이프의 시각 효과로 가로로 볼륨감이 있고, 플레어도 밑단에서 옆쪽으로 흐른다. 바이어스가 되는 옆쪽에서 플레어가 생기기 쉽다.

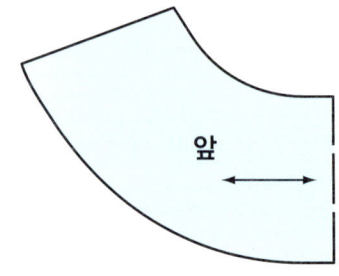

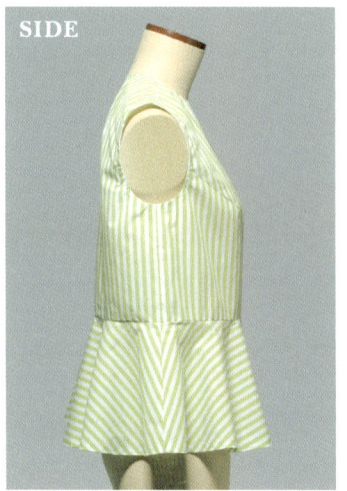

3 바이어스

천의 올이 중심선 아래서 사선을 이룬다. 스트라이프의 시각 효과로 부드럽고 경쾌하다. 플레어 분량이 많고 천의 올이 좌우로 달라지기 때문에 불규칙하게 주름이 잡힌다. 좌우 비대칭의 실루엣이 되기 쉽다.

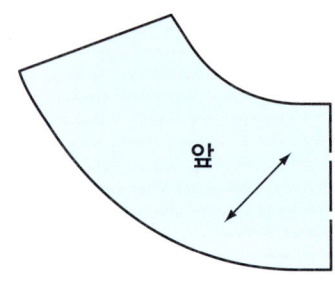

Lecture on Pattern-making

독창적인 디자인의 제작 과정을 배운다

실습

여기가 이 책의 핵심이다. '기초 강의', '특별 강의'에서 배운 지식을 살리기 위한 필수 수업이기 때문이다.

실제로 자신만의 특별한 디자인과 패턴을 만드는 과정에 대해 설명한다.

마루야마 하루미 선생이 각 파트에서 골라

응용해서 완성한 오리지널 작품도 소개한다.

디자인 결정하는 법

1 만들고 싶은 아이템을 결정한다

이 책을 이용해 만들 수 있는 것은 블라우스, 튜닉, 원피스, 재킷, 코트 등의 상의. 이 중에서 아이템을 고른다.

※아이템이나 디자인에 따라서는 여유분을 더해서 만든다. 자세한 설명은 P.116을 참조.

 결정하지 못했다 →

아이템을 결정하는 법

우선 현재 가지고 있는 옷을 확인하자. 그러면 '이런 블라우스가 있으면 코디하기 좋을 텐데…' 등 새롭게 필요한 아이템을 발견하게 된다. 초보자는 블라우스나 튜닉 또는 하나만 입을 수 있는 원피스를 추천한다.

결정했다

2 만들고 싶은 이미지를 결정한다

어떤 느낌의 옷을 만들고 싶은지 결정한다. '귀엽다', '어른스럽다' 등. 이때 천 종류를 가정해서 만들고 싶은 아이템을 일러스트로 그려보면 생각이 쉽게 모아진다. 또 딱 맞는 옷으로 할 건지, 여유 있는 옷을 만들 건지 정해두면 나중에 각 파트의 선택이 순조롭게 진행된다.

 결정하지 못했다 →

이미지를 결정하는 법

어디에서 입을지 생각해보자. '파티에 어울리는 격식 있는 옷', '일상에서 입는 편안한 캐주얼' 등 TPO를 생각하면 결정하기 쉽다. 천을 이미 결정한 상태라면 거기에 맞추거나 잡지 등도 참고한다.

캐주얼? 귀엽게? 우아한? 성숙하게? 얌전한? 멋스럽게?

결정했다

3 몸판의 모양을 결정한다

P.10~35 '몸판 패턴'을 보며 Ⓐ~Ⓥ 중에서 고른다.

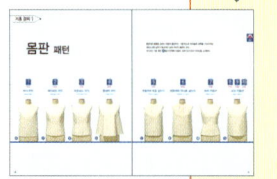

결정하지 못했다 →

몸판의 모양을 결정하는 법

2에서 결정한 이미지에 맞게 자신이 만들고 싶은 디자인에 가까운 패턴을 고른다. 허리 라인의 유무를 기준으로 하면 선택 범위가 좁아져 고르기 쉬워진다. 몸에 붙는 정도나 플레어, 개더 분량은 나중에 변경이 가능하다. 취향대로 고른다.

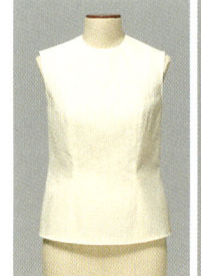

결정했다

4 소매 모양을 결정한다

P.36~55 '소매 패턴'을 보며 Ⓐ~Ⓩ 중에서 고른다. 3에서 고른 몸판에 어울리지 않는 소매가 있기 때문에 P.112를 보고 확인하자.

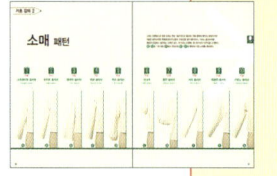

결정하지 못했다 →

소매 모양을 결정하는 법

2에서 결정한 이미지에 더 가까운 패턴을 고른다. 소매길이와 폭을 맞게 할지, 풍성하게 할지 정하면 선택 범위가 좁아진다. 개더를 넣는 위치나 분량은 나중에 변경이 가능하다.

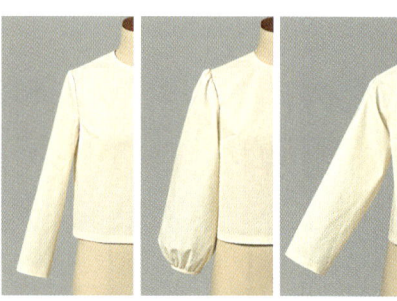

나만의 특별한 디자인을 만들 때, 순서대로 진행하면 쉽게 정해진다.
여기서는 그 과정을 소개한다. 만들고 싶은 디자인을 결정해보자.

5 칼라 모양을 결정한다

P.56~82 '칼라 패턴'을 보며 **A**~**n** 중에서 고른다. **3**과 **4**에서 고른 몸판과 소매에 어울리지 않는 칼라가 있기 때문에 P.112를 보며 확인하자.

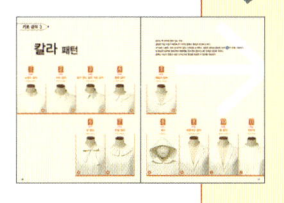

결정하지 못했다 →

칼라 모양을 결정하는 법

2에서 결정한 이미지에 더 가까운 패턴을 고른다. 종류가 다양하므로 **3**과 **4**에서 고른 몸판과 소매에 맞춰서 일러스트로 그려보면 고르기 쉽다. 칼라 폭은 나중에 변경이 가능하다.

결정했다

6 응용한다

몸판, 소매, 칼라를 고르고 변경할 곳을 검토하자. 옷 길이, 소매길이, 개더나 플레어의 분량, 칼라 폭과 칼라 끝 모양 등. 포켓이나 장식(테이프나 브레이드)을 넣을지 말지도 여기에서 정해둔다.

결정하지 못했다

응용을 결정하는 법

P.115를 참고로 어떻게 응용할지 정한다. 이것도 일러스트를 그려서 생각하면 이미지를 구체화하기 쉽다.

응용하지 않는다 또는 응용한다

7 트임을 만들지 결정한다

만들고 나서 '머리가 안 들어가 못 입는' 상황이 되지 않도록 자신이 생각한 디자인에 트임이 필요한지 그렇지 않은지 검토한다. 이 단계에서 알 수 없는 경우 제도할 때 반드시 확인한다. 지금까지 고른 디자인에 따라, 맞지 않는 트임이 있기 때문에 P.112를 보고 확인하자.

결정하지 못했다

트임을 결정하는 법

목둘레 치수가 머리 둘레 치수보다 적은 경우와 허리가 꼭 끼는 경우는 트임이 필수다. P.98을 참조해 디자인을 정한다. 또 소맷부리 트임은 소맷부리 치수가 [손바닥 둘레 치수＋3cm]보다 적은 경우에 필요하다. P.91 참조.

※BL …가슴선
WL …허리선
HL …엉덩이선

머리 둘레

팔을 포함한 신체 바깥쪽 둘레(★)

트임 없이 입을 수 있는 표준 치수
머리 둘레＋3cm

★＋5cm
★＋5cm

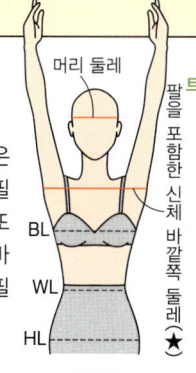

결정했다

8 봉제 방법을 결정한다

먼저 바느질 방법이나 순서를 생각해두면 제도나 패턴 제작이 수월해진다.

결정하지 못했다

시접 처리에 대해

끝이 풀리지 않는 천은 시접 처리를 하지 않아도 된다. 그 밖의 천은 시접의 재단 끝을 마무리해준다. 방법은 오버로크, 지그재그 박기, 바이어스 등이 있다. 안감을 넣는 경우 겉감 종류에 따라 결정한다.

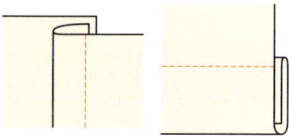

오버로크   지그재그   바이어스

스티치에 대해

캐주얼한 아이템은 스티치를 주로 이용하는 경우가 많다. 시접을 누르거나 밑단과 소맷부리의 접는 부분을 고정하는 등의 목적으로 사용할 수 있다. 스티치 폭이나 실의 굵기, 색, 재봉틀을 쓸지 손바느질을 할지 등도 디자인 요소가 된다.

결정했다

디자인 완성!

지금까지 결정한 것을 일러스트로 그려보고 상상한 디자인이 맞는지 빠진 것은 없는지 확인하자.

몸판, 소매, 칼라, 트임의 대응표

1 몸판과 소매
먼저 몸판과 소매를 확인하다. 슬리브리스는 생략.

몸판 \ 소매	A~Q	R	S	T	U	V	W	X	Y	Z
A~D		△다			△임			△다		
E~F		△닫				✕				
G~L			✕							
M~P		△다			△임			△다		
Q		△닫				✕				
S								✕		
T			✕							
U				△임			✕			
V										

□…대응한다
✕…대응하지 않는다
△…조건 있음
- 다…몸판 다트 이동이 필수
- 임…제도 편의상 몸판의 다트 이동이 임시로 필요. 나중에 원래 위치로 이동 가능
- 닫…앞 AH 다트를 닫지 않는다

2 몸판과 칼라
다음으로 몸판과 칼라를 확인한다. 칼라리스는 생략.

몸판 \ 칼라	A~Q	W	X~b	c	d~g	h~k	l	m	n
A~D								△다	
E~H								✕	
I									
J						✕			
K		✕							
L									
M~P								△다	
Q						△요			
R		△네			△네	△꺾			
S							✕		
T						△요			
U						△폭	△앞		
V									△앞

□…대응한다
✕…대응하지 않는다
△…조건 있음
- 다…몸판 다트 이동이 필수
- 요…요크 이음선을 라펠까지 연장
- 네…V존을 얕게 한다
- 꺾…꺾임 끝을 BL보다 위로 한다
- 폭…앞 요크 폭을 좁게 한다
- 앞…앞 요크 이음선을 칼라까지 연장

3 소매와 칼라

소매와 칼라의 조화를 확인한다. 어울리지 않는 경우, 디자인을 다시 고를 필요가 있다. 턱, 개더의 위치는 적당히 조정하자. 슬리브리스, 칼라리스는 생략.

□…대응한다   ✕…대응하지 않는다
△…조건 있음
- 원…원래 몸판의 SP에서 겹치는 치수를 잡고, 칼라를 제도한다
- 목…앞 AH 다트를 목둘레로 이동해 놓는다
- 연…소매의 이음선(ⓝ은 앞만)을 칼라까지 연장
- 맞…앞 목둘레 다트를 맞댄 상태에서 칼라를 제도한다
- 이…앞 AH 다트를 목둘레 외 다른 곳으로 이동한다

소매 \ 칼라	A~R	S	T~W	X~a	b~g	h~k	l	m	n
A~Q									
R			△원						
S								✕	
T									
U									
V			△원						
W							△연	△목	△연
X		△맞			△맞	△이			△이
Y			△원						
Z									

각 파트와 트임을 선택해 조합해서 디자인을 결정할 때는 약간의 주의가 필요하다.
1~5의 순서로 체크해서 조합에 문제가 없는지 확인한다.
표에서는 디자인 이름을 생략하고 알파벳으로 표기한다. 디자인 이름은 일람표를 참조.

4 몸판과 트임

기본적으로 몸판과 트임은 어느 경우에나 모두 문제가 없다. 턱, 개더 위치는 적당히 조정하자. 또 몸판에 요크 이음선이 있는 디자인은 전부 자르거나 또는 이음선을 이용해 중간까지 트임으로도 할 수 있다. 표를 참조.

		트임				
		안단	앞단	약식 단추집	덧단	슬래시
몸판	A~P					
	Q~T		중		끼	
	U~V					

□…대응한다 · 중…요크 부분만 트임을 넣는 것이 가능
끼…덧단 아래 끝을 요크 이음선에 끼우는 것이 가능

5 칼라와 트임

마지막으로 칼라와 트임의 조화를 확인한다. 목둘레의 깊이와 칼라 달림 끝은 적당히 조정하자. 칼라리스는 생략.

		트임				
		안단	앞단	약식 단추집	덧단	슬래시
칼라	A~F	△시				△시
	G~L			△처		
	M~R	△시				△시
	S~W	△뒤		△처		△뒤
	X~Z	△시				△시
	a~g	△뒤		△처		△뒤
	h~k			×		
	l~m	△안		△처		△안
	n			×		

□…대응한다 ☒…대응하지 않는다
△…조건 있음
시…앞 목둘레의 시접도 칼라 안으로 넣는다
처…목둘레 시접을 안단
　　또는 바이어스로 처리한다
뒤…뒤 안단이 필요
안…칼라까지 연결해서 안단을 댄다
　　뒤 안단도 필요

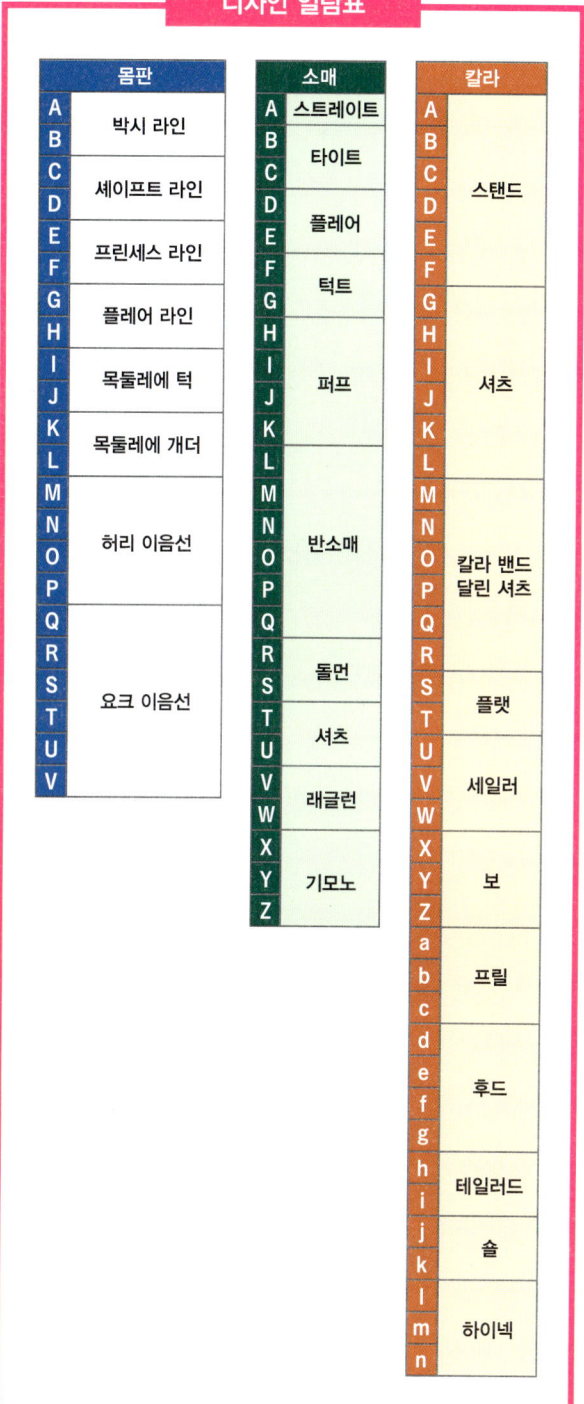

디자인 일람표

몸판		소매		칼라	
A, B	박시 라인	A	스트레이트	A, B	
C, D	셰이프트 라인	B, C	타이트	C~F	스탠드
E, F	프린세스 라인	D, E	플레어	G	
G, H	플레어 라인	F, G	턱트	H~K	셔츠
I, J	목둘레에 턱	H, I, J, K	퍼프	L	
K, L	목둘레에 개더	L~Q	반소매	M~P	칼라 밴드 달린 셔츠
M~Q	허리 이음선	R, S	돌먼	Q	
R~V	요크 이음선	T, U	셔츠	R, S	플랫
		V, W	래글런	U	세일러
		X, Y, Z	기모노	W	보
				a	프릴
				d, e	후드
				h, i	테일러드
				j	숄
				l, m, n	하이넥

113

패턴 만드는 과정

패턴 만들기에도 순서가 있다. 기본은 몸판, 소매, 칼라 순으로 각기 제도하는 것이 원칙이다.
그다음 맞댄다, 잘라서 벌린다 등의 작업을 한데 모아 처리한다. 이때 각 파트별로 분리한다.
마지막으로 패턴의 정확성을 확인한 뒤 맞춤 표시와 시접을 넣으면 완성. 슬리브리스는 3, 칼라리스는 4의 항목을 생략한다.

1 몸판 A를 준비한다

이 책에서는 모두 몸판 A를 사용해 전개하고 있다. 어떤 것을 고르든 먼저 몸판 A를 만든다. 준비한 몸판 A는 원형으로 보관해놓는다.

기본 패턴 만드는 법	→ 몸판 A…P.130

2 자신이 고른 몸판을 만든다

1에서 만든 몸판 A를 다른 종이에 베끼고, 고른 디자인의 몸판을 제도한다. 여유분을 넣는 경우는 제일 먼저 처리한다. 트임도 이 단계에서 제도에 반영한다.

디자인	→ 몸판 패턴…P.10～35
응용	→ 응용 방법…P.115
	→ 여유분 넣는 법…P.116
	→ 옷 길이 차이에 따른 비교…P.84
	→ 슬리브리스의 진동 둘레 변형…P.86
	→ 칼라리스의 목둘레 변형…P.92
	→ 앞트임과 목둘레 마무리의 종류…P.98
	→ 포켓의 종류…P.100

3 자신이 고른 소매를 만든다

고른 소매가 A～Q인 경우 우선 소매 A를 만들고, 이를 토대로 각 디자인의 소매를 만든다. R～Z인 경우는 소매 A를 만들지 않고 몸판에 직접 소매를 그린다.

기본 패턴 만드는 법	→ 소매 A…P.136
디자인	→ 소매 패턴…P.36～55
응용	→ 응용 방법…P.115
	→ 소매길이 차이에 따른 비교…P.84
	→ 어깨 끝 위치 차이에 따른 비교…P.88
	→ 진동 둘레 아래 위치 차이에 따른 소매 비교…P.89
	→ 커프스의 종류…P.90
	→ 소맷부리 트임의 종류…P.91
제도 방법	→ 셔츠 슬리브…P.140
	→ 래글런 슬리브…P.142
	→ 기모노 슬리브 X…P.144

4 자신이 고른 칼라를 만든다

몸판의 목둘레 치수나 모양을 토대로 칼라를 제도한다.

디자인	→ 칼라 패턴…P.56～82
응용	→ 응용 방법…P.115
	→ 목둘레 차이에 따른 칼라 비교…P.94
	→ 칼라 끝 변형…P.96

제도 방법		
→ 스탠드 칼라…P.146	→ 세일러 칼라…P.150	
→ 셔츠 칼라…P.147	→ 후드 …P.151	
→ 칼라 밴드 달린 셔츠 칼라…P.148	→ 테일러드 칼라…P.152	
→ 플랫 칼라 T…P.149	→ 숄 칼라…P.154	
	→ 하이넥 m…P.156	

5 파트별로 분리한다

완성한 제도는 대부분 몇 개의 파트가 붙어 있거나 겹쳐 있는 상태. 이것을 각 파트별로 나누고 완성선을 다른 종이에 베껴 독립시킨다. '맞댄다', '닫는다', '닫는다·벌린다', '잘라서 벌린다' 같은 처리를 한다. 개더나 플레어의 분량, 잘라서 벌리는 위치도 이 단계에서 조정한다.

응용	→ 응용 방법…P.115
	→ 개더 분량 차이에 따른 비교…P.102
	→ 플레어 분량 차이에 따른 비교…P.104

처리 방법		
	→ 닫는다…P.160	
→ 맞댄다…P.157	→ 닫는다·벌린다…P.161	
→ 맞대면서 벌린다…P.158	→ 평행으로 잘라서 벌린다…P.162	
→ 2곳 이상 맞댄다…P.159	→ 기준점을 잡고 잘라서 벌린다…P.163	

6 패턴 체크, 맞춤 표시, 시접 넣기

쉽고 정확하게 맞춰서 박기 위해 중요한 공정이다. 패턴의 정확성을 체크하고, 박기 쉽게 맞춤 표시를 넣고, 박을 때 필요한 시접을 넣는다.

패턴 마무리 방법
→ 맞춤 표시 하기…P.164
→ 패턴 체크…P.166
→ 시접 넣기…P.168

패턴 완성!
시접선을 잘라
재단용 패턴을 완성한다.

응용 방법

선택한 몸판, 소매, 칼라를 기본으로 만들고 싶은 디자인에 더 가까워지도록 원하는 스타일로 응용해보자!
간단하게 할 수 있는 베리에이션을 소개한다.

기본으로 조합한 예는 몸판 **B**, 소매 **I**, 칼라 **A**.
(P.15) (P.44) (P.60)

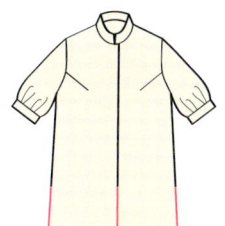

1 치수를 변경한다

만들고 싶은 아이템, 디자인, 취향에 맞춰 기본, 세세한 부분의 치수를 변경한다. 그중 길이는 특별한 방법이 있다. 옷 길이를 예로 들어 설명한다. 소매길이도 같은 방법으로 할 수 있다.

길이의 치수를 변경

2가지 방법에서 고른다. 어느 쪽이든 밑단 둘레 치수 확인이 필요하다.

옆선을 연장(또는 자르기)

옆선을 연장(또는 자르기)해, 원래의 밑단선에 평행으로 밑단선을 그린다. 밑단이 퍼지거나 오므라든 디자인에서도 마찬가지. 길이가 길어지면 밑단 폭이 넓어지고, 짧아질수록 폭은 좁아진다.

옆선의 밑단을 곧게 내리기

먼저 옆선의 밑단에서 아래로 수직선을 긋고, 원래의 밑단선에 평행으로 밑단선을 그린다. 옆선은 진동 둘레 아랫점과 ★(수직선과 밑단선의 교점)을 직선으로 연결한다. 길이를 변경해도 밑단 폭은 일정하다. 길게 하는 경우 밑단 폭이 부족할 수 있다.

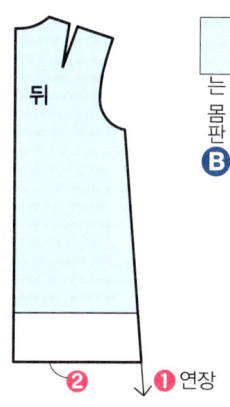

뒤

는 몸판 **B**

❷ | ❶ 연장

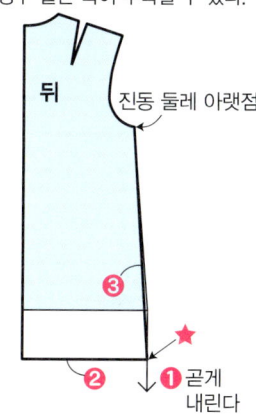

뒤

진동 둘레 아랫점

❸

★

❷ | ❶ 곧게 내린다

그 밖의 치수 변경

기초 강의에 있는 치수를 원하는 대로 변경해 제도한다. 칼라 폭, 밑단 폭, 요크 폭, 커프스 폭, 몸판의 앞 AH 다트(P.118), 앞트임의 여밈 등. 이때 주의할 점은 칼라 폭을 넓게 하는 경우 목이나 턱에 닿지 않게 하고, 꺾임 있는 칼라를 변경하는 경우는 칼라 허리, 칼라 폭, 칼라 외곽의 균형을 체크한다. 면 등으로 시침바느질을 한다.

→ **옷 길이, 소매길이 차이에 따른 비교…P.84**

2 개더나 플레어의 분량을 변경한다

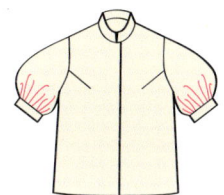

기초 강의에 나온 사진을 참고해 볼륨 분량을 확인한다. 이 책에는 개더 분량은 완성 치수에 대응해, 플레어 분량은 잘라서 벌리기 전 치수에 대응해 몇 배인지 거의 표시하고 있다. 따라서 이 배수를 변경해 분량을 증감할 수가 있다. 천의 두께나 종류에 따라서도 이미지가 달라지므로 주의한다.

→ **개더 분량 차이에 따른 비교…P.102**
→ **플레어 분량 차이에 따른 비교…P.104**
→ **천에 따른 실루엣의 비교…P.106·107**

3 선을 추가한다

이음선을 넣어 파트를 나눠서 부분적으로 올 방향을 바꾸거나, 다른 천으로 디자인 포인트를 주고 싶을 때 사용한다. 디자인을 살린 선이므로 폭은 취향대로 정한다. 이음선의 솔기를 이용한 포켓 만들기도 가능하다.

→ **올 방향 차이에 따른 비교…P.108**

4 부분적으로 모양을 변경한다

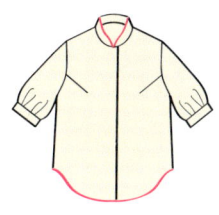

칼라 끝, 진동 둘레, 목둘레, 밑단선 등 다양한 형태로 변경할 수 있다. 원하는 모양으로 새롭게 선을 그리자. 패턴이 평면이어서 느낌을 모를 경우, 손으로 그려서 몸에 대본 뒤, 최종 라인을 결정한다.

→ **슬리브리스의 진동 둘레 변형…P.86**
→ **어깨 끝 위치 차이에 따른 비교…P.88**
→ **진동 둘레 아래 위치 차이에 따른 소매 비교…P.89**
→ **칼라리스의 목둘레 변형…P.92**
→ **목둘레 차이에 따른 칼라 비교…P.94**
→ **칼라 끝 변형…P.96**

5 포켓을 붙인다

포켓은 종류가 다양해 실용성과 악센트를 겸비한 디자인 포인트가 된다. 몸판 제도가 끝나면, 손을 넣기 편한 위치와 크기를 생각해 제도한다.

→ **포켓의 종류…P.100**

6 부속품을 단다

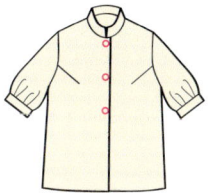

단추, 스냅, 호크 같은 잠금장치를 비롯해, 테이프나 리본, 브레이드 등은 중요한 디자인 요소가 된다. 천에 대보고 알맞은 것을 고른 뒤 크기와 폭, 위치를 결정한다.

여유분 넣는 법

몸판 Ⓐ(P.14)는 속옷이나 캐미솔 같은 얇은 이너웨어 위에 바로 입을 수 있는 블라우스를 염두에 두어 최소한의 여유분이 들어 있다.
코트와 재킷처럼 블라우스나 스웨터 위에 겹쳐 입는 아이템은 여유분을 더 넣어야 한다.
그다음 만들고 싶은 디자인의 몸판을 제도한다.

여유분이란

신축성이 없는 천으로 옷을 만들 경우 호흡이나 활동성을 고려해 누드 치수보다 크게 여유를 두는 것을 말한다. 몸판 Ⓐ에는 이미 최소한의 옷 폭 여유분(가슴둘레에서 12cm)과 소매를 단다는 가정하에 진동 둘레 여유분이 들어 있다.

여유분을 넣지 않는 경우

몸판 Ⓐ에는 최소한의 여유분이 들어 있기 때문에 몸에 딱 맞는 디자인을 할 경우나 신축성이 있는 천을 사용할 경우는 여유분을 추가하지 않아도 된다. 더 딱 맞는 옷을 만들 때는 적당히 줄여준다.

여유분이 필수인 디자인

소매가 크고 여유 있는 디자인을 만들 때는 몸판에도 어느 정도의 여유분을 추가해야 한다. 이것은 전체적인 균형을 맞춰야 하기 때문이다. 예를 들어 돌먼 슬리브 Ⓡ과 Ⓢ는 넉넉한 디자인이어서, 진동 둘레나 옷 폭에 여유분을 많이 넣어 제도해야 한다.

→ 돌먼 슬리브 Ⓡ, Ⓢ…P.49

몸판에 여유분을 넣으면 소매도 변한다

몸판의 진동 둘레에 여유분을 넣으면 진동 둘레 치수와 모양이 달라지므로 실물 대형 패턴의 소매는 사용할 수가 없다. P.137을 참조해 처음부터 소매 Ⓐ를 제도하자. 몸판 Ⓐ의 진동 둘레 치수를 토대로 만든 소매 Ⓑ~Ⓠ도 마찬가지.

여유분 조정 위치

기본적으로 진동 둘레, 목둘레, 옷 폭의 3곳.

* 진동 둘레 여유분을 늘리기 위해서는 뒤는 어깨 다트를 진동 둘레로 이동하고, 앞은 AH 다트를 일부 늘려서 만든다. 더 늘리고 싶을 때는 진동 둘레 아래를 밑으로 내린다. 여유분을 줄일 때는 진동 둘레 아래를 위로 올린다.
* 목둘레 여유분의 경우 앞 AH 다트를 목둘레로 이동해 늘린다.
* 옷 폭은 옆선을 평행으로 이동하여 여유분을 증감한다.

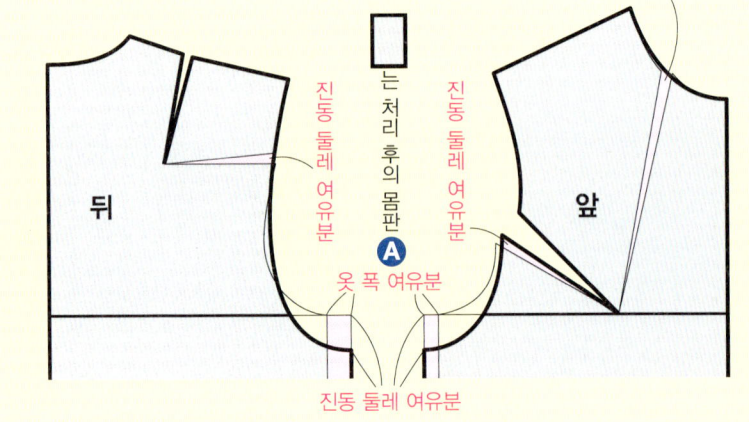

아이템별 여유분 기준

여유분은 이너웨어로 뭘 입을까로 결정한다. 여유분을 넣을 때 '폭이 좁고 몸에 딱 맞는 옷이 좋다', '크고 낙낙한 옷이 좋다'와 같은 취향이 있으므로, 평상시 즐겨 입는 기성복 치수를 재서 참고하는 것이 좋다.
아래 표는 여유분을 '적게', '표준', '많게'의 3가지로 나눈 것이다. '적게'는 이너웨어가 캐미솔이나 얇은 블라우스 정도로, '많게'는 스웨터 등에 겹쳐 입을 때를 기준으로 한다. 그 중간과 결정하지 않은 경우는 '표준'으로 한다. 옷 폭 여유분은 팔을 앞쪽으로 뻗었을 때의 활동성을 고려해 뒤를 많게 했다.

아이템	여유분	1	2	3		
		❷진동 둘레	❺목둘레	❶앞 옷 폭	❶뒤 옷 폭	❷진동 둘레
블라우스 원피스 재킷	적게	닫지 않는다 or 1/3닫는다	0~0.5	0	0~1	0
	표준	1/2닫는다	0.5~0.7	0~0.5	1~2	0~1
	많게	2/3닫는다	1	1	2~3	1~2
코트	적게	1/3닫는다	0.5	0.5	1.5	0
	표준	1/2닫는다	0.5~0.7	1	2~3	0~2
	많게	2/3닫는다	1	2	4~6	2~3

※표의 ▨ 부분은 오른쪽 페이지 순서에 대응

처리 방법

1 뒤 진동 둘레에 여유분을 넣는다

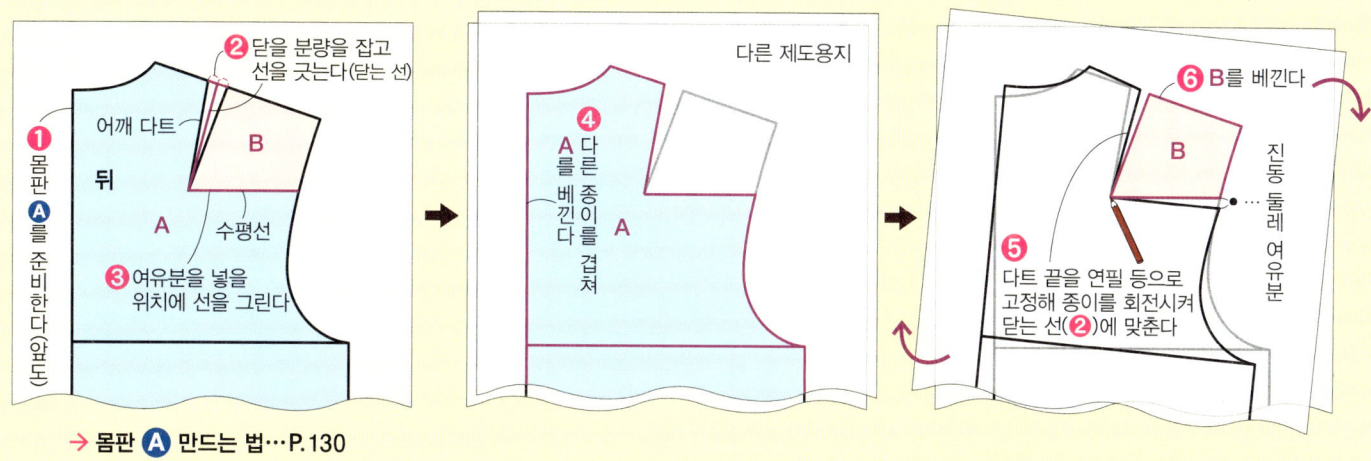

❶ 몸판 Ⓐ를 준비한다(앞도)

❷ 닫을 분량을 잡고 선을 긋는다(닫는 선)

어깨 다트

뒤

B

수평선

❸ 여유분을 넣을 위치에 선을 그린다

A

❹ A를 다른 종이를 베낀다 겹쳐

다른 제도용지

A

❻ B를 베낀다

B

진동 둘레 여유분

❺ 다트 끝을 연필 등으로 고정해 종이를 회전시켜 닫는 선(❷)에 맞춘다

→ 몸판 Ⓐ 만드는 법…P.130

2 앞 진동 둘레, 목둘레에 여유분을 넣는다

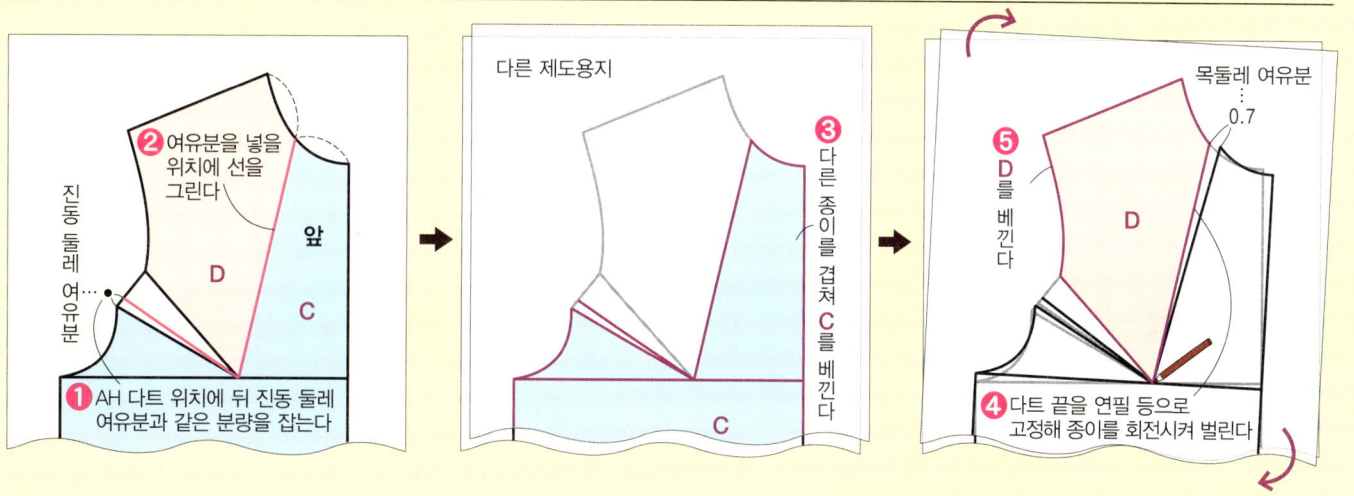

진동 둘레 여유분

❷ 여유분을 넣을 위치에 선을 그린다

앞

D

C

❶ AH 다트 위치에 뒤 진동 둘레 여유분과 같은 분량을 잡는다

다른 제도용지

❸ 다른 종이를 겹쳐 C를 베낀다

C

목둘레 여유분
0.7

❺ D를 베낀다

D

❹ 다트 끝을 연필 등으로 고정해 종이를 회전시켜 벌린다

3 옆에서 몸판과 진동 둘레에 여유분을 넣는다

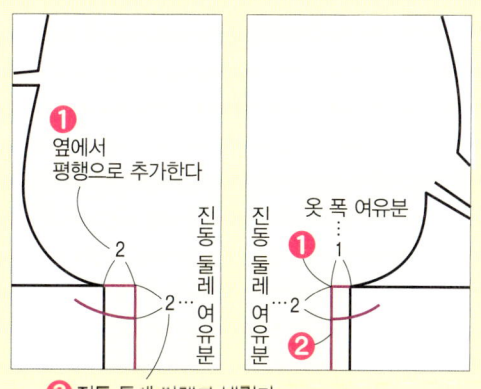

❶ 옆에서 평행으로 추가한다

2

2…진동 둘레 여유분

진동 둘레 여유분

옷 폭 여유분

❶ 1

2

❷

❷ 진동 둘레 아래를 내린다

4 완성선을 그린다

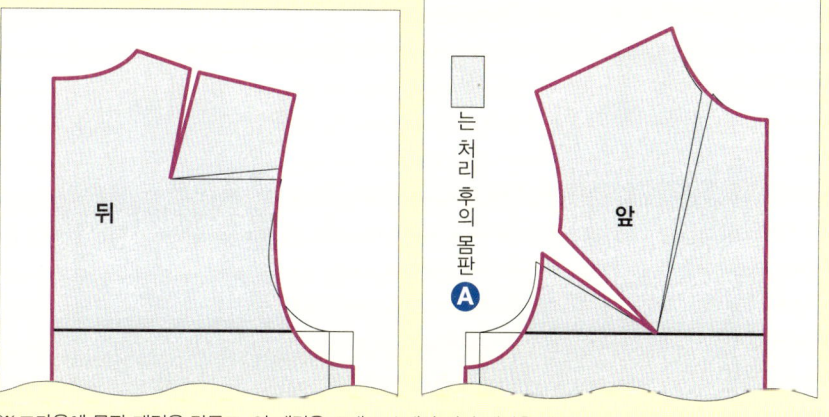

뒤

는 처리 후의 몸판 Ⓐ

앞

※ 그다음에 몸판 패턴을 만들고, 이 패턴을 토대로 소매와 칼라 패턴을 만든다

디자인 변형

오리지널 디자인 1

볼륨 있는 칼라를 골라 화려함을 더한
페미닌한 슬리브리스 블라우스.

〈 디자인을 결정하기까지 〉

1 몸판, 소매, 칼라 디자인을 고른다

몸판은 허리를 줄인 셰이프트 라인 **C**를 선택.
진동 둘레는 그대로 살려 슬리브리스로.
칼라는 보 칼라 **Y**를 선택.

몸판 **C** (P.16)

칼라 **Y** (P.71)

2 자신의 스타일로 응용한다

몸판의 옷 길이를 5cm 줄인다.
앞트임은 P.98 **1** 안단으로 해서 스냅 고정.
칼라 폭을 조금 넓게 해 볼륨 업.
리본을 묶었을 때 좌우 길이가 같도록 조정한다.

● 표준 사용량(9호의 경우)
겉감 = 폭 110cm, 길이 170cm
접착심지(안단분) = 폭 90cm, 길이 60cm

Point 다트를 짧게 하는 이유

버스트 포인트가 너무 강조되지
않도록 하기 위해. 너무 짧게 하
면 오히려 다트 끝이 두드러지기
때문에 2cm까지가 허용 범위.

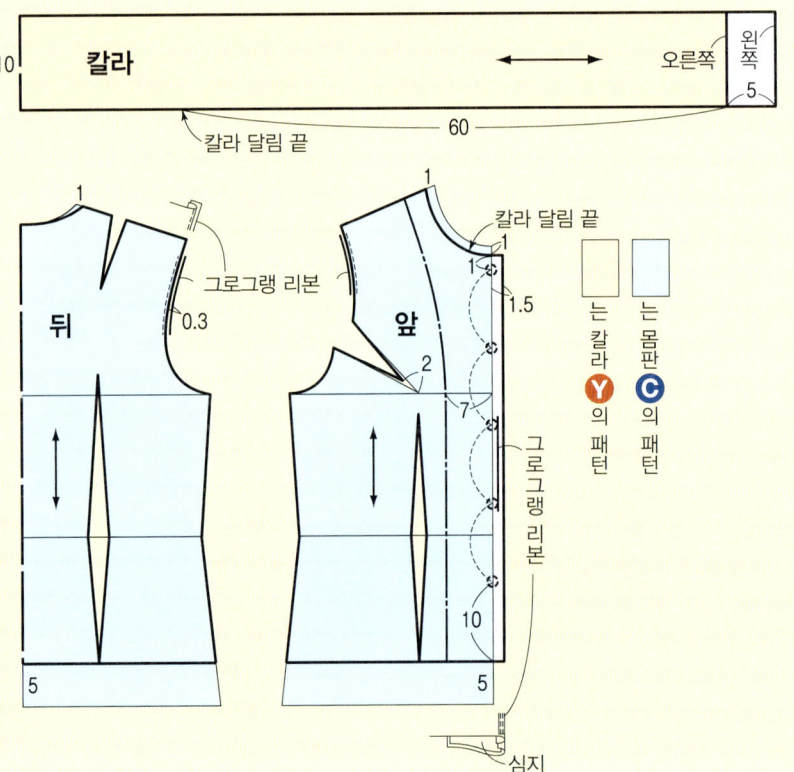

마루야마 하루미 선생이 디자인한 다양한 아이템을 소개한다.
평직 면(사진 위)과 실제 입을 천으로 만든 작품(사진 아래)을 비교해 디자인을 구성할 때 참고한다.
접착심지를 붙이는 위치나 스티치 등의 마무리도 각자의 디자인을 기준으로 하자.

페미닌한 보 칼라 블라우스 완성!

FRONT

SIDE

BACK

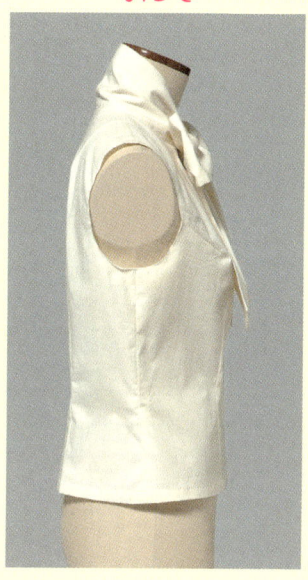
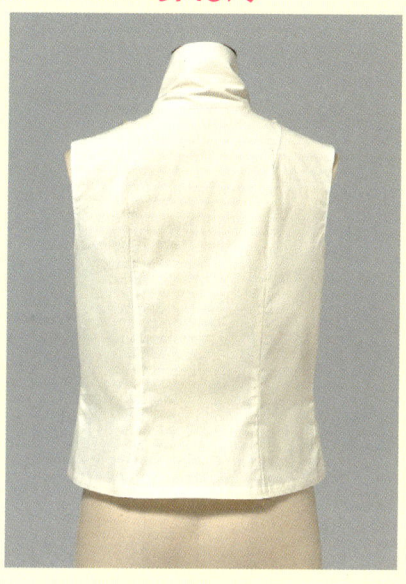

FRONT

SIDE

BACK

작은 꽃무늬가 귀여운 면 100% 평직을 사용한다.
부드러운 감촉이 리본의 볼륨을 알맞게 살려준다.
앞 끝과 진동 둘레에 장식한 그로그랭 리본의 색은 프린트 색 중 하나를 골라 악센트로.

*그로그랭: 올이 조밀하고 뚜렷한 가로무늬가 있는 직물

디자인 변형

오리지널 디자인 2

돌려 입기 좋은 베이식 셔츠. 허리를 살짝 강조한 깔끔한 실루엣으로
밑단의 곡선이 부드러움을 더한다.

〈 디자인을 결정하기까지 〉

1 몸판, 소매, 칼라 디자인을 고른다

몸판은 허리를 살짝 줄인 셰이프트 라인 C,
소매는 약간 여유 있는 셔츠 슬리브 U,
칼라는 곧게 세우고 목 주위에 여유가 많은
칼라 밴드 달린 셔츠 칼라 M을 선택.

몸판 C (P.16)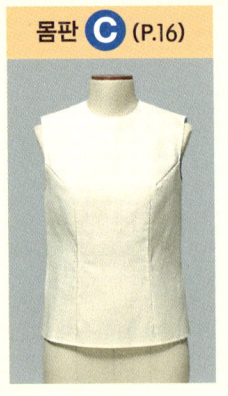

소매 U (P.51)

칼라 M (P.66)

2 자신의 스타일로 응용한다

몸판의 옆선을 연장해 옷 길이를 8cm 늘리고 밑단선을 곡선으로 변경.
앞트임은 P.98 2 앞단으로, 소맷부리 트임은 P.91 4 덧단으로 한다.
커프스는 폭을 넓게 하고 손목 둘레 여유분도 많이 설정.

● 표준 사용량(9호의 경우)
겉감 = 폭 148cm, 길이 140cm
접착심지(겉 위 칼라, 겉 칼라 밴드, 오른쪽 앞단, 커프스, 소매 덧단분)
= 폭 90cm, 길이 70cm

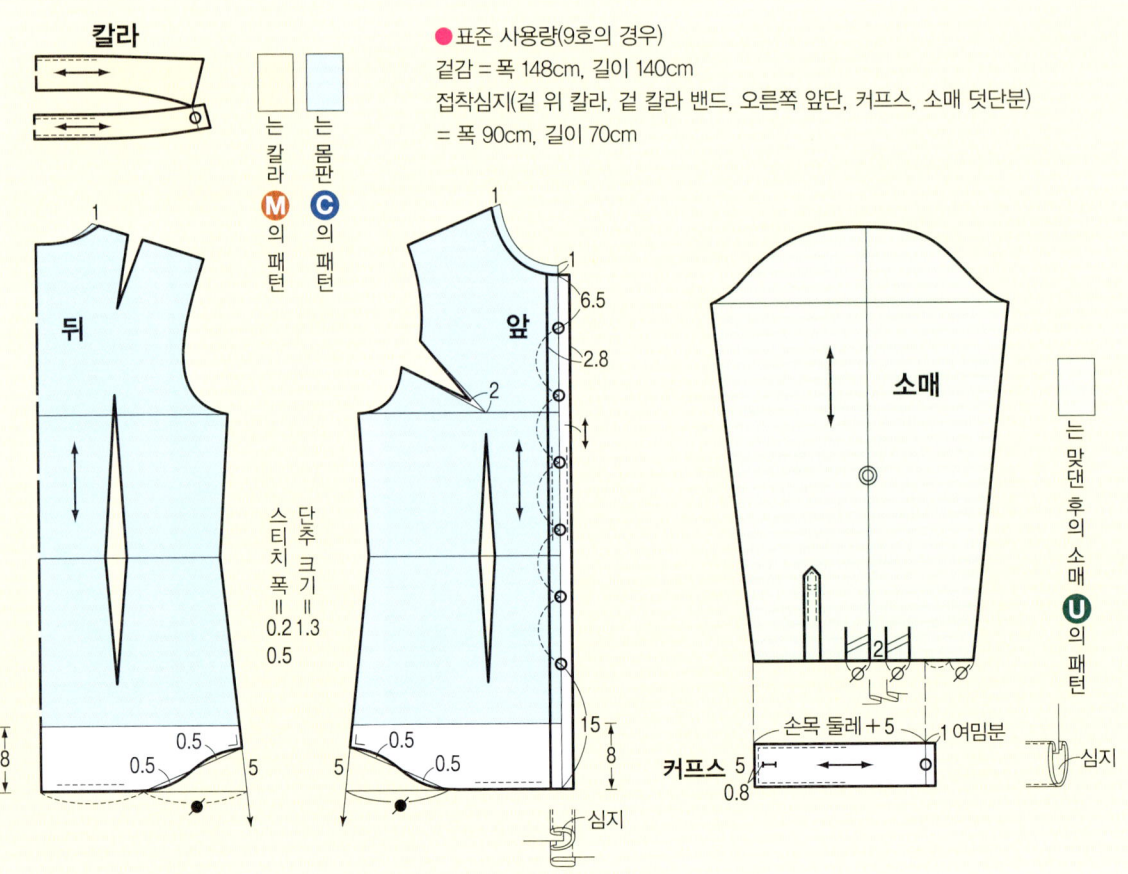

FRONT   SIDE   BACK

FRONT   SIDE   BACK

천은 헤링본풍의 능직＋핀스트라이프의 면 100%.
적당한 광택감이 완성도를 한 단계 높여준다.
셔츠 슬리브는 어깨를 이어 옆을 박기 전 소매를 달고, 소매 밑과 옆을 연결해서 박는다.

디자인 변형

오리지널 디자인 3

전체적으로 부하고 둥근 커쿤(누에고치) 실루엣의 원피스.
옷 길이를 길게 하고 소매는 겹쳐 입기에 좋은 반소매를 선택했다.
둥근 플랫 칼라로 한층 귀여운 느낌이다.

〈 디자인을 결정하기까지 〉

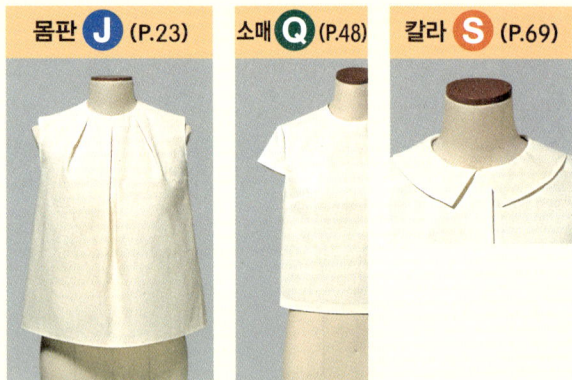

몸판 J (P.23)

소매 Q (P.48)

칼라 S (P.69)

1 몸판, 소매, 칼라 디자인을 고른다

몸판은 목둘레에 턱 분량이 많은 J.
소매는 반소매를 변형한 Q의 어깨 끝을 덮는 작은 캡 슬리브,
앞만 다는 칼라는 몸판에 딱 붙는 플랫 칼라 S로.

2 자신의 스타일로 응용한다

몸판은 옆의 밑단에서 1cm 내서 연장하고 옷 길이는 조금 길게 35cm 늘린다.
옆선이 밑단에서 오므라들도록 밑단을 3cm씩 자른다.
목둘레는 머리 위로 입을 수 있도록 크게 조정.
칼라는 폭은 좁게, 끝을 둥근 모서리로 해 앞만 다는 장식 칼라로.
허리에는 턱이 들어간 패치 포켓을 배치.
목둘레, 진동 둘레는 바이어스 테이프로 마무리.

● 표준 사용량(9호의 경우)
겉감 = 폭 148cm, 길이 150cm

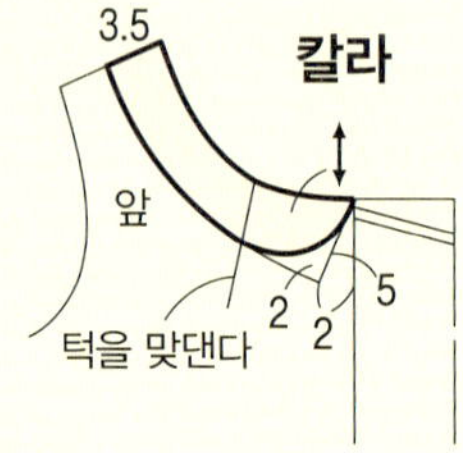

칼라
3.5
앞
2
2
5
턱을 맞댄다

스티치 폭 = 0.2 2.5
□ 는 몸판 J의 패턴
□ 는 칼라 S의 패턴

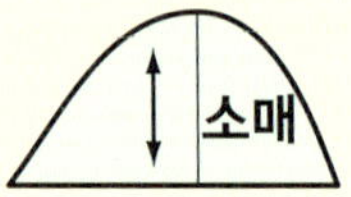

소매

□ 는 소매 Q의 패턴

포켓

16
3
18
잘라서 벌린다
1
1

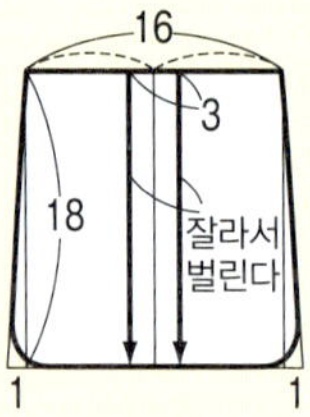

절개 그림

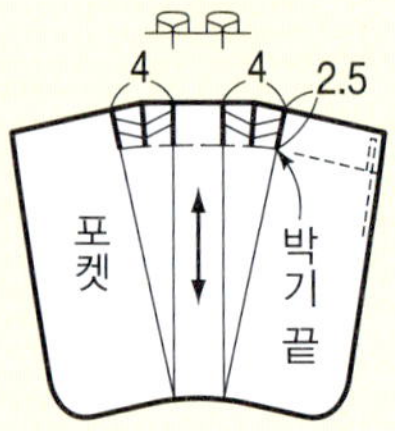

4
4
2.5
포켓
박기 끝

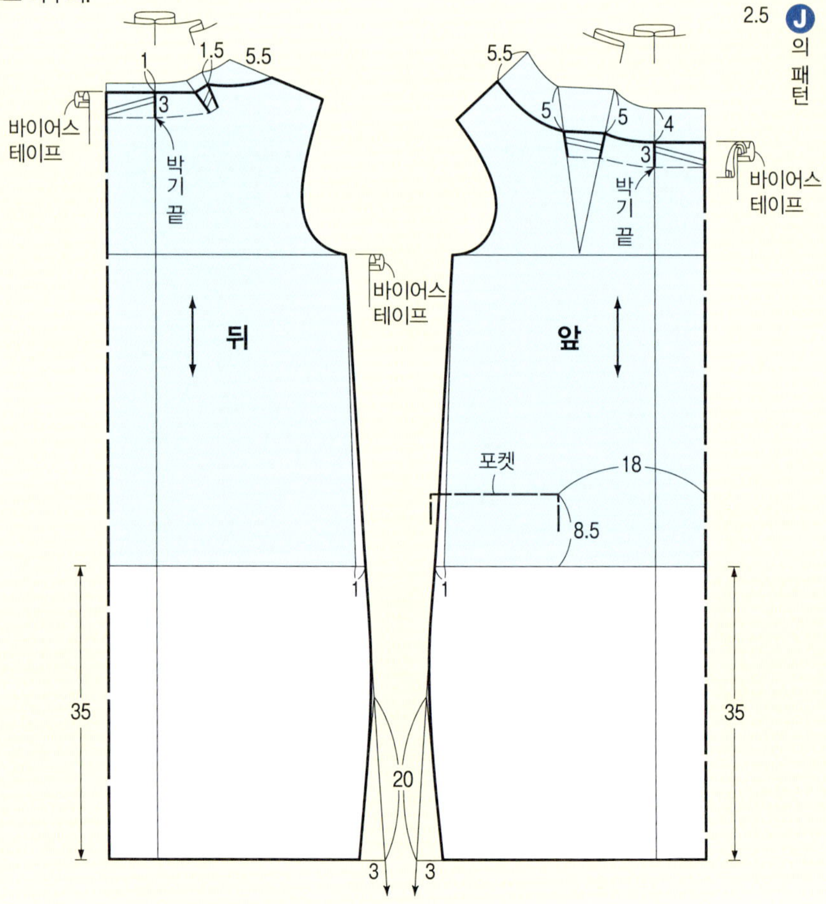

1
1.5
5.5
3
바이어스 테이프
박기 끝
뒤
바이어스 테이프
5.5
5
5
4
3
박기 끝
바이어스 테이프
앞
포켓
18
8.5
1
1
35
20
35
3
3

 → 디자인 결정하는 법…P.110, 패턴 만드는 과정…P.114

FRONT　　　SIDE　　　BACK

FRONT　　　SIDE　　　BACK

천은 투박하게 짠 울 트위드. 포근하고 폭신한 두께의 소재로
밑단이 오므라드는 실루엣을 귀엽게 표현했다. 몸판의 입체감에 맞춰 포켓에도 턱을 추가한다.
턱을 중간까지 바느질하면 볼륨이 살짝 줄어든다. 칼라는 어깨선에 끼워시 미무리한다.

디자인 변형

오리지널 디자인 4

캐주얼한 스타일의 겨울 필수 아이템.
짧은 길이의 전통적인 더플 코트. 플레어를 살짝 넣은 발랄한 디자인이다.

〈 디자인을 결정하기까지 〉

몸판 G (P.20)

소매 W (P.53)

칼라 e (P.75)

1 몸판, 소매, 칼라 디자인을 고른다

몸판은 플레어 분량이 적은 플레어 라인 G.
소매는 소매 폭이 넓은 래글런 슬리브 W.
칼라는 머리에 쓰는 후드 e로.

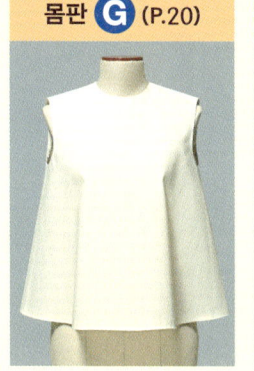

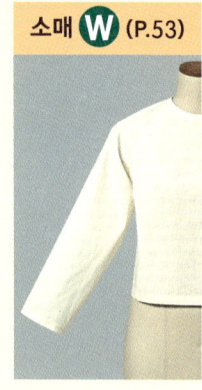

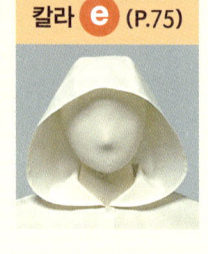

2 자신의 스타일로 응용한다

몸판은 각 부분에 여유분을 넣어 G의 패턴을 만들고, 옷 길이는 옆선을 연장해 5cm 추가한다. 목 주위의 여유를 늘리기 위해 목둘레를 한 단계 크게 한다. 앞트임은 P.98 1 안단. 소매 길이는 소맷부리 치수를 바꾸지 않고 6cm 추가한다. 앞 몸판에는 비스듬히 박스 포켓을 배치. 홑겹으로 만들어 후드 부분의 시접이 보이기 때문에 재단 끝은 모두 바이어스로 마무리.

바이어스 테이프
덧천
5
후드
는 칼라 e의 패턴

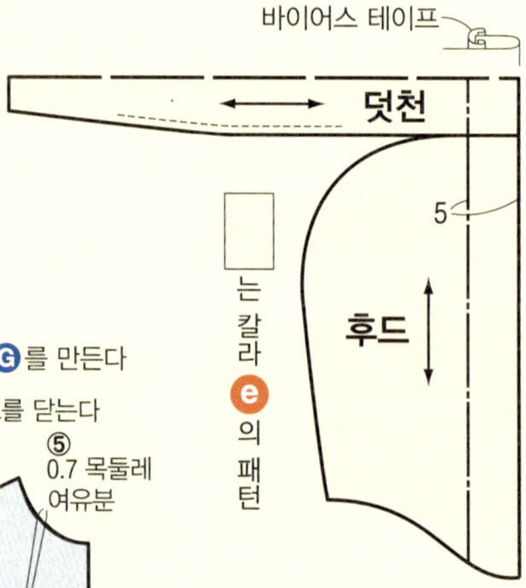

● 표준 사용량(9호의 경우)
겉감 = 폭 145cm, 길이 220cm
슬리크(포켓 안감분) = 50×30cm
접착심지(몸판의 안단, 박스 포켓분) = 폭 90cm, 길이 75cm

여유분 넣는 법

※몸판 A에 여유분을 넣는다. 그다음 플레어 라인 G를 만든다

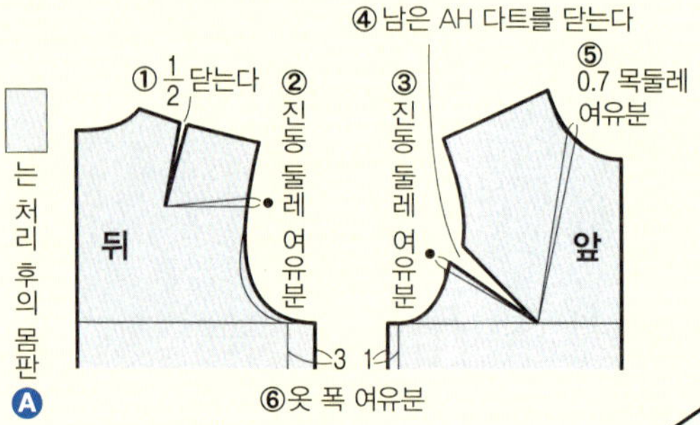

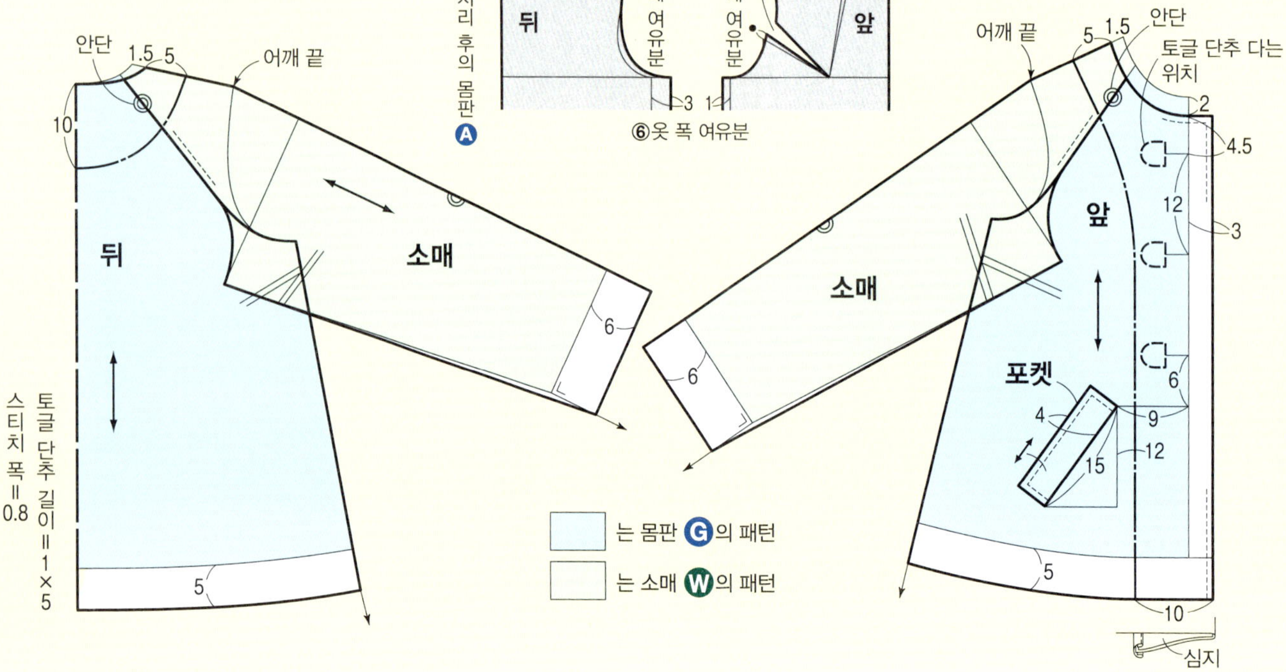

④남은 AH 다트를 닫는다
① 1/2 닫는다
② 진동 둘레 여유분
③ 진동 둘레 여유분
⑤ 0.7 목둘레 여유분
는 처리 후의 몸판 A
뒤
앞
3
1
⑥옷 폭 여유분

안단
1.5
5
어깨 끝
10
뒤
소매
6
토글 단추 길이 = 1×5
스티치 폭 = 0.8
5
어깨 끝
5
1.5
안단
토글 단추 다는 위치
2
4.5
12
3
앞
소매
6
포켓
4
15
6
9
12
5
10
심지
는 몸판 G의 패턴
는 소매 W의 패턴

→ 디자인 결정하는 법…P.110, 패턴 만드는 과정…P.114

FRONT SIDE BACK

FRONT SIDE BACK

천은 겉을 기모 가공한 두꺼운 울 소재.
가볍게 넘어가게 홑겹으로 완성해 시접은 모두 바이어스로 처리. 눈에 띄는 바이어스 테이프가 악센트 효과를 발휘한다.
더플 코트에 빼놓을 수 없는 토글 단추는 기성품을 사용하는 편이 간단하고 편리하다.

디자인 변형

오리지널 디자인 5 긴 실루엣의 몸매 라인이 매력적이다.
기본 틀을 갖춘 매니시한 롱 코트.

〈 **디자인을 결정하기까지** 〉

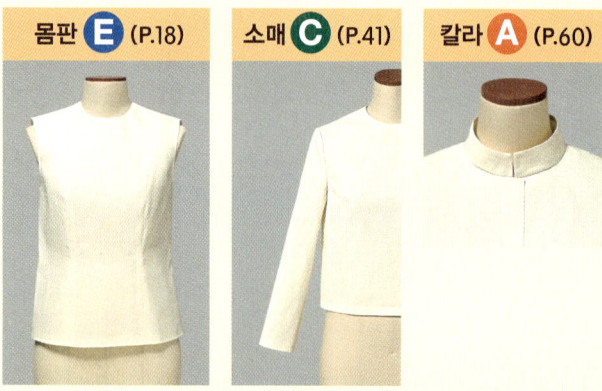

몸판 **E** (P.18) 소매 **C** (P.41) 칼라 **A** (P.60)

1 몸판, 소매, 칼라 디자인을 고른다

몸판은 허리를 살짝 강조한 프린세스 라인 **E**,
소매는 앞쪽 방향으로 붙은 타이트 슬리브 **C**,
칼라는 목을 따라 약간 붙는 스탠드 칼라 **A**.

2 자신의 스타일로 응용한다

몸판은 각 부분에 여유분을 넣어 **E**의 패턴을 만들고, 옆선의 밑단에서 0.5cm 내서 연장해 옷 길이를 28cm 늘린다. 앞트임은 P.98 **1** 안단. 칼라는 목에 붙지 않도록 목둘레를 한 단계 크게 설정해놓는다. 소매길이는 소맷부리 치수를 바꾸지 않고 3cm 추가한다. 칼라 폭을 6cm로 넓혀 앞 끝까지 오도록 한다. 앞 이음선에 플랩 달린 파이핑 포켓을, 뒤 중심에 장식 벨트를 배치.

여유분 넣는 법
※몸판 **A**에 여유분을 추가하고, 프린세스 라인 **E**를 만든다

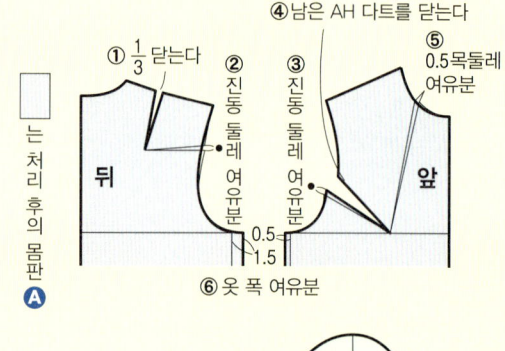

①$\frac{1}{3}$ 닫는다
②진동둘레 여유분
③진동둘레 여유분
④남은 AH 다트를 닫는다
⑤0.5목둘레 여유분
⑥옷 폭 여유분
0.5
1.5

□ 는 처리 후의 몸판 **A**

뒤 앞

칼라 6 ←→

1.5 1.5

□ 는 칼라 **A**의 패턴
□ 는 몸판 **E**의 패턴
닫는다

뒤 **앞**

2.5
8.5
2

장식 벨트
안감 심지
5
2.5
장식 벨트와 함께 단다

스티치 폭 ＝ 0.7
단추 크기 ＝ 2.3

안단선을 겸한다

0.5

28 28

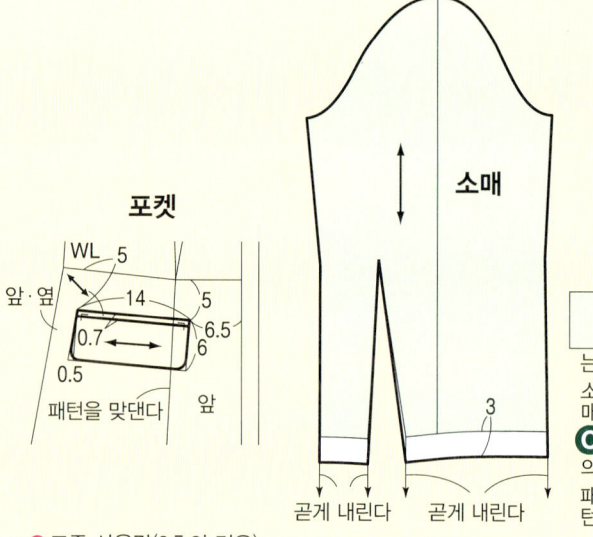

포켓

WL 5
앞·옆
14 5
0.7 6.5
0.5 6
앞
패턴을 맞댄다

소매

3

□ 는 소매 **C**의 패턴

곧게 내린다 곧게 내린다

● 표준 사용량(9호의 경우)
겉감 = 폭 140cm, 길이 230cm
안감(플랩 안감분 포함) = 폭 90cm, 길이 220cm
접착심지(칼라, 앞, 앞·옆, 안단, 겉 플랩, 겉 장식 벨트분) = 폭 90cm, 길이 195cm

FRONT　　　SIDE　　　BACK

FRONT　　　SIDE　　　BACK

부드럽고 두꺼운 울 헤링본 트위드를 사용한다.
안감을 대면 보온성이 높아지고 입고 벗기도 쉽다.
심플한 디자인이어서 플랩과 장식 벨트 등의 디테일로 악센트를 주어 스타일을 한 단계 업.

그 밖의 디자인 변형

드레이프로 포인트를 준 베스트

FRONT　　BACK

●표준 사용량(9호의 경우)
겉감(팬시 트위드)
= 폭 150cm, 길이 140cm

앞 중심에서 평행으로 25cm만 추가한다. 천
이 늘어지면서 드레이프가 생긴다. 둘레를
마무리하면 간단하게 완성.

〈사용 패턴〉
몸판 **B** (P.15)

우아한 클래식 원피스

FRONT　　BACK

●표준 사용량(9호의 경우)
겉감(면 헤링본)
= 폭 152cm, 길이 190cm

페플럼의 옆선을 연장해 길이를 40cm 추가.
목둘레는 FNP에서 7cm 잘라 V넥으로 변경.
소매길이는 3cm 늘린다. 칼라는 리본의 길
이를 30cm로. 뒤트임은 숨김 지퍼로 마무
리. 어떻게 조합하고 응용하느냐에 따라서
활용도 높은 아이템이다.

〈사용 패턴〉
몸판 **M** (P.26)
소매 **F** (P.43)
칼라 **Y** (P.71)

캐주얼한 튜닉 블라우스

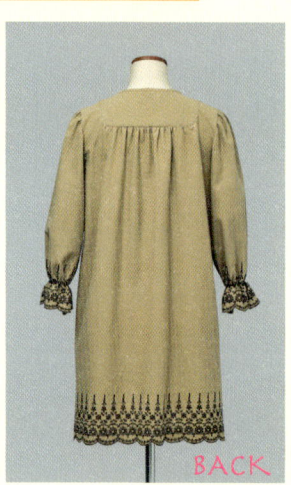

FRONT　　BACK

●표준 사용량(9호의 경우)
겉감(한쪽 스캘럽의 면 플란넬)
= 폭 108cm, 길이 230cm

옷 길이를 25cm 추가하고, 목둘레는 한 단
계 크게 만든다. 개더 분량은 반으로 줄이고,
요크 부분까지만 트임으로. 소매는 길이를
5cm 줄이고, 소맷부리 7cm 위를 셔링. 밑단
과 소맷부리는 스캘럽을 이용해 경쾌한 느
낌으로.

〈사용 패턴〉
몸판 **R** (P.31)
소매 **J** (P.45)

경쾌한 느낌의 쇼트 재킷

FRONT　　BACK

●표준 사용량(9호의 경우)
겉감(섀기 울)
= 폭 150cm, 길이 160cm
안감 = 폭 90cm, 길이 180cm

몸판은 여유분(P.116 재킷의 표준)을 넣고,
하이넥을 위해 다트도 이동한다. 옷 길이는
5cm 줄이고 밑단을 앞뒤 각각 1cm씩 옆에
서 추가. 소매는 길이를 5cm 줄여 8부로 변
경. 겹쳐 입기 좋다.

〈사용 패턴〉
몸판 **B** (P.15)
소매 **D** (P.42)
칼라 **m** (P.82)

Lecture on Pattern-making

제도와 패턴 제작을 도와주는

집중 강의

부록 실물 대형 패턴의 사용법과 각 파트의 자세한 제도 순서를 시작으로

'맞댄다', '잘라서 벌린다' 같은 처리 방법,

정확한 패턴 제작에 꼭 필요한

'맞춤 표시 하기', '패턴 체크', '시접 넣기'까지 자세히 설명한다.

패턴 제작의 기초를 다질 수 있다.

실물 대형 패턴 수록

기본 패턴 만드는 법 몸판 Ⓐ

부록으로 실물 대형 패턴이 붙어 있지만
가슴둘레, 등 길이 같은 각 사이즈의 적합 상태에 따라 만드는 법을 4가지로 나눌 수 있다.
먼저 치수를 재고, 사이즈표(P.8과 실물 대형 패턴에 게재)를 보며 나의 치수와 맞는지 확인해보자.

가슴둘레, 허리둘레, 등 길이, 엉덩이 길이 **치수 재기 … P.13**

치수 결과		몸판 만드는 법
등 길이와 가슴둘레 모두 같다	▶	**타입 1**
가슴둘레는 같고, 등 길이가 다르다	▶	**타입 2**
가슴둘레가 다르다 또는 가슴둘레와 등 길이가 다르다	▶	**타입 3**
자신의 치수가 표에 없다, 딱 맞게 제도하고 싶다	▶	**타입 4**

허리 다트 분량 일람표

총 다트 분량 (100%)	e (18%)	d (35%)	b (15%)	a (14%)
12.5	2.2	4.4	1.9	1.7
12	2.2	4.2	1.8	1.7
11.5	2.1	4	1.7	1.6
11	2	3.8	1.7	1.5
10.5	1.9	3.7	1.6	1.5
10	1.8	3.5	1.5	1.4
9.5	1.7	3.3	1.4	1.3
9	1.6	3.1	1.4	1.3
8.5	1.5	3	1.3	1.2
8	1.4	2.8	1.2	1.1

※단위는 cm. e, d, b, a는 총 다트 분량의 82%를 사용.
총 다트 분량이 표에 없는 경우 총 다트 분량에
e, d, b, a의 비율(%)을 반영해 각각 계산한다

타입 1 실물 대형 패턴을 베껴서 사용. 허리 다트를 그려 넣는다

부록 실물 대형 패턴은 5호(가슴둘레 77cm)부터 21호(가슴둘레 104cm)까지, 몸판의 외형만 싣고 있다. 패턴의 사이즈표에서 맞는 사이즈를 고르고 다른 종이에 베낀다. 여기에 각자의 허리 치수에 맞는 허리 다트를 그려 넣으면 완성. 엉덩이 길이가 다른 경우 HL과 평행으로 치수를 증감한다.

1 선택한 사이즈의 몸판을 베낀다

실물 대형 패턴 위에 제도용지를 겹쳐 외형과 맞춤 표시, 가슴선(BL), 허리선(WL), 허리 다트의 다트 끝과 중심 위치를 베낀다.

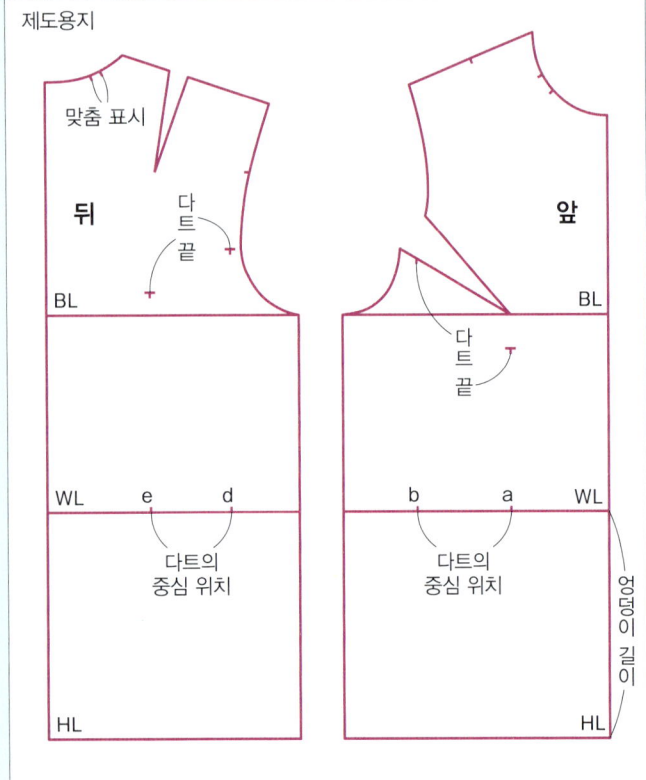

2 허리 다트를 그려 넣는다

선택한 가슴둘레 사이즈와 새로 잰 허리둘레 치수를 사용해 허리둘레의 총 다트 분량을 계산하고, 위 표에서 e, d, b, a의 다트 분량을 확인한다.
1에서 베낀 중심 위치에서 좌우로 치수를 배분하고 다트 끝과 연결한다.

$$총\ 다트\ 분량 = \left(\frac{B}{2}+6\right) - \left(\frac{W}{2}+3\right)$$

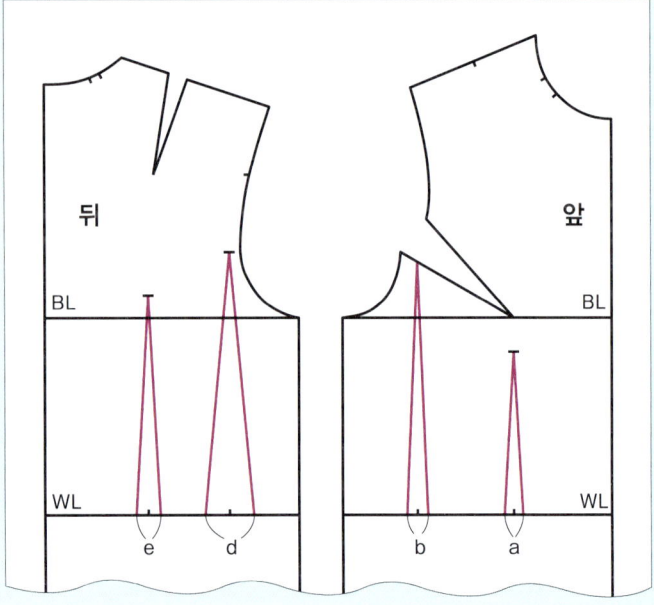

부록 실물 대형 패턴은 가슴둘레 사이즈에 관계없이 등 길이를 38cm로 설정한다. 가슴둘레는 같지만 등 길이가 다른 경우, WL과 평행으로 치수를 증감한다. 고친 WL에서 엉덩이 길이를 잡아 HL까지 그리고, P.130과 같이 허리 다트를 그려 넣으면 완성.

1　선택한 사이즈의 WL 위를 베낀다

실물 대형 패턴 위에 제도용지를 겹쳐 외형과 맞춤 표시, 가슴선(BL), 허리선(WL), 허리 다트의 다트 끝과 중심 위치를 베낀다.

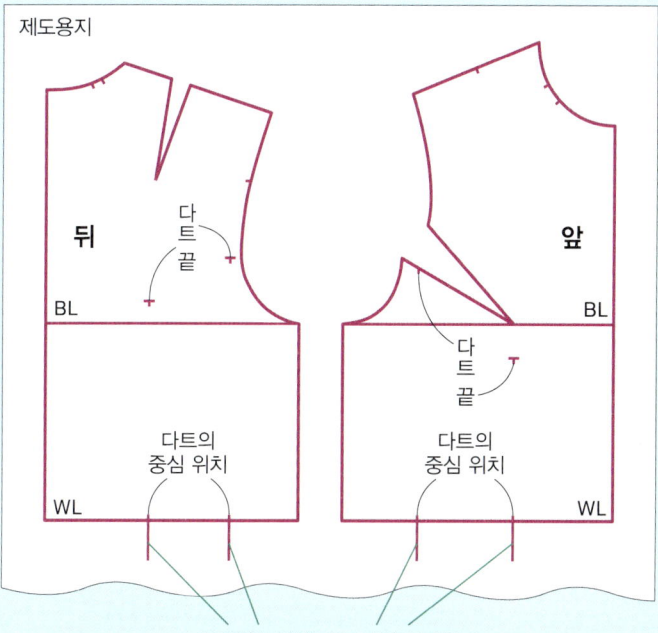

2　WL을 이동해 등 길이를 조정한다

원래의 WL에서 평행으로 이동해 등 길이를 길게(또는 짧게) 한다.

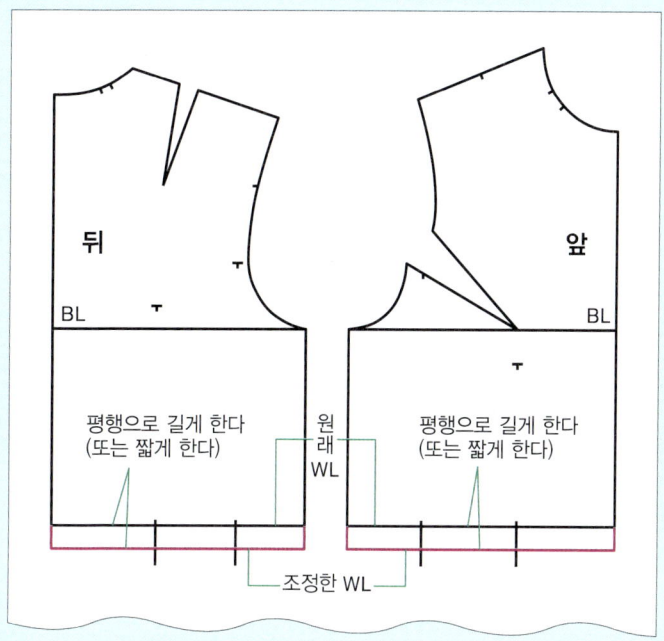

3　HL까지 추가해 그리고 허리 다트를 그려 넣는다

❶ 2에서 정한 새로운 WL에서 엉덩이 길이 치수를 잡아 HL까지 더 그려 외형을 완성한다.

❷ 선택한 가슴둘레 사이즈와 새로 잰 허리둘레 치수를 사용해 허리둘레의 총 다트 분량을 계산하고, e, d, b, a의 다트 분량을 확인한다(계산 방법, 허리 다트 분량 일람표는 P.130 참조). 1에서 베낀 중심 위치에서 좌우로 치수를 배분하고 다트 끝과 연결한다.

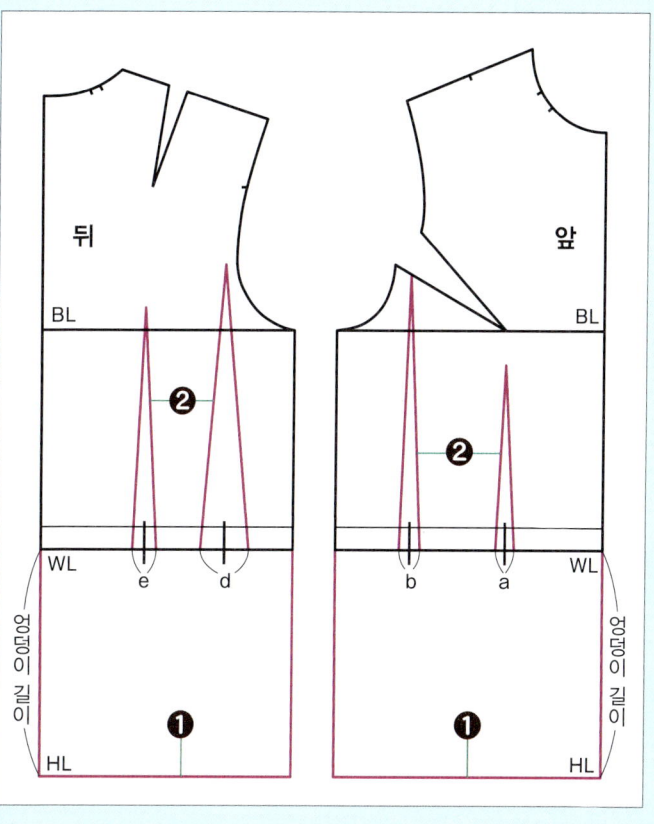

타입 3 위아래 사이즈를 베끼고 중간을 따라 선을 긋는다. WL에서 HL(밑단)까지 더 그리고 허리 다트를 그려 넣는다

자신의 가슴둘레 치수가 패턴의 사이즈표와 작게 차이 나는 경우 가장 가까운 위나 아래 사이즈를 선택해 **타입 1** 로 만들면 OK. 사이즈가 중간에 낀 경우는 위아래 사이즈를 모두 베끼고, 그 중간을 따라 선을 그어 완성하면 된다. P.130과 같이 허리 다트를 그려 넣으면 완성.

1 가슴둘레 치수의 위아래 사이즈로 WL 위를 베낀다

외형과 맞춤 표시, 가슴선(BL), 허리선(WL),
허리 다트의 다트 끝과 중심 위치를 베낀다.

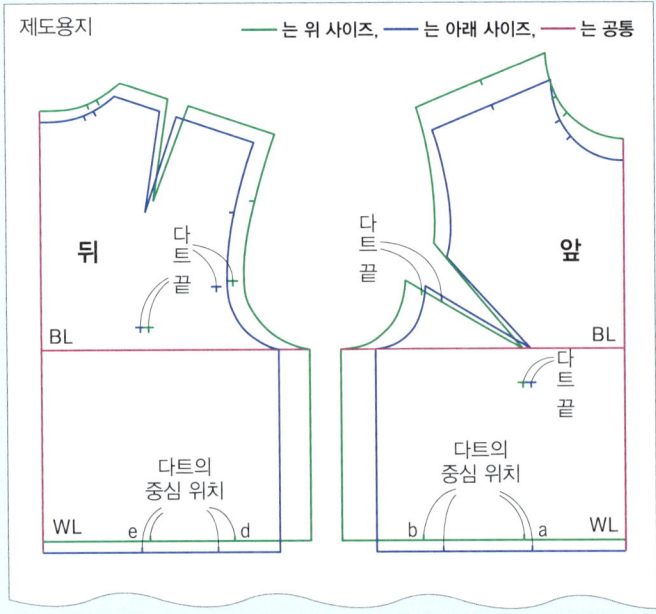

— 는 위 사이즈, — 는 아래 사이즈, — 는 공통

※이해하기 쉽게 사이즈 간 폭을 넓게 두었다

2 각 포인트에서 중간점을 따라 선을 긋는다

❶ 위아래 사이즈의 같은 포인트끼리 직선으로 연결한다(맞춤 표시, 다트 끝 등 전부).
❷ 중간점을 구한다.
❸ 중간점을 따라 외형선을 긋는다.
❹ 맞춤 표시, 허리 다트의 다트 끝과 중심 위치를 그려 넣는다.

3 HL까지 더 그리고 허리 다트를 그려 넣는다

❶ 등 길이가 다른 경우 P.131을 참조해 조정하고
WL에서 엉덩이 길이를 잡아 HL까지 더 그린 뒤 외형을 완성한다.
❷ 중간의 가슴둘레 치수와 새로 잰 허리둘레 치수를 사용해
허리둘레의 총 다트 분량을 계산하고, a, b, d, e의 다트 분량을 확인한다.
(총 다트 분량 계산 방법, 허리 다트 분량 일람표는 P.130 참조)
❷에서 구한 중심 위치에서 좌우로 배분하고 다트 끝과 연결한다.

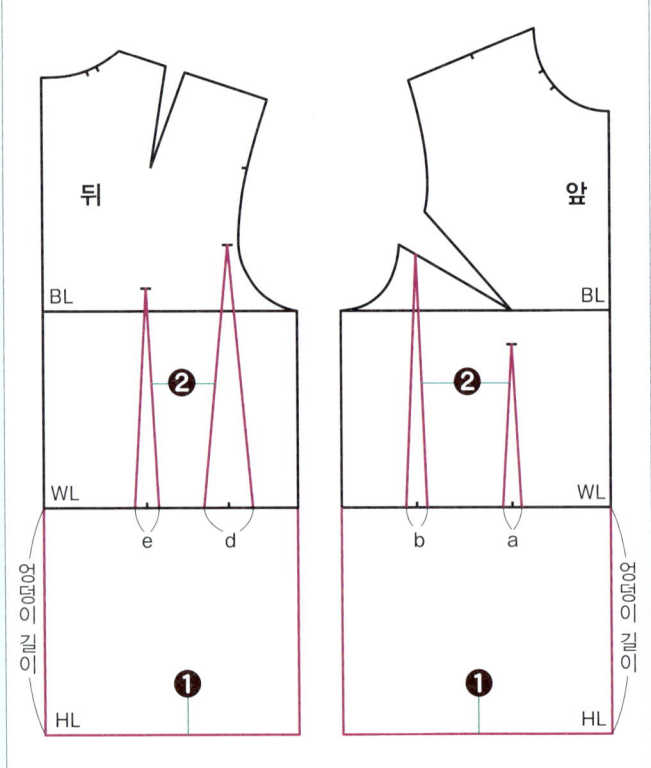

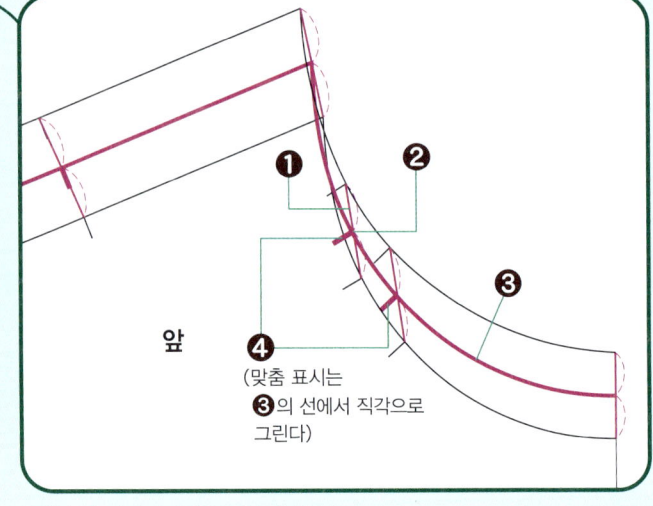

앞

(맞춤 표시는
❸의 선에서 직각으로
그린다)

부록 실물 대형 패턴에 맞는 사이즈가 없는 경우 또는 P.132의 방법을 사용하지 않고 자신의 치수를 적용해 처음부터 제도하는 방법이다.
가슴둘레와 등 길이 치수를 토대로 외형을 완성하고 P.130과 같이 허리 다트를 넣어 완성한다.

1 기초선을 그린다

각 부분에서 산출한 치수와 정해진 치수를 사용해 번호순으로 그린다. 수평과 수직이 삐뚤어지지 않게 주의한다.
P.135에는 계산이 필요 없는 '각 부분 치수 일람표' 게재

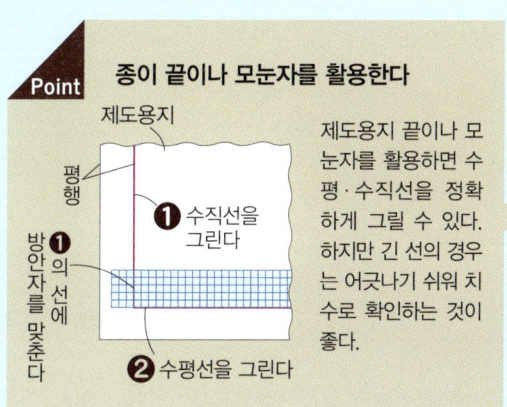

Point 종이 끝이나 모눈자를 활용한다

제도용지
평행
① 수직선을 그린다
①의 선에 방안자를 맞춘다
② 수평선을 그린다

제도용지 끝이나 모눈자를 활용하면 수평·수직선을 정확하게 그릴 수 있다. 하지만 긴 선의 경우는 어긋나기 쉬워 치수로 확인하는 것이 좋다.

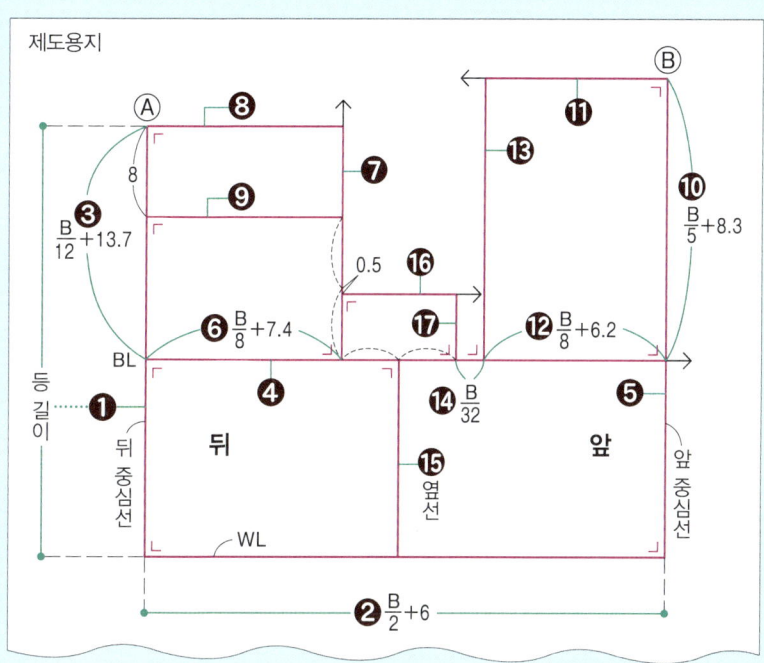

2 윤곽선을 그린다

번호순으로 목둘레, 어깨선, 진동 둘레, 어깨 다트, AH 다트를 그린다.
목둘레, 진동 둘레는 커브자를 사용해 기준 포인트를 지나면서 완만한 곡선으로.

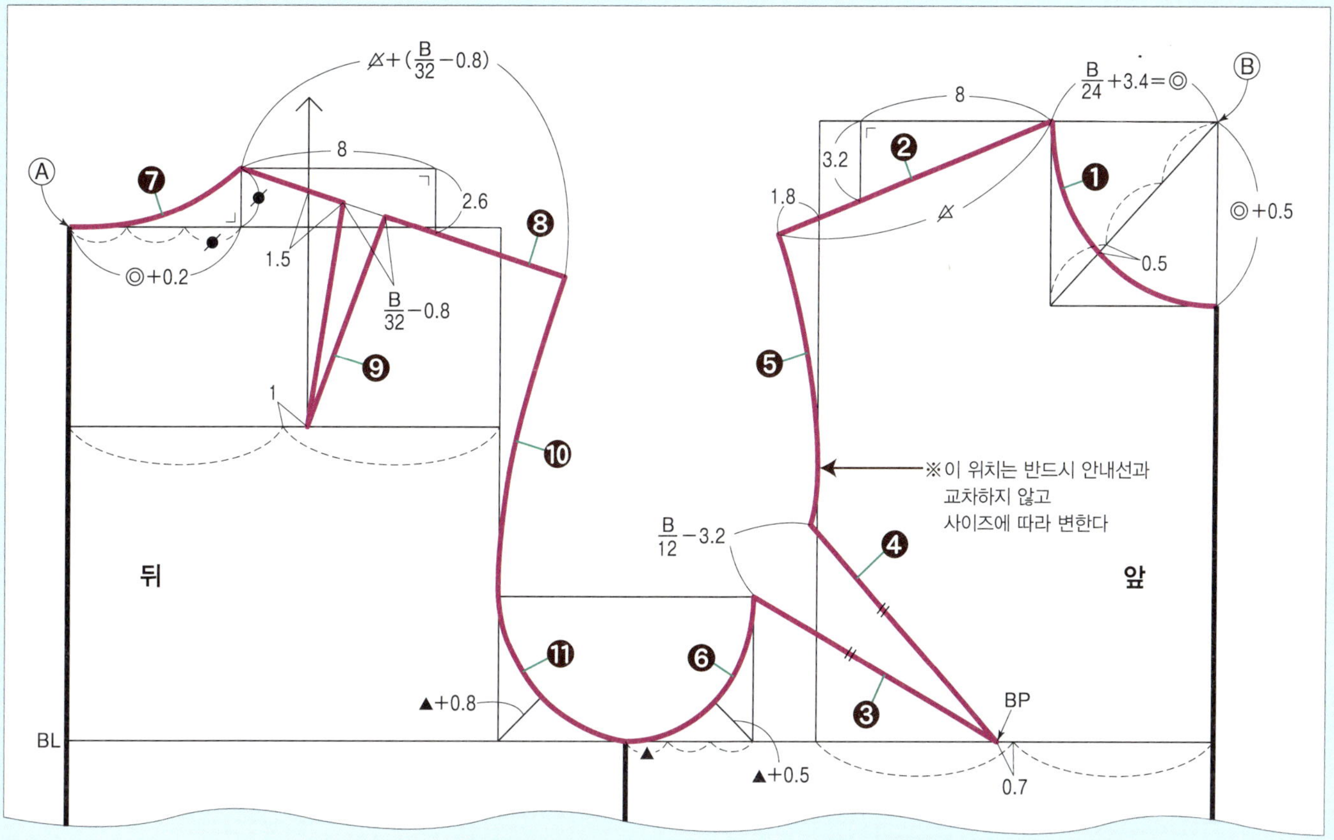

3 앞 진동 둘레선을 체크하고 수정한다

AH 다트를 닫은 상태로
진동 둘레선이 깔끔하게 연결되었는지 체크하고,
연결이 잘못된 경우 곡선을 매끄럽게 수정한다.
가슴둘레 사이즈가 커질수록 AH 다트의 분량도 많아져
연결이 어색해지므로 가슴둘레 92cm 정도부터는
체크와 수정이 필수.

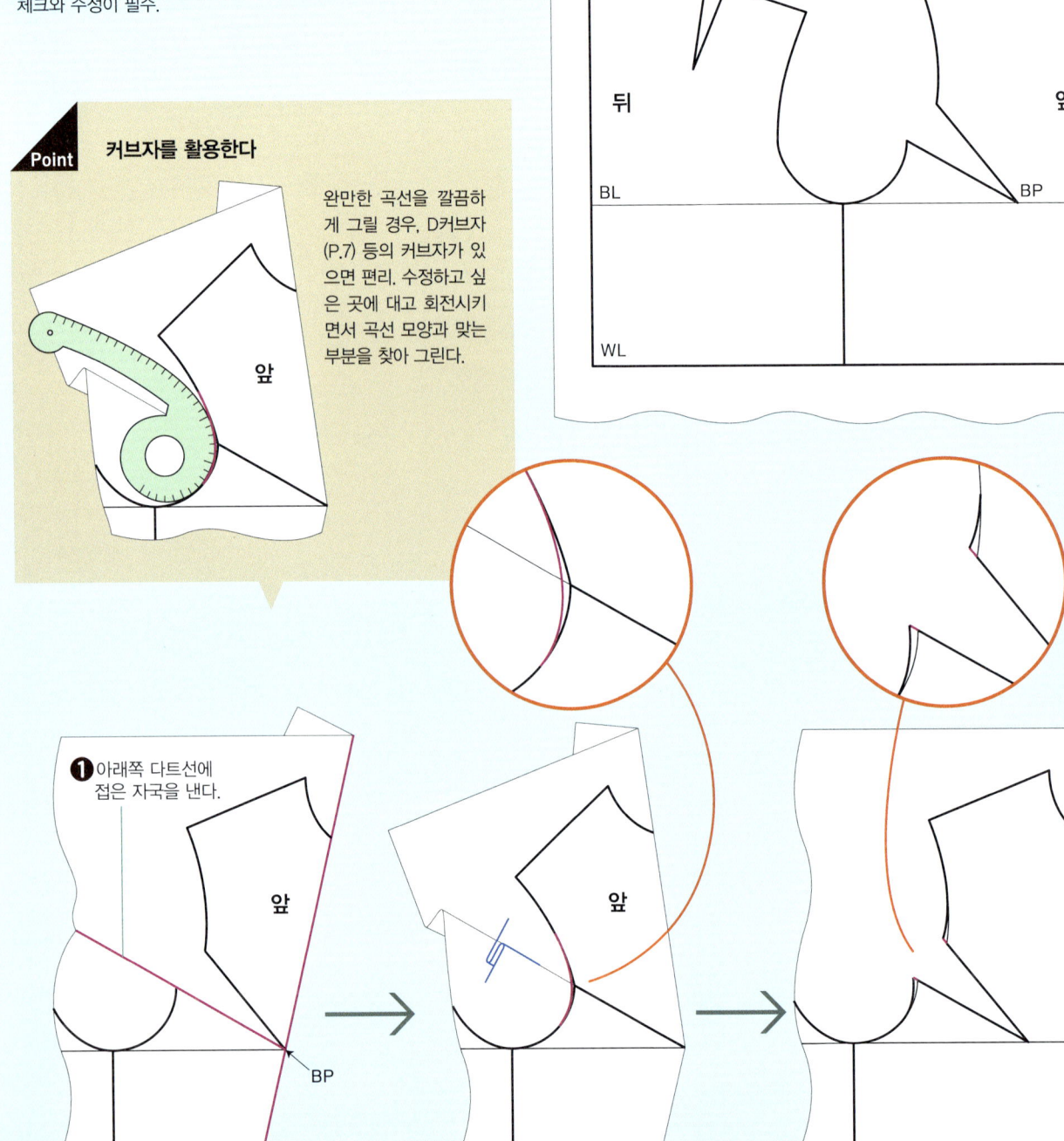

Point **커브자를 활용한다**

완만한 곡선을 깔끔하게 그릴 경우, D커브자 (P.7) 등의 커브자가 있으면 편리. 수정하고 싶은 곳에 대고 회전시키면서 곡선 모양과 맞는 부분을 찾아 그린다.

제도용지 **[예:가슴둘레 92cm]**

뒤   앞

BL   BP

WL

※ 필요 없는 기초선은 생략

❶ 아래쪽 다트선에 접은 자국을 낸다.

앞

BP

❷ BP를 기준점으로 제도용지를 접는다.

앞

❸ AH 다트를 접어 진동 둘레의 연결을 확인. 완만한 곡선이 아닌 경우 수정한다.

앞

❹ 수정한 선까지 다트선을 연장한다.

4 HL까지 더 그린다

WL에서 엉덩이 길이를 잡아 HL까지 더 그린다.

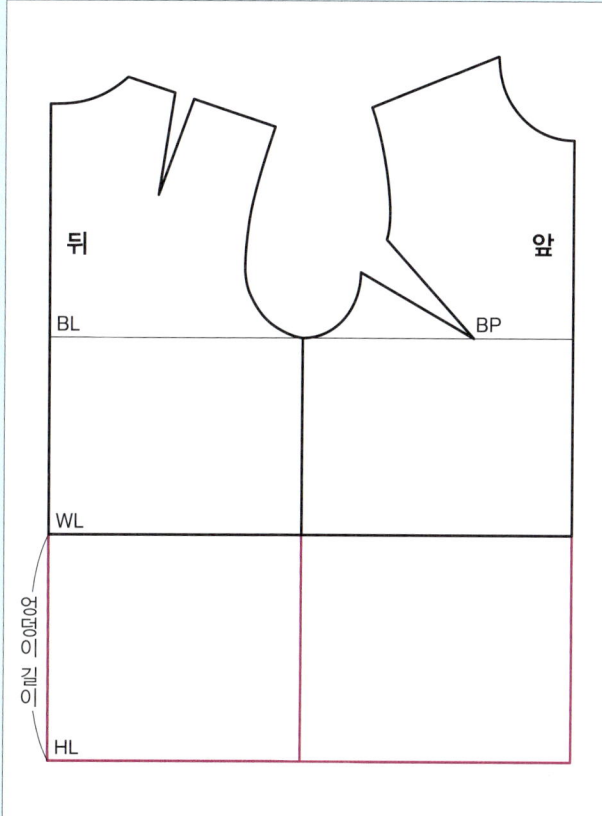

5 허리 다트 안내선을 그린다

다트의 중심이 되는 선을 그려 넣고, 다트 끝을 표시한다.

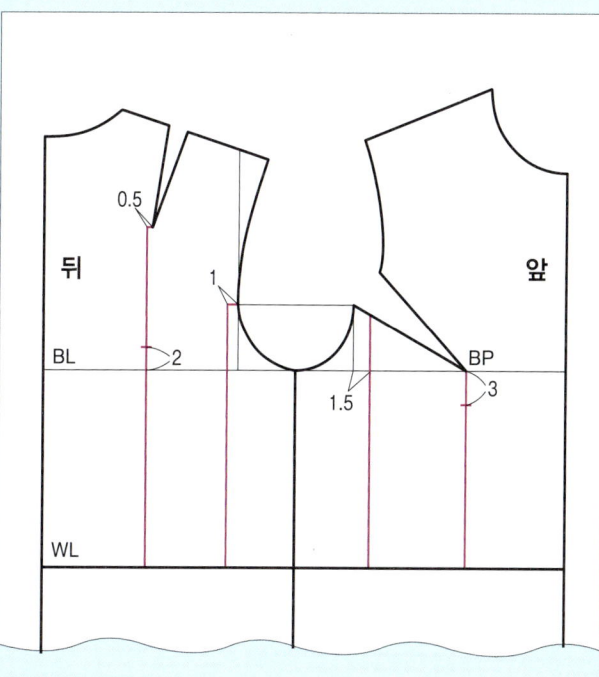

6 허리 다트를 그린다

자신의 가슴둘레와 허리둘레 치수를 사용해서 허리의 총 다트 분량을 계산하고 e, d, b, a의 다트 분량을 확인한다.
(총 다트 분량 계산 방법은 P.130의 허리 다트 분량 일람표 참조)
5에서 그린 중심 위치에서 좌우로 배분하고 다트 끝과 연결하면 몸판 Ⓐ 완성.

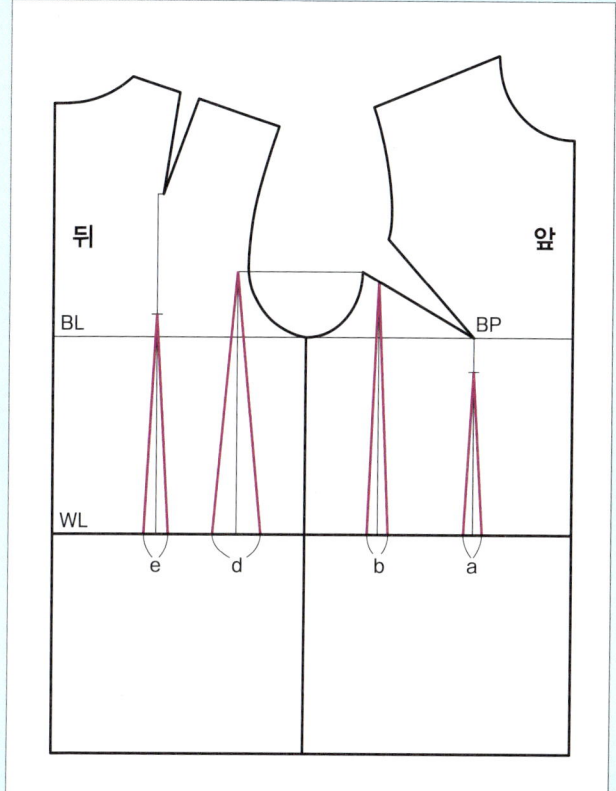

각 부분 치수 일람표
부록 실물 대형 패턴 이외의 가슴둘레 사이즈에 대응

단위 cm

	B	$\frac{B}{2}+6$	$\frac{B}{12}+13.7$	$\frac{B}{8}+7.4$	$\frac{B}{5}+8.3$	$\frac{B}{8}+6.2$	$\frac{B}{32}$	$\frac{B}{24}+3.4=◎$	◎+0.5	$\frac{B}{12}-3.2$	◎+0.2	$\frac{B}{32}-0.8$
77 5호												
	78	45.0	20.2	17.2	23.9	16.0	2.4	6.7	7.2	3.3	6.9	1.6
80 7호	79	45.5	20.3	17.3	24.1	16.1	2.5	6.7	7.2	3.4	6.9	1.7
	81	46.5	20.5	17.5	24.5	16.3	2.5	6.8	7.3	3.6	7.0	1.7
83 9호	82	47.0	20.5	17.7	24.7	16.5	2.6	6.8	7.3	3.6	7.0	1.8
	84	48.0	20.7	17.9	25.1	16.7	2.6	6.9	7.4	3.8	7.1	1.8
86 11호	85	48.5	20.8	18.0	25.3	16.8	2.7	6.9	7.4	3.9	7.1	1.9
	87	49.5	21.0	18.3	25.7	17.1	2.7	7.0	7.5	4.1	7.2	1.9
89 13호	88	50.0	21.0	18.4	25.9	17.2	2.8	7.1	7.6	4.1	7.3	2.0
	90	51.0	21.2	18.7	26.3	17.5	2.8	7.2	7.7	4.3	7.4	2.0
92 15호	91	51.5	21.3	18.8	26.5	17.6	2.8	7.2	7.7	4.4	7.4	2.0
	93	52.5	21.5	19.0	26.9	17.8	2.9	7.3	7.8	4.6	7.5	2.1
	94	53.0	21.5	19.2	27.1	18.0	2.9	7.3	7.8	4.6	7.5	2.1
96 17호	95	53.5	21.6	19.3	27.3	18.1	3.0	7.4	7.9	4.7	7.6	2.2
	97	54.5	21.8	19.5	27.7	18.3	3.0	7.4	7.9	4.9	7.6	2.2
	98	55.0	21.9	19.7	27.9	18.5	3.1	7.5	8.0	5.0	7.7	2.3
100 19호	99	55.5	22.0	19.8	28.1	18.6	3.1	7.5	8.0	5.1	7.7	2.3
	101	56.5	22.1	20.0	28.5	18.8	3.2	7.6	8.1	5.2	7.8	2.3
	102	57.0	22.2	20.2	28.7	19.0	3.2	7.7	8.2	5.3	7.9	2.4
104 21호	103	57.5	22.3	20.3	28.9	19.1	3.2	7.7	8.2	5.4	7.9	2.4

기본 패턴 만드는 법 소매 Ⓐ

소매 Ⓐ는 부록 실물 대형 패턴에 들어 있지만 몸판 Ⓐ와 연동하기 위해
선택한 몸판 만드는 법 타입 1 ～ 타입 4 에 따라 소매 만드는 법도 달라진다.

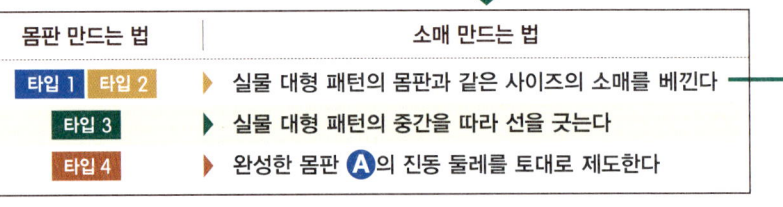

소매길이, 팔꿈치 길이의 **치수 재기** … P.39

몸판 만드는 법	소매 만드는 법
타입 1 타입 2	▶ 실물 대형 패턴의 몸판과 같은 사이즈의 소매를 베낀다
타입 3	▶ 실물 대형 패턴의 중간을 따라 선을 긋는다
타입 4	▶ 완성한 몸판 Ⓐ의 진동 둘레를 토대로 제도한다

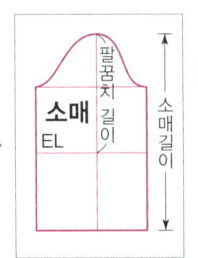

타입 1 타입 2
자신의 치수와
다른 경우는 수정한다.
소매길이는 소맷부리를
평행으로 증감하고
EL은 소매산점에서
팔꿈치 길이를 잡고 그려 넣는다.

타입 3 실물 대형 패턴의 위아래 사이즈를 베끼고 중간을 따라 선을 긋는다

몸판과 같은 방법으로 위아래 사이즈의 패턴을 베끼고, 그 중간을 따라 선을 그어 만든다.

1 위아래 사이즈를 모두 베낀다

외형과 소매 폭선, 중심선, 팔꿈치선(EL)을 베낀다.

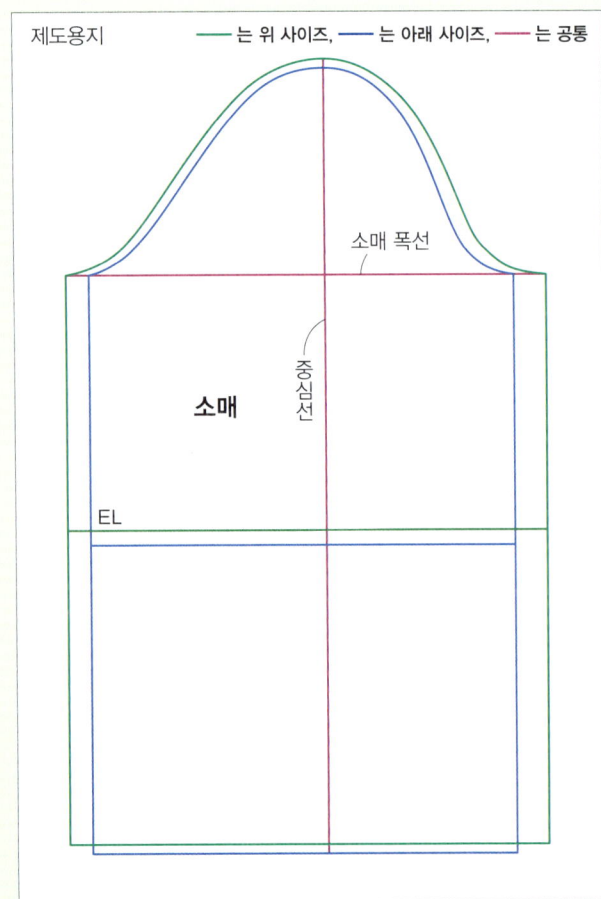

※이해하기 쉽게 사이즈 간 폭을 넓게 두었다

2 각 포인트의 중간점을 따라 선을 긋는다

❶ 위아래 사이즈와 같은 포인트끼리 직선으로 연결한다.
❷ 중간점을 구한다.
❸ 중간점을 따라 외형선과 EL을 긋는다.
❹ 타입 1 타입 2 와 같이 필요하면 소매길이와 EL을 조정한다.

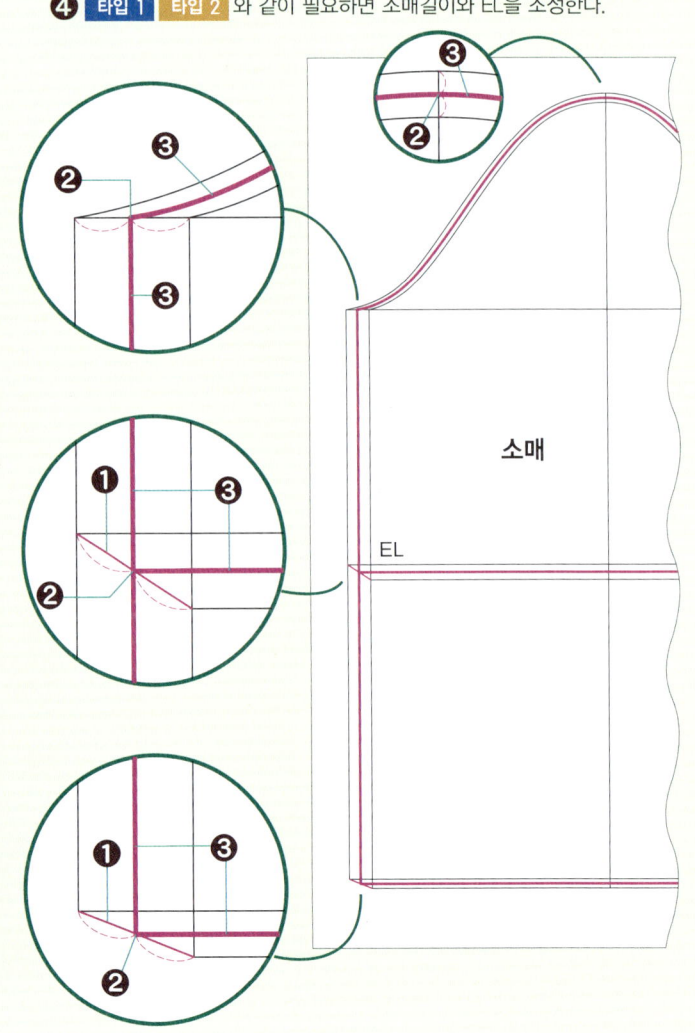

소매는 몸판 **A**의 진동 둘레를 토대로 제도한다. 실물 대형 패턴을 사용하지 않고 몸판 **A**를 처음부터 제도한 경우, 몸판 **A**의 진동 둘레 치수와 모양을 이용해 소매산을 그리고 각자의 소매길이로 소매 아래쪽을 그린다.

1 몸판의 진동 둘레(AH)를 베낀다

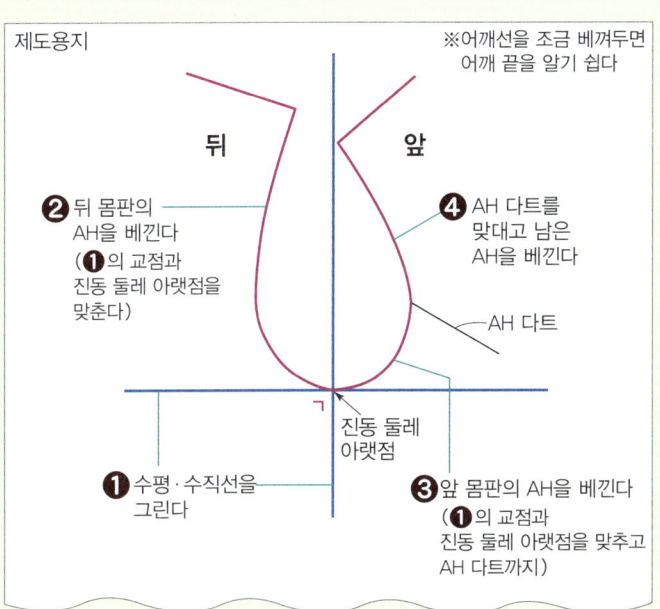

제도용지

※어깨선을 조금 베껴두면 어깨 끝을 알기 쉽다

뒤   **앞**

2 뒤 몸판의 AH을 베낀다 (**1**의 교점과 진동 둘레 아랫점을 맞춘다)

4 AH 다트를 맞대고 남은 AH을 베낀다

AH 다트

진동 둘레 아랫점

1 수평·수직선을 그린다

3 앞 몸판의 AH을 베낀다 (**1**의 교점과 진동 둘레 아랫점을 맞추고 AH 다트까지)

[제도]

소매산 높이 결정하는 법

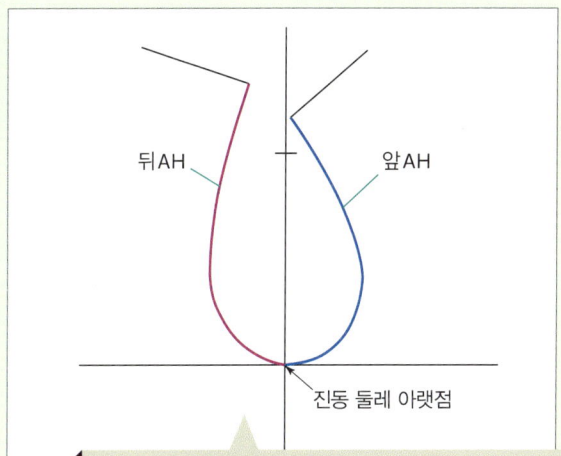

뒤   앞

평균 어깨 길이   ◉= 소매산 높이

평균 어깨 길이의 $\frac{4}{5}$

뒤 AH+0.4   1.8   1.8   앞 AH−0.6

뒤 몸판의 진동 둘레를 베낀다   앞 몸판의 진동 둘레를 베낀다

소매   ◉

EL

▲=$\frac{앞 AH}{4}$

팔꿈치 길이   소매길이

2 소매산 높이를 계산하고 소매산점을 표시한다

계산식
① (뒤 어깨 길이＋앞 어깨 길이)÷2＝평균 어깨 길이
② 평균 어깨 길이×$\frac{4}{5}$＝소매산 높이

↓

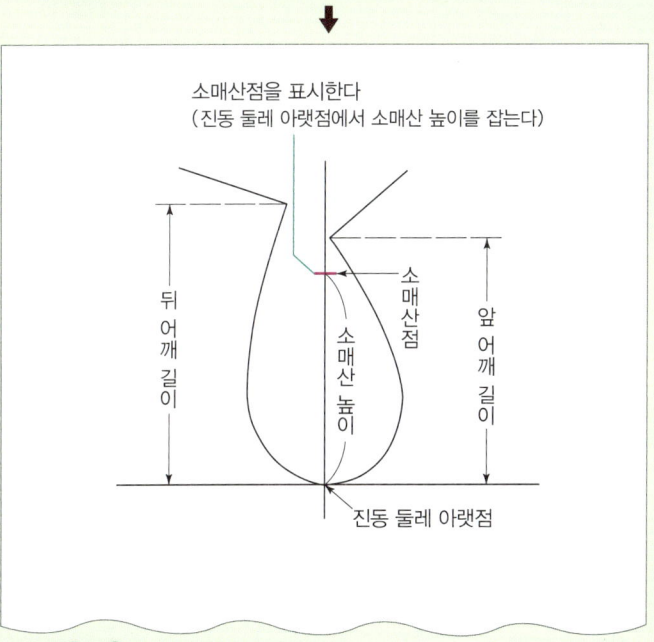

소매산점을 표시한다 (진동 둘레 아랫점에서 소매산 높이를 잡는다)

소매산점

소매산 높이

뒤 어깨 길이   앞 어깨 길이

진동 둘레 아랫점

※소매 **T**~**W**의 경우도 수치는 다르지만 같은 방법으로 소매산 높이를 구할 수 있다

3 몸판의 AH을 잰다

뒤AH   앞AH

진동 둘레 아랫점

Point **곡선 재는 법**

정확하게 곡선을 재는 것이 어려우므로 전문 도구를 사용한다. 30cm 모눈자(P.7)는 알맞게 휘어져 완만한 곡선을 잴 수 있다. 곡선용 자(그레이딩 자)(P.7)도 얇고 잘 휘는 소재라 진동 둘레와 목둘레 등 가파른 곡선 재는 데 최적.

30cm 모눈자를 사용

타입 4 계속

4 AH 치수를 잡고 소매 폭을 결정한다

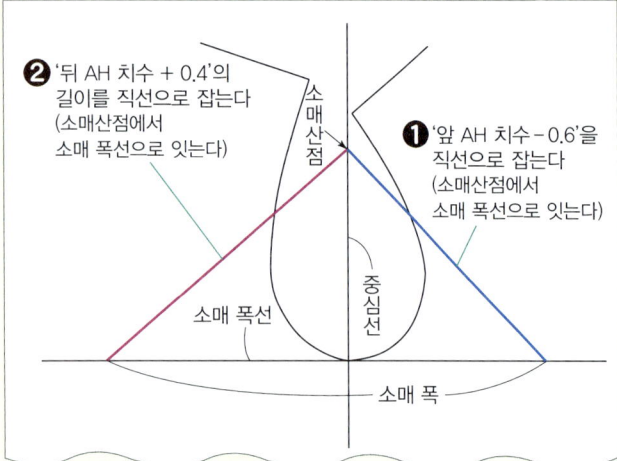

❷ '뒤 AH 치수 + 0.4'의 길이를 직선으로 잡는다 (소매산점에서 소매 폭선으로 잇는다)

❶ '앞 AH 치수 − 0.6'을 직선으로 잡는다 (소매산점에서 소매 폭선으로 잇는다)

소매산점

중심선

소매 폭선

소매 폭

5 소매산 곡선을 그리기 위한 준비를 한다

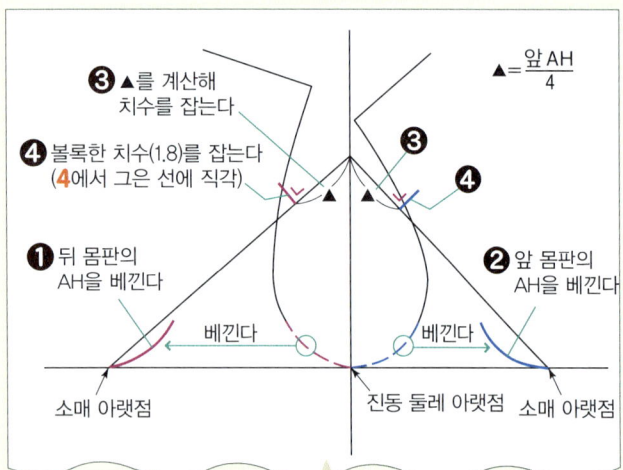

❸ ▲를 계산해 치수를 잡는다

$▲= \dfrac{앞 AH}{4}$

❹ 볼록한 치수(1.8)를 잡는다 (❹에서 그은 선에 직각)

❶ 뒤 몸판의 AH을 베낀다

❷ 앞 몸판의 AH을 베낀다

베낀다   베낀다

소매 아랫점

진동 둘레 아랫점   소매 아랫점

Point   몸판 AH 베끼는 법

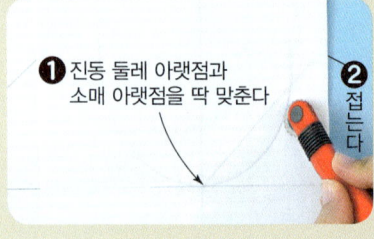

❶ 진동 둘레 아랫점과 소매 아랫점을 딱 맞춘다

❷ 접는다

진동 둘레 아랫점과 소매 아랫점이 만나도록 접고, 밑에 비치는 AH을 룰렛으로 따라 그린다.

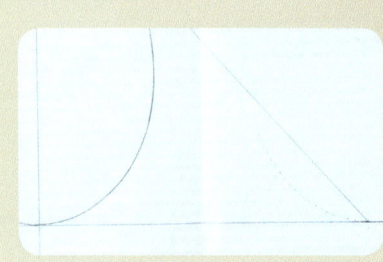

펼치면 룰렛 자국을 따라 몸판 AH의 곡선이 반대로 베껴진다. 이것을 샤프펜슬로 따라 그린다.

6 소매산의 곡선을 그린다

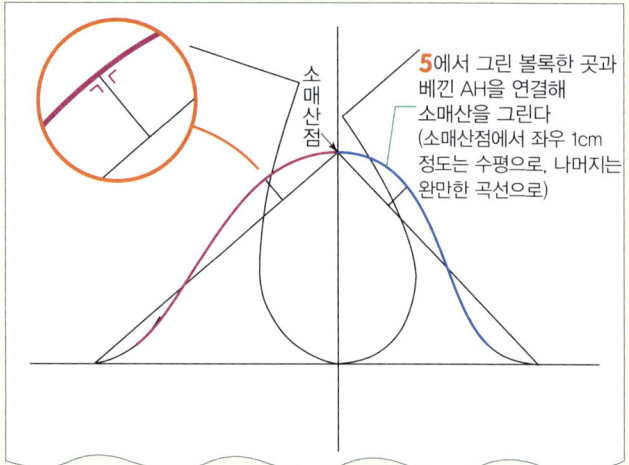

❺에서 그린 볼록한 곳과 베낀 AH을 연결해 소매산을 그린다 (소매산점에서 좌우 1cm 정도는 수평으로, 나머지는 완만한 곡선으로)

소매산점

7 소매산의 여유분 줄임 분량을 확인한다

'여유분 줄임'을 넣는 소매의 경우 소매산의 여유분 줄임 분량이 이상적인 수치로 배분되어 있는지 확인하는 중요한 공정. 부록 패턴을 사용하지 않고 제도할 때는 이 단계에서 확인과 조정(❽)을 해둔다.

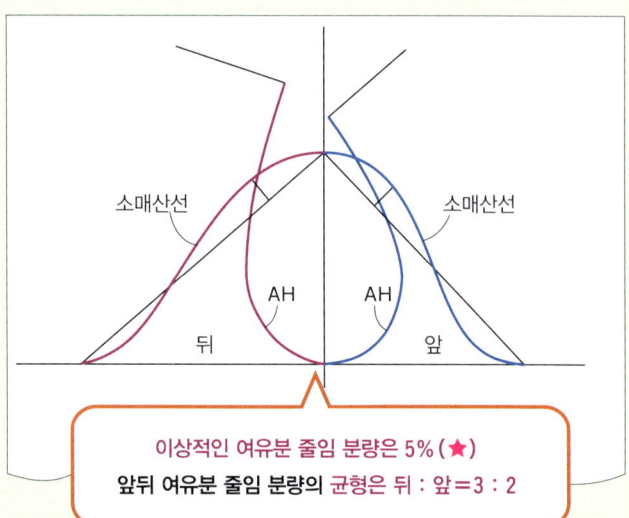

소매산선   소매산선

AH   AH

뒤   앞

이상적인 여유분 줄임 분량은 5%(★)
앞뒤 여유분 줄임 분량의 균형은 뒤 : 앞＝3 : 2

❶ 표를 만들고 치수를 적는다.

		뒤	앞	합계
A	소매산선 길이	22.9	21.3	44.2
B	몸판의 AH 치수	21.6	20.5	42.1
A − B	여유분 줄임 분량	1.3	0.8	2.1

단위는 cm

★ 여유분 줄임 분량 5%는 블라우스를 가정. 재킷이나 코트의 소매산에 볼륨을 주고 싶을 때는 7%까지 늘리는 것도 가능.

※이 참고 예는 부록 실물 대형 패턴 9호 사이즈의 경우. 부록 실물 대형 패턴은 모든 사이즈에서 이상적인 여유분 줄임 분량이 들어 있는 상태

❷ 이상적인 여유분 줄임 분량을 계산한다. ⟶ 앞뒤 몸판의 AH 치수의 합계×5%

❸ ❷에서 나온 이상적인 여유분 줄임 분량을 3 : 2로 배분한다.
⟶ 뒤 여유분 줄임 분량＝❷÷5×3
⟶ 앞 여유분 줄임 분량＝❷÷5×2

❸ ❸에서 나온 여유분 줄임 분량을 ❶의 표와 비교해 과부족이 있을 경우 소매산선의 길이를 조정한다. ⟶ ❽

※과부족이 1cm 이상인 경우는 치수를 잘못 쟀을 가능성이 있다. 정확하게 제도했는지 확인하자

8 이상적인 여유분 줄임 분량이 되도록 소매산선을 조정한다

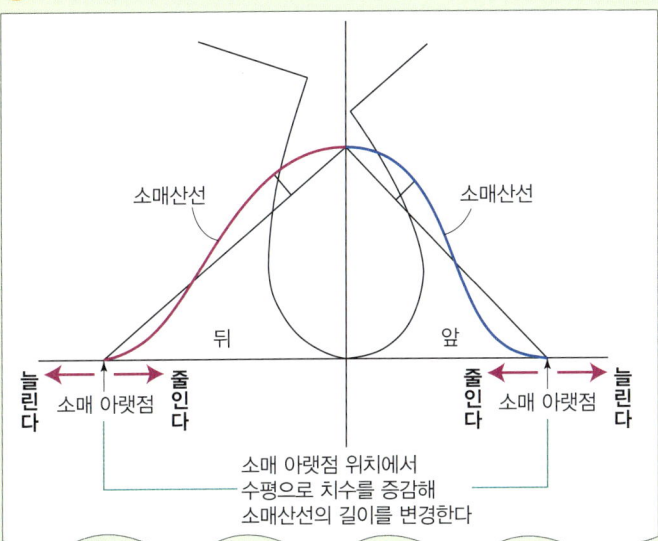

소매산선

소매산선

뒤

앞

늘린다

소매 아랫점

줄인다

줄인다

소매 아랫점

늘린다

소매 아랫점 위치에서 수평으로 치수를 증감해 소매산선의 길이를 변경한다

조정 예 ❶ 이상적인 여유분 줄임 분량을 위해 필요한 증감 치수를 산출하자.

		뒤	앞	합계
A	소매산선 길이	23.0	21.5	44.5
B	몸판의 AH 치수	21.5	20.5	42.0
A－B	여유분 줄임 분량	1.5	1.0	2.5

단위 cm

＊이상적인 여유분 줄임 분량 ── 1.3 0.8 2.1

↓ ↓

＊이상적인 여유분 줄임 분량을 위한 필요한 증감 치수 －0.2 －0.2

이상적인 여유분 줄임 분량을 위해
0.2cm씩 앞뒤 소매산선을 짧게 한다

※계산식은
이상적인 여유분 줄임 분량(0.8) － 현 상태의 여유분 줄임 분량(1.0) = －0.2

❷ 앞뒤 소매산선을 자른다.

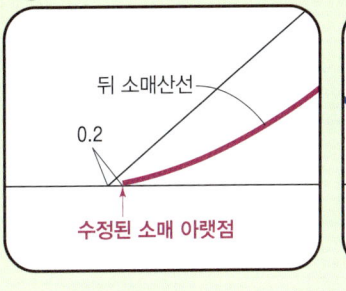

소매산선을 수평으로 자른다

0.2

뒤 소매산선

소매 아랫점

소매산선을 수평으로 자른다

앞 소매산선

0.2

소매 아랫점

❸ 그에 따라 소매 아랫점이 이동해 소매 폭이 조금 좁아진다.

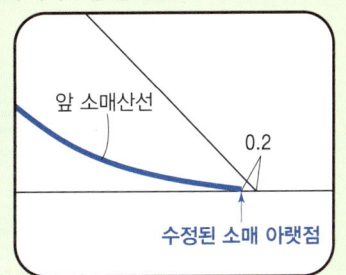

뒤 소매산선

0.2

수정된 소매 아랫점

앞 소매산선

0.2

수정된 소매 아랫점

9 소매 밑선을 그리면 완성!

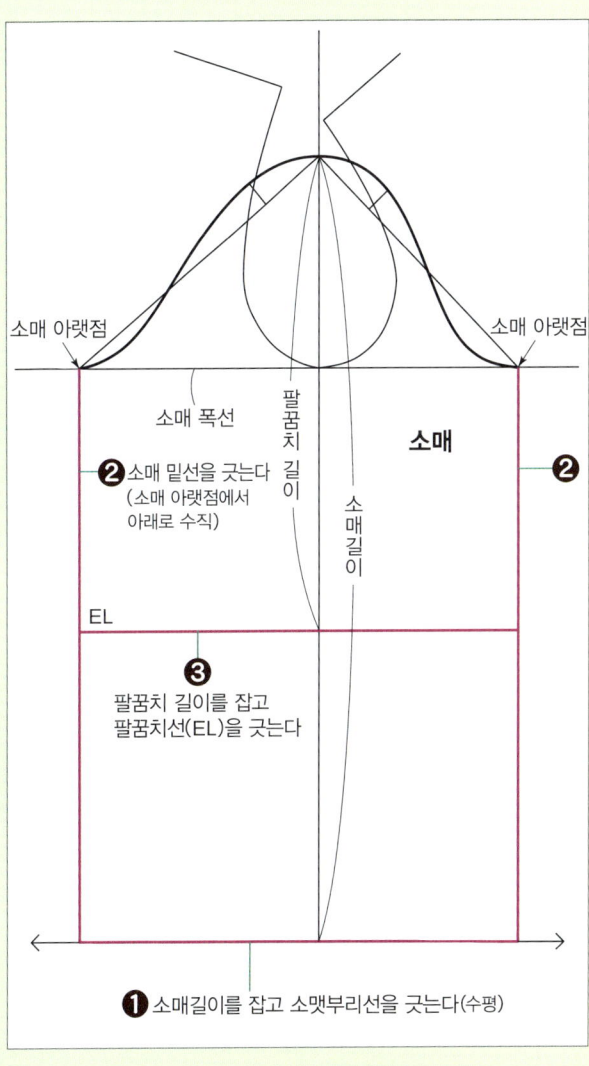

소매 아랫점

소매 아랫점

소매 폭선

팔꿈치 길이

소매

소매 길이

❷ 소매 밑선을 긋는다
(소매 아랫점에서 아래로 수직)

❷

EL

❸ 팔꿈치 길이를 잡고 팔꿈치선(EL)을 긋는다

❶ 소매길이를 잡고 소맷부리선을 긋는다(수평)

제도 방법
셔츠 슬리브

[예 : 소매 **T** (P.50)]

몸판의 진동 둘레에 직접 제도한다

소매를 단독으로 제도하는 방법도 있지만 몸판의 진동 둘레에 겹쳐서 직접 제도하는 법을 소개한다. 이 방법은 소매산에 여유분 줄임을 할 수 없는 소매의 경우 몸판의 진동 둘레나 소매 달림 치수, 곡선 모양을 쉽게 맞출 수 있다. 앞 몸판에 AH 다트가 있는 경우 미리 다트를 이동한다.

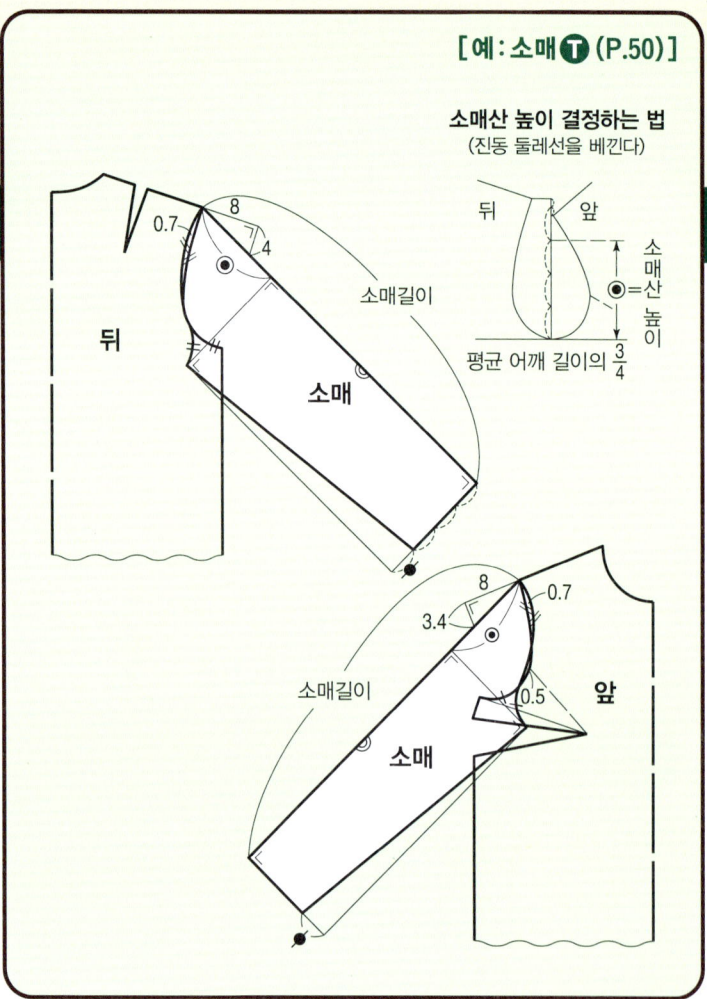

소매산 높이 결정하는 법
(진동 둘레선을 베낀다)

소매산 높이 = 평균 어깨 길이의 $\frac{3}{4}$

1 앞 몸판의 AH 다트를 이동한다

※아래는 옆으로 이동. 목둘레나 어깨, 밑단으로 이동하는 경우도 **2**번부터 마찬가지로 제도가 가능
※임시로 이동해 나중에 AH 다트로 되돌리는 것도 가능

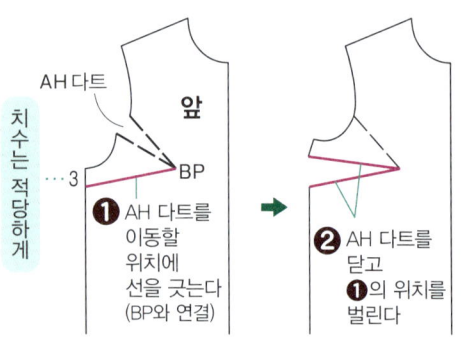

치수는 적당하게

❶ AH 다트를 이동할 위치에 선을 긋는다 (BP와 연결)

❷ AH 다트를 닫고 ❶의 위치를 벌린다

2 뒤 소매 중심선, 소매 폭선, 소맷부리선을 긋는다

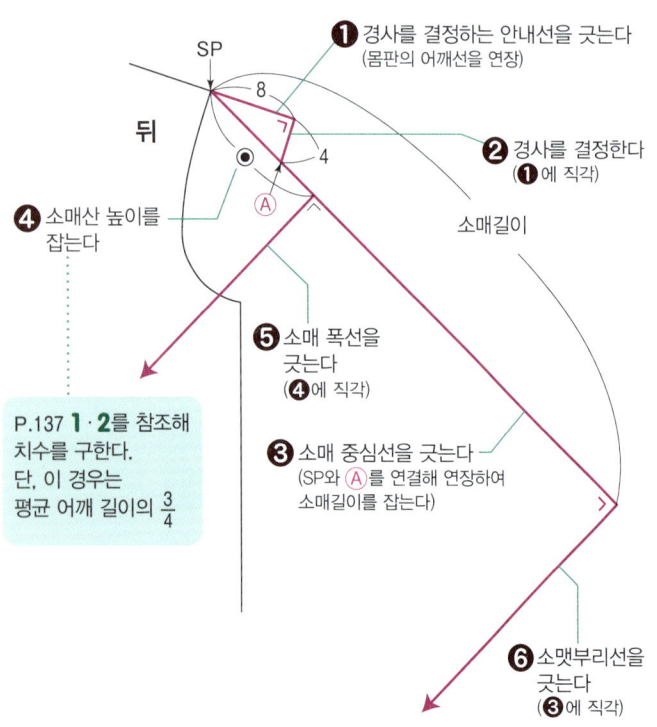

❶ 경사를 결정하는 안내선을 긋는다 (몸판의 어깨선을 연장)

❷ 경사를 결정한다 (❶에 직각)

❹ 소매산 높이를 잡는다

❺ 소매 폭선을 긋는다 (❹에 직각)

❸ 소매 중심선을 긋는다 (SP와 Ⓐ를 연결해 연장하여 소매길이를 잡는다)

P.137 **1·2**를 참조해 치수를 구한다. 단, 이 경우는 평균 어깨 길이의 $\frac{3}{4}$

❻ 소맷부리선을 긋는다 (❸에 직각)

3 소매산을 그리고 소매 밑의 안내선을 긋는다

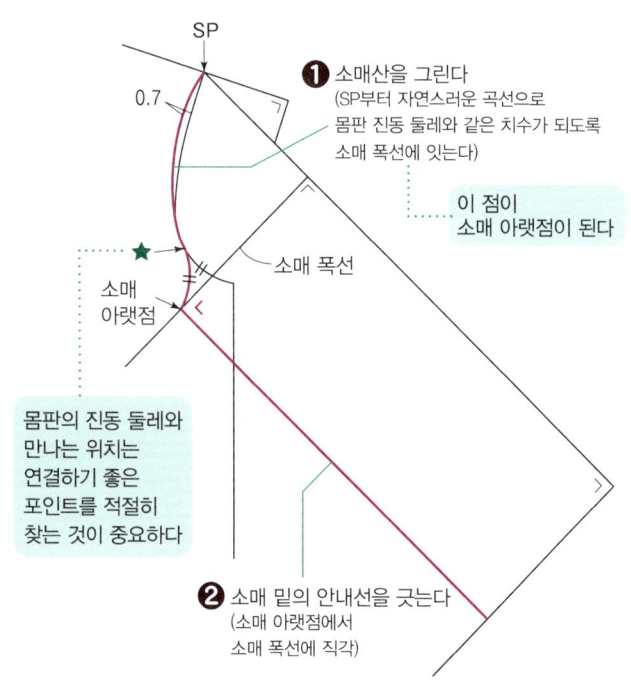

❶ 소매산을 그린다 (SP부터 자연스러운 곡선으로 몸판 진동 둘레와 같은 치수가 되도록 소매 폭선에 잇는다)

이 점이 소매 아랫점이 된다

소매 폭선

소매 아랫점

몸판의 진동 둘레와 만나는 위치는 연결하기 좋은 포인트를 적절히 찾는 것이 중요하다

❷ 소매 밑의 안내선을 긋는다 (소매 아랫점에서 소매 폭선에 직각)

4 소맷부리 치수를 결정해 소매 밑선을 그리면 뒤 소매 완성!

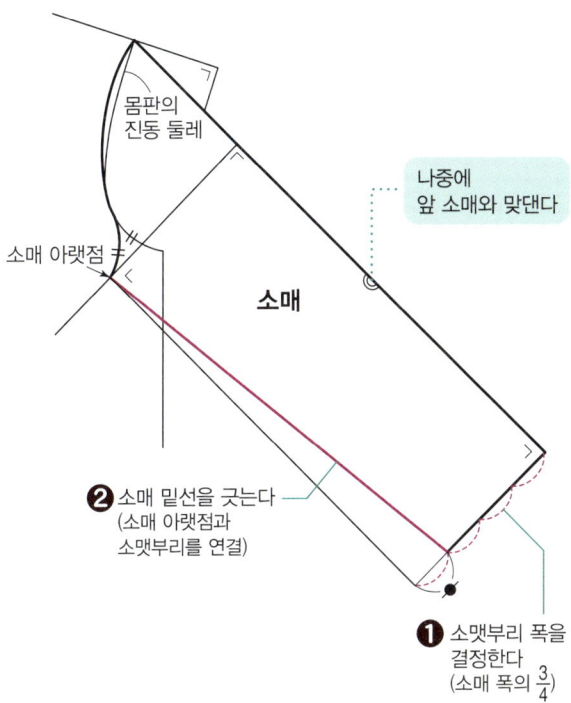

몸판의 진동 둘레

나중에 앞 소매와 맞댄다

소매 아랫점

소매

❷ 소매 밑선을 긋는다
(소매 아랫점과 소맷부리를 연결)

❶ 소맷부리 폭을 결정한다
(소매 폭의 $\frac{3}{4}$)

5 앞 소매 중심선, 소매 폭선, 소맷부리선을 긋는다

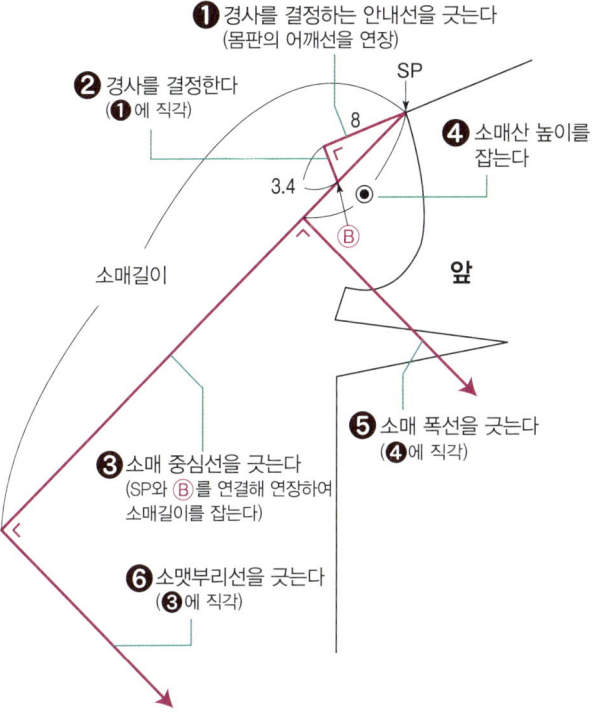

❶ 경사를 결정하는 안내선을 긋는다
(몸판의 어깨선을 연장)

❷ 경사를 결정한다
(❶에 직각)

SP

8

3.4

Ⓑ

❹ 소매산 높이를 잡는다

앞

소매길이

❺ 소매 폭선을 긋는다
(❹에 직각)

❸ 소매 중심선을 긋는다
(SP와 Ⓑ를 연결해 연장하여 소매길이를 잡는다)

❻ 소맷부리선을 긋는다
(❸에 직각)

6 소매산을 그리고 소매 밑의 안내선을 긋는다

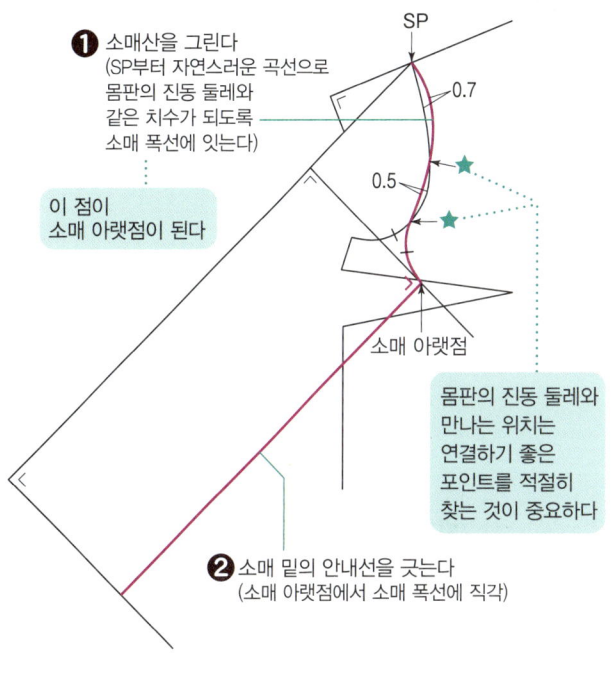

❶ 소매산을 그린다
(SP부터 자연스러운 곡선으로 몸판의 진동 둘레와 같은 치수가 되도록 소매 폭선에 잇는다)

SP

0.7

0.5

이 점이 소매 아랫점이 된다

소매 아랫점

몸판의 진동 둘레와 만나는 위치는 연결하기 좋은 포인트를 적절히 찾는 것이 중요하다

❷ 소매 밑의 안내선을 긋는다
(소매 아랫점에서 소매 폭선에 직각)

7 소맷부리 치수를 결정하고 소매 밑선을 그리면 앞 소매 완성!

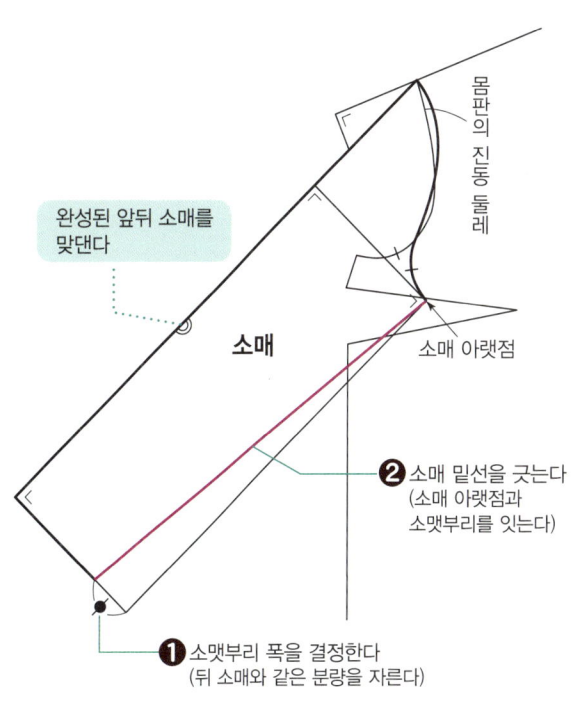

몸판의 진동 둘레

완성된 앞뒤 소매를 맞댄다

소매

소매 아랫점

❷ 소매 밑선을 긋는다
(소매 아랫점과 소맷부리를 잇는다)

❶ 소맷부리 폭을 결정한다
(뒤 소매와 같은 분량을 자른다)

→ 맞댄다···P.157

제도 방법
래글런 슬리브

몸판에 소매 달림선을 그리고, 그 선을 토대로 제도한다

래글런 슬리브를 그리는 방법이 여러 가지 있지만 정해진 숫자로 소매 경사를 결정하는 법을 소개한다. 그 외에 직각삼각형을 이용해 결정하는 방법도 있다. 소매 달림선은 먼저 몸판의 선을 그리고(**3**의 **❶**), 그 모양에 맞춰 소매 쪽 곡선을 그린다(**4**의 **❸**). 앞 몸판에 AH 다트가 있는 경우 미리 다트를 이동한다.

1 │ 앞 몸판의 AH 다트를 이동한다

※아래는 옆으로 이동한 예. 목둘레나 어깨,
　밑단으로 이동하는 경우도 **2**번부터 마찬가지로 제도 가능
※임시로 이동해 나중에 AH 다트로 되돌리는 것도 가능

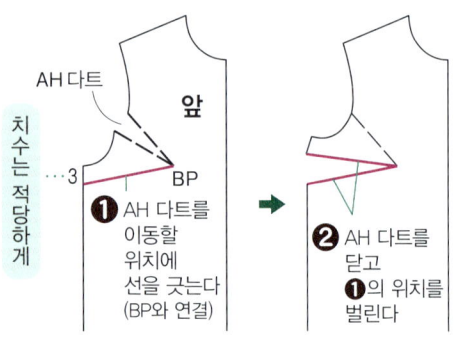

AH 다트

앞

치수는 적당하게 ····3

BP

❶ AH 다트를 이동할 위치에 선을 긋는다 (BP와 연결)

❷ AH 다트를 닫고 ❶의 위치를 벌린다

[예 : 소매 **V** (P.52)]

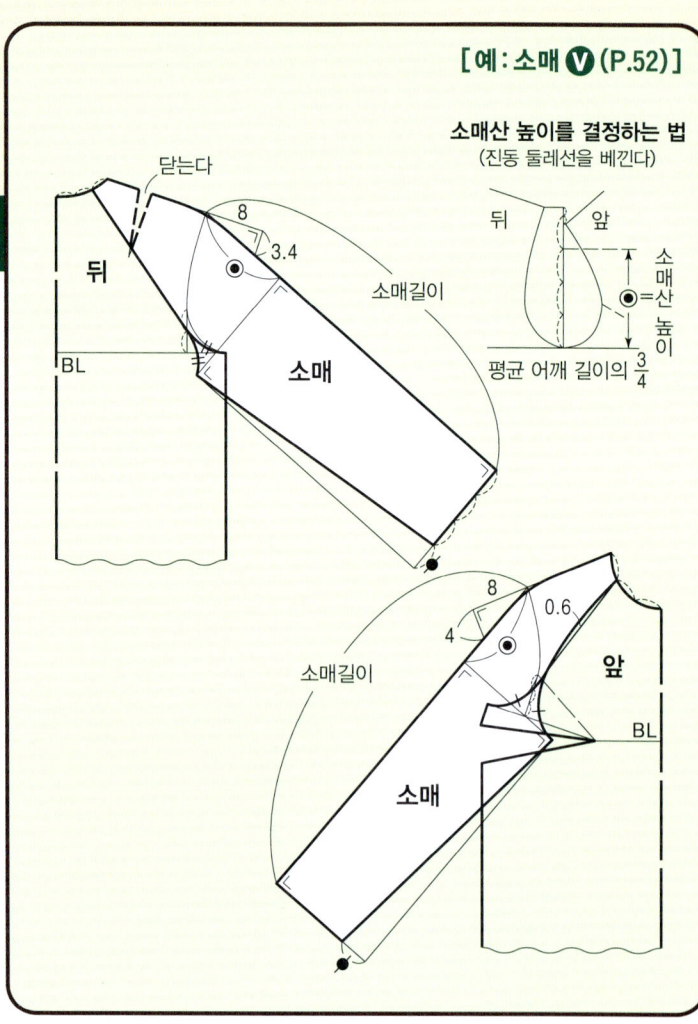

소매산 높이를 결정하는 법
(진동 둘레선을 베긴다)

뒤　앞

소매산 높이

소매산=높이 평균 어깨 길이의 $\frac{3}{4}$

닫는다

뒤

8
3.4

소매길이

BL

소매

8
4
0.6

앞

BL

소매길이

소매

2 │ 뒤 몸판의 소매 달림선을 긋는다

❶ 목둘레에서 소매 달림선의 위치를 결정한다
(뒤 목둘레를 3등분해 중심에서 $\frac{2}{3}$)

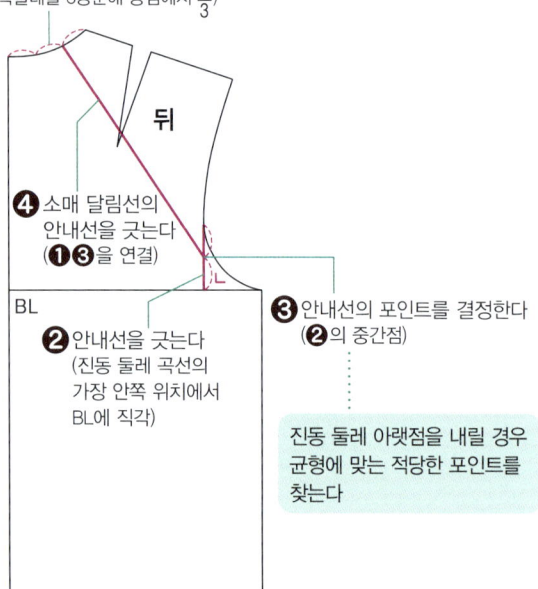

뒤

❹ 소매 달림선의 안내선을 긋는다 (❶❸을 연결)

❷ 안내선을 긋는다 (진동 둘레 곡선의 가장 안쪽 위치에서 BL에 직각)

BL

❸ 안내선의 포인트를 결정한다 (❷의 중간점)

진동 둘레 아랫점을 내릴 경우 균형에 맞는 적당한 포인트를 찾는다

3 │ 진동 둘레 아래쪽 몸판의 소매 달림선, 소매 외형을 긋는다

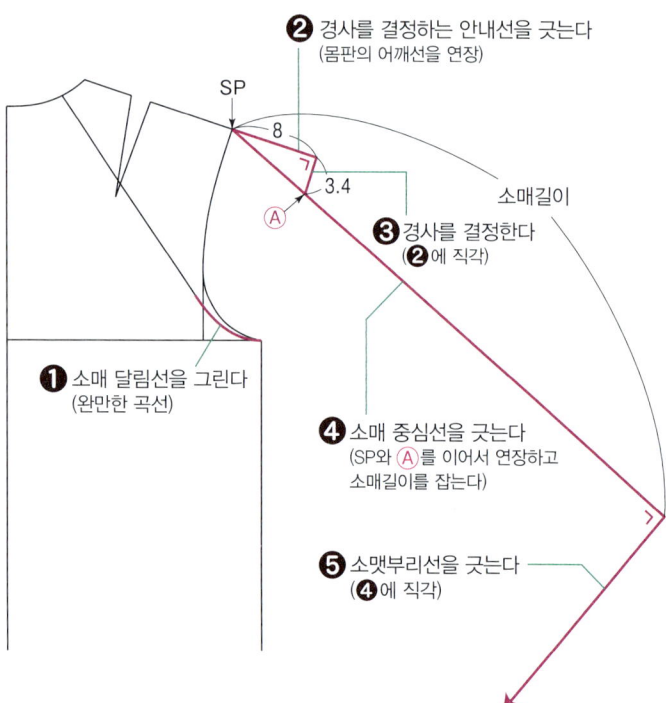

❷ 경사를 결정하는 안내선을 긋는다 (몸판의 어깨선을 연장)

SP

8
ㄱ
3.4
Ⓐ

소매길이

❸ 경사를 결정한다 (❷에 직각)

❶ 소매 달림선을 그린다 (완만한 곡선)

❹ 소매 중심선을 긋는다 (SP와 Ⓐ를 이어서 연장하고 소매길이를 잡는다)

❺ 소맷부리선을 긋는다 (❹에 직각)

4 소매의 소매 달림선과 소매 밑선을 그리고 어깨 끝을 수정하면 뒤 소매 완성!

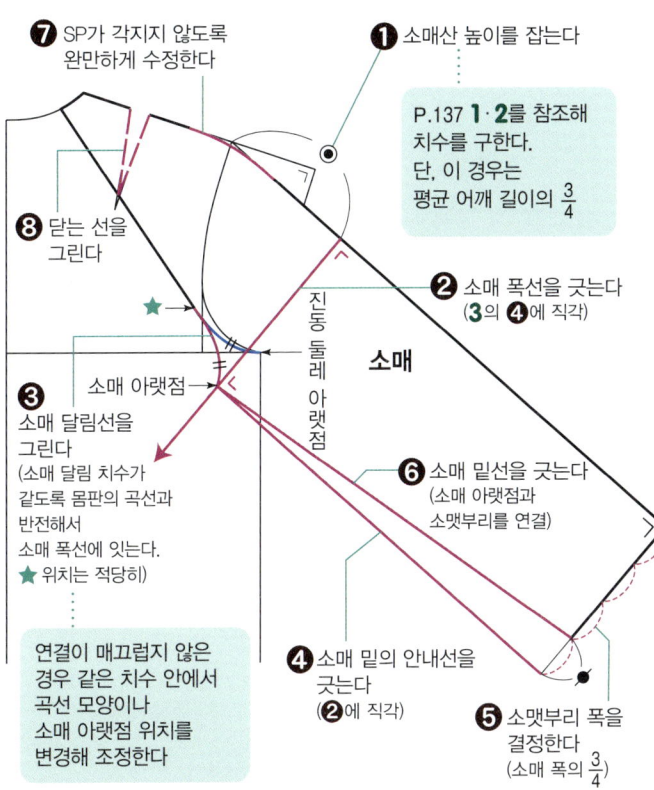

❼ SP가 각지지 않도록 완만하게 수정한다

❶ 소매산 높이를 잡는다

P.137 **1·2**를 참조해 치수를 구한다. 단, 이 경우는 평균 어깨 길이의 $\frac{3}{4}$

❽ 닫는 선을 그린다

❷ 소매 폭선을 긋는다 (**3**의 ❹에 직각)

소매 아랫점

진동 둘레 아랫점

소매

❸ 소매 달림선을 그린다 (소매 달림 치수가 같도록 몸판의 곡선과 반전해서 소매 폭선에 잇다. ★ 위치는 적당히)

❻ 소매 밑선을 긋는다 (소매 아랫점과 소맷부리를 연결)

❹ 소매 밑의 안내선을 긋는다 (❷에 직각)

❺ 소맷부리 폭을 결정한다 (소매 폭의 $\frac{3}{4}$)

연결이 매끄럽지 않은 경우 같은 치수 안에서 곡선 모양이나 소매 아랫점 위치를 변경해 조정한다

5 몸판의 앞 소매 달림선의 안내선을 긋는다

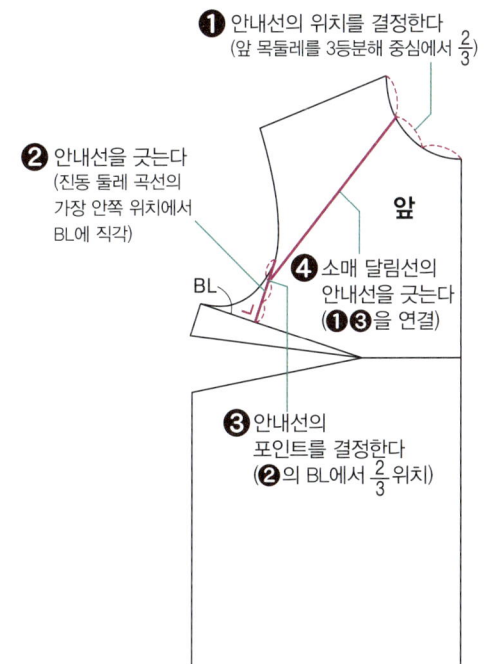

❶ 안내선의 위치를 결정한다 (앞 목둘레를 3등분해 중심에서 $\frac{2}{3}$)

❷ 안내선을 긋는다 (진동 둘레 곡선의 가장 안쪽 위치에서 BL에 직각)

앞

❹ 소매 달림선의 안내선을 긋는다 (❶❸을 연결)

BL

❸ 안내선의 포인트를 결정한다 (❷의 BL에서 $\frac{2}{3}$ 위치)

6 앞 몸판의 소매 달림선과 소매 외형을 긋는다

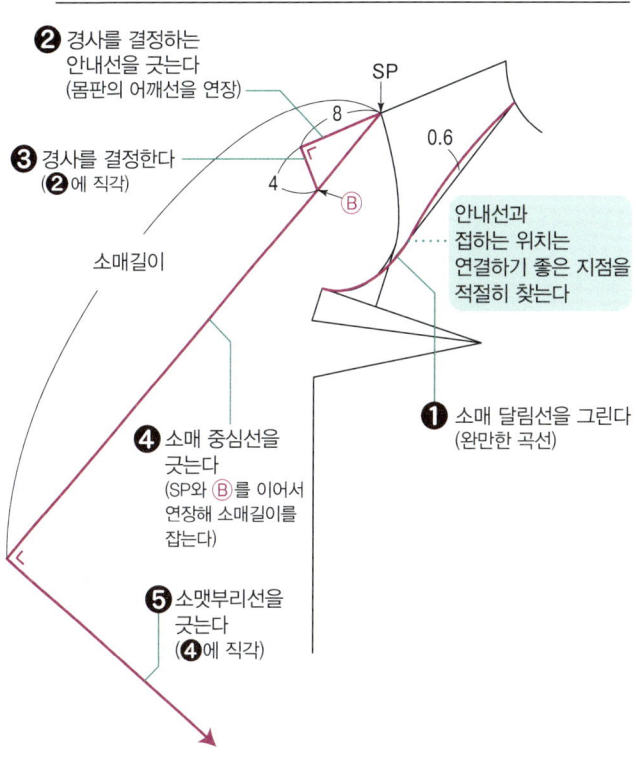

❷ 경사를 결정하는 안내선을 긋는다 (몸판의 어깨선을 연장)

SP

8

❸ 경사를 결정한다 (❷에 직각)

4

0.6

Ⓑ

소매길이

안내선과 접하는 위치는 연결하기 좋은 지점을 적절히 찾는다

❹ 소매 중심선을 긋는다 (SP와 Ⓑ를 이어서 연장해 소매길이를 잡는다)

❶ 소매 달림선을 그린다 (완만한 곡선)

❺ 소맷부리선을 긋는다 (❹에 직각)

7 소매의 소매 달림선과 소매 밑선을 그리고 어깨 끝을 수정하면 앞 소매 완성!

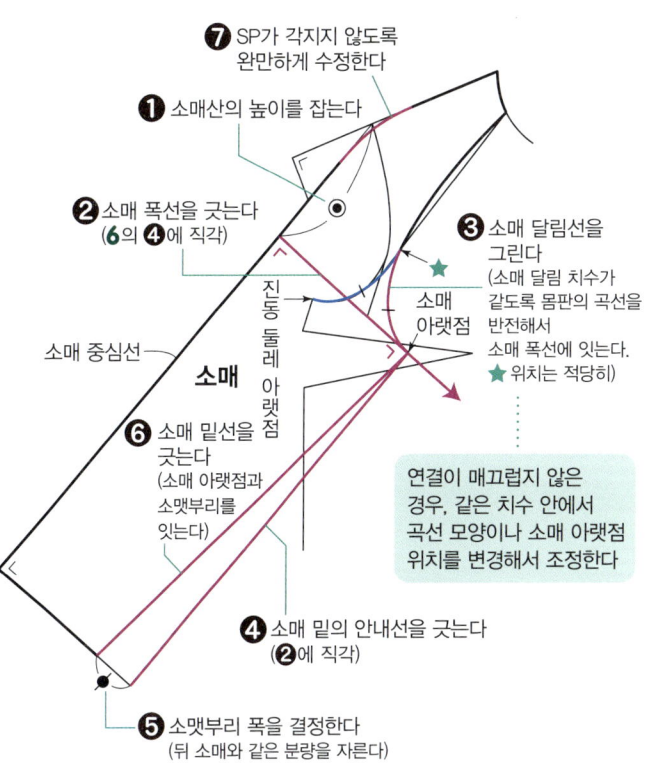

❼ SP가 각지지 않도록 완만하게 수정한다

❶ 소매산의 높이를 잡는다

❷ 소매 폭선을 긋는다 (**6**의 ❹에 직각)

❸ 소매 달림선을 그린다 (소매 달림 치수가 같도록 몸판의 곡선을 반전해서 소매 폭선에 잇다. ★ 위치는 적당히)

진동 둘레 아랫점

소매 아랫점

소매 중심선

소매

❻ 소매 밑선을 긋는다 (소매 아랫점과 소맷부리를 잇는다)

연결이 매끄럽지 않은 경우, 같은 치수 안에서 곡선 모양이나 소매 아랫점 위치를 변경해서 조정한다

❹ 소매 밑의 안내선을 긋는다 (❷에 직각)

❺ 소맷부리 폭을 결정한다 (뒤 소매와 같은 분량을 자른다)

→ 닫는다···P.160

제도 방법
기모노 슬리브 Ⓧ

몸판에서 이어진 소매와 그 치수를 사용해 덧천을 제도한다

이 제도의 포인트는 소매 폭을 결정하는 안내선(☆)을 긋는 방법이다. 직각과 등분으로 소매를 그려간다. 활동량을 확보하기 위한 덧천은 몸판과 소매의 덧대는 치수를 재서 제도한다. 미리 앞 몸판의 AH 다트를 이동한다.

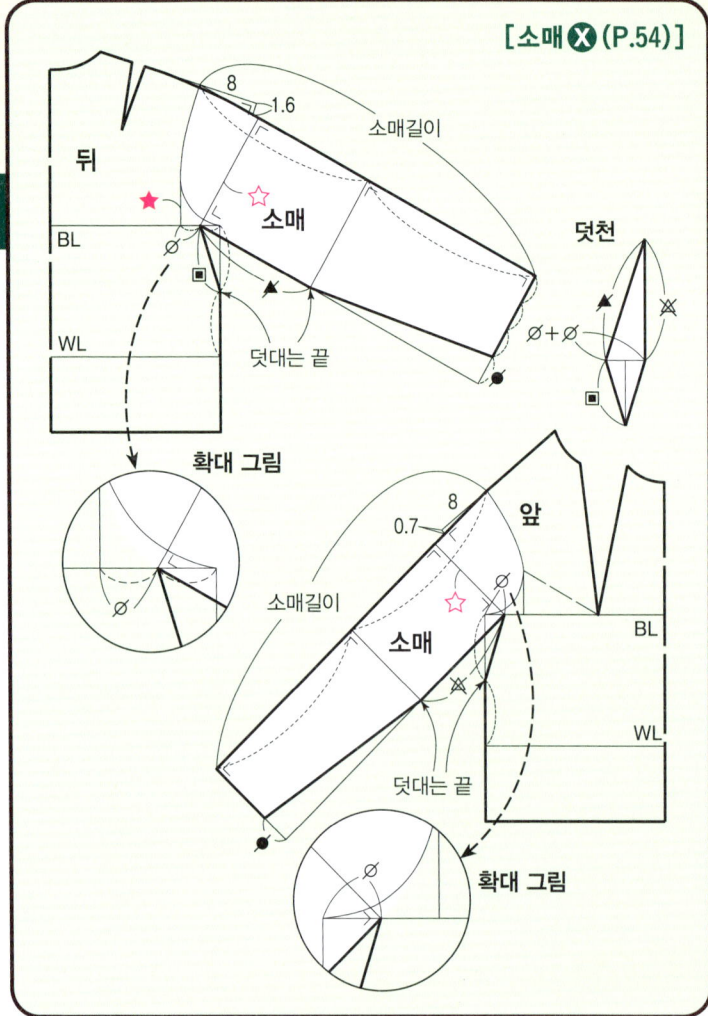

[소매 Ⓧ (P.54)]

뒤

덧천

소매

8 1.6 소매길이

BL

★

☆ 소매

∅+∅

WL

덧대는 끝

확대 그림

앞

0.7 8

소매길이

BL

☆

소매

WL

덧대는 끝

확대 그림

1 앞 몸판의 AH 다트를 이동한다

※아래는 목둘레로 이동한 예.
어깨, 밑단으로 이동하는 디자인도 **2**번부터는 마찬가지로 제도가 가능.
이 디자인은 옆으로 이동하는 것은 불가능

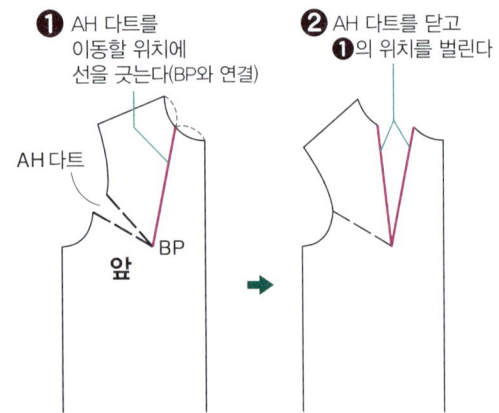

❶ AH 다트를 이동할 위치에 선을 긋는다(BP와 연결)

AH 다트

앞 BP

❷ AH 다트를 닫고 ❶의 위치를 벌린다

2 뒤 소매의 외형과 안내선 ★을 긋는다

3 소매 폭을 정하는 안내선 ☆을 긋고 몸판의 덧대는 선을 긋는다

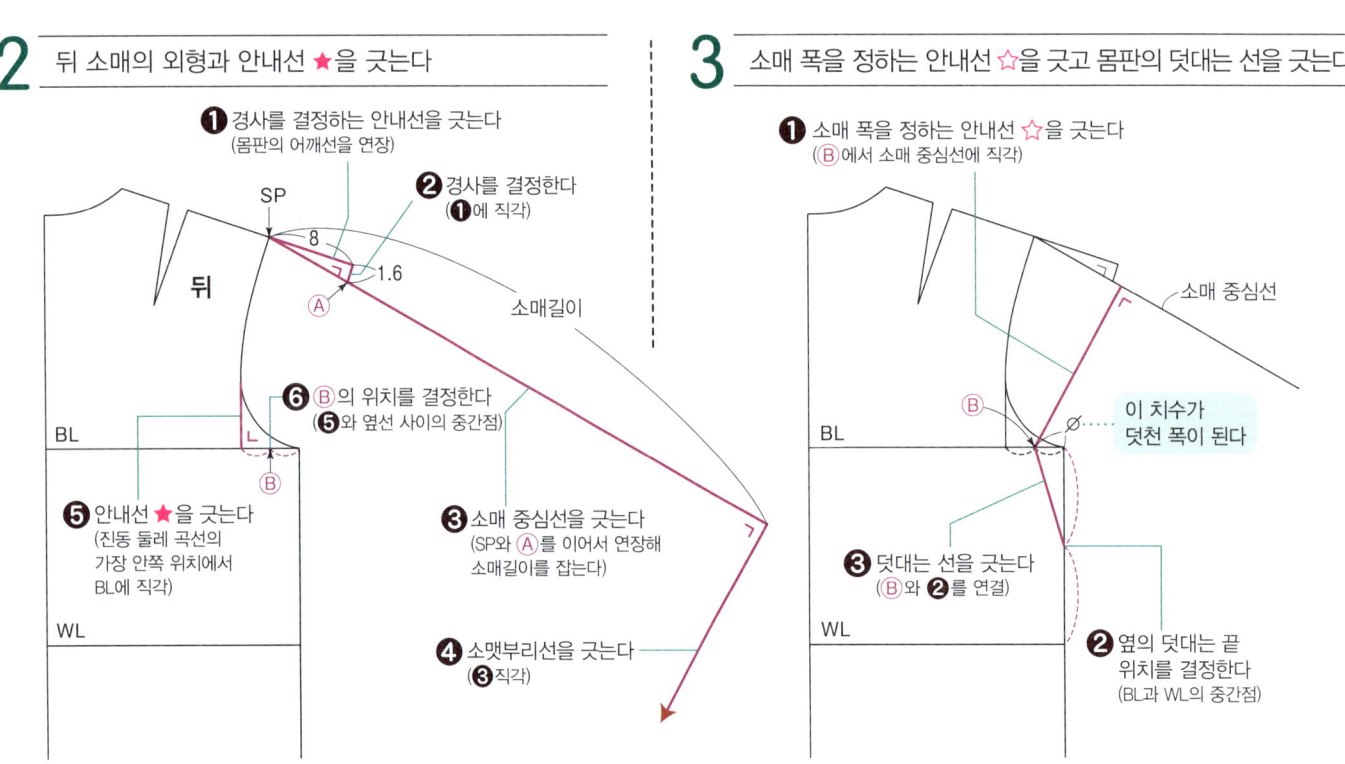

❶ 경사를 결정하는 안내선을 긋는다 (몸판의 어깨선을 연장)

SP

뒤

8 1.6

Ⓐ

❷ 경사를 결정한다 (❶에 직각)

소매길이

❻ Ⓑ의 위치를 결정한다 (❺와 옆선 사이의 중간점)

BL

Ⓑ

❺ 안내선 ★을 긋는다 (진동 둘레 곡선의 가장 안쪽 위치에서 BL에 직각)

WL

❸ 소매 중심선을 긋는다 (SP와 Ⓐ를 이어서 연장해 소매길이를 잡는다)

❹ 소맷부리선을 긋는다 (❸직각)

❶ 소매 폭을 정하는 안내선 ☆을 긋는다 (Ⓑ에서 소매 중심선에 직각)

소매 중심선

BL

Ⓑ

∅

이 치수가 덧천 폭이 된다

❸ 덧대는 선을 긋는다 (Ⓑ와 ❷를 연결)

WL

❷ 옆의 덧대는 끝 위치를 결정한다 (BL과 WL의 중간점)

4 소매 덧대는 선과 소매 밑선을 그리고 어깨 끝을 수정하면 뒤 소매 완성!

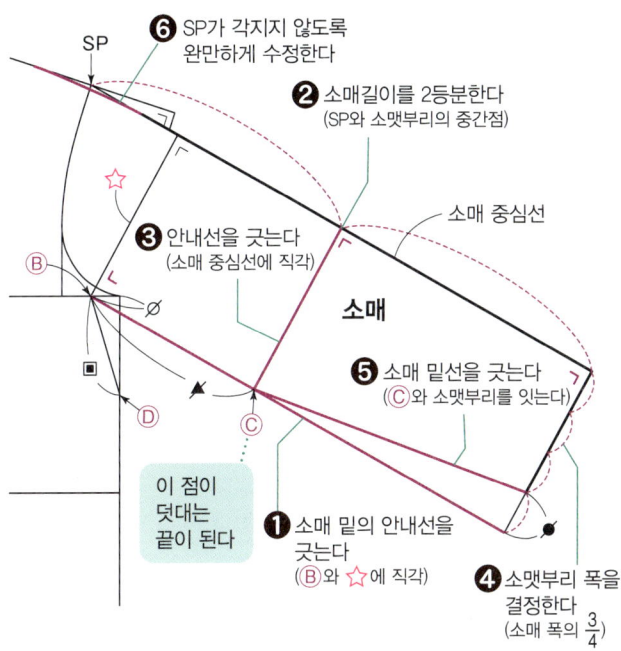

❻ SP가 각지지 않도록 완만하게 수정한다

SP

❷ 소매길이를 2등분한다
(SP와 소맷부리의 중간점)

소매 중심선

❸ 안내선을 긋는다
(소매 중심선에 직각)

소매

Ⓑ

Ⓓ

Ⓒ

❺ 소매 밑선을 긋는다
(Ⓒ와 소맷부리를 잇는다)

이 점이 덧대는 끝이 된다

❶ 소매 밑의 안내선을 긋는다
(Ⓑ와 ☆에 직각)

❹ 소맷부리 폭을 결정한다
(소매 폭의 $\frac{3}{4}$)

5 앞 소매의 외형, 안내선, 몸판의 덧대는 선을 긋는다

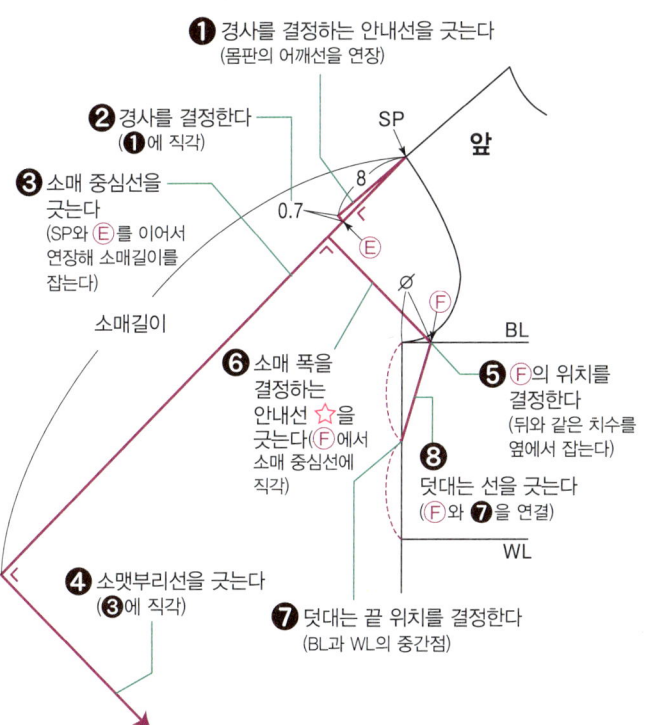

❶ 경사를 결정하는 안내선을 긋는다
(몸판의 어깨선을 연장)

❷ 경사를 결정한다
(❶에 직각)

SP

앞

8

0.7

Ⓔ

❸ 소매 중심선을 긋는다
(SP와 Ⓔ를 이어서 연장해 소매길이를 잡는다)

소매길이

❻ 소매 폭을 결정하는 안내선 ☆을 긋는다(Ⓕ에서 소매 중심선에 직각)

Ⓕ

BL

❺ Ⓕ의 위치를 결정한다
(뒤와 같은 치수를 옆에서 잡는다)

❽ 덧대는 선을 긋는다
(Ⓕ와 ❼을 연결)

WL

❹ 소맷부리선을 긋는다
(❸에 직각)

❼ 덧대는 끝 위치를 결정한다
(BL과 WL의 중간점)

6 소매 덧대는 선과 소매 밑선을 그리고 어깨 끝을 수정하면 앞 소매 완성!

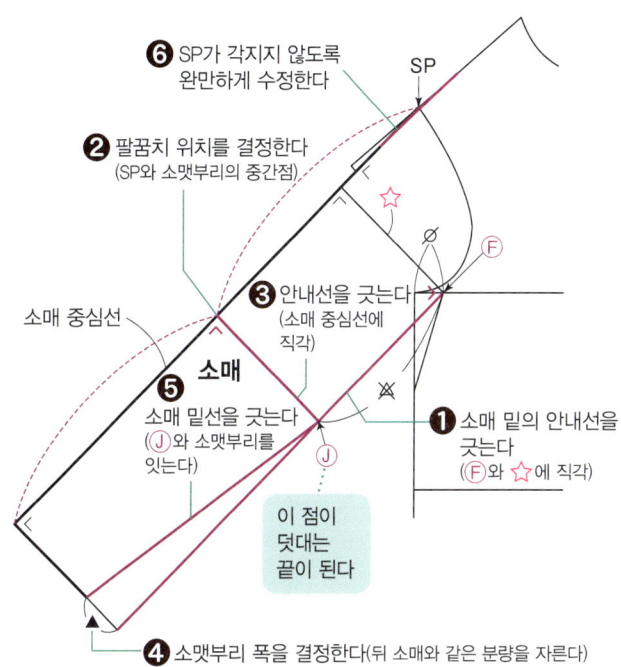

❻ SP가 각지지 않도록 완만하게 수정한다

SP

❷ 팔꿈치 위치를 결정한다
(SP와 소맷부리의 중간점)

Ⓕ

❸ 안내선을 긋는다
(소매 중심선에 직각)

소매 중심선

소매

❺ 소매 밑선을 긋는다
(Ⓙ와 소맷부리를 잇는다)

Ⓙ

❶ 소매 밑의 안내선을 긋는다
(Ⓕ와 ☆에 직각)

이 점이 덧대는 끝이 된다

❹ 소맷부리 폭을 결정한다(뒤 소매와 같은 분량을 자른다)

7 덧천을 그린다(확대 그림)

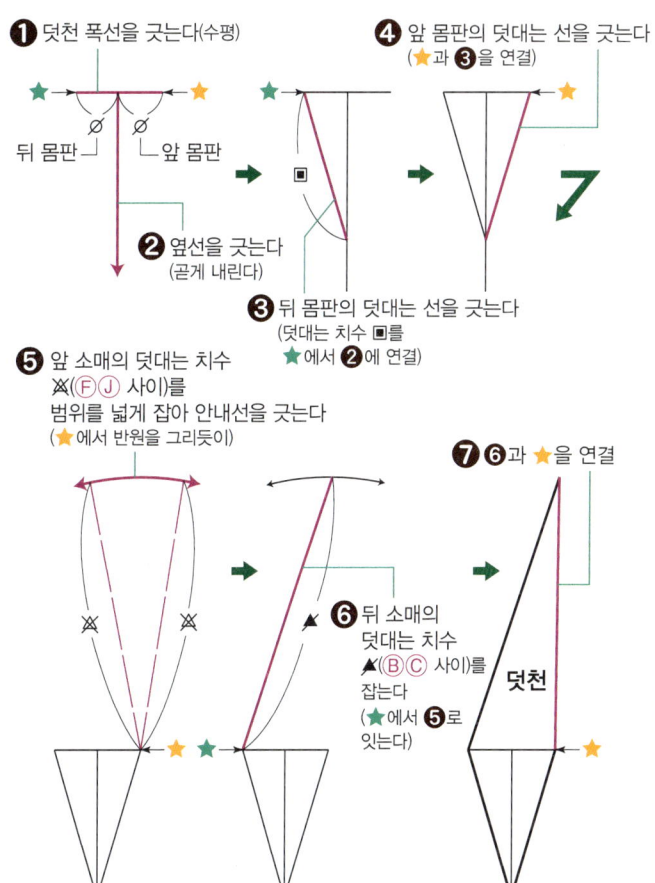

❶ 덧천 폭선을 긋는다(수평)

뒤 몸판   앞 몸판

❷ 옆선을 긋는다
(곧게 내린다)

❹ 앞 몸판의 덧대는 선을 긋는다
(★과 ❸을 연결)

❸ 뒤 몸판의 덧대는 선을 긋는다
(덧대는 치수 ▪를 ★에서 ❷에 연결)

❺ 앞 소매의 덧대는 치수 ⅗(ⒻⒿ 사이)를 범위를 넓게 잡아 안내선을 긋는다
(★에서 반원을 그리듯이)

❻ 뒤 소매의 덧대는 치수 ▲(ⒷⒸ 사이)를 잡는다
(★에서 ❺로 잇는다)

❼ ❻과 ★을 연결

덧천

제도 방법
스탠드 칼라

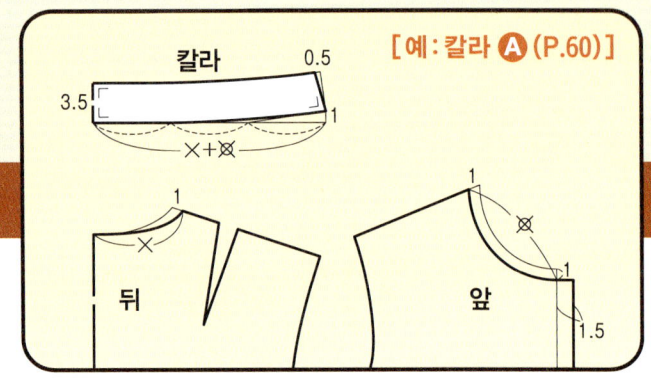

앞뒤 몸판의 목둘레 치수를 사용해 제도한다

칼라 달림선에 경사가 있는 제도에는 앞 끝이 수직으로 보이려면 앞 끝을 경사지게 한다. 앞 중심의 안내선(**1**의 ❽)은 칼라 달림선에 수직으로 긋고, 거기에서 다시 경사를 두고 앞 중심선을 긋는다(**2**의 ❶).

1 칼라의 윤곽을 그린다

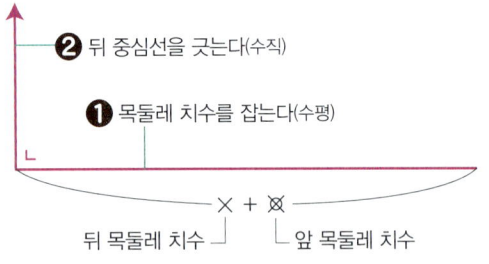

❷ 뒤 중심선을 긋는다(수직)

❶ 목둘레 치수를 잡는다(수평)

╳ + ⊠

└ 뒤 목둘레 치수 ┘ └ 앞 목둘레 치수

Point 수평·수직선을 정확하게 긋는 법

수평·수직선을 그을 때 길이가 긴 쪽을 먼저 긋고 나머지 한쪽을 그으면 직각선을 정확하게 그릴 수 있다.

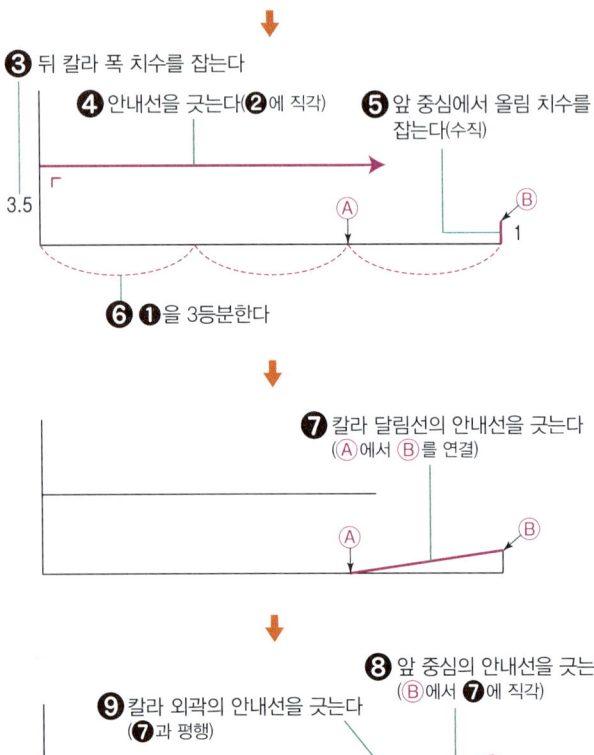

❸ 뒤 칼라 폭 치수를 잡는다

❹ 안내선을 긋는다(❷에 직각)

❺ 앞 중심에서 올림 치수를 잡는다(수직)

3.5

Ⓐ   Ⓑ   1

❻ ❶을 3등분한다

❼ 칼라 달림선의 안내선을 긋는다
(Ⓐ에서 Ⓑ를 연결)

Ⓐ   Ⓑ

❽ 앞 중심의 안내선을 긋는다
(Ⓑ에서 ❼에 직각)

❾ 칼라 외곽의 안내선을 긋는다
(❼과 평행)

3.5   Ⓑ

2 완성선을 그린다

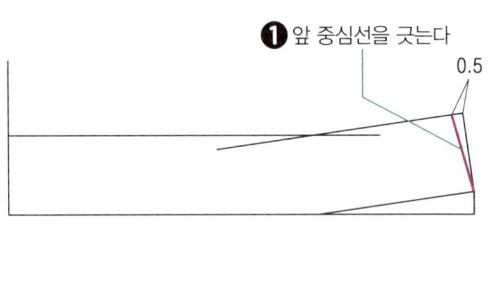

❶ 앞 중심선을 긋는다

0.5

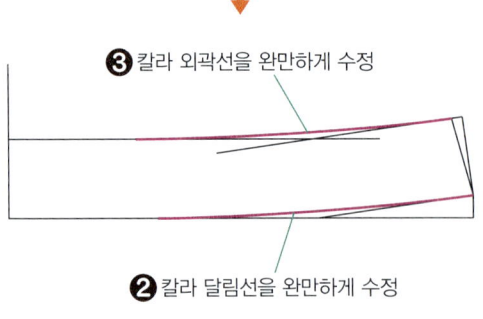

❸ 칼라 외곽선을 완만하게 수정

❷ 칼라 달림선을 완만하게 수정

3 완성!

칼라

제도 방법
셔츠 칼라

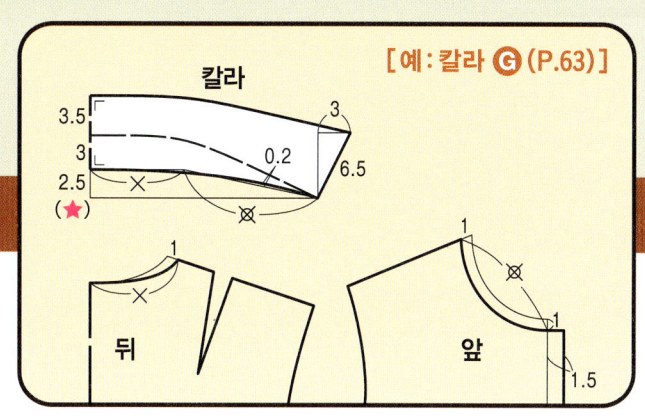

앞뒤 몸판의 목둘레 치수를 사용해 제도한다

앞 칼라 폭 치수(이 경우는 6.5cm)를 잡을 때, 수평·수직선을 이용하면 선을 쉽게 만들 수 있다(**1**의 ❼❽). 익숙하지 않으면 외곽선이나 꺾임선 등 미묘한 곡선은 손으로 그리기 어렵다. 안내선(**2**의 ❶❷❸)을 활용해서 자연스러운 곡선을 완성하자.

1 칼라 달림선을 그리고 앞 칼라 폭을 잡는다

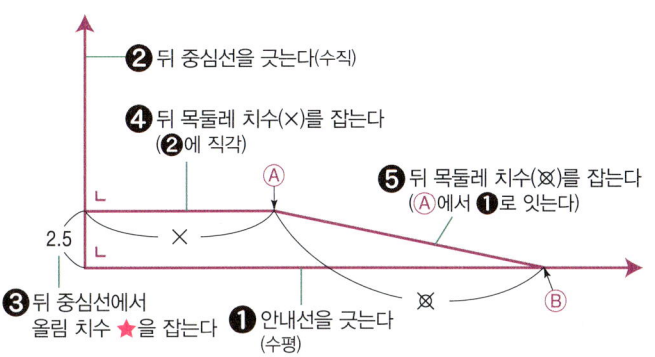

❷ 뒤 중심선을 긋는다(수직)

❹ 뒤 목둘레 치수(✕)를 잡는다 (❷에 직각)

❺ 뒤 목둘레 치수(⊠)를 잡는다 (Ⓐ에서 ❶로 잇는다)

❸ 뒤 중심선에서 올림 치수 ★을 잡는다

❶ 안내선을 긋는다 (수평)

Point 수평·수직선을 정확하게 긋는 법

수평·수직선을 그을 때 길이가 긴 쪽을 먼저 긋고 나머지 한쪽을 그으면 직각선을 정확하게 그릴 수 있다.

❻ 칼라 달림선을 완만한 곡선으로 잇는다 (제도 형상에 가깝게 되도록)

0.2

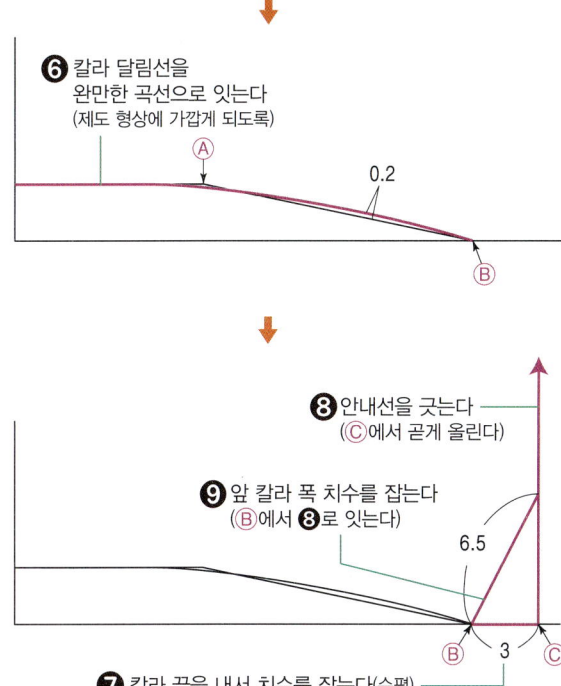

❽ 안내선을 긋는다 (Ⓒ에서 곧게 올린다)

❾ 앞 칼라 폭 치수를 잡는다 (Ⓑ에서 ❽로 잇는다)

6.5

3

❼ 칼라 끝을 내서 치수를 잡는다(수평)

2 외곽과 꺾임선을 그린다

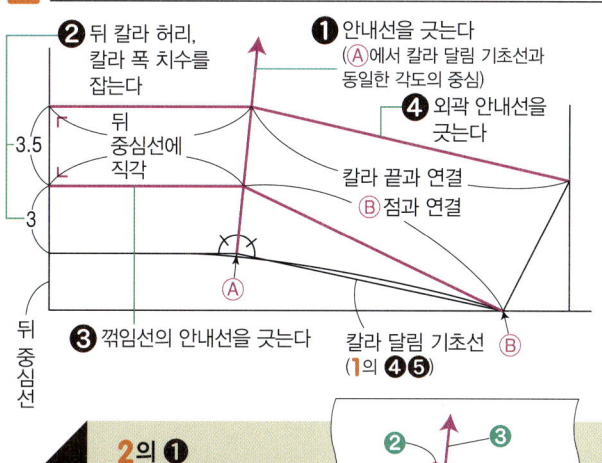

❷ 뒤 칼라 허리, 칼라 폭 치수를 잡는다

뒤 중심선에 직각

3.5

3

❸ 꺾임선의 안내선을 긋는다

❶ 안내선을 긋는다 (Ⓐ에서 칼라 달림 기초선과 동일한 각도의 중심)

❹ 외곽 안내선을 긋는다

칼라 끝과 연결

Ⓑ 점과 연결

칼라 달림 기초선 (**1**의 ❹❺)

Point 2의 ❶ 안내선 긋는 법

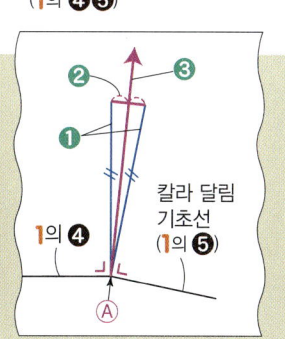

같은 각도의 안내선을 그을 때는 각도기를 사용한다. 없는 경우 오른쪽 그림처럼 **1**의 ❹❺에서 직각을 잡아 안내선을 그린다. ❶의 같은 치수(⧵)는 적당하게.

칼라 달림 기초선 (**1**의 ❺)

1의 ❹

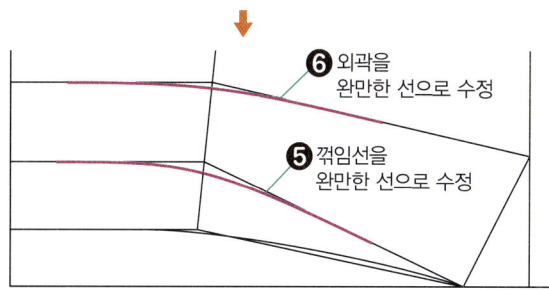

❻ 외곽을 완만한 선으로 수정

❺ 꺾임선을 완만한 선으로 수정

3 완성!

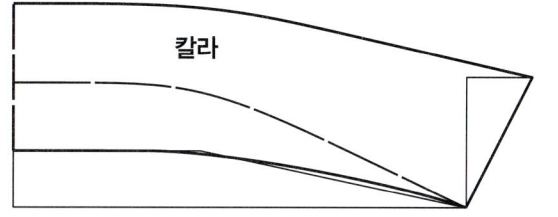

칼라

제도 방법
칼라 밴드 달린 셔츠 칼라

[예 : 칼라 N (P.66)]

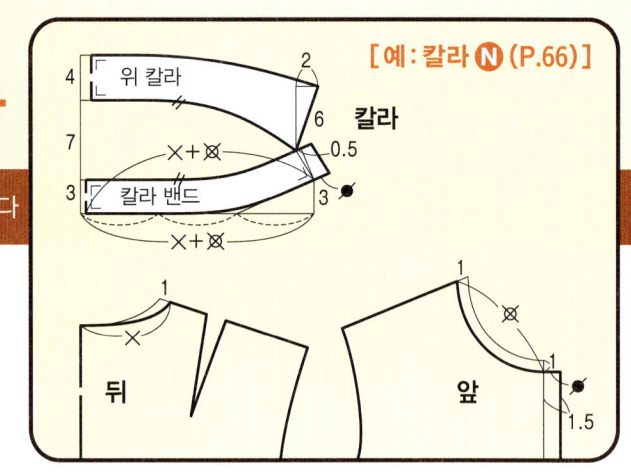

앞뒤 몸판의 목둘레 치수를 사용해 칼라 밴드, 위 칼라의 순으로 제도한다

칼라 달림선의 경사가 가파를 경우 칼라 달림 치수에 오차가 생기기 때문에 뒤 중심선을 수정한다. 위 칼라의 칼라 끝은 평행의 안내선(**2**의 ❸❹)을 긋고 칼라 폭 치수에 이어서 결정한다.

1 칼라 밴드를 그린다

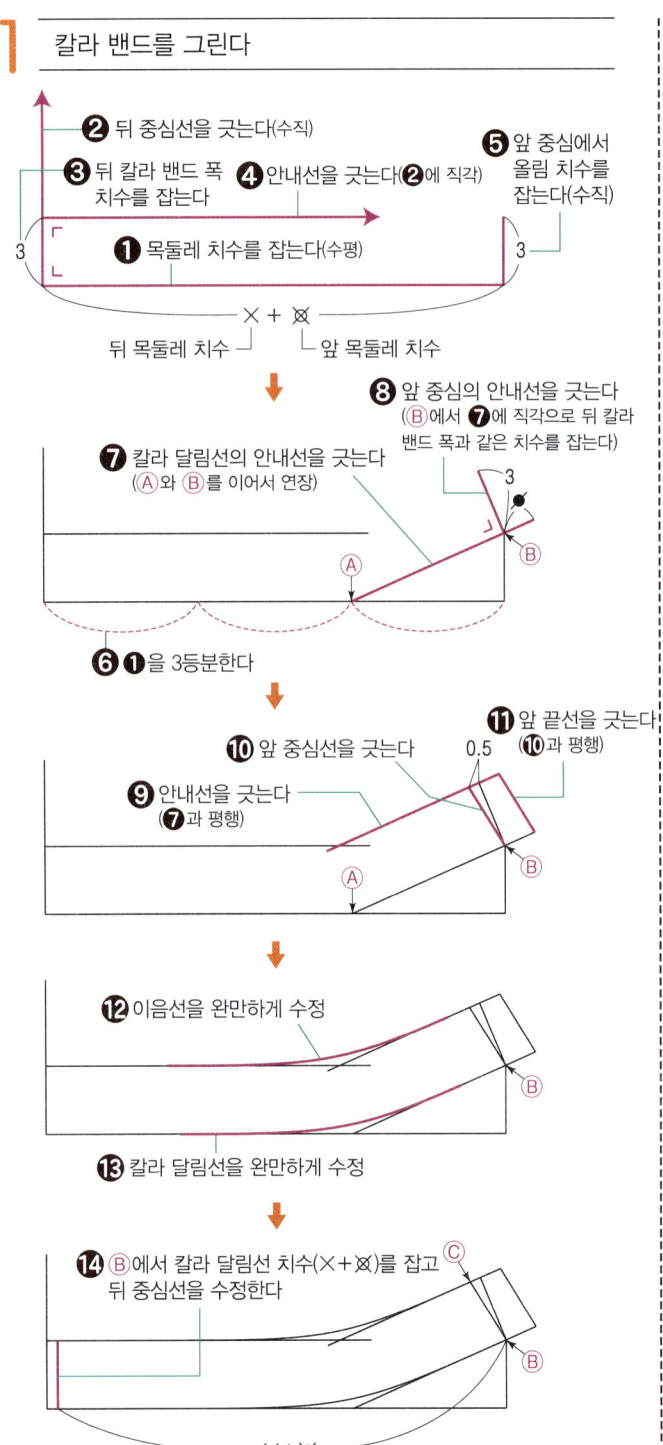

❷ 뒤 중심선을 긋는다(수직)

❸ 뒤 칼라 밴드 폭 치수를 잡는다   ❹ 안내선을 긋는다(❷에 직각)

❺ 앞 중심에서 올림 치수를 잡는다(수직)

❶ 목둘레 치수를 잡는다(수평)

뒤 목둘레 치수 ⌐   앞 목둘레 치수
×＋⊠

❽ 앞 중심의 안내선을 긋는다 (ⓑ에서 ❼에 직각으로 뒤 칼라 밴드 폭과 같은 치수를 잡는다)

❼ 칼라 달림선의 안내선을 긋는다 (ⓐ와 ⓑ를 이어서 연장)

❻ ❶을 3등분한다

⑩ 앞 중심선을 긋는다

⑪ 앞 끝선을 긋는다 (⑩과 평행)
0.5

❾ 안내선을 긋는다 (❼과 평행)

⑫ 이음선을 완만하게 수정

⑬ 칼라 달림선을 완만하게 수정

⑭ ⓑ에서 칼라 달림선 치수(×＋⊠)를 잡고 뒤 중심선을 수정한다

×＋⊠

2 위 칼라를 그린다

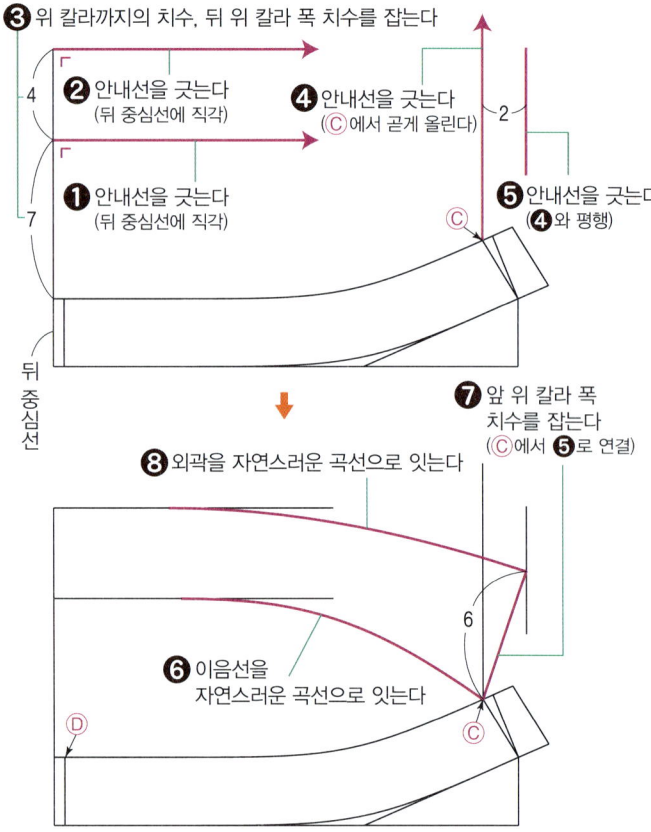

❸ 위 칼라까지의 치수, 뒤 위 칼라 폭 치수를 잡는다

❷ 안내선을 긋는다 (뒤 중심선에 직각)

❹ 안내선을 긋는다 (ⓒ에서 곧게 올린다)

❶ 안내선을 긋는다 (뒤 중심선에 직각)

❺ 안내선을 긋는다 (❹와 평행)

뒤 중심선

❽ 외곽을 자연스러운 곡선으로 잇는다

❼ 앞 위 칼라 폭 치수를 잡는다 (ⓒ에서 ❺로 연결)

❻ 이음선을 자연스러운 곡선으로 잇는다

3 이음선 치수를 맞추면 완성!

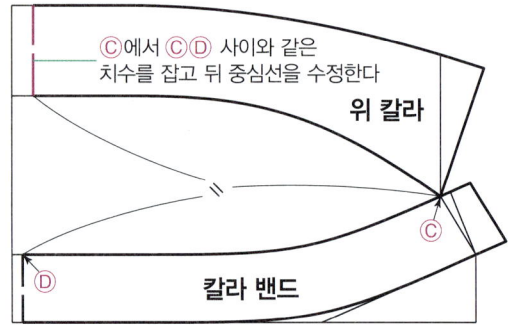

ⓒ에서 ⓒ ⓓ 사이와 같은 치수를 잡고 뒤 중심선을 수정한다

위 칼라

칼라 밴드

제도 방법
플랫 칼라 Ⓣ

앞뒤 몸판의 어깨선을 겹쳐서 베끼고 칼라를 그린다

이 제도의 포인트는 SNP를 맞춰서 앞뒤 몸판을 베끼는 것.
베낀 몸판 위에 칼라를 그린다.

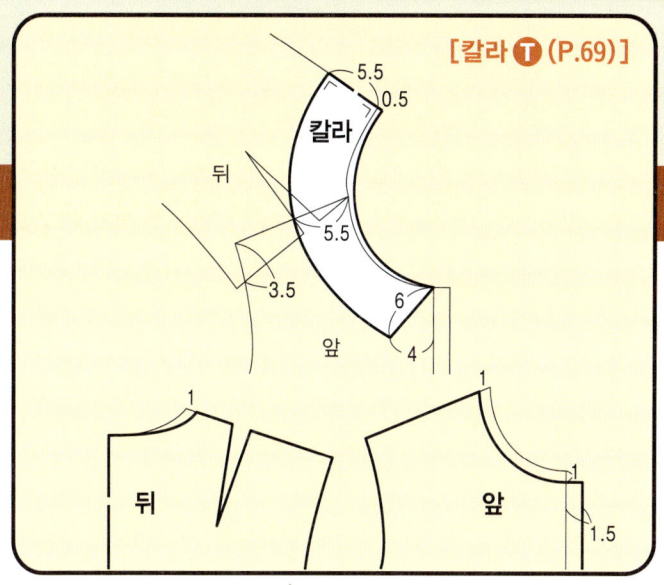

[칼라 Ⓣ (P.69)]

5.5
0.5
칼라
뒤
5.5
3.5
6
앞
4
1
뒤
1
앞
1
1.5

1 앞뒤 몸판을 겹쳐서 베낀다

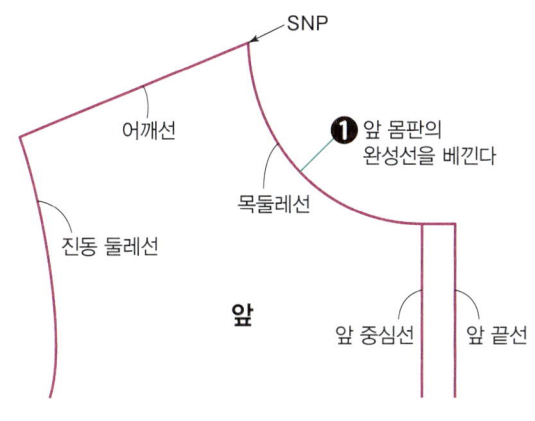

SNP
어깨선
❶ 앞 몸판의 완성선을 베낀다
목둘레선
진동 둘레선
앞
앞 중심선   앞 끝선

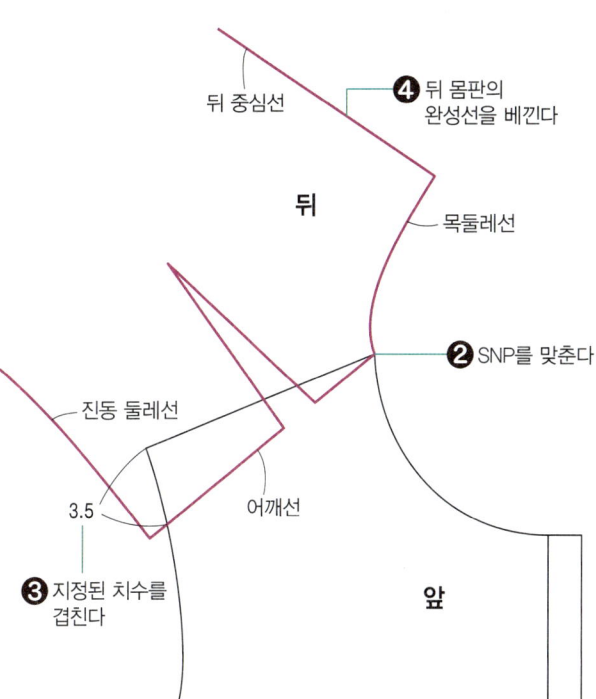

뒤 중심선
❹ 뒤 몸판의 완성선을 베낀다
뒤
목둘레선
❷ SNP를 맞춘다
진동 둘레선
3.5
어깨선
❸ 지정된 치수를 겹친다
앞

2 칼라를 그리면 완성!

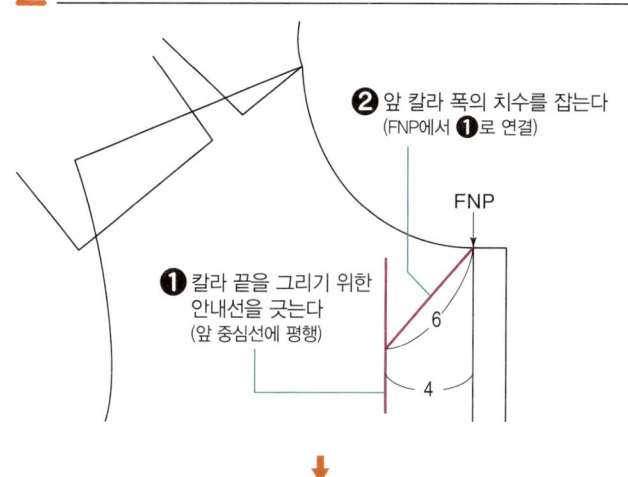

❷ 앞 칼라 폭의 치수를 잡는다
(FNP에서 ❶로 연결)
FNP
❶ 칼라 끝을 그리기 위한 안내선을 긋는다
(앞 중심선에 평행)
6
4

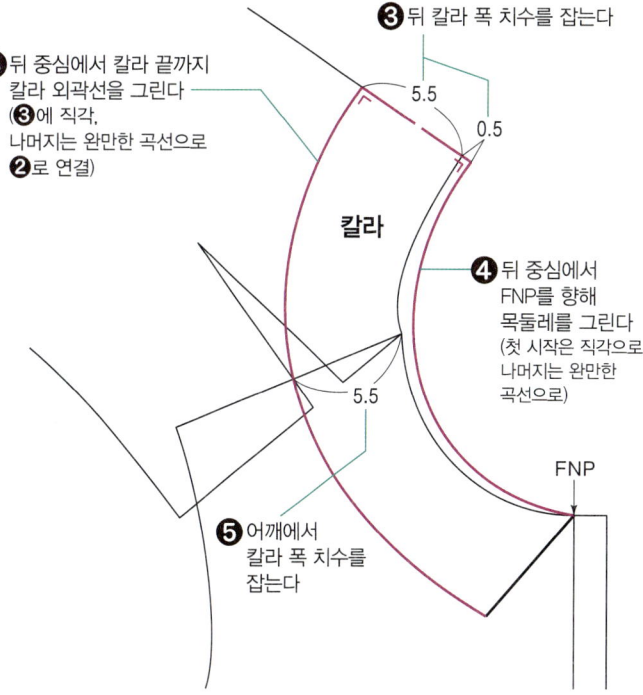

❸ 뒤 칼라 폭 치수를 잡는다
5.5
0.5
❻ 뒤 중심에서 칼라 끝까지 칼라 외곽선을 그린다
(❸에 직각,
나머지는 완만한 곡선으로
❷로 연결)
칼라
❹ 뒤 중심에서 FNP를 향해 목둘레를 그린다
(첫 시작은 직각으로 나머지는 완만한 곡선으로)
5.5
FNP
❺ 어깨에서 칼라 폭 치수를 잡는다

149

제도 방법
세일러 칼라

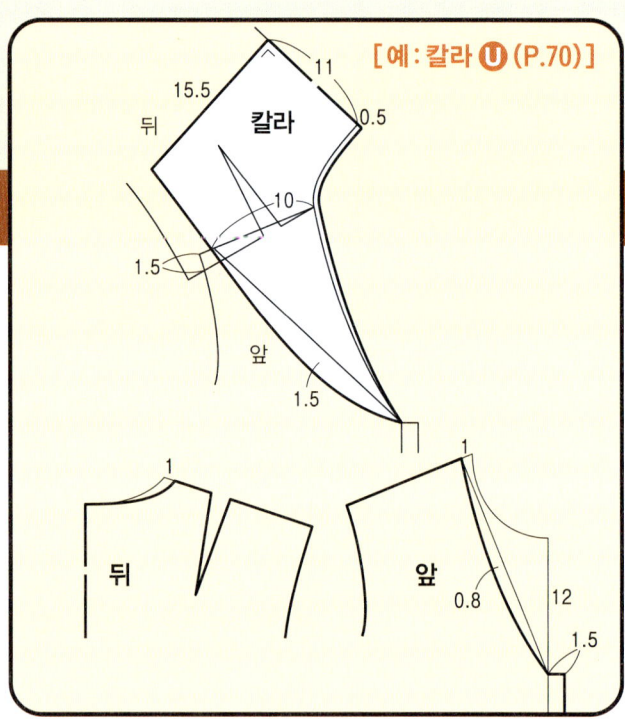

15.5
11
뒤
칼라
0.5
10
1.5
앞
1.5
1
뒤
앞
1
0.8
12
1.5

앞뒤 몸판의 어깨선을 겹쳐서 베끼고 칼라를 그린다

SNP를 맞춰서 앞뒤 몸판을 베끼고, 그 위에 칼라를 그린다.

1 앞뒤 몸판을 겹쳐서 베낀다

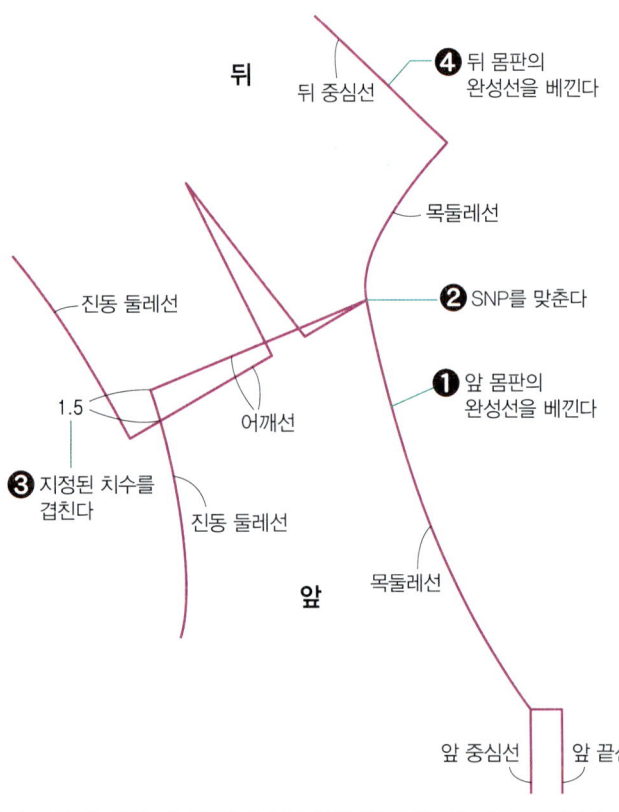

뒤
뒤 중심선
❹ 뒤 몸판의 완성선을 베낀다
목둘레선
❷ SNP를 맞춘다
진동 둘레선
❶ 앞 몸판의 완성선을 베낀다
1.5
어깨선
❸ 지정된 치수를 겹친다
진동 둘레선
앞
목둘레선
앞 중심선   앞 끝선

2 뒤 칼라를 그린다

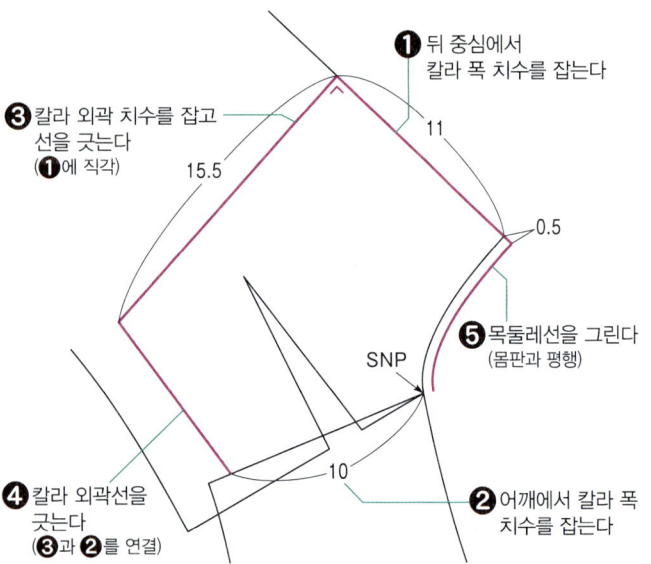

❶ 뒤 중심에서 칼라 폭 치수를 잡는다
❸ 칼라 외곽 치수를 잡고 선을 긋는다 (❶에 직각)
11
15.5
0.5
SNP
❺ 목둘레선을 그린다 (몸판과 평행)
❹ 칼라 외곽선을 긋는다 (❸과 ❷를 연결)
10
❷ 어깨에서 칼라 폭 치수를 잡는다

3 앞 칼라를 그리면 완성!

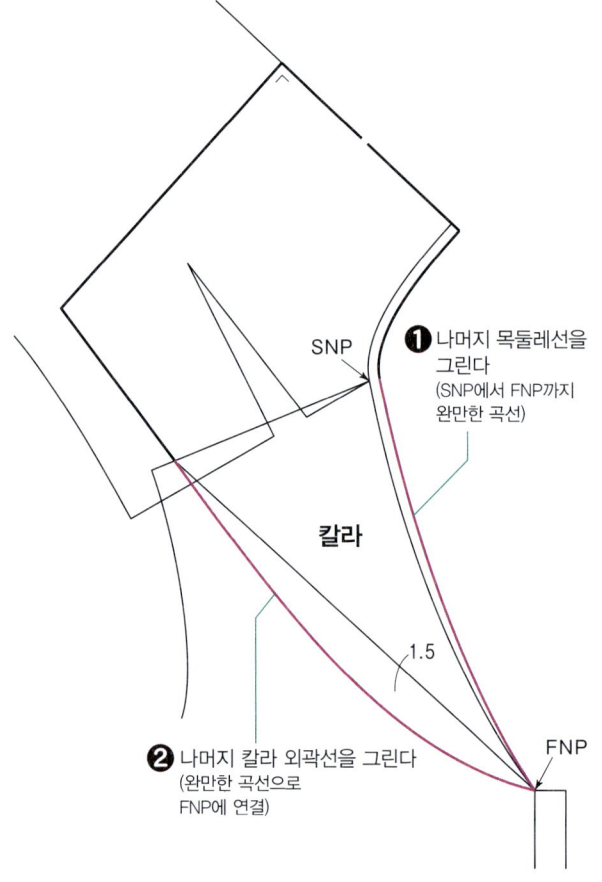

SNP
❶ 나머지 목둘레선을 그린다 (SNP에서 FNP까지 완만한 곡선)
칼라
1.5
❷ 나머지 칼라 외곽선을 그린다 (완만한 곡선으로 FNP에 연결)
FNP

제도 방법
후드 d

앞뒤 몸판의 목둘레 치수를 사용해서 앞 몸판의 위쪽 부분에 그린다

이 제도의 포인트는 앞뒤 몸판의 목둘레와 같은 치수가 되도록 후드 달림선을 그리는 것. 앞 몸판 위에 제도하지만, 앞 몸판의 필요한 부분만 다른 제도 용지에 베껴 후드를 제도해도 상관없다.

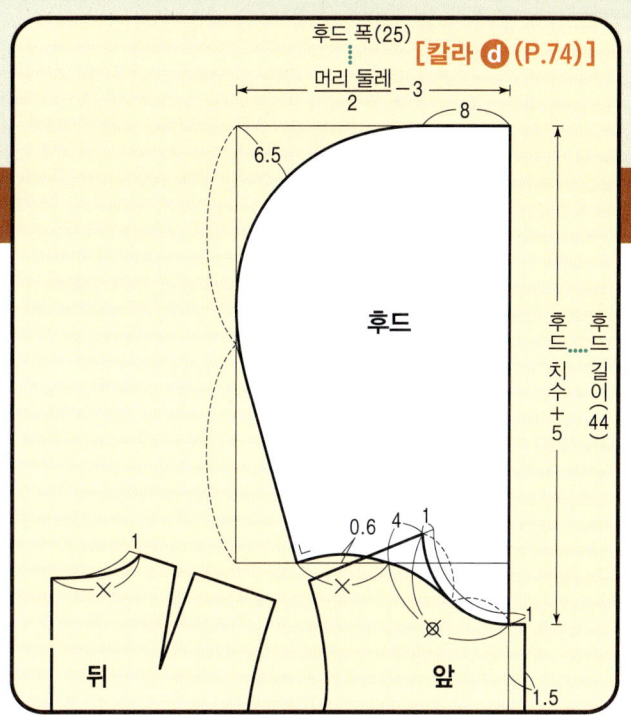

[칼라 d (P.74)]

1 앞 몸판의 FNP에서 후드 외형의 안내선을 긋는다

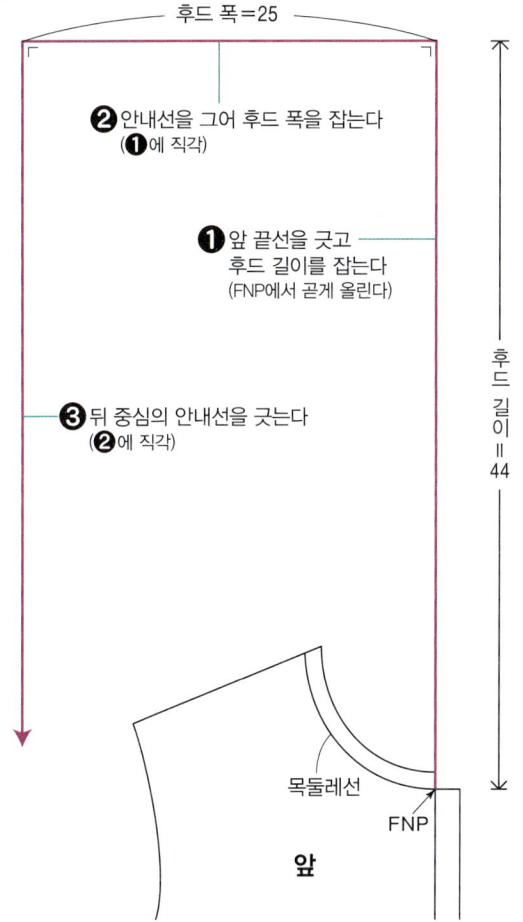

❶ 앞 끝선을 긋고 후드 길이를 잡는다
(FNP에서 곧게 올린다)

❷ 안내선을 그어 후드 폭을 잡는다
(❶에 직각)

❸ 뒤 중심의 안내선을 긋는다
(❷에 직각)

후드 폭＝25

후드 길이＝44

목둘레선
FNP

앞

2 후드 달림선을 그린다

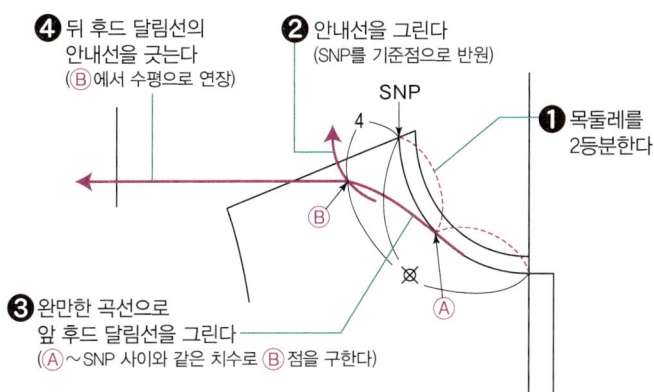

❹ 뒤 후드 달림선의 안내선을 긋는다
(Ⓑ에서 수평으로 연장)

❷ 안내선을 그린다
(SNP를 기준점으로 반원)

SNP

❶ 목둘레를 2등분한다

❸ 완만한 곡선으로 앞 후드 달림선을 그린다
(Ⓐ～SNP 사이와 같은 치수로 Ⓑ점을 구한다)

앞

3 뒤 중심선과 후드 달림선을 마무리하면 완성!

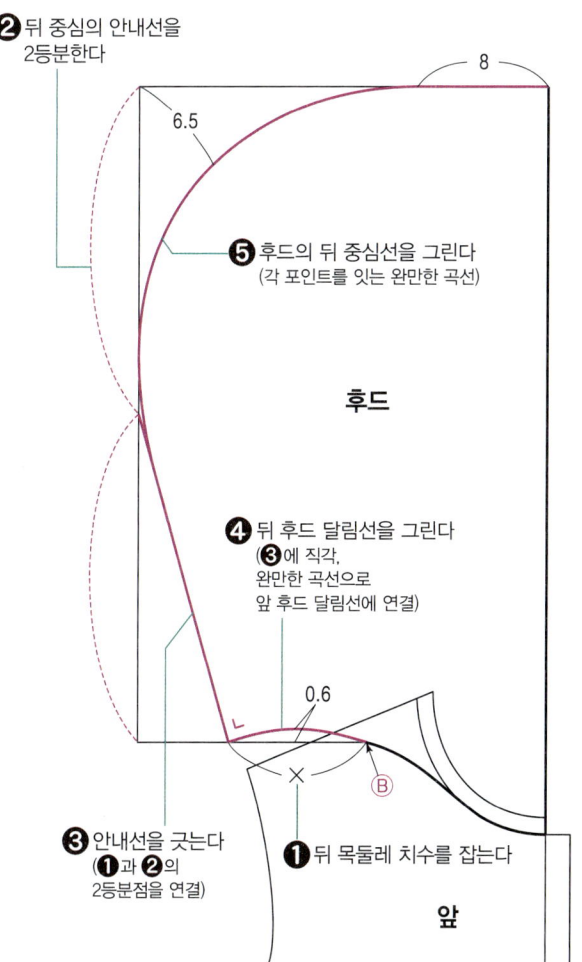

❷ 뒤 중심의 안내선을 2등분한다

❺ 후드의 뒤 중심선을 그린다
(각 포인트를 잇는 완만한 곡선)

후드

❹ 뒤 후드 달림선을 그린다
(❸에 직각, 완만한 곡선으로 앞 후드 달림선에 연결)

❸ 안내선을 긋는다
(❶과 ❷의 2등분점을 연결)

❶ 뒤 목둘레 치수를 잡는다

앞

제도 방법
테일러드 칼라

라펠의 모양을 그리고 앞 몸판을 완성한 뒤 칼라를 제도한다

칼라 꺾임선을 긋고 앞 목둘레와 라펠을 그려서 앞 몸판을 완성한다. 그다음 뒤 목둘레 치수를 사용해 칼라 모양을 그린다. 뒤 칼라 달림선을 누일 때(**3**)나 칼라 끝을 그릴 때(**5**), 컴퍼스를 사용하면 편리하다.

[예 : 칼라 **h** (P.78)]

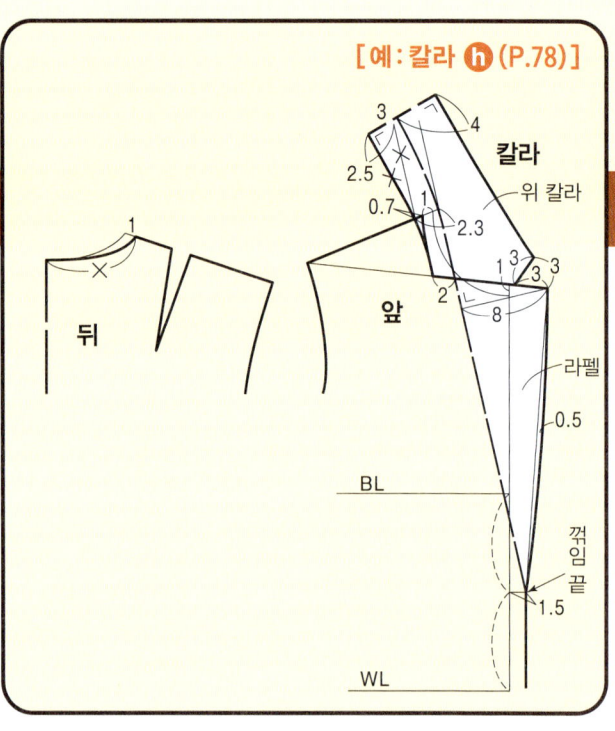

1 ─ 꺾임선, 라펠의 안내선을 긋는다

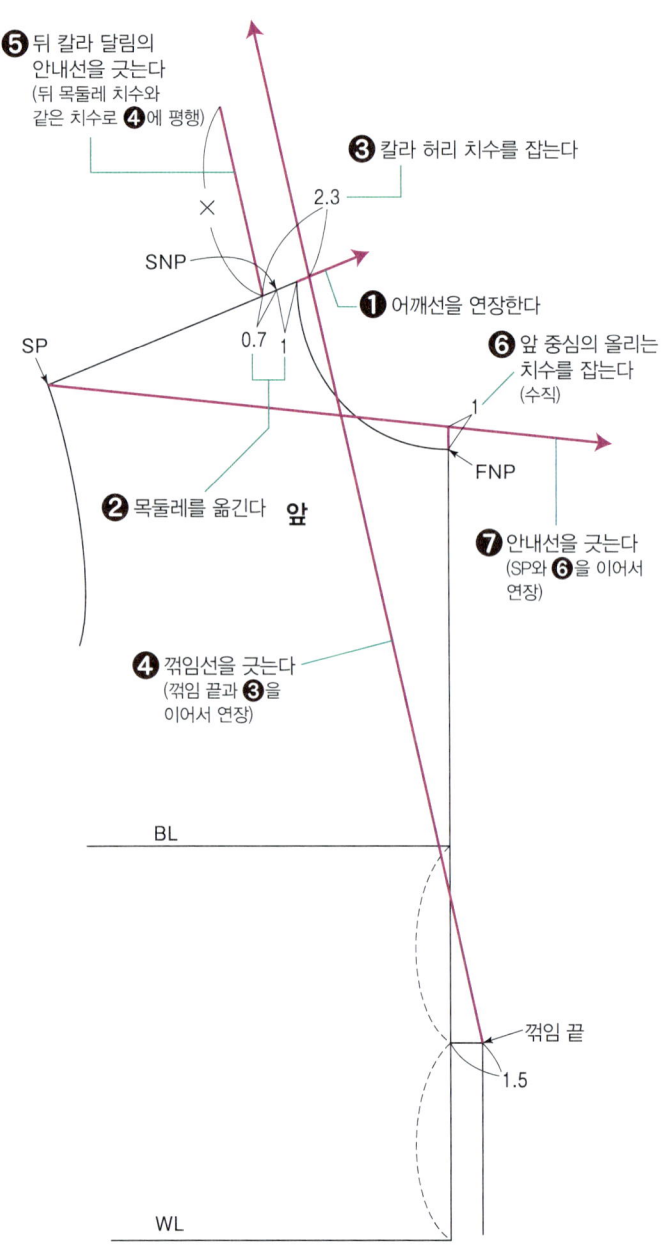

5 뒤 칼라 달림의 안내선을 긋는다
(뒤 목둘레 치수와 같은 치수로 **4**에 평행)

3 칼라 허리 치수를 잡는다

SNP

2.3

×

0.7 1

SP

1 어깨선을 연장한다

6 앞 중심의 올리는 치수를 잡는다
(수직)

1

FNP

2 목둘레를 옮긴다

앞

7 안내선을 긋는다
(SP와 **6**을 이어서 연장)

4 꺾임선을 긋는다
(꺾임 끝과 **3**을 이어서 연장)

BL

꺾임 끝

1.5

WL

2 ─ 라펠을 완성하고 앞 목둘레선을 그린다

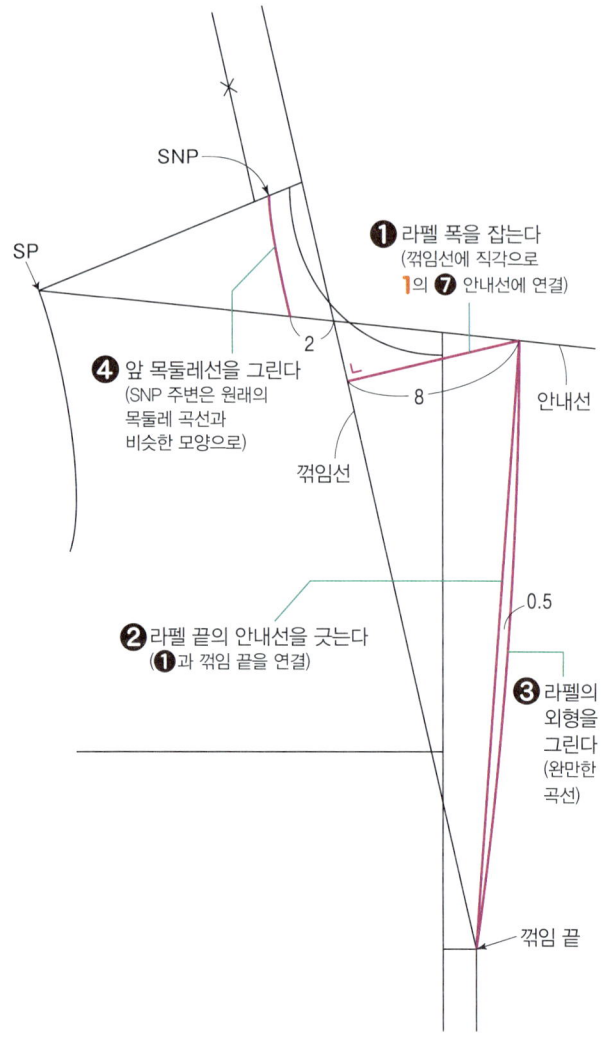

SNP

SP

2

1 라펠 폭을 잡는다
(꺾임선에 직각으로 **1**의 **7** 안내선에 연결)

4 앞 목둘레선을 그린다
(SNP 주변은 원래의 목둘레 곡선과 비슷한 모양으로)

8

안내선

꺾임선

2 라펠 끝의 안내선을 긋는다
(**1**과 꺾임 끝을 연결)

0.5

3 라펠의 외형을 그린다
(완만한 곡선)

꺾임 끝

3 뒤 칼라 달림선을 누인다

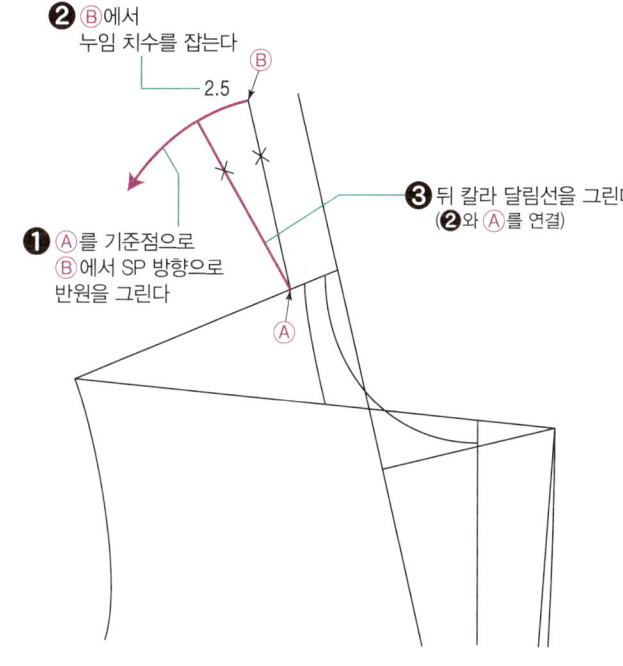

❷ Ⓑ에서
누임 치수를 잡는다

2.5

Ⓑ

❸ 뒤 칼라 달림선을 그린다
(❷와 Ⓐ를 연결)

❶ Ⓐ를 기준점으로
Ⓑ에서 SP 방향으로
반원을 그린다

Ⓐ

4 뒤 중심선, 칼라 외곽의 안내선을 긋는다

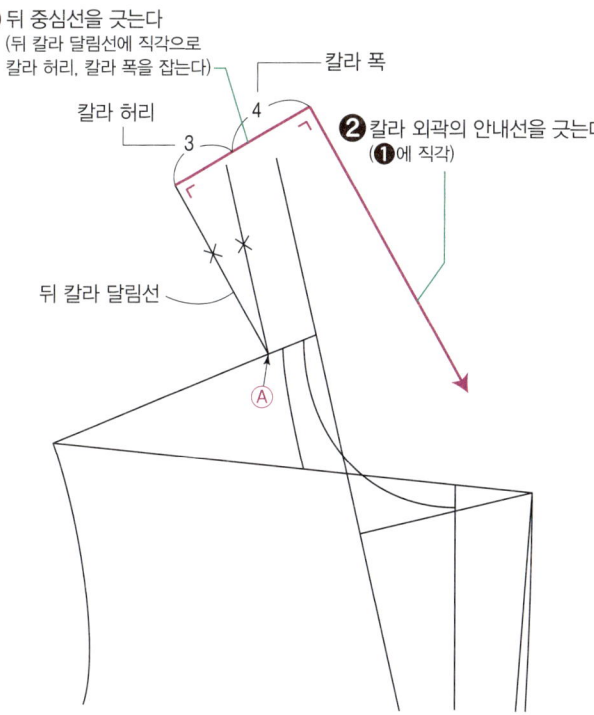

❶ 뒤 중심선을 긋는다
(뒤 칼라 달림선에 직각으로
칼라 허리, 칼라 폭을 잡는다)

칼라 폭

칼라 허리

4

3

❷ 칼라 외곽의 안내선을 긋는다
(❶에 직각)

뒤 칼라 달림선

Ⓐ

5 칼라 외곽선, 꺾임선, 칼라 달림선을 그린다

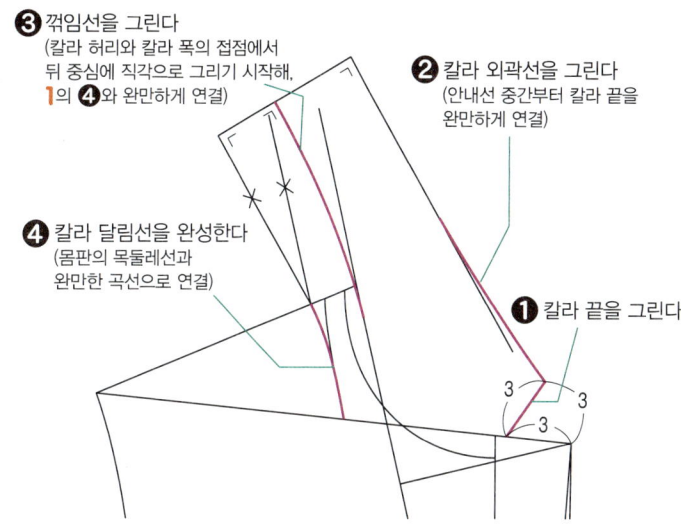

❸ 꺾임선을 그린다
(칼라 허리와 칼라 폭의 접점에서
뒤 중심에 직각으로 그리기 시작해,
1의 ❹와 완만하게 연결)

❷ 칼라 외곽선을 그린다
(안내선 중간부터 칼라 끝을
완만하게 연결)

❹ 칼라 달림선을 완성한다
(몸판의 목둘레선과
완만한 곡선으로 연결)

❶ 칼라 끝을 그린다

3   3

3

Point 칼라 끝 그리는 법

칼라 끝은 반원의 안내선으로 쉽게 그릴 수 있다.

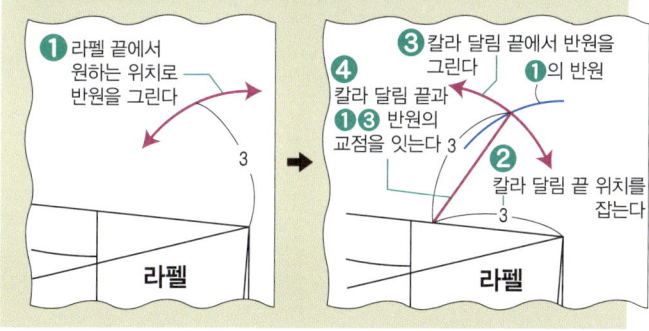

❶ 라펠 끝에서
원하는 위치로
반원을 그린다

3

라펠

❸ 칼라 달림 끝에서 반원을
그린다

❶의 반원

❹ 칼라 달림 끝과
❶❸ 반원의
교점을 잇는다

❷ 칼라 달림 끝 위치를
잡는다

3

라펠

6 완성!

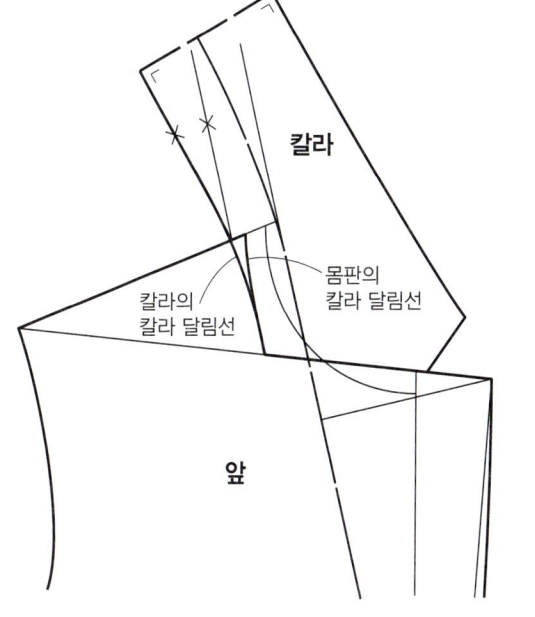

칼라

몸판의
칼라 달림선

칼라의
칼라 달림선

앞

제도 방법
숄 칼라

테일러드 칼라처럼 앞 몸판을 완성하고 칼라를 제도한다

꺾임선과 뒤 중심선을 긋고, 칼라 외곽을 자연스러운 곡선으로 잇는다. 뒤 칼라 달림선을 누일 때(**3**) 컴퍼스를 사용하면 간단하다. 앞 몸판과 칼라의 이음선은 안 칼라 쪽에만 있고 겉 칼라는 안단과 이어진다.

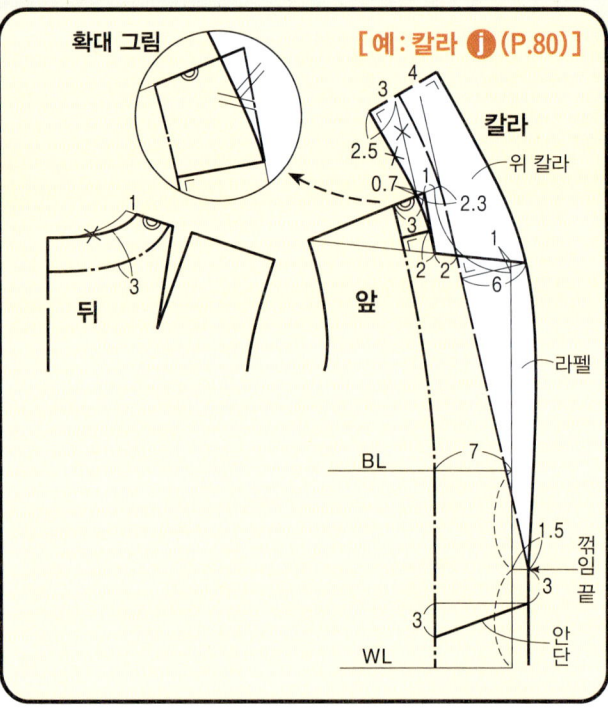

[예: 칼라 ⓙ (P.80)]

1 꺾임선, 라펠의 안내선을 긋는다

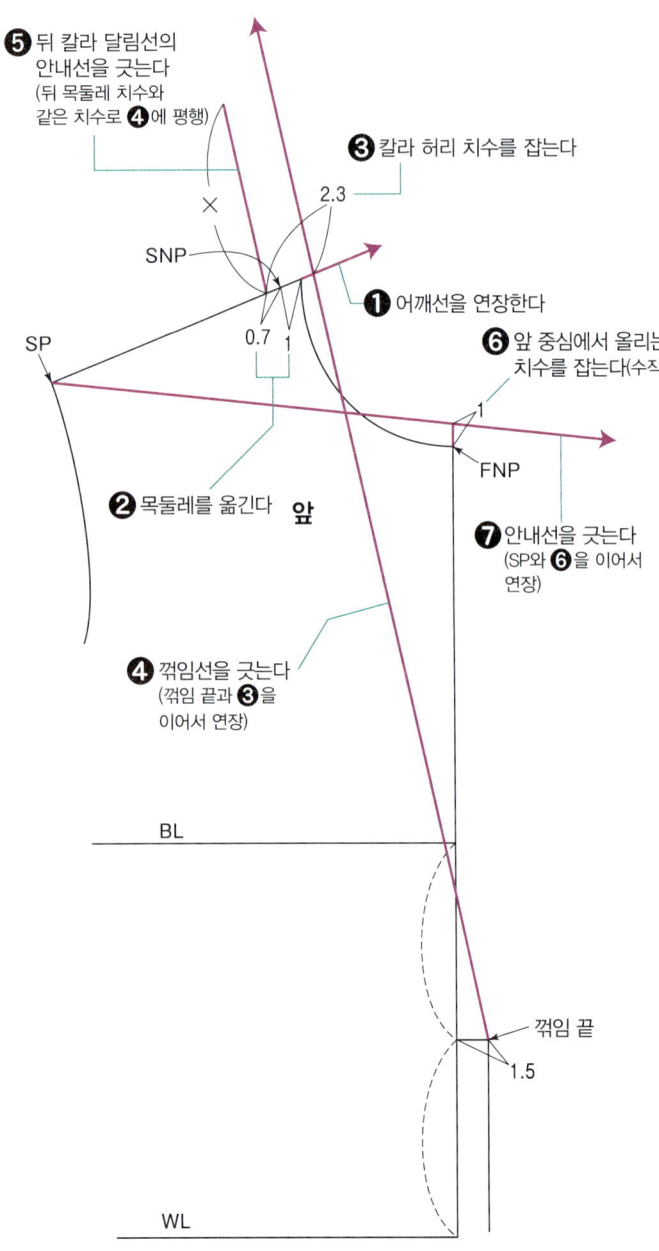

❺ 뒤 칼라 달림선의 안내선을 긋는다 (뒤 목둘레 치수와 같은 치수로 ❹에 평행)

❸ 칼라 허리 치수를 잡는다

❶ 어깨선을 연장한다

❻ 앞 중심에서 올리는 치수를 잡는다(수직)

❷ 목둘레를 옮긴다

❼ 안내선을 긋는다 (SP와 ❻을 이어서 연장)

❹ 꺾임선을 긋는다 (꺾임 끝과 ❸을 이어서 연장)

2 라펠을 완성하고 앞 목둘레선을 그린다

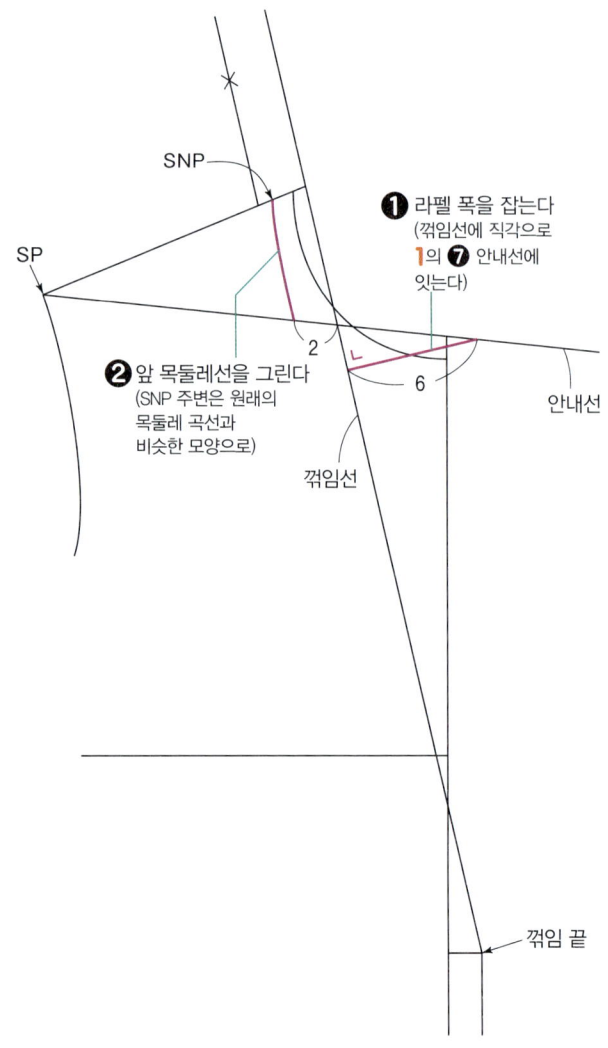

❶ 라펠 폭을 잡는다 (꺾임선에 직각으로 **1**의 ❼ 안내선에 잇는다)

❷ 앞 목둘레선을 그린다 (SNP 주변은 원래의 목둘레 곡선과 비슷한 모양으로)

3 뒤 칼라 달림선을 누인다

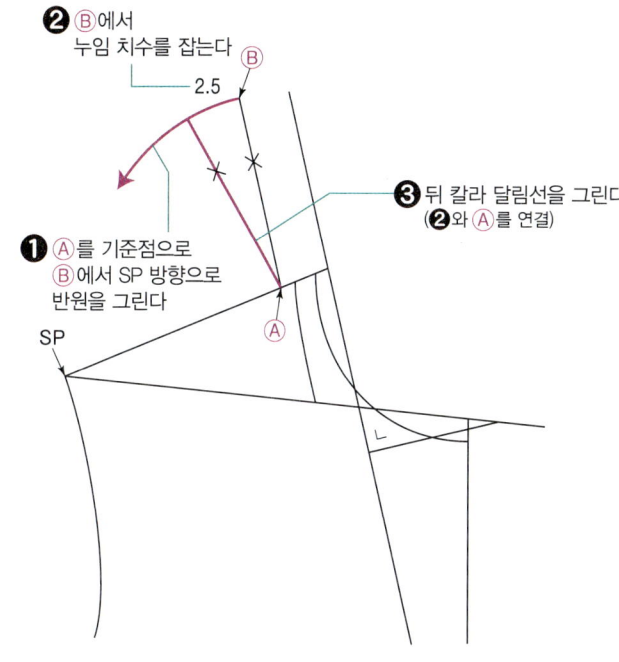

❷ Ⓑ에서
누임 치수를 잡는다
───2.5
Ⓑ

❸ 뒤 칼라 달림선을 그린다
(❷와 Ⓐ를 연결)

❶ Ⓐ를 기준점으로
Ⓑ에서 SP 방향으로
반원을 그린다

SP
Ⓐ

4 뒤 중심선, 칼라 외곽의 안내선, 꺾임선을 긋는다

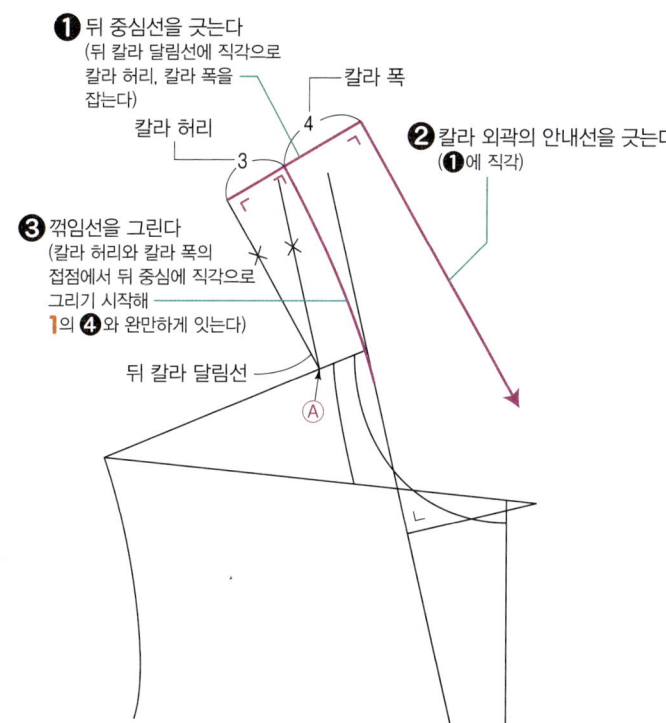

❶ 뒤 중심선을 긋는다
(뒤 칼라 달림선에 직각으로
칼라 허리, 칼라 폭을
잡는다)

칼라 폭
칼라 허리
4
3

❷ 칼라 외곽의 안내선을 긋는다
(❶에 직각)

❸ 꺾임선을 그린다
(칼라 허리와 칼라 폭의
접점에서 뒤 중심에 직각으로
그리기 시작해
❶의 ❹와 완만하게 잇는다)

뒤 칼라 달림선
Ⓐ

5 칼라 외곽선, 달림선, 안단선을 그리면 완성!

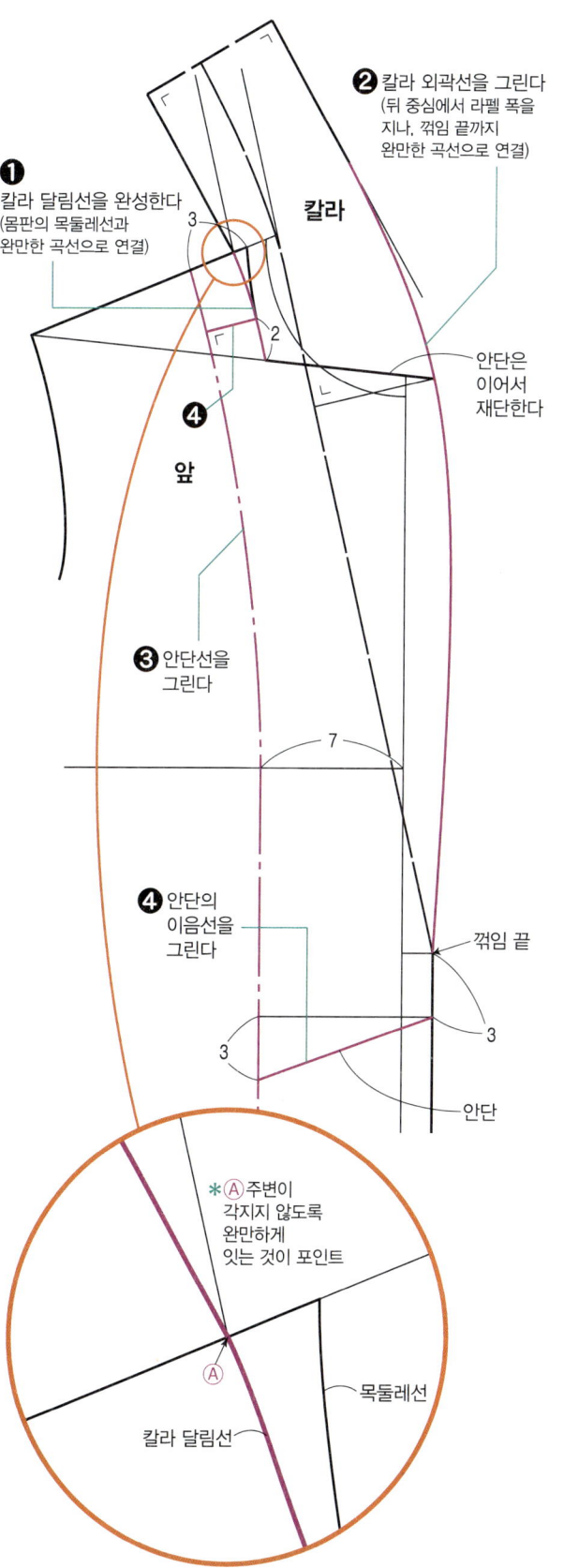

❷ 칼라 외곽선을 그린다
(뒤 중심에서 라펠 폭을
지나, 꺾임 끝까지
완만한 곡선으로 연결)

❶ 칼라 달림선을 완성한다
(몸판의 목둘레선과
완만한 곡선으로 연결)

칼라

3
2

안단은
이어서
재단한다

❹

앞

❸ 안단선을
그린다

7

❹ 안단의
이음선을
그린다

꺾임 끝

3
3

안단

*Ⓐ주변이
각지지 않도록
완만하게
잇는 것이 포인트

Ⓐ

칼라 달림선
목둘레선

제도 방법
하이넥 ⓜ

몸판의 목둘레에서 연장해 세운다

앞뒤 중심, 다트, 어깨에서 세울 치수를 결정하고, 위 끝선, 어깨선을 그린다. 목 주위의 여유를 확보하기 위해 앞뒤 다트를 목둘레로 이동하고 위 끝선을 추가한다.

1 다트를 이동한다

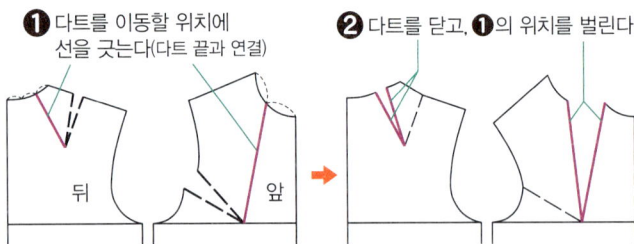

❶ 다트를 이동할 위치에 선을 긋는다(다트 끝과 연결)

❷ 다트를 닫고, ❶의 위치를 벌린다

2 뒤 칼라를 그린다

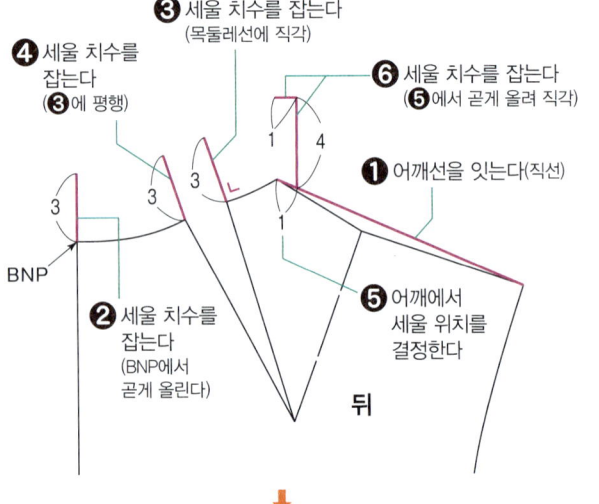

❹ 세울 치수를 잡는다 (❸에 평행)

❸ 세울 치수를 잡는다 (목둘레선에 직각)

❻ 세울 치수를 잡는다 (❺에서 곧게 올려 직각)

❶ 어깨선을 잇는다(직선)

BNP

❷ 세울 치수를 잡는다 (BNP에서 곧게 올린다)

❺ 어깨에서 세울 위치를 결정한다

뒤

❾ 위 끝선을 그린다 (완만한 곡선)

칼라

❿ 어깨선을 그린다 (완만한 곡선)

❸의 ❼ 뒤에 진동 둘레선을 수정한다 (앞 어깨와 같은 치수 ⬚를 목둘레 쪽에서 잡는다)

❼ 세울 위치를 결정한다

❽ 다트선을 긋는다 (❼과 ❸❹를 연결)

몸판의 처리 방법 **[칼라 ⓜ (P.82)]**

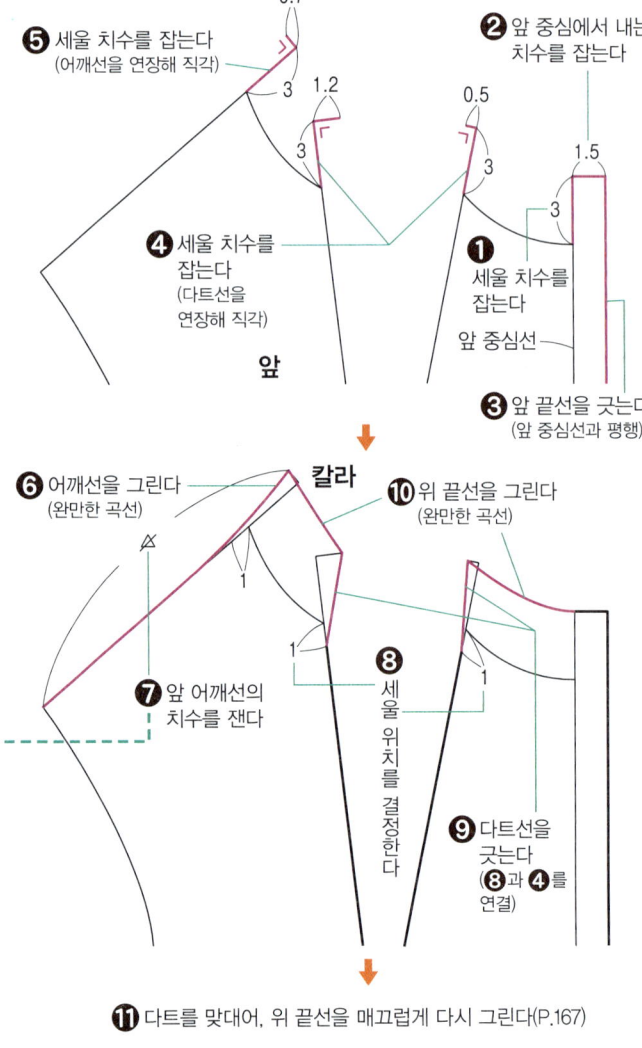

3 앞 칼라를 그리면 완성!

❺ 세울 치수를 잡는다 (어깨선을 연장해 직각)

❷ 앞 중심에서 내는 치수를 잡는다

❹ 세울 치수를 잡는다 (다트선을 연장해 직각)

❶ 세울 치수를 잡는다

앞 중심선

앞

❸ 앞 끝선을 긋는다 (앞 중심선과 평행)

❻ 어깨선을 그린다 (완만한 곡선)

칼라

❿ 위 끝선을 그린다 (완만한 곡선)

❼ 앞 어깨선의 치수를 잰다

❽ 세울 위치를 결정한다

❾ 다트선을 긋는다 (❽과 ❹를 연결)

⓫ 다트를 맞대어, 위 끝선을 매끄럽게 다시 그린다(P.167)

처리 방법
맞댄다

2개의 패턴을 표시가 있는 위치에서 맞대어 잇는다

제도에서는 맞대는 곳을 2겹의 반원으로 표시한다. 2개의 반원을 결합하면 완전한 원이 되듯이 패턴도 같은 작업을 통해 완성한다. 완성형은 '맞댄 그림'으로 표시하는 경우도 있다. 아래 예는 앞뒤 소매를 맞대어, 1장의 패턴으로 만드는 방법이다.

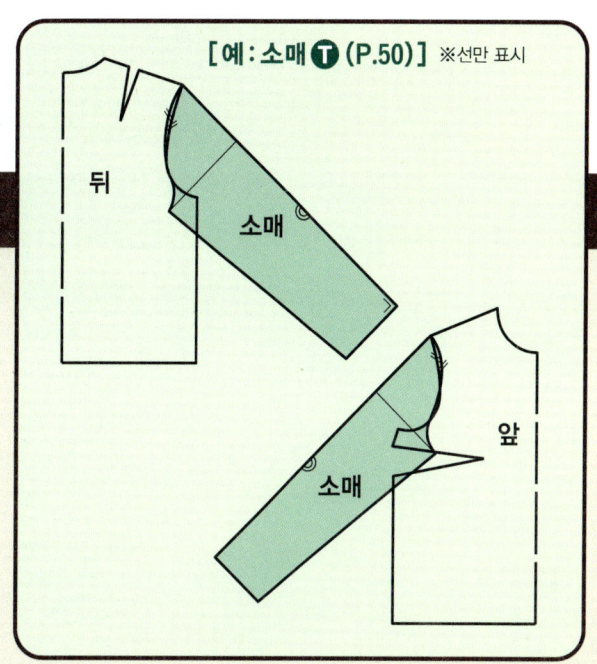

[예 : 소매 T (P.50)] ※선만 표시

〈 처리 방법 〉

❶ 제도를 한다

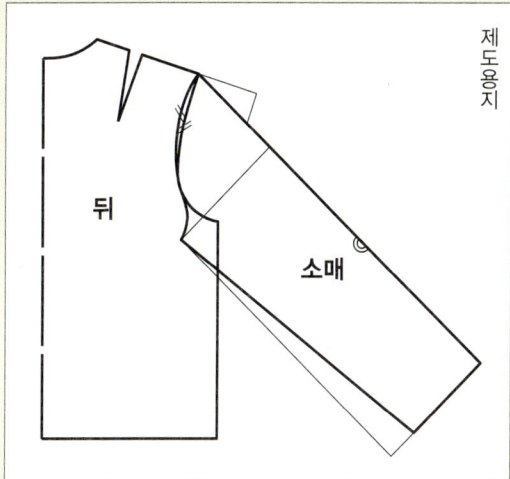

제도용지

❷ 제도 한 것에 다른 제도용지를 겹쳐 뒤 소매를 베긴다

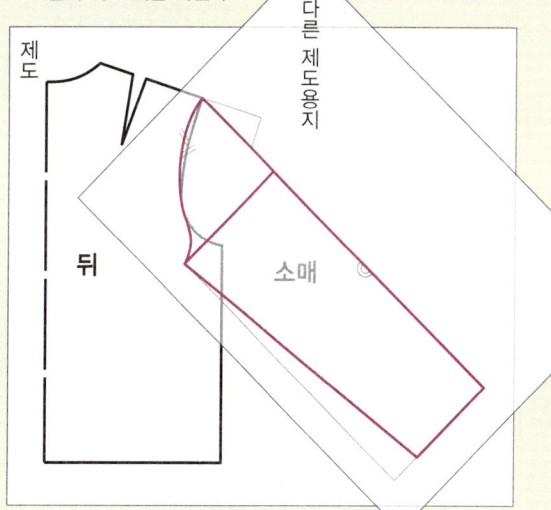

❸ 표시가 있는 선을 겹쳐 앞 소매를 베긴다

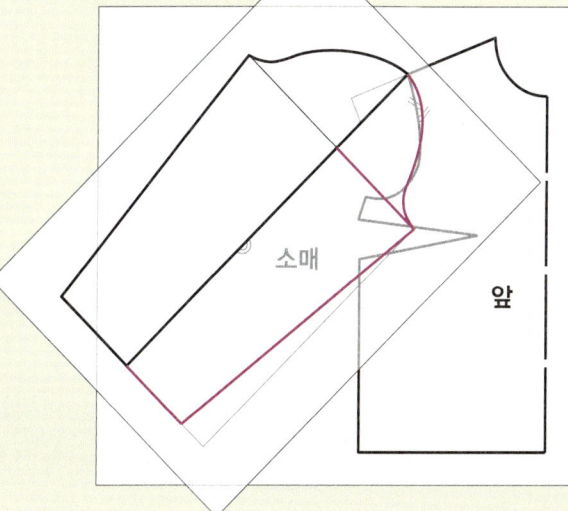

❹ 맞댄 소매의 패턴 완성!

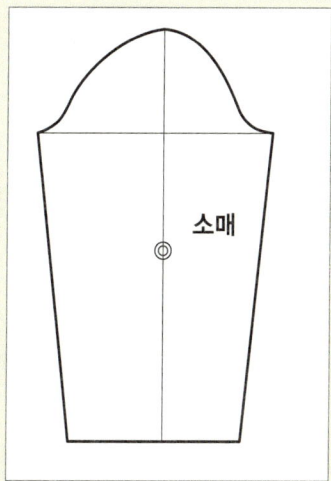

처리 방법
맞대면서 벌린다

맞대는 처리 방법을 이용해 새롭게 분량을 추가한다

패턴을 맞대는 위치에 분량을 추가하는 방법. 다시 말해 맞대서 완성한 패턴을
다시 잘라서 벌리는 것이다. 완성형은 '맞댄 그림'으로 표시한다. 아래 예는 페
플럼의 맞대는 2곳에 플레어 분량을 추가해서 1장의 패턴으로 만든다.

[예 : 몸판 Ⓝ (P.27)] ※선만 표시

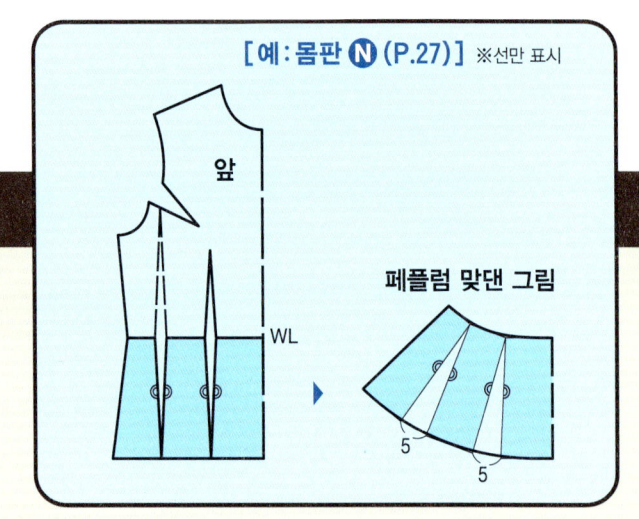

페플럼 맞댄 그림

〈 처리 방법 〉

❶ 제도를 한다

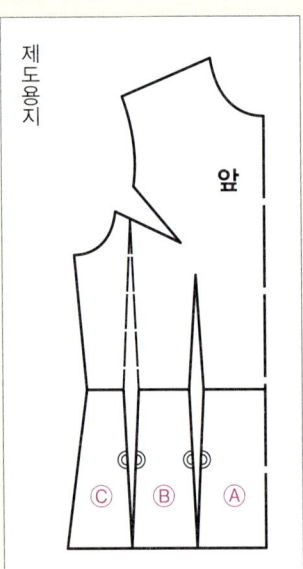

❷ 제도한 것에 다른 제도용지를 겹쳐
앞 중심 쪽(Ⓐ)을 베낀다

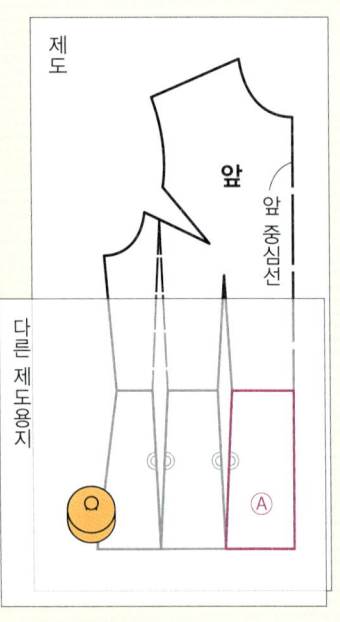

❸ WL의 포인트를 겹쳐 연필 등으로 고정한 뒤
종이를 회전시켜 지정된 치수를 벌린다

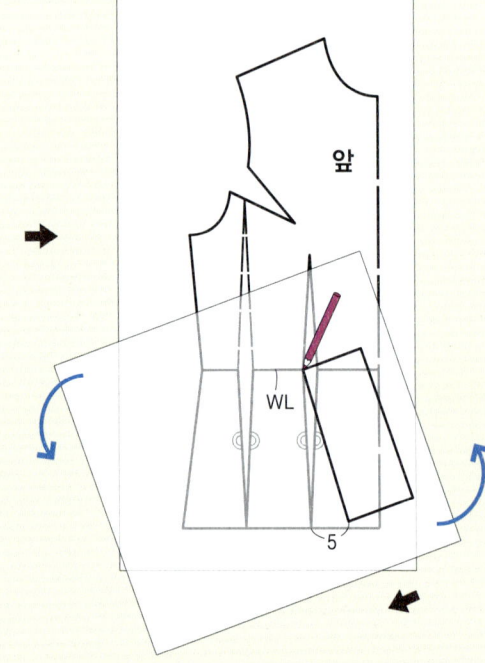

❹ 중심 부분(Ⓑ)을 베낀다

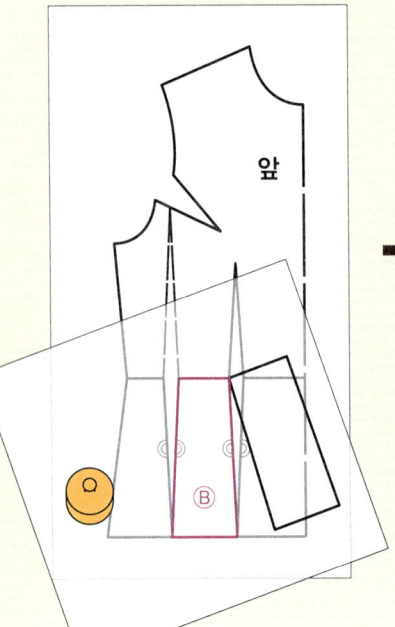

❺ ❸❹와 같이 처리해 옆쪽(Ⓒ)을 베낀다

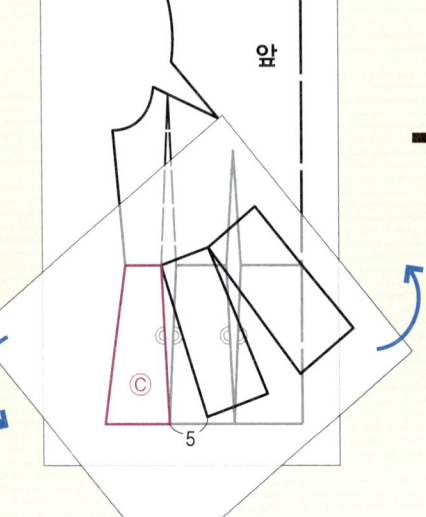

❻ 맞대면서 벌린
페플럼 패턴 완성!

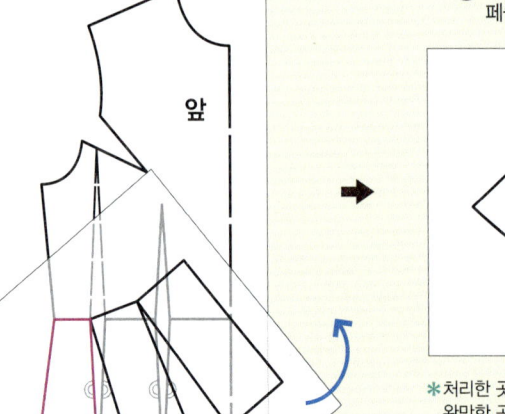

✳처리한 곳이 각지지 않게
완만한 곡선으로 수정한다

처리 방법
2곳 이상 맞댄다

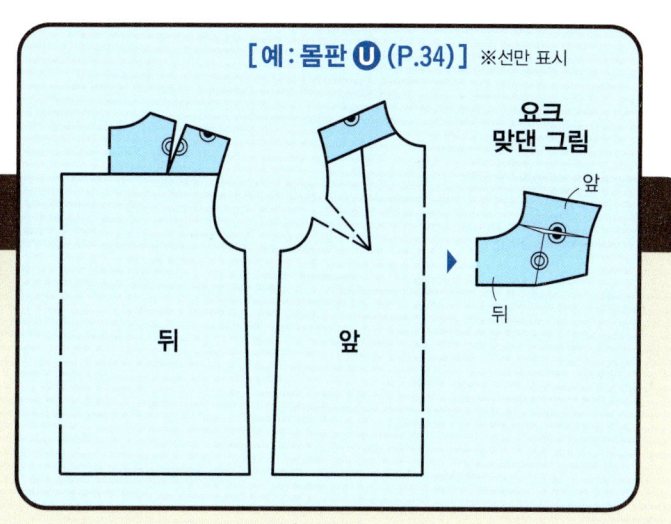

요크
맞댄 그림

앞

뒤

뒤   앞

같은 표시가 있는 위치끼리 각각 맞댄다

제도에서 맞대는 곳이 둘 이상이면 이해하기 쉽게 2겹의 원 외에 다른 표시를 사용한다. 이때 같은 표시의 반원끼리 맞대어 완성한다. 또 맞대는 곳이 둘 이상인 경우 가까운 파트부터 처리하는 것이 원칙. 완성형은 '맞댄 그림'으로 표시. 아래 예는 먼저 뒤 요크의 다트를 맞대고 다음에 앞 요크와 맞대어 1장의 패턴으로 만든다.

〈 처리 방법 〉

❶ 제도를 한다

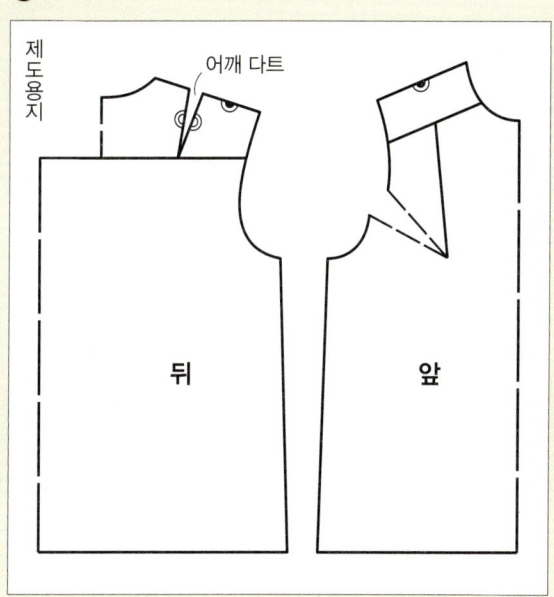

제도용지

어깨 다트

뒤   앞

❷ 제도한 것에 다른 제도용지를 겹쳐 뒤 요크의 중심 쪽을 베낀다

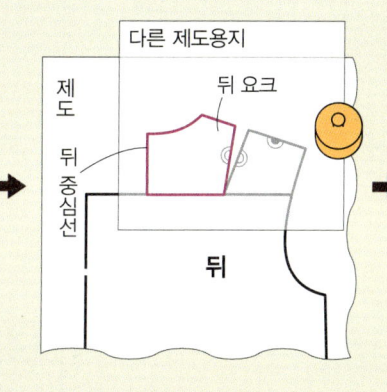

다른 제도용지

제도

뒤 요크

뒤 중심선

뒤

❸ 어깨 다트 끝을 연필 등으로 고정하고 종이를 회전시켜 표시 있는 선과 겹친다

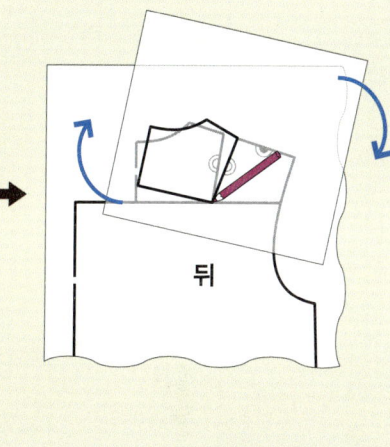

뒤

❹ 뒤 요크의 옆쪽을 베낀다

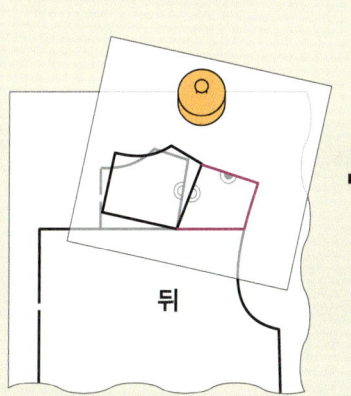

뒤

❺ 뒤 요크의 맞대기 완성!

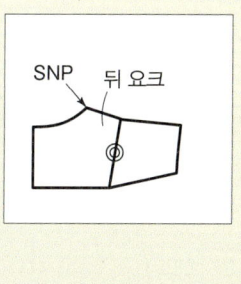

SNP   뒤 요크

❻ SNP끼리 겹치고 다음에 뒤 SP를 앞 SP에 맞춘 뒤, 앞 요크를 베낀다

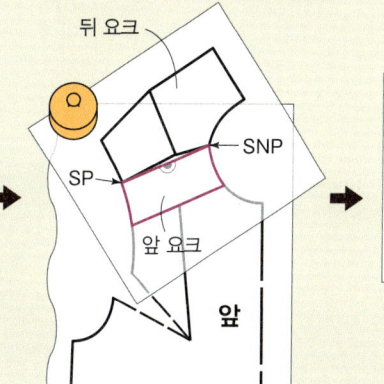

뒤 요크

SNP

SP

앞 요크

앞

❼ 앞과 뒤를 맞댄 요크의 패턴 완성!

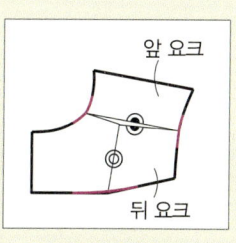

앞 요크

뒤 요크

＊처리한 곳이 각지지 않게 완만한 곡선으로 수정한다

처리 방법
닫는다

V형 부분의 2변이 1개의 선이 되도록 한다

'닫는' 곳은 파선*으로 표시한다. 닫기만 하는 V형은 반드시 패턴의 양 끝에 걸쳐 있는 것이 특징. V형의 양쪽이 1개의 선으로 겹치도록 패턴을 움직인다. 완성형은 '패턴 닫는 법'으로 표시. 이 예는 앞·옆의 패턴 AH 다트를 닫는다.

*파선: 같은 간격으로 벌려놓은 선

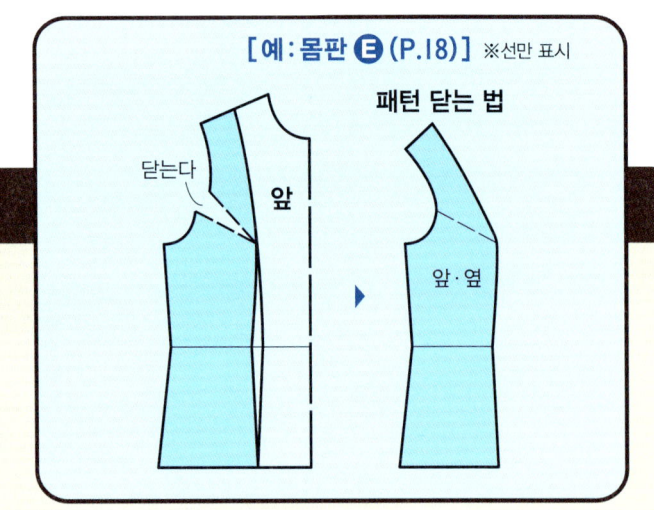

[예:몸판 **E** (P.18)] ※선만 표시

패턴 닫는 법

닫는다 / 앞 / 앞·옆

〈 처리 방법 〉

❶ 제도를 한다

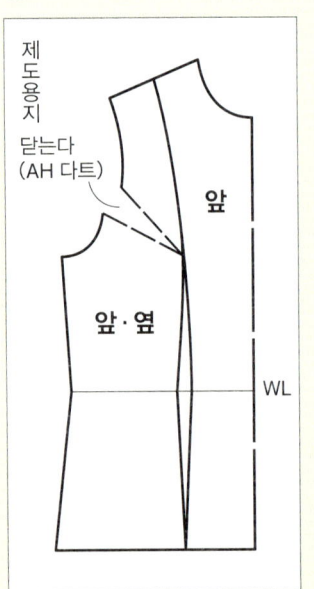

제도용지
닫는다
(AH 다트)
앞
앞·옆
WL

❷ 제도한 것에 다른 제도용지를 겹쳐 AH 다트의 아랫 부분을 베낀다

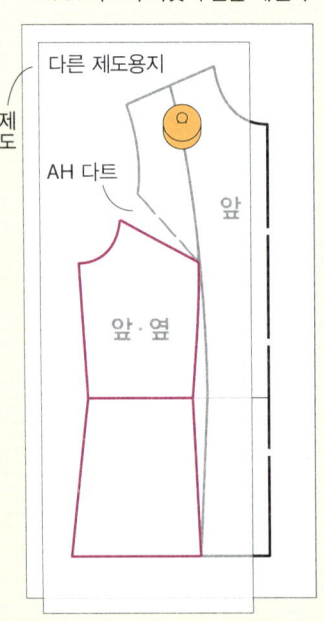

제도
다른 제도용지
AH 다트
앞
앞·옆

❸ 다트 끝을 연필 등으로 고정하고 종이를 회전시켜 AH 다트의 위쪽 선에 겹친다

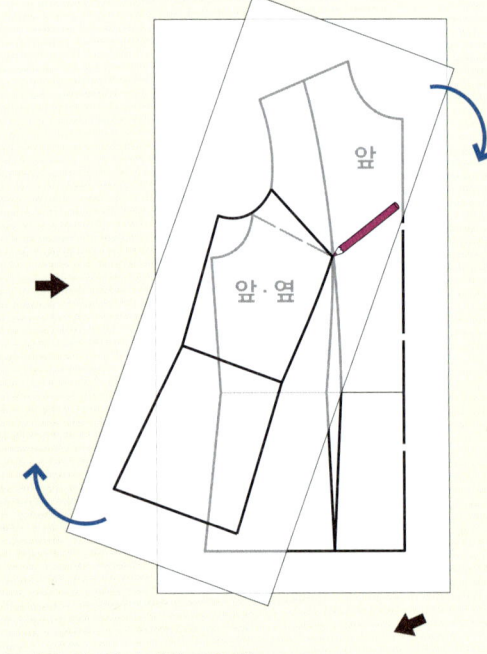

앞
앞·옆

❹ 나머지 부분을 베낀다

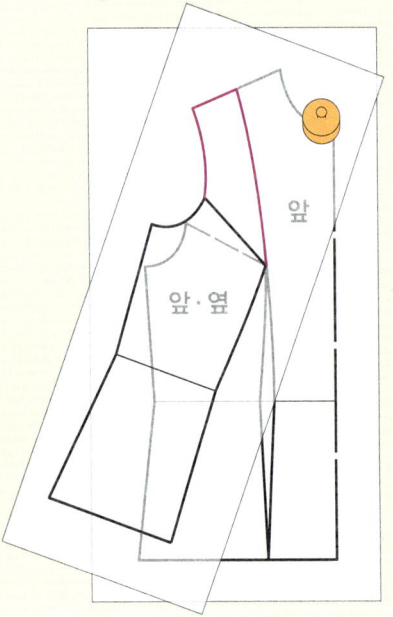

앞
앞·옆

❺ AH 다트를 닫은 앞·옆의 패턴이 완성!

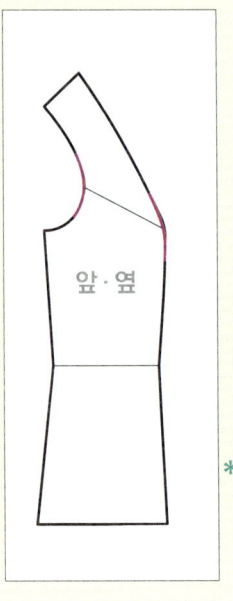

앞·옆

＊처리한 곳이 각지지 않게 완만한 곡선으로 수정한다

처리 방법
닫는다·벌린다

[예 : 몸판 **G** (P.20)]
※선만 표시

절개 그림

닫는다

앞

벌린다

앞

'닫는다'는 방식을 이용해, 그 반동으로 벌린다

'닫는다'와 '벌린다'는 한 세트다. 평면 패턴은 반드시 그 반동이 생기기 때문에 지정된 곳을 벌린다. 완성형은 '절개 그림'으로 표시. 이 예는 AH 다트를 닫고 밑단에서 벌린다.

〈 처리 방법 〉

① 제도를 한다

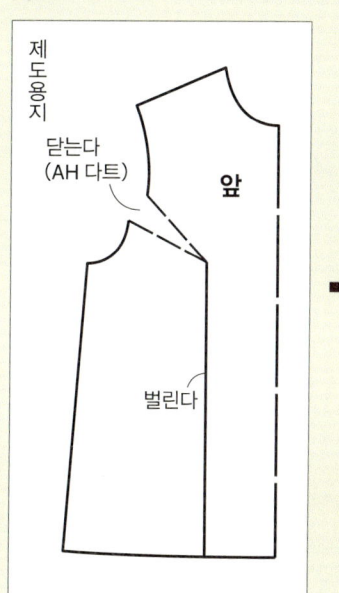

제도용지

닫는다
(AH 다트)

앞

벌린다

② 제도한 것에 다른 제도용지를 겹쳐 앞 중심 쪽을 베낀다

제도

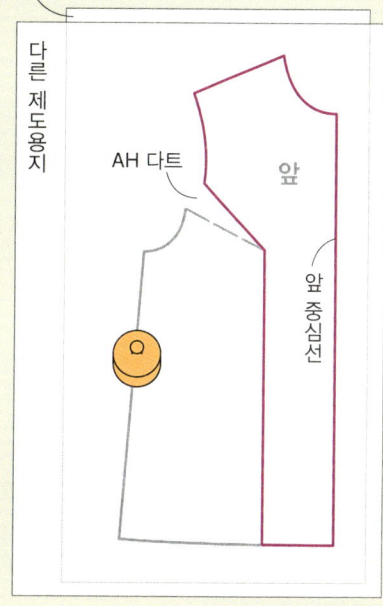

다른 제도용지

AH 다트

앞

앞 중심선

③ 다트 끝을 연필 등으로 고정하고 종이를 회전시켜 AH 다트의 아래쪽 선에 겹친다

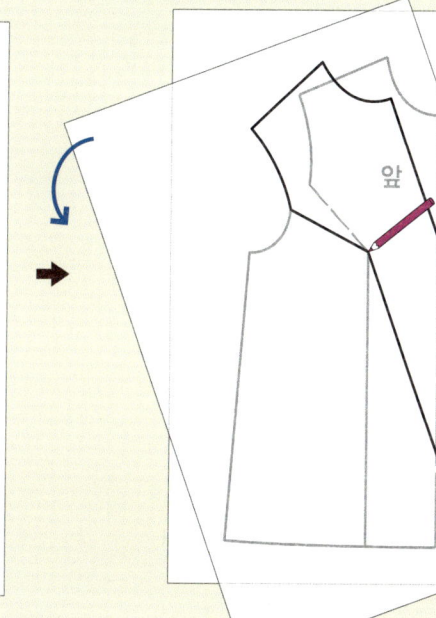

앞

④ 옆쪽 부분을 베낀다

앞

⑤ AH 다트를 닫고 밑단에서 벌린 앞 패턴 완성!

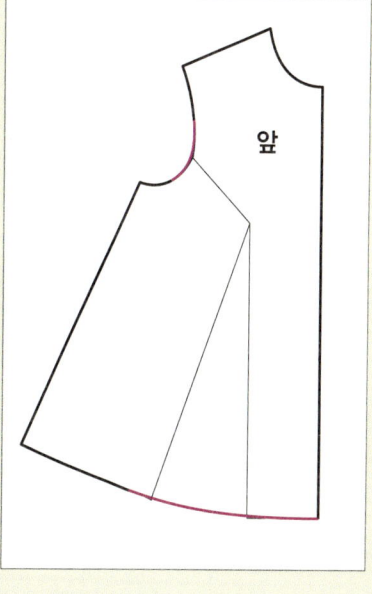

앞

*처리한 곳이 각지지 않게 완만한 곡선으로 수정한다

처리 방법
평행으로 잘라서 벌린다

잘라서 벌린 선에 직각으로 절개 분량을 추가한다

'잘라서 벌린다'는 잘라 벌리듯이 움직여 분량을 추가하는 방법이다. 실제로 자르는 것이 아니고, 베끼면서 처리한다. 이것은 가장 단순한 절개 방법. '잘라서 벌린 선'에 직각으로, 지정된 치수를 끼워 넣는다. 완성형은 '절개도'로 표시. 이 예는 소매 중심선을 벌려서 치수를 추가한다.

[예: 소매 **J** (P.45)]
※선만 표시

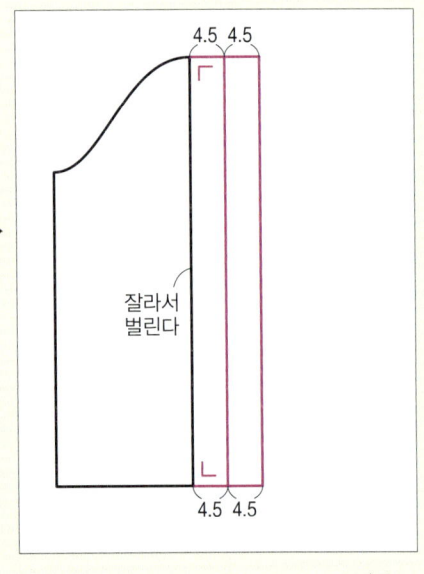

〈 **처리 방법** 〉

❶ 제도를 한다

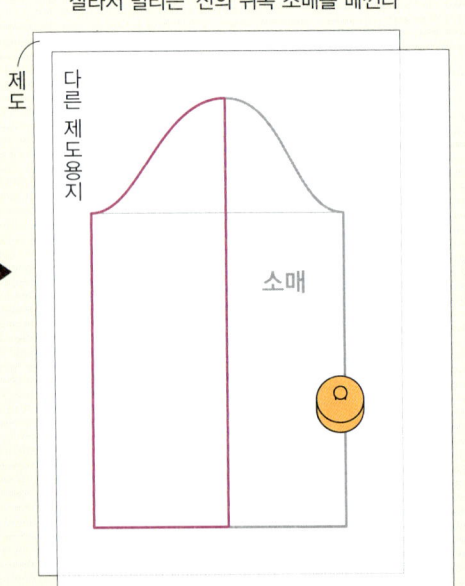

❷ 제도한 것에 다른 제도용지를 겹쳐
'잘라서 벌리는' 선의 뒤쪽 소매를 베낀다

❸ ❷에서 베낀 '잘라서 벌리는' 선에
직각으로 앞뒤 분량의 절개 치수를 잡는다

❹ 절개 분량을 추가한 위치에
앞쪽 소매를 배치한다

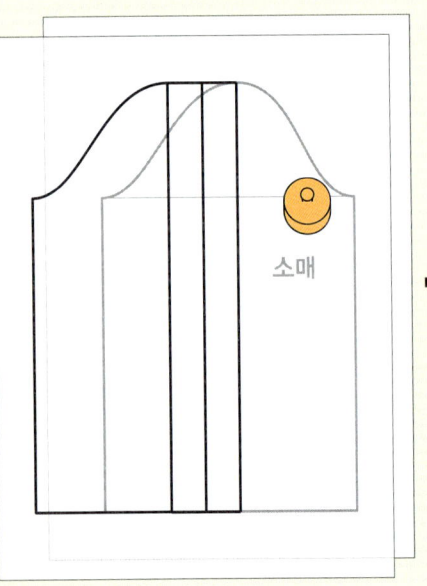

❺ 앞쪽 소매를 베낀다

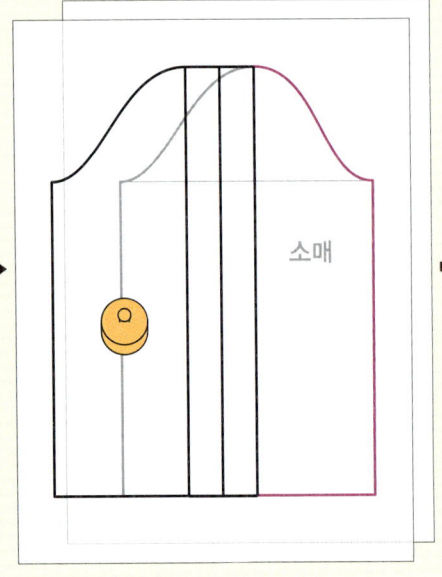

❻ 소매산을 다시 그리면
평행으로 잘라서 벌린 소매 패턴 완성!

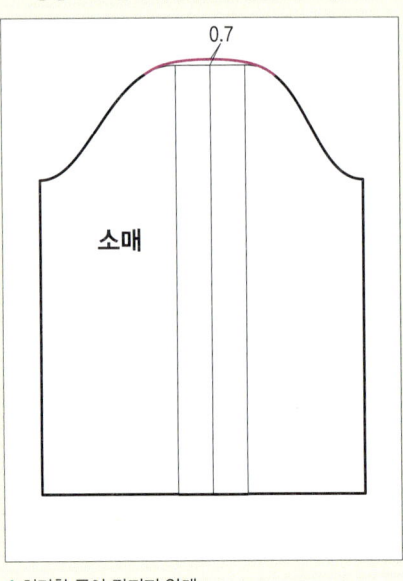

＊처리한 곳이 각지지 않게
완만한 곡선으로 수정한다

처리 방법
기준점을 잡고 잘라서 벌린다

잘라서 벌린 선의 한쪽에만 절개 분량을 추가한다

제도에서는 기준점의 위치를 화살표로 표시하고 있다. 이곳을 고정하고,
한쪽만 벌려서 절개 분량을 추가하는 방법이다. 완성형은 '절개도'로 표시.
아래 예는 소매산 2곳을 기준점으로 소맷부리를 벌려서 치수를 추가한다.

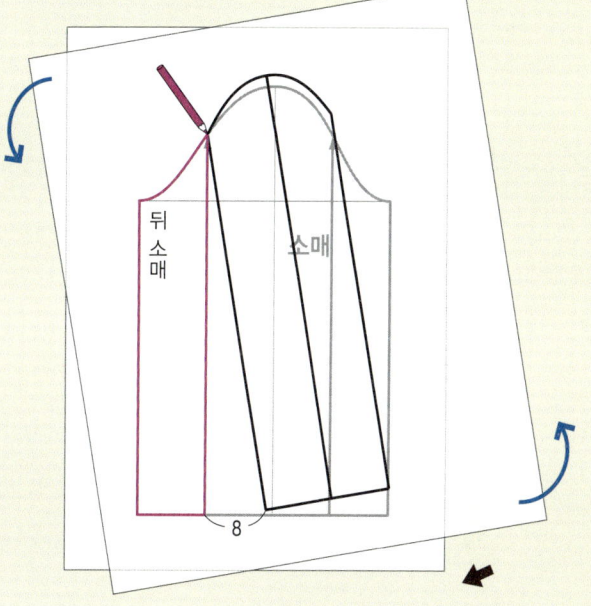

[예 : 소매 Ⓓ (P.42)]
※선만 표시

절개 그림

소매

소매

잘라서
벌린다

8   8

〈 처리 방법 〉

❶ 제도한 것에 다른 제도용지를 겹쳐
'잘라서 벌리는' 선의 중심쪽 소매를 베낀다

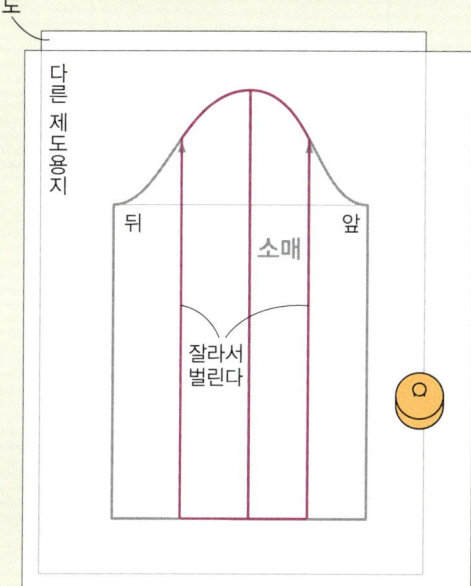

제도

다른 제도용지

뒤   앞

소매

잘라서
벌린다

❷ 뒤쪽의 기준점(화살표 위치)을 연필 등으로 고정하고 종이를 회전시켜
지정된 치수를 벌려서 베낀다

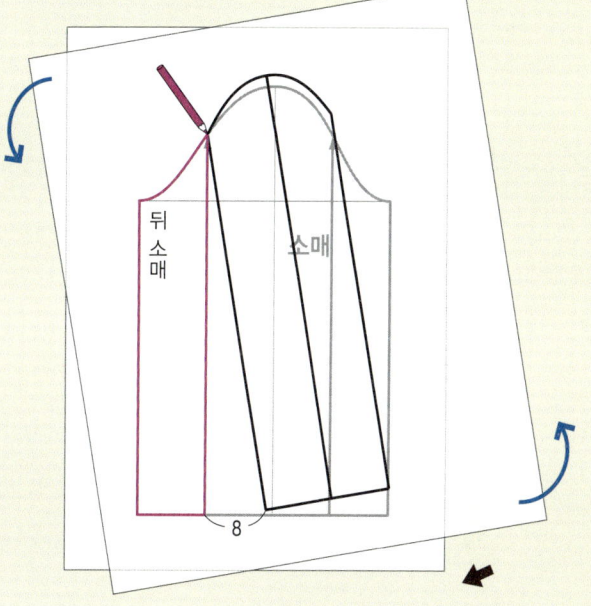

뒤
소매

소매

8

❸ ❷와 같이 앞쪽도 베낀다

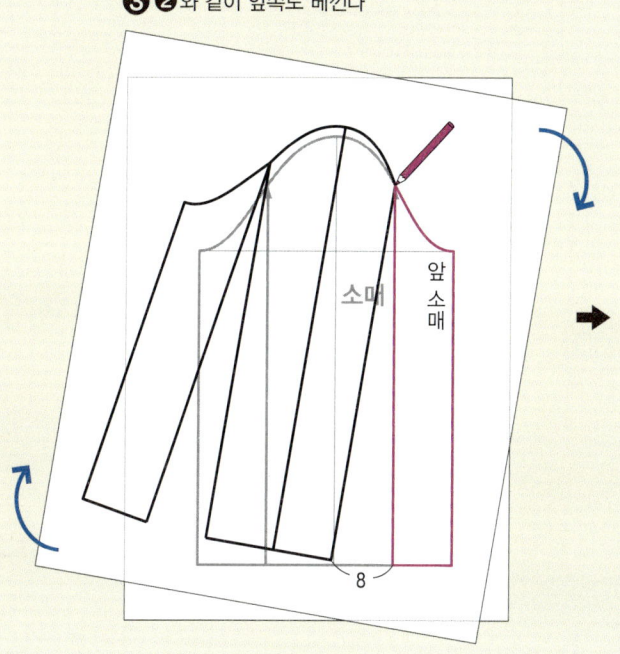

소매

앞
소매

8

❹ 기준점을 잡고 소맷부리 쪽만
잘라서 벌린 소매 패턴 완성!

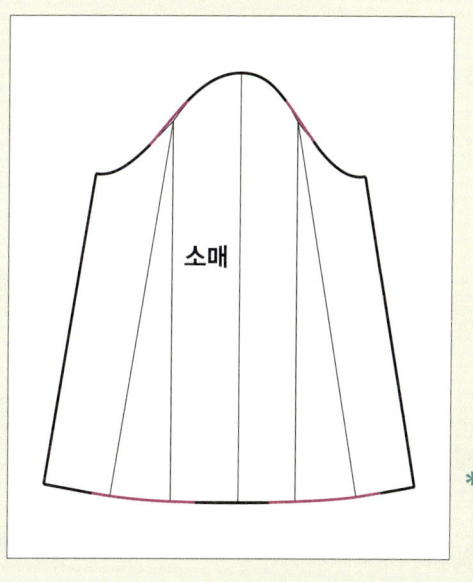

소매

＊처리한 곳이
각지지 않게
완만한 곡선으로
수정한다

패턴 마무리 방법 맞춤 표시 하기

같이 박을 때 패턴과 천에 표시를 한다

맞춤 표시는 2장의 천을 같이 박을 때 박는 위치가 어긋나지 않도록 양쪽의 중요한 위치에 표시하는 것이다.
맞춤 표시는 위치에 따라 표시하는 타이밍이 다르기 때문에 아래 표를 참조해서 잊지 말고 표시.
패턴에 있는 맞춤 표시는 재단 후 천에 표시한다.

맞춤 표시를 하는 위치와 타이밍		
각 파트로 분리할 때	패턴 체크 시	패턴 체크 후
앞뒤 중심, 앞 끝, WL, 포켓 입구, 소매산점, 소매 아랫점, EL, 칼라 달림 끝	칼라의 SNP와 뒤 중심 다트 위치	개더 끝, 트임 끝, 박기 끝, 진동 둘레, 소매산, 긴 봉합의 중간점

Point 맞춤 표시는 완성선과 직각

완성선에 직각으로 그려 넣는 것이 원칙. 각 등의 포인트의 경우 같은 각이 되도록 한다. 완성선보다 바깥쪽으로 내는 치수는 나중에 그리는 시접 폭이 기준.

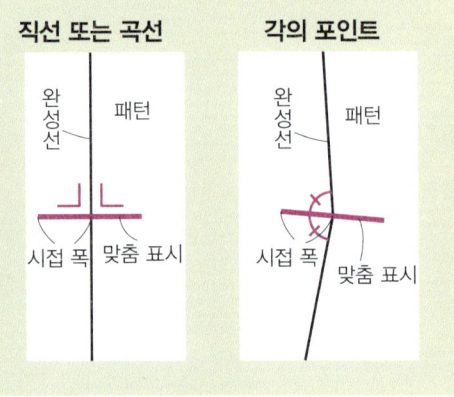

직선 또는 곡선 / 각의 포인트

앞 중심, WL

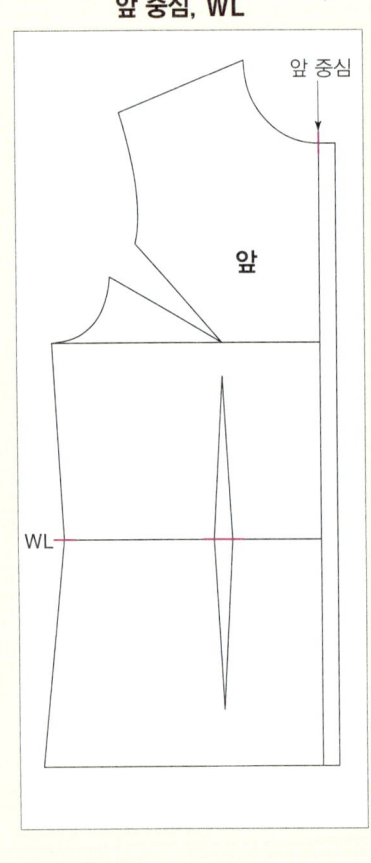

뒤 중심, 개더 끝, SNP, SP

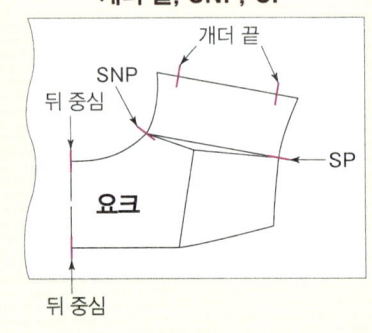

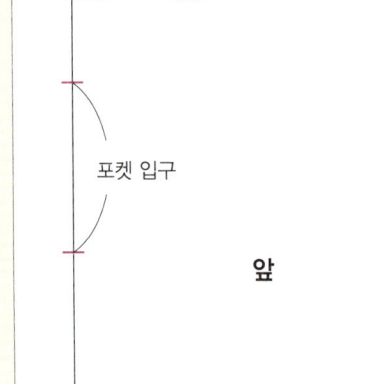

포켓 입구

긴 봉합의 중간점

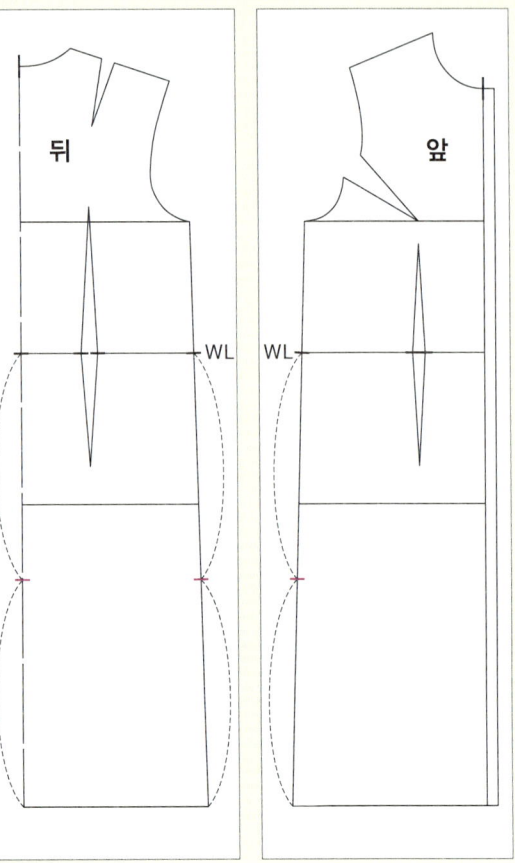

소매산점, EL, 박기 끝

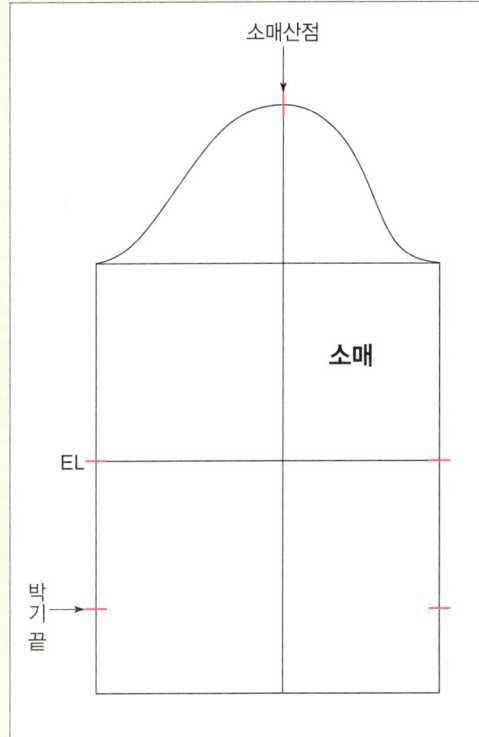

- 소매산점
- 소매
- EL
- 박기 끝

칼라 달림 끝, 칼라 SNP와 뒤 중심

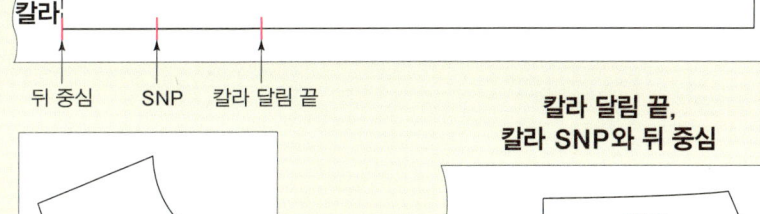

- 칼라
- 뒤 중심
- SNP
- 칼라 달림 끝

- 칼라 달림 끝
- 앞

칼라 달림 끝, 칼라 SNP와 뒤 중심

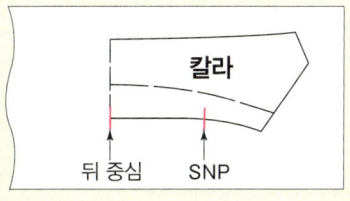

- 칼라
- 뒤 중심
- SNP

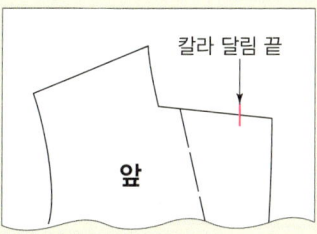

- 칼라 달림 끝
- 앞

Point **칼라나 요크는 좌우가 이어진 패턴으로 한다**

칼라 등 작고 길쭉한 파트는 천을 정확하게 재단하기 위해 좌우가 이어진 패턴을 만든다. 종이에 여백이 필요하므로 부족한 경우는 붙여서 사용한다.

Point **소매산이나 몸판 AH 등의 곡선 길이 재는 법**

잘 휘어지는 자나 줄자를 곡선에 대고 세워서 잰다. 사진은 곡선용 자(그레이딩 자, P.7).

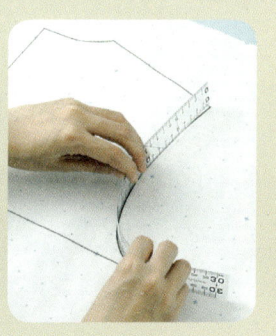

진동 둘레, 소매산

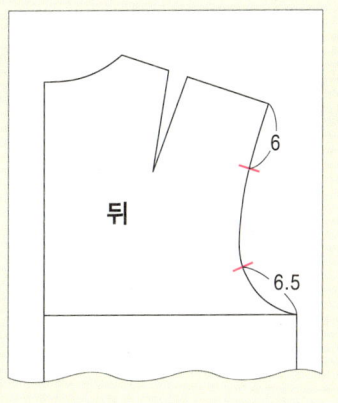

- 6
- 뒤
- 6.5

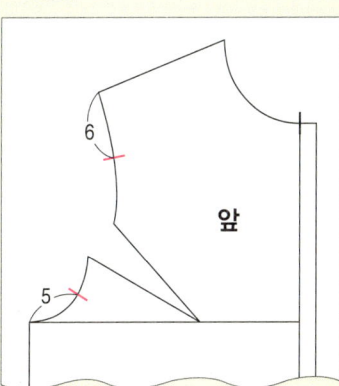

- 6
- 앞
- 5

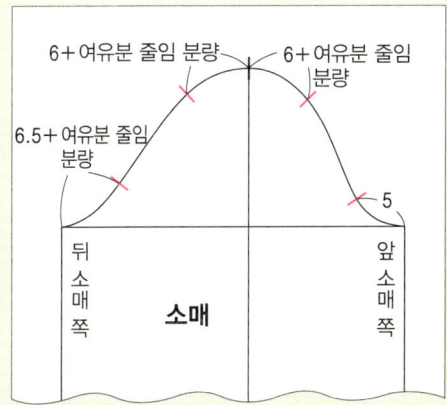

- 6+여유분 줄임 분량
- 6+여유분 줄임 분량
- 6.5+여유분 줄임 분량
- 5
- 뒤 소매 쪽
- 앞 소매 쪽
- 소매

※소매산을 여유분 줄임 하지 않는 경우는 몸판과 같은 치수로 한다

여유분 줄임의 배분 방법

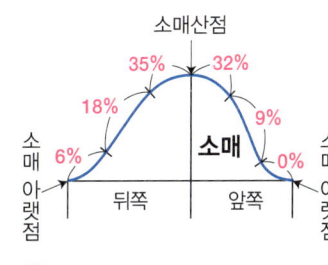

- 소매산점
- 35%
- 32%
- 18%
- 9%
- 6%
- 0%
- 소매 아랫점
- 소매 아랫점
- 뒤쪽
- 앞쪽
- 소매

소매산을 여유분 줄임 하는 소매의 경우, 전체의 '여유분 줄임 분량'을 균등하지 않게 한다. 소매산 쪽에는 많이, 소매 아래쪽에는 적게 배분하면 예쁜 소매가 된다. 왼쪽 그림의 비율을 기준으로 하는 것이 좋다.

계산식
① [전체 여유분 줄임 분량] = [소매산선의 길이] − [몸판의 AH 치수]
② [각 부분 여유분 줄임 분량] = [전체 여유분 줄임 분량] × $\dfrac{00}{100}$

※①②의 순서로 계산하고, 소수점 아래 두 번째 숫자는 반올림한다
※00에 위 그림의 퍼센트 숫자를 넣는다

165

패턴 마무리 방법 패턴 체크

같이 박을 부분을 맞추고 선의 길이와 연결을 확인, 수정한다

정확하게 박아서 깔끔하게 완성하기 위해 꼭 필요한 것이 패턴 체크.

패턴을 파트별로 다른 종이에 베껴서 여분을 많이 두고 자른다. 같이 박는 선끼리 겹쳐 각 포인트를 확인한다.

길이가 다르거나 선이 매끄럽지 않은 경우만 완만한 곡선으로 수정한다.

패턴이 정확해도 베끼거나 처리하는 과정에서 어긋날 수 있으므로 패턴 체크는 필수다.

동시에 이 단계에서 해야 하는 맞춤 표시도 그려 넣는다.

몸판의 진동 둘레선

❶ 다트를 접는다

뒤 / 앞

진동 둘레 아랫점

❸ 진동 둘레 연결 체크

❷ 앞뒤 몸판의 진동 둘레 아랫점을 맞추고 옆선을 겹친다

※앞 AH 다트가 없는 디자인은 ❶이 불필요

❶ 허리를 줄인 위치의 맞춤 표시에 맞춰 이음선을 겹친다

뒤

뒤·옆

❷ 밑단선의 연결 체크

몸판의 밑단선
(세로 이음선이 있는 경우)

앞·옆 / 앞

몸판의 어깨선, 목둘레선, 진동 둘레선

❶ 어깨 다트를 접고 직선으로 수정

수정 후의 어깨선

❷ 다트선을 연장한다

❺ 목둘레의 연결 체크

SNP

뒤

❸ SNP에 맞춰 어깨선을 겹친다

❹ 다트 위치를 표시한다

앞

❼ 어깨선 길이와 진동 둘레의 연결 체크

뒤

앞

❻ ❹에서 표시한 위치와 다른 쪽 다트 위치를 맞춰 어깨선을 겹친다

몸판의 밑단선

진동 둘레 아랫점

뒤 / 앞

❶ 진동 둘레 아랫점에 맞춰 옆선을 겹친다

❷ 밑단의 연결 체크

Point
칼라 달림선의 패턴 체크는 앞부터

앞부터 맞춰가다 맨 마지막에 뒤 중심에서 수정한다. 뒤 중심에서 평행으로 자르거나 추가하면 되기 때문에 수정이 확실하고 간단하다.

Point
달림선 맞추는 법

샤프펜슬 등 끝이 뾰쪽한 것으로 달림선끼리 맞춰 펜슬 끝으로 누르면 위에 놓인 패턴을 조금씩 회전시켜나간다. 곡선이 가파른 부분은 누르는 간격을 좁게 잡으면 치수를 정확히 맞출 수 있다. 이것이 힘들면 각각의 선을 재서 확인하는 방법도 OK.

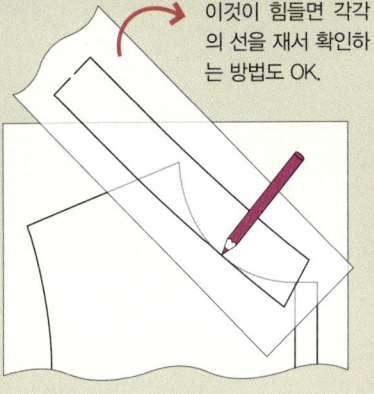

몸판과 칼라의 달림선

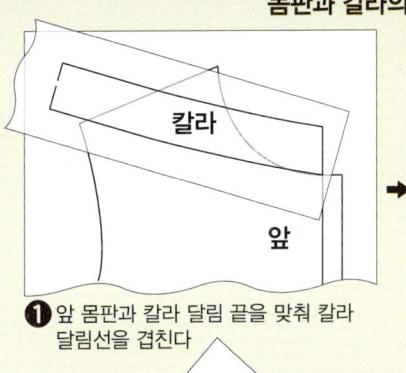

❶ 앞 몸판과 칼라 달림 끝을 맞춰 칼라 달림선을 겹친다

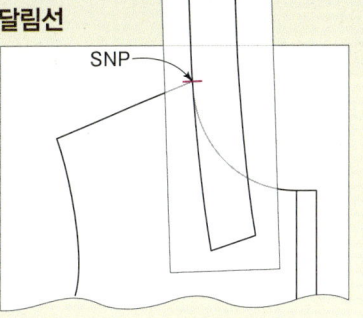

❷ 칼라의 패턴을 샤프펜슬 등의 끝으로 누르고 조금씩 회전시키면서 SNP까지 칼라 달림선을 맞춘 뒤 맞춤 표시를 한다

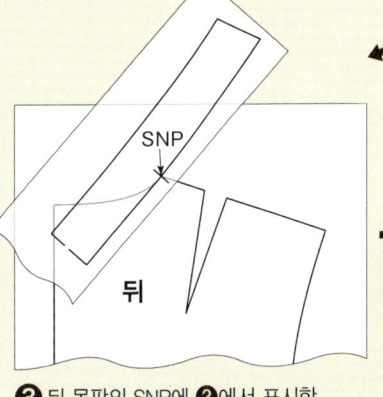

❸ 뒤 몸판의 SNP에 ❷에서 표시한 맞춤 표시를 맞추고 칼라의 패턴을 겹친다

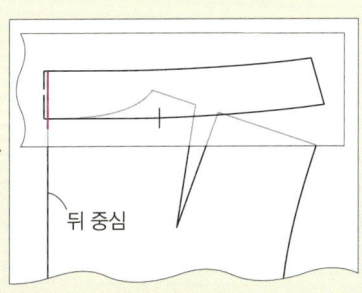

❹ 칼라의 패턴을 회전시키면서 뒤 중심까지 맞춘다. 과부족이 있는 경우 칼라의 뒤 중심에서 증감한다. 맞춤 표시도 한다

소매산선과 소맷부리선

소매

소매산선

소매 아랫점

❶ 소매 밑선에 맞춰서 원형으로 겹친다

소매 밑선

❷ 소매산선의 연결 체크. 수정할 경우는 소매 밑선과 직각이 되도록

❸ 소맷부리의 연결 체크

같이 박을 위치를 맞추기 어려운 경우

같이 박을 위치를 맞대어 베낀 뒤 확인하고 수정한다. 그 뒤 수정한 선을 다시 각 패턴에 베낀다. 아래 예는 하이넥 ⓜ 위 끝선.

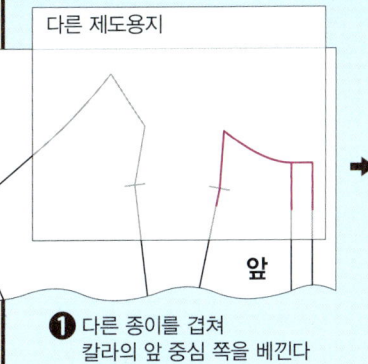

다른 제도용지

❶ 다른 종이를 겹쳐 칼라의 앞 중심 쪽을 베낀다

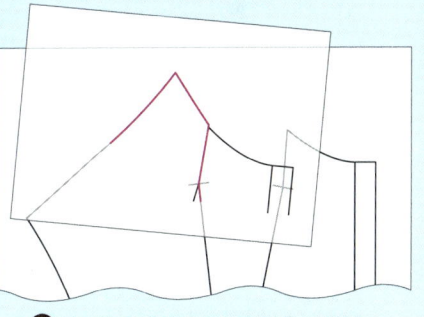

❷ 다트를 맞대어 칼라의 옆쪽을 베낀다 (같은 방법으로 어깨선과 다트를 맞대어 뒤까지 베낀다)

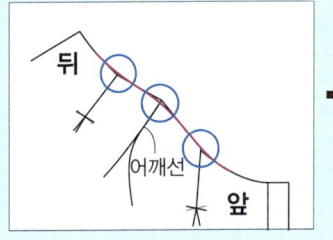

❸ 위 끝의 연결 체크

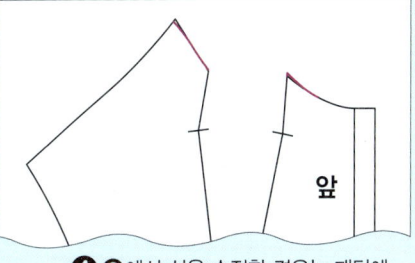

❹ ❸에서 선을 수정한 경우는 패턴에 수정한 선을 룰렛 등으로 베낀다

패턴 마무리 방법 시접 넣기

넣는 위치나 완성 방법 등의 조건에 따라 적절한 폭과 모양으로 넣는다

시접의 폭과 모서리의 모양은 그 위치나 완성 방법, 사용하는 소재 등에 따라 달라진다.

박을 때 시접이 부족하지 않도록 하는 것이 가장 중요하다.

※여기서는 밑단이나 소맷부리를 접어 올릴 때 필요한 '접단' 등도 설명의 편의상 '시접'이라는 표현으로 통일해 해설한다.

1 선 부분의 시접 넣는 법

모눈자 등을 사용해 완성선과 평행으로 그린다.

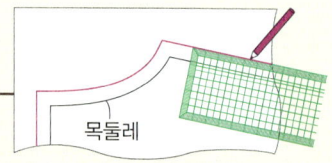

목둘레

2 모서리 부분 시접 넣는 법

아래의 4가지 방법이 기본이다.
넣는 위치나 박는 법 그리고 시접을 꺾는 방식에 따라 적절한 방법을 선택한다.

A 완성선에 평행

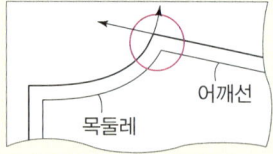

어깨선
목둘레

선 부분과 같이
모눈자 등을 사용해 평행으로 연장

B 연장한 완성선에 대칭

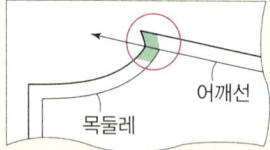

어깨선
목둘레

연장한 선에서 패턴을
완성선에서 접고, 목둘레선을 자른다

C 연장한 완성선에 직각

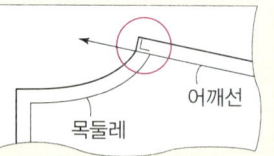

어깨선
목둘레

연장한 완성선과 목둘레
시접선의 교점에서 직각으로 그린다

Point 먼저 박는 쪽을 연장한다

연장하는 완성선은 기본적으로 먼저 박는 쪽. 이 예는 목둘레와 어깨의 모서리 시접이므로, 먼저 박는 어깨의 완성선을 연장한다. 접어 올리는 모서리는 접어 올리는 쪽을 연장.

Point 꺾음솔의 단면

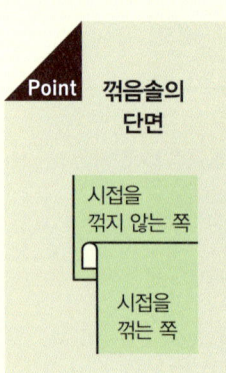

시접을
꺾지 않는 쪽

시접을
꺾는 쪽

[조건에 맞는 적절한 방법]

부위, 박는 법, 시접 꺾는 방식	시접 넣는 법	
칼라나 커프스 등의 박는 모서리	A	
칼라, 커프스, 앞단의 안으로 들어가는 시접	A 또는 C	
소맷부리, 밑단 등의 접어 올리는 모서리	B	
어깨선, 옆선, 이음선 등의 같이 박는 모서리에서 시접을 가르는 경우(가름솔)의 양쪽과 한쪽으로 꺾는 경우(꺾음솔)의 꺾는 쪽	C 또는	B
어깨선, 옆선, 이음선 등의 같이 박는 모서리에서 시접을 한쪽으로 꺾는 경우의 꺾지 않는 쪽		D

D 같이 박는 대상과 같은 모양

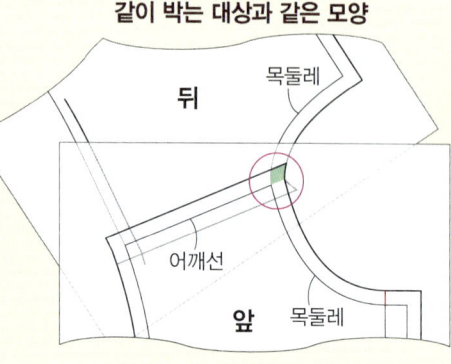

목둘레
뒤
어깨선
앞 목둘레

패턴의 완성선(이 경우는 어깨선)을
겹쳐 뒤 목둘레 시접을 베낀다

3 다트나 턱의 시접 넣는 법

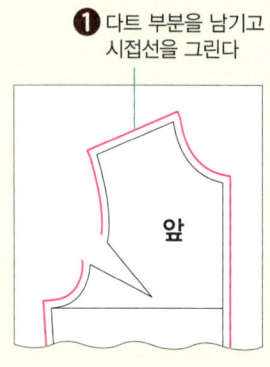

❶ 다트 부분을 남기고
시접선을 그린다

앞

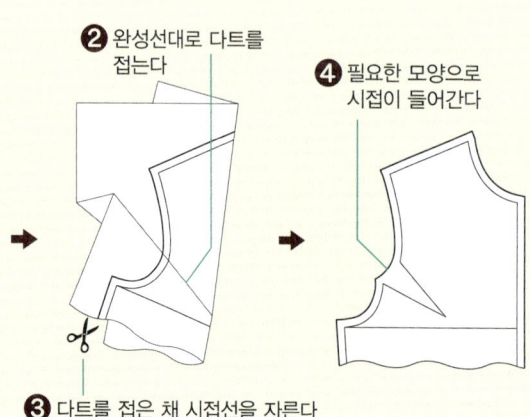

❷ 완성선대로 다트를
접는다

❹ 필요한 모양으로
시접이 들어간다

❸ 다트를 접은 채 시접선을 자른다

Point 수평·수직의 턱은 완성선에 평행으로 OK

턱이 있는 선(소맷부리)과 턱 산선(핑크 선 부분)이 수평과 수직인 경우.

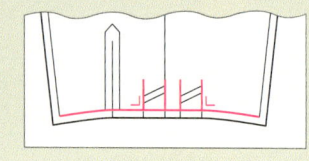

시접 포함 패턴의 완성 예

시접을 넣고 시접선에서 자른 재단용 패턴.
디자인은 P.120에 있는 **오리지널 디자인 2**의 셔츠.
모서리의 시접은 P.168에 따라 시접 처리했다.

셔츠의 시접 처리(예)

- 어깨, 옆선, 소매 밑 ──── 뒤쪽으로 꺾음솔
- 소매 달림 ──── 몸판 쪽으로 꺾음솔
- 소맷부리 ──── 커프스에 끼워 넣는다
- 오른쪽 앞 끝 ──── 앞단에 끼워 넣는다
- 왼쪽 앞 끝 ──── 완전 2번 접기
- 밑단 ──── 2번 접기
- 허리 다트, 뒤 어깨 다트 ──── 중심 쪽으로 꺾는다
- 앞 AH 다트 ──── 아래쪽으로 꺾는다
- 베이식한 코튼지 사용

지정된 곳 이외의 시접은 모두 1cm

Point 시접을 적게 넣어야 기성복처럼 깔끔하게 완성된다. 익숙해지면 면 같은 보통 천으로 만들 경우는 0.7cm를 추천!

Point **시접 폭 기준** 이 표를 참고로 결정한다. 사용하는 천이 잘 풀리는 경우는 이것보다 많게 한다. 스티치를 넣는 경우 스티치 폭에 따라 적당히 조정한다. 불안한 경우는 조금 많게 두고 나중에 자르면 OK.

시접 위치	면	울
칼라, 목둘레, 앞 끝, 진동 둘레, 소매산, 커프스, 커프스를 다는 소맷부리, 포켓 주위	0.7~1	1~1.2
어깨, 옆선, 소매 밑, 기타 이음선	꺾음솔의 경우	
	0.7~1	1.2~1.5
	가름솔의 경우	
	1.2~1.5	1.5
1번 접기 또는 2번 접기 하는 밑단, 소맷부리, 포켓 입구	2~4 (가파른 곡선은 1~2)	

단위:cm

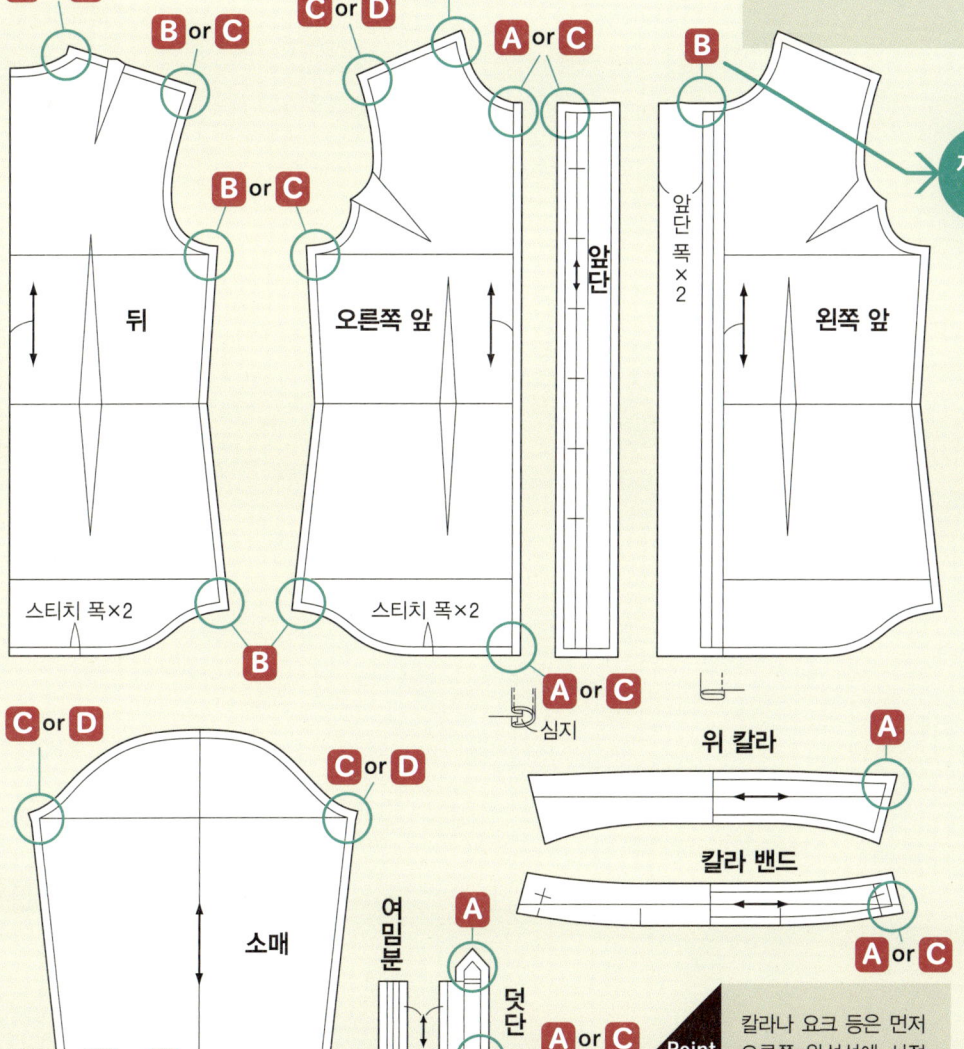

스티치 폭×2

뒤 / 오른쪽 앞 / 앞단 폭×2 / 왼쪽 앞

심지

소매 / 여밈분 / 덧단 / 커프스 / 위 칼라 / 칼라 밴드

Point 칼라나 요크 등은 먼저 오른쪽 완성선에 시접을 넣는다. 다음에 뒤 중심에서 종이를 접어 시접선을 자르면 왼쪽에도 시접이 들어간다. 맞춤 표시를 왼쪽에 베낀다.

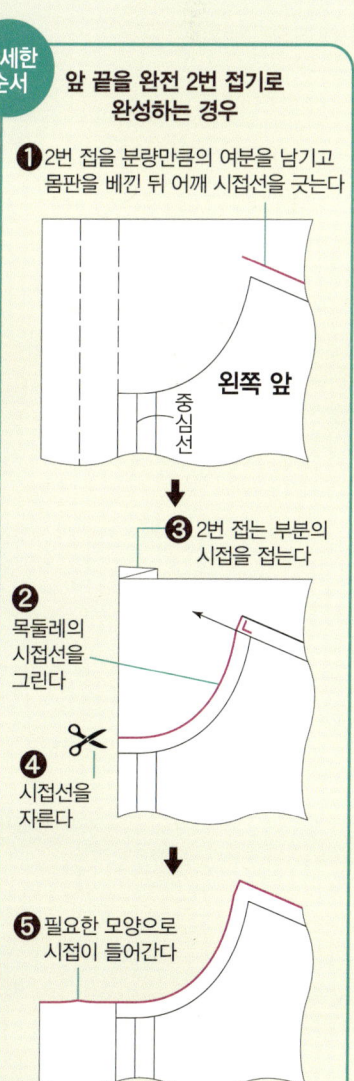

자세한 순서

앞 끝을 완전 2번 접기로 완성하는 경우

❶ 2번 접을 분량만큼의 여분을 남기고 몸판을 베낀 뒤 어깨 시접선을 긋는다

왼쪽 앞 / 중심선

❷ 목둘레의 시접선을 그린다

❸ 2번 접는 부분의 시접을 접는다

❹ 시접선을 자른다

❺ 필요한 모양으로 시접이 들어간다

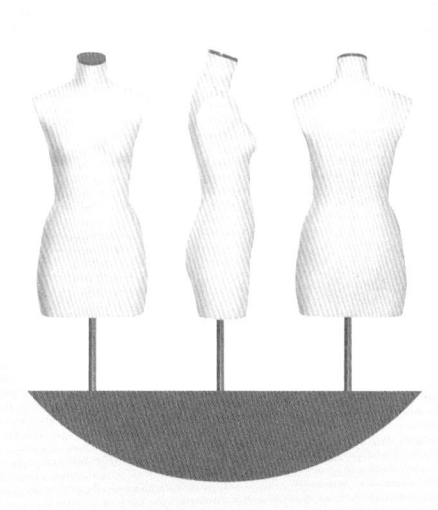

SHIJO · PATTERN JUKU Vol.1 TOP HEN

Supervised by Harumi Maruyama

Edited by BUNKA PUBLISHING BUREAU

Copyright ⓒ 2014 by EDUCATIONAL FOUNDATION BUNKA GAKUEN BUNKA PUBLISHING BUREAU

First published in Japan in 2014 by EDUCATIONAL FOUNDATION BUNKA GAKUEN BUNKA PUBLISHING BUREAU, Tokyo

Korean translation rights arranged with EDUCATIONAL FOUNDATION BUNKA GAKUEN BUNKA PUBLISHING BUREAU, Tokyo

through Japan Foreign-Rights Centre/ Shinwon Agency Co.

감수 Harumi Maruyama(BUNKA FASHION COLLEGE)

일본어판 발행인 Sunao Onuma

편집인 Mikinori Kojima(BUNKA PUBLISHING BUREAU)

북 디자인 kobitokaba book

촬영 Norifumi Fukuda

DTP Bunka Photo Type

교열 Masako Mukai, Yuko Hisamatsu

정리 진행 Kayo Norigoe

편집 Hiroko Tanaka, Tomie Kobayashi(BUNKA PUBLISHING BUREAU),
    Megumi Matsuzaki

패턴 학교 Vol.1 상의 편

초판 1쇄 발행 2016년 6월 10일

초판 12쇄 발행 2024년 3월 1일

감 수 마루야마 하루미

옮긴이 황선영

감 수 문수연

펴낸이 명혜정

펴낸곳 도서출판 이아소

디자인 황경성

등록번호 제311-2004-00014호

등록일자 2004년 4월 22일

주소 04002 서울시 마포구 월드컵북로5나길 18 1012호

전화 (02)337-0446 팩스 (02)337-0402

책값은 뒤표지에 있습니다.

ISBN 979-11-87113-07-2 14590

ISBN 979-11-87113-01-0 (세트)

도서출판 이아소는 독자 여러분의 의견을 소중하게 생각합니다.

E-mail: iasobook@gmail.com

이 도서의 국립중앙도서관 출판예정도서목록(CIP)은 서지정보유통지원시스템 홈페이지

(http://seoji.nl.go.kr)와 국가자료공동목록시스템(http://www.nl.go.kr/kolisnet)에서

이용하실 수 있습니다. (CIP제어번호 : CIP 2016012005)